WILLIAM CEREJA

Professor graduado em Português e Linguística e licenciado
em Português pela Universidade de São Paulo

Mestre em Teoria Literária pela Universidade de São Paulo

Doutor em Linguística Aplicada e Análise do Discurso pela PUC-SP

CILEY CLETO

Professora graduada e licenciada em Português pela Universidade de São Paulo

Mestra em Linguística e Semiótica pela Universidade de São Paulo

William Cereja e Ciley Cleto são também autores de:

Interpretação de textos – Desenvolvendo a competência leitora (1º ao 5º ano)

Interpretação de textos – Desenvolvendo a competência leitora (6º ao 9º ano)

Ensino médio

3ª edição

Interpretação de textos: desenvolvendo a competência leitora – volume único

Dados Internacionais de Catalogação na Publicação (CIP)
(Câmara Brasileira do Livro, SP, Brasil)

Cereja, William Roberto
Interpretação de textos: desenvolvendo a competência leitora, volume único / William Roberto Cereja, Ciley Cleto. -- 3. ed. -- São Paulo: Atual, 2016.

ISBN 978-85-5769-011-0 (aluno)
ISBN 978-85-5769-012-7 (professor)

1. Ensino médio 2. Leitura 3. Português (Ensino médio) 4. Textos - Interpretação I. Cleto, Ciley. II. Título.

16-06028 CDD-372.62

Índices para catálogo sistemático:

1. Português : Interpretação de textos : Ensino médio 469.07

Editor responsável Noé G. Ribeiro
Editoras Fernanda Carvalho, Mônica Rodrigues de Lima, Paula Junqueira
Preparação de texto Célia Tavares
Gerente de produção editorial Ricardo de Gan Braga
Gerente de revisão Hélia de Jesus Gonsaga
Coordenador de revisão Camila Christi Gazzani
Revisores Cesar G. Sacramento, Lilian Miyoko Kumai, Maura Loria, Ricardo Miyake
Produtor editorial Roseli Said
Supervisor de iconografia Sílvio Kligin
Coordenador de iconografia Cristina Akisino
Pesquisa iconográfica Camila Losimfeldt, Rodrigo Souza, Alessandra Fernandes Pereira
Licenciamento de textos Fernando Cambetas Jr.
Design Homem de Melo & Troia Design
Capa Homem de Melo & Troia Design, com imagens de Vincent van Gogh Landscape with House and Ploughman, 1889/State Hermitage Museum. Aldo Murillo/Getty Images. Getty Images/Hero Images. Peanuts, Charles Schulz © 1990's Peanuts Worldwide LLC./Dist. by Universal Uclick.
Edição de arte Carlos Magno
Diagramação Estúdio Dito e Feito, Felipe Consales, Nicola Loi, Rodrigo Bastos Marchini
Assistente Jacqueline Ortolan
Ilustrações Andressa Honório, Nelson Provazi
Cartografia Eric Fuzii, Alexandre Bueno
Tratamento de imagens Cesar Wolf, Fernanda Crevin
732.737.003.001 **Impressão e acabamento** Forma Certa Gráfica Digital
Cód. da OP: 247452

SAC 0800-0117875
De 2ª a 6ª, das 8h às 18h
www.editorasaraiva.com.br/contato

Avenida das Nações Unidas, 7221 – 1º andar – Setor C – Pinheiros – CEP 05425-902

Apresentação

Prezado estudante:

No mundo em que vivemos, o texto perpassa cada uma de nossas atividades, individuais e coletivas. Verbais, não verbais, mistos ou digitais, os textos se cruzam, se completam e se modificam incessantemente, acompanhando o movimento de transformação do ser humano e suas formas de organização social.

É por meio de textos que convivemos com outras pessoas, próximas ou distantes, informando ou informando-nos, esclarecendo ou defendendo nossos pontos de vista, alterando a opinião de nossos interlocutores ou sendo modificados pela opinião deles. Por intermédio deles inventamos histórias, relatamos nosso cotidiano, transmitimos nossos conhecimentos. É pelos textos que se expressa toda forma de opinião, de informação, de ideologia.

Mas não basta apenas produzir ou receber textos. Neste mundo de diferentes linguagens e mídias, é preciso compreendê-los, relacioná-los, interpretá-los. A interpretação desses textos torna-se essencial para nos transformarmos em leitores competentes e nos inserirmos nas inúmeras práticas sociais de linguagem, seja navegando na Internet, seja lendo um artigo científico ou uma história em quadrinhos, seja lendo gráficos e tabelas de economia.

Esta obra foi escrita com este objetivo: ajudá-lo a construir e desenvolver sua competência leitora e levá-lo a enfrentar com tranquilidade os desafios que se colocam ao final do ensino médio, tais como o Enem e os atuais exames vestibulares.

Por meio de questões do Enem e dos vestibulares, que são analisadas e comentadas, você aprenderá a lidar com competências e habilidades, tais como comparar dois textos, relacionar um texto verbal e outro não verbal, fazer leituras transdisciplinares, resolver situações-problema, lidar com questões de múltipla escolha, justificar sua resposta numa questão discursiva.

Enfim, este livro foi elaborado para você que se prepara para enfrentar novos desafios, que está sintonizado com a realidade do século XXI, que, dinâmico e interessado, está ávido para interpretar todos os textos do mundo. Enfim, para você que deseja trilhar o mundo da leitura para fazer a leitura do mundo!

Os Autores.

Sumário

A Leitura (1971), de Pablo Picasso/ The Bridgeman Art Library/ Keystone Brasil/Coleção particular

UNIDADE 1 | A leitura e a interpretação de textos

Lightspring/Shutterstock

UNIDADE 2 | Competência leitora e habilidades de leitura

Shutterstock

UNIDADE 3 | A leitura nas provas do Enem e dos vestibulares

Nelson Provazi

UNIDADE 4 | A leitura e a produção de textos no Enem e nos vestibulares

Unidade 1

A leitura e a interpretação de textos

Yagi Studio/Getty Images

> Ao lermos, um concerto solitário e silencioso se produz para nossa mente. Todas as nossas faculdades mentais estão presentes nessa exaltação sinfônica.
>
> Stéphane Mallarmé

> Gostamos sempre de sair um pouco de nós mesmos, de viajar, quando lemos.
>
> Marcel Proust

A Leitura (1971), de Pablo Picasso/The Bridgeman Art Library/Keystone Brasil/Coleção particular

Thinkstock/Getty Images

> A virtude paradoxal da leitura é de nos abstrair do mundo para nele encontrar algum sentido.
>
> Daniel Pennac

> Quem não lê não pensa, e quem não pensa será para sempre um servo.
>
> Paulo Francis

Elisabeth Schmitt/ Getty Images

O bom leitor lê
sentidos. Quanto mais uma
criança se apega ao sentido,
melhor leitora ela será.

Marina Colasanti

Fique ligado! Leia!

Livros

Casa da Palavra

Para você que gosta de ler ou está descobrindo o gosto pela leitura, sugerimos alguns livros que relatam a experiência de seus autores com a leitura:

No mundo dos livros, de José Mindlin (Agir); *A paixão pelos livros*, organização de Julio Silveira e Martha Ribas (Casa da Palavra); *Ex-libris – Confissões de uma leitora comum*, de Anne Fadiman (Jorge Zahar); *Se uma criança, numa manhã de verão... – Carta para meu filho sobre o amor pelos livros*, de Roberto Cotroneo (Rocco); *A biblioteca à noite*, de Alberto Manguel (Companhia das Letras); *Um livro por dia – Minha temporada parisiense na Shakespeare and Company*, de Jeremy Mercer (Casa da Palavra); *Por que ler Shakespeare*, de Barbara Heliodora (Globo); *Como e por que ler o romance brasileiro*, de Marisa Lajolo (Objetiva); *Como e por que ler os clássicos universais desde cedo*, de Ana Maria Machado (Objetiva); *Como e por que ler a poesia brasileira do século XX*, de Italo Moriconi (Objetiva).

Para você que gosta de livros de ficção cujo enredo envolva a experiência da leitura ou o contato com livros, sugerimos:

O leitor, de Bernhard Schlink (Record); *A sombra do vento*, de Carlos Ruiz Zafón (Objetiva); *Cobertor de estrelas*, de Ricardo Lísias (Rocco); *A livraria*, de Penelope Fitzgerald (Bertrand Brasil); *Jardins de Kensington*, de Rodrigo Fresán (Conrad); *Casa de papel*, de Carlos María Domínguez (Francis); *O último leitor*, de David Toscana (Casa da Palavra); *O Sr. Pip*, de Lloyd Jones (Rocco); *Terra sonâmbula*, de Mia Couto (Companhia das Letras); *Balzac e a costureirinha chinesa*, de Dai Sijie (Objetiva); *O segredo das coisas perdidas*, de Sheridan Hay (Nova Fronteira); *A menina que roubava livros*, de Markus Zusak (Intrínseca).

Filmes

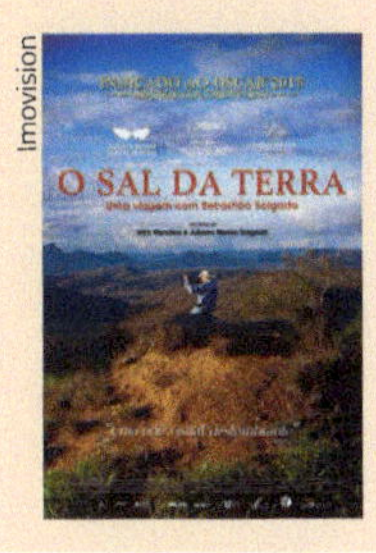

Imovision

Minhas tardes com Margueritte, de Jean Becker; *Sociedade dos poetas mortos*, de Peter Weir; *Encontrando Forrester*, de Gus van Sant; *Nunca te vi, sempre te amei*, de David Hug Jones; *Balzac e a costureirinha chinesa*, de Dai Sijie; *O sal da Terra*, de Wim Wenders e Juliano Ribeiro Salgado; *Malala*, de Davis Guggenheim.

Assista também à série *Tudo o que é sólido pode derreter*, que relaciona o cotidiano de uma adolescente, estudante do ensino médio, com as obras clássicas da literatura de língua portuguesa.

Sites

www.bibvirt.futuro.usp.br/
www.dominiopublico.gov.br/

Capítulo

1

O que é leitura?

Diana Ong/SuperStock/Masterfile/Latinstock

Ler: "o ver de verdade"

Você vai mergulhar no universo da leitura conhecendo, primeiramente, os depoimentos de alguns leitores, reproduzidos no seguinte painel de textos.

Através da leitura, é possível apurar o olhar para enxergar o que parece "invisível", mas está o tempo todo diante de nós. A literatura nos dá um outro "ver", o ver de verdade.

(Alice Ruiz. www.livrariacultura.com.br)

Alguns meses depois do meu ingresso na escola, aconteceu algo solene e excitante que determinou toda a minha vida futura. Meu pai me trouxe um livro. Levou-me para um quarto dos fundos, onde as crianças costumavam dormir, e o explicou para mim. Tratava-se de The Arabian Nights, As Mil e Uma Noites, numa edição para crianças. Na capa havia uma ilustração colorida, creio que de Aladim com a lâmpada maravilhosa. Falou-me, de forma animadora e séria, de como era lindo ler. Leu-me uma das histórias; tão bela como esta seriam também as outras histórias do livro. Agora eu deveria tentar lê-las, e à noite eu lhe contaria o que havia lido. Quando eu acabasse de ler este livro, ele me traria outro. Não precisou dizê-lo duas vezes, e, embora na escola começasse a aprender a ler, logo me atirei sobre o maravilhoso livro, e todas as noites tinha algo para contar. Ele cumpriu sua promessa, sempre havia um novo livro e não tive que interromper minha leitura um dia sequer.

(Elias Canetti. *A língua absolvida – História de uma juventude*. São Paulo: Companhia das Letras/Schwarcz, 1989. p. 50.)

[...] descobri que posso fazer música com palavras. Assim, toco a minha música... Outras pessoas, ouvindo a minha música, podem sentir sua carne reverberando como um instrumento musical. Quando isso acontece, sei que não estou só. Se alguém, lendo o que escrevo, sente um movimento na alma, é porque somos iguais. A poesia revela a comunhão.

(Rubem Alves. *Na morada das palavras*. Campinas: Papirus, 2003. p. 70.)

© Design Pics Inc/Alamy Stock Photo/Fotoarena

The Bridgeman Art Library/Keystone Brasil/Coleção particular

Os livros amarelos (1887), de Vicent van Gogh.

Eu costumo falar no esplendor do livro porque ele abre para mundos novos, ideias e sentimentos novos, descobertas sobre nós mesmos, os outros e a realidade. Ler, acredito, é uma das experiências mais radiosas de nossa vida, pois, como leitores, descobrimos nossos próprios pensamentos e nossa própria fala graças ao pensamento e à fala de um outro. Ler é suspender a passagem do tempo: para o leitor, os escritores passados se tornam presentes, os escritores presentes dialogam com o passado e anunciam o futuro.

(Marilena Chaui. www.livrariacultura.com.br)

Não devemos pensar que o passado era necessariamente melhor. Há autores que se especializaram nesse tipo de diagnóstico pessimista. Acho, ao contrário, que hoje se lê mais do que nos anos 1950. Inclusive porque o computador não é apenas um novo veículo para imagens ou jogos. Ele é responsável também pela multiplicação da presença do escritor nas sociedades contemporâneas. No computador tanto se podem ler os clássicos como publicações acadêmicas e revistas em geral. Podem não ser necessariamente leituras fundamentais, enriquecedoras, mas são leituras.

(Roger Chartier. http://pphp.uol.com.br/tropico/html/textos/2479,1.shl)

Sempre li muito. Talvez por isso eu tenha feito faculdade de Letras. E sempre me envolvi com os romances de que gosto: curto, torço, roo as unhas, leio de novo um pedaço que tenha me agradado de forma particular. Se não gosto, largo no meio ou até no começo. O autor tem umas vinte a trinta páginas para me convencer de que seu livro vai fazer diferença, pois acredito piamente que a leitura faz a diferença. Se não faz, adeus! O livro volta pra estante e vou cuidar de outra coisa.

(Marisa Lajolo. www.livrariacultura.com.br)

1. Você notou que, entre os depoimentos, não há um consenso sobre o que é leitura nem sobre qual é o papel dela. Para alguns, leitura é informação, descoberta, viagem, válvula de escape; para outros, um meio de conhecer a si mesmo, já que ela permite ver a vida por novas perspectivas; e, ainda, é linguagem, prazer, a revelação dos nossos pensamentos e desejos na fala do outro. E para você, o que é leitura? Troque ideias com os seus colegas da classe.
2. Alguns dos autores dos depoimentos entendem que a leitura amplia o olhar do ser humano, trazendo-lhe experiências reais e/ou imaginárias. Você concorda com esse ponto de vista? Por quê?
3. Para o historiador Roger Chartier, as pessoas têm lido mais com o advento da Internet. Onde você lê mais: na Internet ou em livros e revistas impressos? Os textos que você lê na Internet têm qualidade? Troque ideias com o professor e a classe.
4. Escreva um depoimento sobre o que a leitura tem representado para você. Quando terminar, dê a seu texto um título adequado, leia-o para os colegas e ouça o deles. Depois, passe-o a limpo, digitando ou caprichando na letra, e exponha-o num varal ou no mural da classe para que todos possam conhecer a sua experiência com a leitura.

Leitor competente e leitor crítico

A palavra **ler** tem muitos sentidos. O *Dicionário Houaiss da língua portuguesa* apresenta, entre outros, os seguintes:

1 percorrer com a vista (texto, sintagma, palavra), interpretando-o por uma relação estabelecida entre as sequências dos sinais gráficos escritos (alfabéticos, ideográficos) e os sinais linguísticos próprios de uma língua natural (fonemas, palavras, indicações gramaticais)
2 ter acesso a (texto, obra etc.) através de sistema de escrita, valendo-se de outro sentido que não o da visão
3 conhecer, através de exame mais ou menos extenso (o conteúdo de um texto, obra etc.)
4 dedicar-se, entregar-se à leitura como hábito ou como paixão
5 interpretar (ideia, conceito mais ou menos complexo ou pensamento de um autor, pensador etc.); compreender
6 atribuir (significado, sentido ou forma) a (algo que se vê); interpretar
7 perceber, adivinhar, interpretar (sentimentos, pensamentos não formulados ou ocultos), guiando-se por indícios mais ou menos subjetivos; decifrar o que não se revela facilmente, o que está além do literal
8 deduzir, guiando-se por indícios objetivos (alguma coisa não explícita, não declarada mas indiretamente constatável); inferir
9 prever, presumir (algo), formular (hipóteses), a partir de dados objetivos; conjecturar

(Adaptado do *Dicionário eletrônico Houaiss da língua portuguesa.*)

Como se vê, ler é uma atividade bem mais complexa do que parece. Se, por um lado, pode consistir em simplesmente decodificar sinais, por outro pode incluir também interpretar, decifrar o que está além do literal.

Alamy Stock Photo/Fotoarena

A linguagem é um poderoso instrumento de expressão do ser humano e, como tal, um meio de aproximação, de interação e de comunhão entre as pessoas. Assim como a linguagem pode ser oral ou escrita, a leitura vai além do universo da palavra escrita. Podemos fazer a leitura de um texto produzido em linguagem escrita, como a de um artigo de opinião; em linguagem oral, como a de um debate regrado público; em linguagem mista, como a de um filme ou uma história em quadrinhos; em linguagem pictórica, como a de uma pintura; e assim por diante.

Ler bem, ou ser um leitor competente, não é apenas compreender o que está dito, mas compreender também o não dito, as entrelinhas, o implícito do texto.

O leitor crítico é aquele que, diante de qualquer texto, verbal ou não verbal, coloca-se numa postura ativa, de análise, de resposta ao texto lido. Ele não só analisa o texto, mas também os demais elementos da situação de produção: quem fala, para quem fala, em qual contexto e momento histórico, em que meio ou suporte de divulgação, com qual intenção, etc.

Como se sabe, ninguém fala ou escreve sem ter um destinatário em mente. Quando alguém produz um texto, tem uma intenção e supõe ou tem um interlocutor real. Leva em conta, por exemplo, que seu texto pode interagir com o interlocutor, modificar seu comportamento, suas ideias ou emoções; pode, por exemplo, informar, emocionar, defender um ponto de vista, ensinar, contar o que aconteceu...

Nenhum texto é neutro, despretensioso. Todo texto está carregado de intenções, significados, explícitos e implícitos, e ideologia, que dependem impreterivelmente do contexto em que foi produzido. Um mesmo texto pode ter, em um e outro contexto, sentidos completamente diferentes, ou seja, a situação participa da construção do sentido do texto.

Diana Ong/Getty Images

O leitor competente é aquele que, além do sentido das palavras, descobre também o significado das pausas, dos silêncios, da pontuação...

Todas as intenções e todos os significados, os explícitos e os implícitos, os subterfúgios, as pausas e o silêncio precisam ser lidos, interpretados de modo crítico e competente. Ler, nesse sentido, é assumir uma postura ativa diante do que lemos ou escutamos. Só assim podemos ser leitores competentes e críticos, prontos para o exercício da cidadania, prontos para a vida. Essa é a mais desafiante e a mais prazerosa tarefa de ler.

Capítulo 2

Texto **verbal** e texto **não verbal**

Looker Studio/Shutterstock

Se pesquisarmos a etimologia da palavra *texto*, veremos que ela está relacionada com o ato de tecer, entrelaçar, construir sobrepondo. Texto, portanto, é da mesma família de palavras como textura, tecido, tessitura. Mas, afinal, de que é constituído um texto? Será apenas de palavras?

Leia o painel de textos a seguir.

Texto I

Österreichische Galerie Belvedere, Viena, Áustria

O beijo (1907-8), de Gustav Klimt.

Texto II

Cantiga pra não morrer

Quando você for se embora,
moça branca como a neve,
me leve.

Se acaso você não possa
me carregar pela mão,
menina branca de neve,
me leve no coração.

Se no coração não possa
por acaso me levar,
moça de sonho e de neve,
me leve no seu lembrar.

E se aí também não possa
por tanta coisa que leve
já viva em seu pensamento,
menina branca de neve,
me leve no esquecimento.

Moça de sonho e de neve,
me leve no esquecimento,
me leve.

(Ferreira Gullar. www.vagalume.com.br/ferreira-gullar/cantiga-pra-nao-morrer.html#ixzz1PSoAv87R)

Texto III

Pinacoteca do Estado de São Paulo

Saudade (1899), de Almeida Júnior.

Shutterstock

1. No texto I vemos um homem em pé e uma mulher ajoelhada.

a) O que o homem está fazendo?

b) Que reação tem a mulher? Justifique sua resposta com elementos do texto.

c) Que tipo de relação eles provavelmente têm entre si? Justifique sua resposta.

2. Observe as roupas das personagens. Ele usa um manto com alguns desenhos retangulares, e ela, um vestido com algumas formas arredondadas e florais.

a) Que cor há em comum nas roupas das duas personagens? Que efeito essa semelhança provoca na construção do sentido da tela?

b) Levante hipóteses: O que as figuras retangulares e arredondadas das roupas das personagens sugerem?

3. O texto "Cantiga pra não morrer" diz respeito a relacionamento amoroso.

a) Que tipo de situação é imaginada pelo eu lírico do texto?

b) Que apelo o eu lírico faz à "moça branca como a neve"?

c) Dê ao menos duas interpretações ao título do texto.

4. O texto III é uma obra do pintor brasileiro Almeida Júnior (1850-1899). Nela, uma mulher olha uma fotografia. Observe o título do quadro e responda:

a) Que sentimentos a postura física da mulher e sua expressão facial expressam?

b) Por que a mulher está vestida de negro?

c) De quem você acha que é a foto?

5. Compare os três textos.

a) O que eles têm em comum?

b) Em qual(is) dos textos o relacionamento provoca sentimentos de tristeza, saudade ou dor?

c) Em qual deles transparece afetividade, carinho e erotismo?

6. Há textos que são constituídos apenas de imagens, outros, apenas de palavras; outros, de palavras e imagens.

a) Quais textos são constituídos basicamente de imagens?

b) Qual é constituído apenas de palavras?

Como vimos, um texto pode ser constituído apenas de linguagem verbal, como ocorre com a notícia, a carta ou a anedota; nesse caso, ele é chamado de **texto verbal**. Também pode ser constituído de linguagem visual, como a fotografia e a pintura; ou de linguagem musical, como uma música; ou da linguagem da dança, como um espetáculo de balé. Nesses casos, ele é chamado de **texto não verbal**. E pode, ainda, ser constituído pelo cruzamento de mais de uma linguagem, como, por exemplo, das linguagens verbal e visual, como os gráficos, as histórias em quadrinhos, o cinema; ou das linguagens verbal e musical, como a canção. Nesses casos, temos os textos em linguagem mista, conhecidos como **textos multimodais**.

O produto final de toda enunciação, feita em que linguagem for, é chamado de **texto**. Assim, são textos: um gráfico, um cartum, uma pintura, uma melodia, um poema, um filme, uma escultura, etc. Em muitos casos, dependendo da situação, até mesmo o silêncio pode ser considerado um texto.

Prepare-se
para o Enem e o vestibular

Observe atentamente a tira abaixo e responda às questões de 1 a 3.

QUASE NADA FÁBIO MOON E GABRIEL BÁ

MAS SE EU FALASSE DE ALGO QUE VOCÊ NÃO ENTENDE...

... SE DESENHASSE ALGO QUE VOCÊ NÃO CONHECE...

... VOCÊ NÃO VERIA **NADA.**

Fábio Moon e Gabriel Bá/Folhapress

(*Folha de S. Paulo*, 15/6/2013.)

1. No 3º quadrinho da tira, o reforço da mensagem verbal é feito, graficamente, pela:
   a) repetição da expressão negativa.
   b) presença de termos em negrito.
   c) oposição entre linguagem verbal e linguagem visual.
   d) ironia verbal.
   e) ausência de moldura e de imagem.

2. No último quadrinho, após afirmar que não é possível vermos tudo o que acontece à frente de nossos olhos, a personagem ácaro expõe uma conclusão que pode ser assim formulada:
   a) O ser humano não é o centro do mundo.
   b) A vida não tem explicação.
   c) É impossível chegar à verdade dos fenômenos.
   d) O destino não pode ser alterado.
   e) Para conhecer a realidade, o ser humano necessita de instrumentos como o telescópio e o microscópio.

3. A personagem presente no último quadrinho é um ser microscópico. Em relação ao ser humano, no contexto da tira, ela se caracteriza pela:
   a) expressividade.
   b) invisibilidade.
   c) inexistência.
   d) contradição.
   e) similaridade.

Leia o cartum a seguir, de Angeli, e responda às questões 4 e 5.

© Angeli - Folha de S. Paulo 17.12.2013

(*Folha de S. Paulo*, 17/12/2013.)

4. Com base no diálogo entre os guardas e nos elementos visuais que compõem o cartum, é possível inferir uma crítica do cartunista, baseada no seguinte fato:

a) Os jovens se descontrolam em grupos muito numerosos.

b) Os guardas pertencem à mesma classe social dos jovens.

c) Os guardas hesitam no cumprimento de medida repressiva.

d) Os jovens ameaçam as atividades comerciais dos *shoppings*.

e) Os guardas têm dificuldade em identificar os grupos que devem reprimir.

5. O preconceito envolve uma generalização, que, no cartum, é sugerida:

a) pelo traçado plano do cenário principal.

b) pela forma difusa das pessoas ao fundo.

c) pelo destaque dado ao letreiro do *shopping*.

d) pela nitidez na representação dos dois guardas.

e) pela representação antagônica de guardas e de pessoas.

Leia o poema a seguir, de Paulo Leminski, e responda às questões 6 e 7.

ais ou menos

[...]

Senhor,
peço poderes sobre o sono,
esse sol em que me ponho
a sofrer meus ais ou menos,
sombra, quem sabe, dentro de um sonho.
Quero forças para o salto
do abismo onde me encontro
ao hiato onde me falto.
Por dentro de mim, a pedra,
e, aos pés da pedra,
essa sombra, pedra que se esfalfa.
Pedra, letra, estrela à solta,
sim, quero viver sem fé,
levar a vida que falta
sem nunca saber quem é.

(Paulo Leminski. *Toda poesia*. São Paulo: Companhia das Letras, 2013. p. 211.)

Nelson Provazi

6. O poema apresenta elementos característicos de outro gênero do discurso, que é:

a) a receita.

b) a oração.

c) a canção.

d) o anúncio publicitário.

e) o relato.

7. Um trecho do poema surpreende por se opor, no plano das ideias, ao que se espera no gênero identificado na questão anterior. Trata-se do(s) verso(s):

a) "peço poderes sobre o sono"

b) "Quero forças para o salto / do abismo onde me encontro"

c) "esse sol em que me ponho"

d) "levar a vida que falta"

e) "sim, quero viver sem fé"

As duas telas a seguir foram produzidas em épocas diferentes. A da esquerda é de Philippe de Champaigne (século XVII), e a da direita, de Paula Rego (século XX). Observe-as e responda às questões 8 e 9.

National Gallery, Londres, Inglaterra

O sonho de José (1642-3).

Coleção particular

O sonho de José (1990).

O episódio da anunciação

O episódio da anunciação da Virgem Maria, retratado por Philippe de Champaigne, é relatado na Bíblia, no evangelho de Mateus.

Maria estava prometida em casamento a José e, antes de passarem a conviver, ela ficou grávida. José, após o casamento, sendo justo e não querendo denunciá-la publicamente, pensou em abandoná-la em segredo. Depois de ter esse pensamento, apareceu-lhe em sonho um anjo, que lhe disse: "José, filho de Davi, não tenhas receio de receber Maria, tua esposa; o que nela foi gerado vem do Espírito Santo. Ela dará à luz um filho, e tu lhe porás o nome de Jesus, pois ele vai salvar o seu povo dos seus pecados".

8. Comparando-se os dois quadros, percebe-se que as figuras femininas apresentam uma postura que pode ser descrita como:

a) estática, no primeiro, e dinâmica, no segundo.
b) dinâmica, no primeiro, e estática, no segundo.
c) de agente, no primeiro, e de simples observadora, no segundo.
d) dinâmica, nos dois quadros.
e) de observadora, nos dois quadros.

9. A pintura da direita, ao fazer uma releitura da outra, emprega um procedimento caracterizado por:

a) manter, de forma pictórica, o ambiente religioso característico da arte barroca.
b) abordar o mesmo tema, mas situando a pintora como participante da cena.
c) expressar, no rosto das personagens, emoções e sentimentos.
d) apresentar uma informação histórica.
e) inverter todos os elementos da relação entre sagrado e profano.

10. Na tira a seguir, as personagens são Hagar, Helga e a filha do casal. Leia-a.

(*Folha de S. Paulo*, 2/8/2014.)

O diálogo da família é típico de uma situação comum na relação entre pais e filhos. A expressão que sugere que essa situação não é exclusiva do mundo contemporâneo é:

a) "levando a toda parte".
b) "muita consideração da sua parte".
c) "meu próprio cavalo".
d) "tornar nossas vidas mais fáceis".
e) "não saia de casa".

Leia, a seguir, outra tira com a personagem Hagar e responda às questões 11 e 12.

(*Folha de S. Paulo*, 22/12/2013.)

11. A frase "É hora de mostrar a eles... quem vocês são!", no contexto em que é emitida, corresponde a:

a) identificar-se.
b) dar a conhecer.
c) revelar-se.
d) apresentar documentos.
e) mostrar valentia e força.

12. A fala do porta-voz, no último quadrinho, no contexto em que é dita, sugere:

a) incompreensão da ordem do chefe.
b) recurso para evitar o confronto com o adversário.
c) decodificação enganosa da ordem recebida.
d) má interpretação da decisão tomada pelo grupo de comandados.
e) entendimento inadequado da ordem dada pelo comandante.

Questões do Enem e dos vestibulares

1. (UNIFOR-CE)

(Blog do Alpino – 08/01/15 – Disponível em: <https://br.noticias.yahoo.com/blogs/alpino/arquivo/12.html>)

"A igualdade inata, quer dizer, a independência que consiste em não se ser obrigado por outros a mais do que, reciprocamente, os podemos obrigar; por conseguinte, a qualidade do homem de ser seu próprio senhor (*sui iuris*), ao mesmo tempo a de ser um homem íntegro (*iustus*), porque não cometeu ilícito algum com anterioridade a qualquer acto jurídico; por último, também a faculdade de fazer aos outros aquilo que os não prejudica no que é seu, se eles não quiserem tomar como tal; como por exemplo, comunicar aos outros o próprio pensamento, contar-lhes ou prometer-lhes algo, seja verdadeiro e sincero ou falso e dúplice (*veriloquium aut falsiloquium*), pois que é unicamente sobre eles que recai o facto de querer ou não acreditar no interlocutor – todas estas faculdades encontram-se já ínsitas no princípio da liberdade inata e não se distinguem verdadeiramente dela (como elementos de uma divisão com base num conceito superior de Direito)".

(KANT, 2004, p. 56-57.)

Considerando a charge e o texto acima, assinale a alternativa **correta**:

a) O atentado ao periódico francês *Charlie Hebdo* deveu-se à insatisfação generalizada com os resultados das eleições para o parlamento da França, com o crescimento dos partidos conservadores.

b) O necessário respeito à liberdade e subjetividade tornam matéria indiscutível, em termos de política pública estatal, as ações de cunho religioso de quaisquer matizes ou denominações, por mais diferentes que possam parecer ao parâmetro cultural dominante.

c) O parâmetro apresentado no pensamento kantiano consiste na aplicação do entendimento iluminista do século XVIII, o qual atribui uma função central para a autonomia do sujeito de modo a exigir-lhe a responsabilidade pelo seu próprio processo de conhecimento da realidade.

d) A concepção de que haja uma competição entre culturas com o foco na construção de hegemonia tem seu ponto culminante dentro da prática do multiculturalismo europeu do fim do século XX e início do século XXI.

e) O atentado contra a publicação semanal do *Charlie Hebdo* não se configura como negação da condição de subjetividade e individualidade necessárias à coexistência cultural, mas, outrossim, uma resposta à agressão praticada pelos jornalistas contra a religião islâmica.

(UPE-PE) Texto para as questões 2 e 3:

Joaquín Salvador Lavado (QUINO)

(Disponível em: http://fatimalp.blogspot.com.br/2012/03/charges-no-vestibular.html. Acesso em: 14/06/2014.)

2. Acerca de recursos multimodais que cooperam para os sentidos do texto, analise o que se afirma a seguir.

I. Os balões, típicos do gênero em análise, cumprem a função de auxiliar o leitor a identificar os locutores em cada quadrinho.

II. A imagem de lixo na rua, presente no segundo quadrinho, está em consonância com o conteúdo expresso pela personagem Mafalda.

III. Os cenários reproduzidos nos quadrinhos sugerem que os personagens dialogam no interior da escola.

IV. No terceiro quadrinho, a expressão facial de ambos os personagens revela indignação com a atuação do prefeito.

Estão **corretas**, apenas:

a) I e II.
b) I e III.
c) II e IV.
d) I, III e IV.
e) II, III e IV.

3. O humor do texto se constrói com base no fato de:

a) Miguelito não compreender nada de um conceito escolar tão básico.
b) Mafalda assumir o papel de uma professora para seu amigo Miguelito.
c) a expressão facial de Miguelito demonstrar uma grande preocupação.
d) Mafalda tratar o assunto com seriedade incompatível com a situação.
e) Miguelito quebrar a expectativa do leitor, confundindo escola e cotidiano.

4. (FUVEST-SP) Examine estas imagens produzidas no antigo Egito:

Reprodução

Reino Antigo (2575-2134 a.C.)

Reprodução

Reino Novo (1550-1070 a.C.)

Reprodução

Reino Novo (1550-1070 a.C.)

Apud Ciro Flammarion Santana Cardoso. *O Egito antigo*. São Paulo: Brasiliense, 1982.

As imagens revelam:

a) o caráter familiar do cultivo agrícola no Oriente Próximo, dada a escassez de mão de obra e a proibição, no antigo Egito, do trabalho compulsório.

b) a inexistência de qualquer conhecimento tecnológico que permitisse o aprimoramento da produção de alimentos, o que provocava longas temporadas de fome.

c) o prevalecimento da agricultura como única atividade econômica, dada a impossibilidade de caça ou pesca nas regiões ocupadas pelo antigo Egito.

d) a dificuldade de acesso à água em todo o Egito, o que limitava as atividades de plantio e inviabilizava a criação de gado de maior porte.

e) a importância das atividades agrícolas no antigo Egito, que ocupavam os trabalhadores durante aproximadamente metade do ano.

5. (ENEM)

Engenhonovo Publicidade/Centro de Defesa da Criança e do Adolescente Yves de Roussan

Disponível em: www.portaldapropaganda.com.br. Acesso em: 29 out. 2013 (adaptado).

Os meios de comunicação podem contribuir para a resolução de problemas sociais, entre os quais o da violência sexual infantil. Nesse sentido, a propaganda usa a metáfora do pesadelo para:

a) informar crianças vítimas de abuso sexual sobre os perigos dessa prática, contribuindo para erradicá-la.

b) denunciar ocorrências de abuso sexual contra meninas, com o objetivo de colocar criminosos na cadeia.

c) dar a devida dimensão do que é o abuso sexual para uma criança, enfatizando a importância da denúncia.

d) destacar que a violência sexual infantil predomina durante a noite, o que requer maior cuidado dos responsáveis nesse período.

e) chamar a atenção para o fato de o abuso infantil ocorrer durante o sono, sendo confundido por algumas crianças com um pesadelo.

6. (FUVEST-SP)

IOTTI

Iotti

Jornal *Zero Hora*, 2 mar. 2006.

Na criação do texto, o chargista Iotti usa criativamente um intertexto: os traços reconstroem uma cena de *Guernica*, painel de Pablo Picasso que retrata os horrores e a destruição provocados pelo bombardeio a uma pequena cidade da Espanha. Na charge, publicada no período de carnaval, recebe destaque a figura do carro, elemento introduzido por Iotti no intertexto. Além dessa figura, a linguagem verbal contribui para estabelecer um diálogo entre a obra de Picasso e a charge, ao explorar:

a) uma referência ao contexto, "trânsito no feriadão", esclarecendo-se o referente tanto do texto de Iotti quanto da obra de Picasso.

b) uma referência ao tempo presente, com o emprego da forma verbal "é", evidenciando-se a atualidade do tema abordado tanto pelo pintor espanhol quanto pelo chargista brasileiro.

c) um termo pejorativo, "trânsito", reforçando-se a imagem negativa de mundo caótico presente tanto em *Guernica* quanto na charge.

d) uma referência temporal, "sempre", referindo-se à permanência de tragédias retratadas tanto em *Guernica* quanto na charge.

e) uma expressão polissêmica, "quadro dramático", remetendo-se tanto à obra pictórica quanto ao contexto do trânsito brasileiro.

Texto e discurso Intertexto e interdiscurso

Capítulo
3

Segundo o teórico russo Mikhail Bakhtin, nenhum discurso é original.
Toda palavra é uma resposta à palavra do outro, todo discurso reflete e refrata outros discursos. É nesse terreno que se situa o caráter dialógico da linguagem e suas múltiplas possibilidades de criação e recriação.

Nasjonalgalleriet, Oslo, Noruega

Marco Pece/groβes Foto

Reynolds

Reprodução/Matt Groening

O grito (1893), de Edvard Munch.

Texto e discurso

Leia este anúncio publicitário.

W/Brasil

1. Os anúncios publicitários em geral têm a finalidade de promover um produto, uma marca ou uma ideia. O que o anúncio promove?

2. Os anúncios publicitários geralmente fazem uso de mais de um tipo de linguagem. Que tipos de linguagem foram utilizados no anúncio lido?

3. Leia o boxe "Carlos Moreno", compare o anúncio que integra o boxe ao anúncio em estudo e responda:

a) Que semelhanças há entre os dois anúncios?

b) Que diferença há entre eles do ponto de vista visual?

c) A quem se assemelha o homem de óculos do anúncio em estudo?

Carlos Moreno

O ator Carlos Moreno foi o garoto-propaganda da marca Bombril entre 1978 e 2004. Depois disso, ainda fez algumas campanhas avulsas da marca.

Embora o ator tenha uma carreira teatral considerável, sua imagem está inevitavelmente associada à marca.

W/Brasil

4. Observe as técnicas utilizadas nas pinturas a seguir e compare-as com a utilizada na imagem do anúncio em estudo.

Impressionismo

Museu Estatal Pushkin de Belas Artes, Moscou, Rússia

Jeanne Samary com vestido decotado (1877), de Auguste Renoir.

Cubismo

Museu Picasso, Paris, França

Retrato de Marie-Thérèse Walter (1937), de Pablo Picasso.

Surrealismo

Teatro-Museo Dalí, Figueras, Espanha

Leda atômica (1949), de Salvador Dalí.

De qual das técnicas de pintura a imagem do anúncio publicitário fez uso? Justifique sua resposta.

5. Na parte verbal do anúncio se lê: "Gênio na arte de limpar". Considerando a relação entre o enunciado verbal e a imagem do anúncio, nota-se que a palavra *gênio* foi empregada de forma ambígua.

a) A que sentidos ela remete no contexto?

b) Por que essa ambiguidade transforma-se em um recurso importante para que o anunciante promova o seu produto?

O anúncio publicitário é um *texto* que faz uso das linguagens verbal e não verbal.

> **Texto** é um enunciado concreto, percebido pela audição (na fala) e/ou pela visão, que apresenta unidade de sentido.

Há textos que são exclusivamente escritos e outros que são exclusivamente orais. Há também textos multissemióticos, que utilizam ou podem utilizar mais de uma linguagem, como o anúncio publicitário, a história em quadrinhos, o cartum, a canção, a receita culinária, etc.

No estudo do anúncio, notamos que ele cita outros textos, no caso, as pinturas cubistas de Picasso, criando com elas uma relação de *intertextualidade*.

> **Intertextualidade** é a relação entre dois textos, na qual um faz referência a outro anteriormente produzido, que faz parte da memória social de uma coletividade.

Há vários tipos de intertextualidade, isto é, os textos podem estabelecer um diálogo entre si a partir do tema, do estilo, da estrutura, da citação explícita de partes ou de expressões do outro texto, e assim por diante.

Nesse sentido, o anúncio da marca Bombril mantém uma relação intertextual com a pintura cubista de Picasso, uma vez que, em sua construção, há elementos cubistas incorporados.

Intertexto e interdiscurso

O texto também pode ser visto como *discurso*, quando se consideram não apenas os elementos internos ao texto, mas também os elementos que fazem parte da situação de produção e de recepção daquele texto, tais como: os interlocutores, o momento histórico da produção, as intenções subjacentes ao texto, o gênero a que ele pertence, as relações que estabelece com outros textos, etc.

> **Discurso** é a atividade comunicativa – constituída de texto e contexto discursivo (quem fala, com quem se fala, com que finalidade, etc.) – capaz de gerar sentido desenvolvida entre interlocutores.

O anúncio da Bombril constitui um discurso publicitário que incorpora, em sua construção, elementos do discurso pictórico, ou seja, o anúncio se apropria de procedimentos técnicos da pintura cubista e, além disso, cita indiretamente o pintor Pablo Picasso ao empregar a palavra *gênio*. Logo, há no anúncio não apenas um diálogo entre textos, mas também entre discursos, o que chamamos de *interdiscurso*.

W/Brasil

Para compreender melhor essa relação, leia os dois poemas a seguir. O primeiro foi escrito no século XIX por Casimiro de Abreu, poeta romântico. O segundo foi escrito por Oswald de Andrade, escritor modernista do século XX.

Meus oito anos

Oh! Que saudade que tenho
Da aurora da minha vida,
Da minha infância querida
Que os anos não trazem mais
Que amor, que sonhos, que flores
Naquelas tardes **fagueiras**
À sombra das bananeiras,
Debaixo dos laranjais!
[...]

(Casimiro de Abreu. In: Antonio Candido e José A. Castello. *Presença da literatura brasileira*. São Paulo: Difel, 1968. p. 86.)

Meus oito anos

Oh que saudades que eu tenho
Da aurora de minha vida
De minha infância querida
Que os anos não trazem mais
Naquele quintal de terra
Da Rua de Santo Antônio
Debaixo da bananeira
Sem nenhum laranjais.
[...]

(Oswald de Andrade. *Primeiro caderno do aluno de poesia Oswald de Andrade*. 4. ed. São Paulo: Globo, 2006. p. 52.)

Nelson Provazi

fagueira: agradável, amena.

1. Ambos os poemas se intitulam "Meus oito anos". Compare-os.

a) Qual é o tema de ambos os textos?

b) Como o tema é abordado no poema de Casimiro de Abreu?

c) E como é abordado no poema de Oswald de Andrade?

2. Oswald de Andrade cita explicitamente o poema de Casimiro de Abreu, mas muda alguns de seus elementos, como a expressão "debaixo dos laranjais", que troca por "sem nenhum laranjais".

a) Como você explica a concordância, ou a falta de concordância, em "sem nenhum laranjais"?

b) Que efeito de sentido essa opção provoca no texto?

c) Na opinião do poeta modernista, como seria uma infância de verdade, no Brasil?

d) O discurso de Oswald de Andrade confirma, aplaude ou nega o discurso de Casimiro de Abreu?

e) Que efeito o discurso de Oswald provoca no leitor do texto?

Note que, entre os dois textos, existe uma relação de intertextualidade, já que o poema de Oswald de Andrade, escrito posteriormente, cita o poema de Casimiro de Abreu.

Porém, entre eles há também uma relação de interdiscursividade, já que, com seu poema, Oswald contrapõe dois discursos, duas ideologias, duas formas de ver o mundo. Para Oswald, a infância é muito mais simples e concreta do que para Casimiro, que a vê como sinônimo de perfeição, "amor", "sonhos", "flores". Logo, ao discurso idealizante de Casimiro, Oswald contrapõe um discurso crítico.

Interdiscursividade é a relação entre dois discursos caracterizada por um citar o outro, seja para negá-lo, seja para confirmá-lo.

O tipo de intertextualidade e de interdiscursividade que o poema de Oswald de Andrade mantém com o de Casimiro de Abreu também é chamado de **paródia**.

Paródia é um tipo de relação intertextual em que um dos textos cita outro, geralmente com o objetivo de fazer-lhe uma crítica ou inverter ou distorcer suas ideias.

Exercícios

A seguir, você vai ler dois textos não verbais: o primeiro é o quadro *Narciso*, de Caravaggio, pintor italiano que viveu entre os séculos XVI e XVII; o segundo, uma recriação da obra de Caravaggio, feita por Vik Muniz, artista plástico brasileiro do nosso tempo. Observe-os, compare-os e responda às questões propostas.

Galeria Nacional de Arte Antiga, Roma, Itália

Narciso (c. 1597), de Caravaggio.

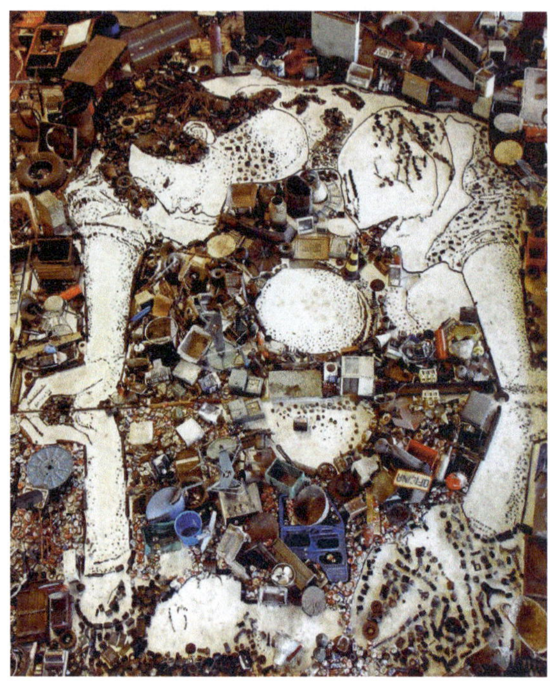

Narciso, a partir de Caravaggio (2005), de Vik Muniz.

Quem é Narciso?

Segundo a mitologia grega, Narciso era um rapaz muito bonito. No dia de seu nascimento, o adivinho Tirésias vaticinou que o menino teria vida longa, mas nunca deveria contemplar a própria beleza.

Certa vez, ao observar seu reflexo nas águas de um lago, apaixonou-se pela própria imagem. Embevecido, ficou a contemplá-la até morrer. No lugar onde Narciso morreu, nasceu uma flor, à qual foi dado seu nome.

Thinkstock/Getty Images

1. Inspirada na mitologia grega, a pintura *Narciso*, de Caravaggio, é uma das mais famosas do mundo. Vik Muniz, quatro séculos depois, cita e recria a obra de Caravaggio, utilizando materiais retirados do lixo, como pneus usados, balde de plástico e até uma geladeira velha.

   a) Que aspecto do mito grego foi retratado por Caravaggio em sua pintura?

   b) Levante hipóteses e troque ideias com os colegas: Que sentido pode ter a recriação de Vik Muniz?

2. O quadro de Vik Muniz mantém um diálogo com o de Caravaggio. Esse diálogo constitui uma relação intertextual ou interdiscursiva? Explique.

Quem é Vik Muniz?

Vicente José de Oliveira Muniz (1961), conhecido como Vik Muniz, é um artista plástico brasileiro de reconhecimento internacional. Vive atualmente em Nova Iorque.

O ineditismo do artista consiste em utilizar em seus trabalhos novas mídias e novos materiais. Criou, por exemplo, duas réplicas da *Mona Lisa*, de Leonardo da Vinci: uma feita com geleia e outra com manteiga de amendoim.

A intencionalidade discursiva

Leia a tira:

Joaquín Salvador Lavado (QUINO).

(Quino. *Mafalda aprende a ler.* São Paulo: Martins Fontes, 1999. p. 38.)

1. A tira retrata uma situação em que pai e mãe conversam sobre a filha, Mafalda. Observe e analise o 1º e o 2º quadrinhos:

a) No 1º quadrinho, como se sente o pai ao dizer que a filha já vai para a escola?

Justifique sua resposta com elementos verbais e não verbais da tira.

b) Como se sente a mãe de Mafalda no 2º quadrinho? Justifique.

2. Compare o 3º quadrinho aos dois primeiros. O que você nota de diferente?

3. No 4º quadrinho, o pai e a mãe falam simultaneamente uma frase já dita: "Temos uma filha que já vai para a escola!". Interprete, considerando toda a tira:

a) O que o uso do negrito nessa frase sugere?

b) No 4º quadrinho, essa frase tem o mesmo sentido que no 2º quadrinho? Justifique sua resposta com elementos do texto.

A tira é um bom exemplo de como a produção do discurso e a construção do sentido não dependem apenas dos elementos verbais de um enunciado, mas também dos elementos extraverbais. Como você viu, a mesma fala, em contextos diferentes, expressa sentidos diferentes. No 2º quadrinho, a mãe de Mafalda diz a frase "Temos uma filha que já vai para a escola!" com a intenção de manifestar sua alegria e entusiasmo; no 4º quadrinho, entretanto, a mesma frase expressa um sentido diferente, pois é dita a partir de uma intencionalidade diferente. A alteração da expressão facial e corporal do casal no 5º quadrinho demonstra que o contexto agora é outro, pois o casal toma consciência de que está envelhecendo rapidamente. Logo, em vez de a fala expressar alegria, satisfação, passa a expressar, nesse novo contexto, espanto e preocupação.

Assim, em qualquer situação de produção de discurso, devem ser considerados todos os elementos do contexto: quem fala, com quem fala, em que momento, a intencionalidade do enunciado, o veículo, o suporte, etc. Se um desses elementos não for considerado, a finalidade da interação verbal pode ficar comprometida.

Prepare-se
para o Enem e o vestibular

1. Leia os textos:

Texto I

Nova canção do exílio

Um sabiá na
palmeira, longe.
Estas aves cantam
um outro canto.
O céu cintila
sobre flores úmidas.
Vozes na mata,
e o maior amor.
Só, na noite,
seria feliz:
um sabiá,
na palmeira, longe.
Onde tudo é belo
e fantástico,
só, na noite,
seria feliz.
(Um sabiá,
na palmeira, longe.)
Ainda um grito de vida e
voltar
para onde tudo é belo
e fantástico:
a palmeira, o sabiá,
o longe.

(Carlos Drummond de Andrade. *Nova reunião.* Rio de Janeiro: José Olympio, 1987.)

Texto II

Canção do exílio

Minha terra tem palmeiras,
Onde canta o Sabiá;
As aves, que aqui gorjeiam,
Não gorjeiam como lá.

Nosso céu tem mais estrelas,
Nossas várzeas têm mais flores,
Nossos bosques têm mais vida,
Nossa vida mais amores.

Em cismar, sozinho, à noite,
Mais prazer encontro eu lá;
Minha terra tem palmeiras,
Onde canta o Sabiá.

Minha terra tem primores,
Que tais não encontro eu cá;
Em cismar – sozinho, à noite –
Mais prazer encontro eu lá;
Minha terra tem palmeiras,
Onde canta o Sabiá.

Não permita Deus que eu morra,
Sem que eu volte para lá;
Sem que desfrute os primores
Que não encontro por cá;
Sem qu'inda aviste as palmeiras,
Onde canta o Sabiá.

(Gonçalves Dias. *Poesia e prosa completas.* Rio de Janeiro: Nova Aguilar, 1998.)

Os poemas foram produzidos em épocas diferentes: o texto I, no século XX, e o texto II, no século XIX. Qual termo, abaixo, melhor traduz a ligação entre os dois poemas?

a) desejo
b) pessimismo
c) nacionalismo
d) natureza
e) submissão

2. O conto "A cartomante", de Machado de Assis, se inicia assim:

Hamlet observa a Horácio que há mais cousas no céu e na terra do que sonha a nossa filosofia. Era a mesma explicação que dava a bela Rita ao moço Camilo, numa sexta-feira de novembro de 1869, quando este ria dela, por ter ido na véspera consultar uma cartomante; a diferença é que o fazia por outras palavras.

— Ria, ria. Os homens são assim; não acreditam em nada. [...]

(In: *Várias histórias.* Rio de Janeiro/São Paulo/Porto Alegre: W. M. Jackson, s.d. Col. Obras Completas de Machado de Assis.)

No trecho reproduzido na página anterior, é feita referência a um texto de ____. Esse procedimento é conhecido como ____.

Assinale a alternativa que completa corretamente a afirmação.

a) Maquiavel/metalinguagem
b) Gil Vicente/intertextualidade
c) Shakespeare/plágio
d) Platão/metalinguagem
e) Shakespeare/intertextualidade

3. O texto a seguir é um poema moderno, de autoria de Reinaldo Ferreira. Leia-o.

Receita de herói

Tome-se um homem feito de nada
Como nós em tamanho natural
Embeba-se-lhe a carne
Lentamente
De uma certeza aguda, irracional
Intensa como o ódio ou como a fome.
Depois perto do fim
Agite-se um pendão
E toque-se um clarim
Serve-se morto.

(*Poemas*. Lisboa: Nova Vega Editorial, 1998.)

O poema busca atingir o leitor trabalhando uma ideia de construção e desconstrução do homem. Pela estrutura, com qual outro tipo de texto o poema se assemelha?

a) oração religiosa
b) bula de remédio
c) receita culinária
d) receituário médico
e) editorial jornalístico

4. As duas telas a seguir foram produzidas em épocas diferentes; a primeira é de Leonardo da Vinci (século XVI), e a segunda, de Fernando Botero (século XX).

Leonardo da Vinci. Monalisa, c. 1503-1506.

Banco de la República, 2000, Photograph by Victor Robledo, © Museo Botero - Banco de la República

Sobre as duas telas, podemos afirmar que:

a) a segunda é um plágio da primeira.
b) a primeira é uma paráfrase da segunda.
c) a segunda é uma releitura da primeira.
d) a segunda é uma caricatura da primeira.
e) ambas são representações de Maria (mãe de Cristo).

5. Leia esta anedota.

O barbeiro:
— Como é que o senhor quer as costeletas?
O freguês, dono de restaurante:
— Bem passadas, com molho e pimenta.

Que elementos da situação de produção do discurso não foram levados em conta pelo cliente da barbearia?

6. Considere a seguinte situação:

A filha adolescente chega da balada às 5 horas da madrugada. A mãe, depois de passar a noite na sala, sem dormir, pergunta à filha:
— Trouxe o pão?

Levando em conta a situação de produção do enunciado da mãe, inclusive a intencionalidade, responda:

a) Qual o sentido da pergunta feita pela mãe na situação?
b) Imagine outra situação em que a pergunta feita pela mãe tivesse um sentido diferente.

7. Considerando que a situação participa da construção do sentido de um texto, explique o que quer dizer o enunciado "Não vai trabalhar hoje?", quando o locutor é:

a) a mulher, falando ao marido pela manhã;
b) o patrão, falando com o empregado ao telefone;
c) uma pessoa, olhando para o próprio relógio e batendo com os dedos nele.

Questões do Enem e dos vestibulares

1. (FUVEST-SP) Examine a figura.

Joaquín Salvador Lavado (QUINO).

http://www.quino.com.ar/

Os versos de Carlos Drummond de Andrade que mais adequadamente traduzem a principal mensagem da figura acima são:

a) Stop.
A vida parou
ou foi o automóvel?

b) *As casas espiam os homens*
que correm atrás de mulheres.
A tarde talvez fosse azul,
não houvesse tantos desejos.

c) *Sim, meu coração é muito pequeno.*
Só agora vejo que nele não cabem os homens.
Os homens estão cá fora, estão na rua.

d) *proibido passear sentimentos*
ternos ou sopɐɹədsəsəp
nesse museu do pardo indiferente

e) *Um silvo breve. Atenção, siga.*
Dois silvos breves: Pare.
Um silvo breve à noite: Acenda a lanterna.
Um silvo longo: Diminua a marcha.
Um silvo longo e breve: Motoristas a postos.
(A este sinal todos os motoristas tomam lugar nos seus veículos para movimentá-los imediatamente.)

2. (ENEM)

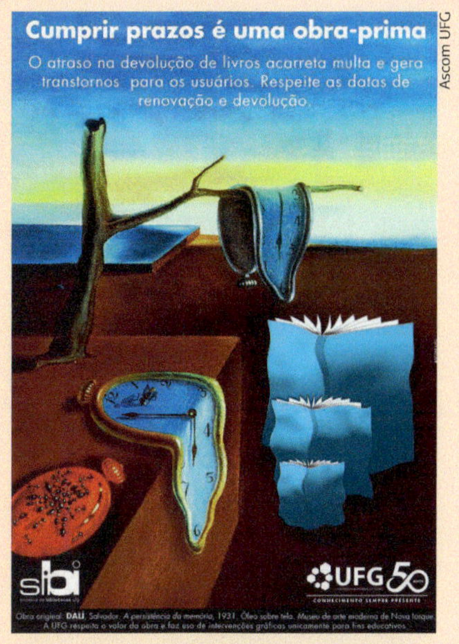

Cartaz afixado nas bibliotecas centrais e setoriais da Universidade Federal de Goiás (UFG), 2011.

Considerando-se a finalidade comunicativa comum do gênero e o contexto específico do Sistema de Biblioteca da UFG, esse cartaz tem função predominantemente

a) socializadora, contribuindo para a popularização da arte.

b) sedutora, considerando a leitura como uma obra de arte.

c) estética, propiciando uma apreciação despretensiosa da obra.

d) educativa, orientando o comportamento de usuários de um serviço.

e) contemplativa, evidenciando a importância de artistas internacionais.

3. (ENEM)

O sedutor médio

Vamos juntar
Nossas rendas e
expectativas de vida
querida,
o que me dizes?
Ter 2, 3 filhos
e ser meio felizes?

VERISSIMO, L. F. *Poesia numa hora dessas?!* Rio de Janeiro: Objetiva, 2002.

No poema *O sedutor médio*, é possível reconhecer a presença de posições críticas:

a) nos três primeiros versos, em que "juntar expectativas de vida" significa que, juntos, os cônjuges poderiam viver mais, o que faz do casamento uma convenção benéfica.

b) na mensagem veiculada pelo poema, em que os valores da sociedade são ironizados, o que é acentuado pelo uso do adjetivo "médio" no título e do advérbio "meio" no verso final.

c) no verso "e ser meio felizes?", em que "meio" é sinônimo de metade, ou seja, no casamento, apenas um dos cônjuges se sentiria realizado.

d) nos dois primeiros versos, em que "juntar rendas" indica que o sujeito poético passa por dificuldades financeiras e almeja os rendimentos da mulher.

e) no título, em que o adjetivo "médio" qualifica o sujeito poético como desinteressante ao sexo oposto e inábil em termos de conquistas amorosas.

4. (ENEM)

PAIVA, M. Disponível em: www.redes.unb.br. Acesso em: 25 maio 2014.

A discussão levantada na charge, publicada logo após a promulgação da Constituição de 1988, faz referência ao seguinte conjunto de direitos:

a) Civis, como o direito à vida, à liberdade de expressão e à propriedade.

b) Sociais, como direito à educação, ao trabalho e à proteção à maternidade e à infância.

c) Difusos, como o direito à paz, ao desenvolvimento sustentável e ao meio ambiente saudável.

d) Coletivos, como direito à organização sindical, à participação partidária e à expressão religiosa.

e) Políticos, como o direito de votar e ser votado, à soberania popular e à participação democrática.

Capítulo

4

Gêneros do discurso

Alamy Stock Photo/Fotoarena

Getty Images

Getty Images

Alamy Stock Photo/Fotoarena

Hoje em dia, sempre que se fala em leitura e produção de texto, é comum haver referência à expressão *gêneros textuais* ou *gêneros do discurso*.

Estima-se que existam mais de 5 mil gêneros em circulação na sociedade atual.

Os gêneros do discurso fazem parte, portanto, do nosso dia a dia.

Se queremos nos dar bem com a leitura e a produção de textos, devemos conhecer um pouco sobre eles.

Leia o painel de textos a seguir.

Texto I

Diálogo final

– É tudo que tem a me dizer? – perguntou ele.

– É – respondeu ela.

– Você disse tão pouco.

– Disse o que tinha pra dizer.

– Sempre se pode dizer mais alguma coisa.

– Que coisa?

– Sei lá. Alguma coisa.

– Você queria que eu repetisse?

– Não. Queria outra coisa.

– Que coisa é outra coisa?

– Não sei. Você que devia saber.

– Por que eu deveria saber o que você não sabe?

– Qualquer pessoa sabe mais alguma coisa que outro não sabe.

– Eu só sei o que eu sei.

– Então não vai mesmo me dizer mais nada?

– Mais nada.

– Se você quisesse...

– Quisesse o quê?

– Dizer o que você não tem pra me dizer. Dizer o que não sabe, o que eu queria ouvir de você. Em amor é o que há de mais importante: o que a gente não sabe.

– Mas tudo acabou entre nós.

– Pois isso é o mais importante de tudo: o que acabou. Você não me diz mais nada sobre o que acabou? Seria uma forma de continuarmos.

(Carlos Drummond de Andrade. © Graña Drummond – www.carlosdrummond.com.br)

Nelson Provazi

Texto II

Doce presença

Sei que mudamos desde o dia que nos vimos
Li nos teus olhos que escondiam meu destino
Luz tão intensa
A mais doce presença
No universo desse meu olhar

Nós descobrimos nossos sonhos esquecidos
E aí ficamos cada vez mais parecidos
Mais convencidos
Quanto tempo perdido
No universo desse meu olhar
Como te perder
Ou tentar te esquecer
Inda mais que agora sei que somos iguais
E se duvidares, tens as minhas digitais

Como esse amor pode ter fim
Já tens meu corpo, minha alma
Meus desejos...
Se olhar pra ti
Estou olhando pra mim mesmo

Fim da procura
Tenho fé na loucura
De acreditar
Que sempre estás em mim...

(Ivan Lins e Vitor Martins.
© Miramar Edições Musicais Ltda./© Oilua
Produções Artísticas Edições Musicais Ltda.)

© Michael Heywood/Alamy Stock Photo/Fotoarena

Texto III

Texto IV

Texto V

a.mor: sm 1. afeição acentuada de uma pessoa por outra; 2. objeto de afeição; 3. [...] pessoa amada; 4. zelo, cuidado.

(Soares Amora. *Minidicionário*. 18. ed. São Paulo: Saraiva, 2008. p. 38.)

1. Os textos são bastante diferentes entre si, pois foram produzidos em situações diversas, com finalidades específicas. Apesar disso, todos eles têm algo em comum. Qual é a semelhança entre eles?

2. O texto "Diálogo final" apresenta frases curtas, linguagem truncada, e esse traço formal pode estar relacionado com o conteúdo do texto.
   a) Que situação, vivida pelo casal, o texto aborda?
   b) Que relação pode haver entre essa situação e o modo como as personagens travam o diálogo?
   c) O que supostamente o homem gostaria que a mulher dissesse?
   d) Qual é a verdadeira intenção do homem ao insistir nas perguntas?

3. O texto III é uma tira do quadrinista argentino Nik, criador das personagens Gaturro e Ágatha. A fim de preservar seus recursos expressivos, o texto verbal está reproduzido sem tradução.

Gaturro, Nik © 2009 Nik/ Dist. by Universal Uclick

Apesar de o texto verbal ser em espanhol, há nos quadrinhos duas palavras da língua inglesa: *off* e *on*.

a) O que essas palavras significam?

b) O que Ágatha quer dizer com: "Gaturro, em mi vida te quiero OFF..."?

c) Como você entende a resposta de Gaturro?

d) Observe as ações de Ágatha nos dois últimos quadrinhos. Ela aceita o que Gaturro quer? Por quê?

4. Observe o texto IV.

a) Em princípio, qual parece ser a finalidade do texto?

b) Que tipo de interlocutor o texto pretende atingir, principalmente?

c) Considerando a ocasião em que o texto foi publicado e a parte não verbal dele, explique o duplo sentido da frase "Cuide bem do seu coração".

5. Apesar de todos os textos abordarem o tema do amor, eles constituem gêneros diferentes, pois apresentam várias características específicas, como estrutura, linguagem, finalidade, tipo de situação de produção e suporte.

Gaturro, Nik © 2009 Nik/ Dist. by Universal Uclick

a) Qual(is) dos textos se refere(m) a uma situação ficcional?

b) Qual(is) relata(m) experiências vividas, fatos que aconteceram na realidade?

c) Qual(is) expõe(m) ou transmite(m) um conceito, um conhecimento formal?

d) Qual(is) pretende(m) persuadir o interlocutor?

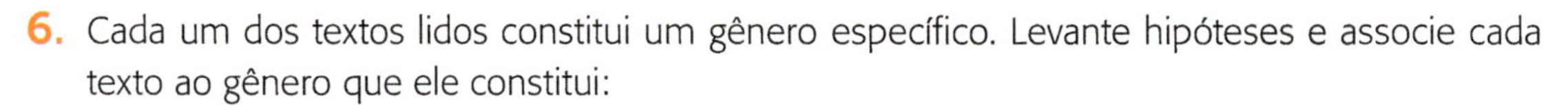

6. Cada um dos textos lidos constitui um gênero específico. Levante hipóteses e associe cada texto ao gênero que ele constitui:

- texto I
- texto II
- texto III
- texto IV
- texto V

a) anúncio

b) conto

c) verbete de dicionário

d) história em quadrinhos

e) letra de canção

As diferenças observadas entre os textos dizem respeito à situação de produção dos gêneros, incluindo a finalidade. Se o locutor quer persuadir alguém a consumir um produto, ele argumenta, como faz o anúncio do Dia dos Namorados. Se quer contar uma história ficcional, ele pode produzir um texto como "Diálogo final". Se quer transmitir conhecimentos, ele deve construir um texto que exponha os saberes de forma eficiente, como se verifica em um verbete de dicionário.

Assim, quando interagimos com outras pessoas por meio da linguagem, seja oral, seja escrita, produzimos certos tipos de textos que, com poucas variações, se repetem no tipo de conteúdo, no tipo de linguagem e na estrutura. Esses tipos de textos constituem os chamados **gêneros do discurso** ou **gêneros textuais** e foram historicamente criados pelo ser humano a fim de atender a determinadas necessidades de interação verbal. De acordo com o momento histórico, pode nascer um gênero novo, podem desaparecer gêneros de pouco uso ou, ainda, um gênero pode sofrer mudanças até transformar-se em um novo gênero.

Numa situação de interação verbal, a escolha do gênero textual é feita de acordo com os diferentes elementos que participam do contexto, tais como: quem está produzindo o texto, para quem, com que finalidade e em que momento histórico.

Os gêneros discursivos geralmente estão ligados a **esferas de circulação**. Assim, na *esfera jornalística*, por exemplo, são comuns gêneros como notícia, reportagem, editorial, entrevista; na *esfera de divulgação científica*, são comuns gêneros como verbete de dicionário ou de enciclopédia, artigo ou ensaio científico, seminário, conferência.

Desse modo, os gêneros textuais que circulam na sociedade podem ser organizados em cinco grupos: gêneros do narrar, do relatar, do argumentar, do expor e do instruir.

Veja no quadro a seguir os principais gêneros assim agrupados.

Situações sociais de uso **Tipos de texto** Capacidades de linguagem dominantes	GÊNEROS ORAIS E ESCRITOS	
Cultura literária ficcional **Narrar** Contar uma história ficcional coerente.	conto maravilhoso fábula lenda narrativa de aventura narrativa de ficção científica narrativa de enigma narrativa mítica biografia romanceada	romance romance histórico novela fantástica conto crônica literária adivinha piada etc.
Documentação e memorização das ações humanas **Relatar** Contar fatos reais ou experiências vividas, situando-os no tempo e no espaço.	relato de experiência vivida relato de viagem diário íntimo testemunho caso autobiografia *curriculum vitae* notícia	reportagem crônica social crônica esportiva relato histórico ensaio ou perfil biográfico biografia etc.
Discussão de problemas sociais controversos **Argumentar** Expressar opinião, utilizando argumentos para defender um ponto de vista e convencer o interlocutor.	textos de opinião diálogo argumentativo carta de leitor carta de reclamação carta de solicitação debate deliberativo debate regrado assembleia	discurso de defesa (advocacia) discurso de acusação (advocacia) resenha crítica artigos de opinião ou assinados editorial ensaio etc.
Transmissão e construção de saberes **Expor** Apresentar diferentes formas do conhecimento.	texto expositivo (em livro didático) exposição oral seminário conferência comunicação oral palestra entrevista de especialista verbete	artigo enciclopédico tomada de notas resumo de textos expositivos e explicativos resenha relatório científico relatório oral de experiência etc.
Instruções e prescrições **Instruir** Orientar comportamentos.	instruções de montagem receita regulamento regras de jogo	instruções de uso comandos diversos textos prescritivos etc.

(Adaptado de: Bernard Schneuwly e Joaquim Dolz. *Gêneros orais e escritos na escola*. Campinas, SP: Mercado de Letras, 2004.)

Prepare-se
para o Enem e o vestibular

1. Leia o texto a seguir, de Bernardo Soares, um dos heterônimos de Fernando Pessoa.

> Se escrevo o que sinto é porque assim diminuo a febre de sentir. O que confesso não tem importância, pois nada tem importância. Faço paisagens com o que sinto. De resto, com que posso contar comigo? Uma acuidade horrível das sensações, e a compreensão profunda de estar sentindo... Uma inteligência aguda para me destruir, e um poder de sonho sôfrego de me entreter... Uma vontade morta e uma reflexão que a embala, como a um filho vivo...
>
> (*Livro do desassossego*. Campinas, SP: Editora da Unicamp, 1994.)

Fernando Pessoa – O jovem poeta (1978), de Costa Pinheiro.

O texto lido é característico de um gênero que pertence à esfera:

a) literária.
b) jornalística.
c) histórica.
d) científica.
e) filosófica.

2. Sabemos que gêneros do discurso são realizações linguísticas concretas que atendem a necessidades específicas de comunicação. Mikhail Bakhtin, criador do conceito de gênero, já afirmava, no início do século XX, que determinados gêneros podem dar origem a outros, em um processo de assimilação. Assinale a alternativa que mostra uma sequência coerente de transformação de um gênero em outro no contexto das tecnologias atuais.

a) bilhete ou carta – *e-mail*
b) conto – novela
c) ópera – tragédia
d) conversa – receita
e) aula expositiva – teatro

3. O texto a seguir é letra de uma canção, aqui reproduzida conforme a versão dada a ela pelo grupo musical O Rappa. Leia-o.

Súplica cearense

Oh! Deus,
perdoe esse pobre coitado,
que de joelhos rezou um bocado,
pedindo pra chuva cair,
cair sem parar.

Oh! Deus,
será que o senhor se zangou,
e é só por isso que o sol se arretirou,
fazendo cair toda chuva que há.

Oh! Senhor,
pedi pro sol se esconder um pouquinho,
pedi pra chover,
mas chover de mansinho,
pra ver se nascia uma planta,
uma planta no chão.

Oh! Meu Deus,
se eu não rezei direito,
a culpa é do sujeito,
desse pobre que nem sabe fazer a oração.

Meu Deus,
perdoe encher meus olhos d'água
e ter-lhe pedido cheio de mágoa,
pro sol inclemente,
se arretirar, retirar.

Desculpe, pedir a toda hora,
pra chegar o inverno e agora,
o inferno queima o meu humilde Ceará.

Violência demais,
chuva não tem mais,
corrupto demais,
política demais,
tristeza demais.
O interesse tem demais!

[...]
Oh! Deus.
Oh! Deus.
Só se tiver Deus.
Oh! Deus.
Oh! fome.
Oh! interesse demais,
falta demais...!

(Gordurinha e Nelinho.)

Andre Dib/Pulsar Imagens

Pode-se dizer que o texto "Súplica cearense" une duas modalidades de texto, que são:

a) oração e narração.
b) drama e dissertação.
c) crônica e carta comercial.
d) oração e editorial.
e) receita e narração.

Leia o texto a seguir, do jornalista Elio Gaspari, e responda às questões 4 e 5.

De oswaldo.cruz@edu para dilma@gov

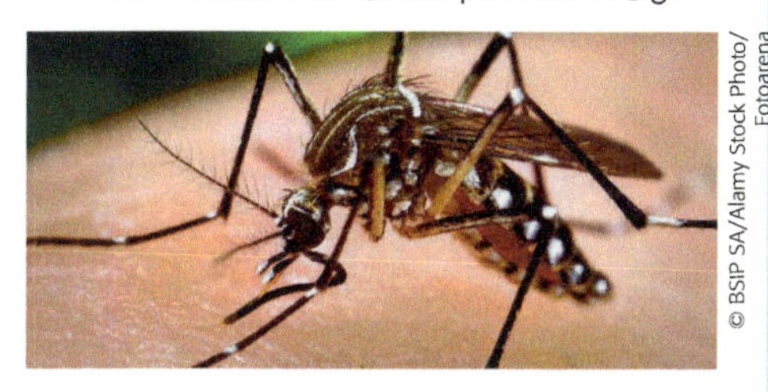

© BSIP SA/Alamy Stock Photo/ Fotoarena

Senhora,

[...]

Seria de supor que a saúde no Brasil estivesse muito bem, porque, em 1892, quando me formei em medicina, não havia dono de hospital rico. Nem quando o Jatene se diplomou, em 1953. As coisas aí vão de pior a péssimas. Se vos faltasse alguma desgraça, o Brasil tem uma nova epidemia, transmitida pelo meu velho conhecido, o mosquito *Aedes aegypti*.

Ele empesteava o Rio de Janeiro no início do século 20, transmitindo a febre amarela. Tive a mão forte do presidente e fumiguei a cidade. Não se empregavam apaniguados na saúde pública. O conselheiro Rodrigues Alves nomeou um médico sem consultar-me. Leveilhe minha demissão e ele desfez o ato.

A relação entre o mosquito, o vírus zika e complicações neurológicas foi sugerida em 2013. No sábado passado, o seu Ministério da Saúde anunciou que o zika matara uma criança no Ceará e reconheceu a suspeita de que tenha provocado 1.248 casos de microcefalia em bebês. Disparou-se um mecanismo neurastênico, como se a calamidade estivesse no vírus. Ela não está no zika, mas na saúde pública.

O seu diretor do departamento de Vigilância de Doenças Transmissíveis disse o seguinte: "Não engravidem agora". Bem que a senhora poderia avisar às brasileiras quando a gravidez deixará de ser arriscada. Levado ao pé da letra, meu colega extinguirá nossa população.

[...]

Isso é produto do descaso de um sistema de saúde onde os mosquitos parecem fazer parte do mundo dos pobres. O *Aedes* continua transmitindo dengue. Neste ano, já pegou 1,5 milhão de brasileiros e esse número virou uma simples estatística. É elementar que o zika atingiu também adultos, diagnosticados sabe-se lá com o quê.

[...]

Termino com um pedido: troque o nome de todas as ruas que levam o meu nome para "Rua do Mosquito". Enquanto ele matar brasileiros, o venerável Instituto Oswaldo Cruz terá o nome da praga: "Instituto Aedes Aegypti". Assim, em vez de exaltar uma glória que não temos, lembraremos de um problema que não resolvemos.

Saúda-a o patrício,

Oswaldo Cruz

(Disponível em: http://www1.folha.uol.com.br/colunas/eliogaspari/2015/12/1713711-de-oswaldocruzedu-para-dilmagov.shtml. Acesso em: 15/2/2016.)

4. Lido em sua totalidade e considerando-se sua situação de produção – quem são os interlocutores, o veículo em que foi publicado, a finalidade em vista, etc. –, é possível dizer que o texto de Elio Gaspari apresenta o cruzamento de dois gêneros textuais, que podem ser identificados como:
   a) sátira e carta.
   b) *e-mail* e artigo de opinião.
   c) crônica histórica e crônica argumentativa.
   d) texto informativo e texto literário.
   e) artigo de opinião e conto.

5. Releia o 4º parágrafo do texto. A ironia presente na fala atribuída a Oswaldo Cruz, nesse parágrafo, decorre de que:
   a) se as mulheres brasileiras esperarem a eficiência da saúde pública para ficarem grávidas, nossa população será extinta.

b) sem a gravidez das brasileiras, nossa população será extinta.
c) a presidente não tem como assegurar às mulheres brasileiras que terão gravidez segura.
d) a frase "Não engravidem agora" tem sentido figurado.
e) levar algo ao pé da letra é entender uma expressão em seu sentido conotativo.

Leia os textos a seguir e responda às questões 6 e 7.

Texto I

palestra sobre os novos tempos

André Dahmer/Folhapress

(André Dahmer. "Malvados". *Folha de S. Paulo*, 8/8/2014.)

Texto II

[...] há vezes em que o que falamos ou escrevemos parece corresponder exatamente ao que nosso interlocutor entendeu. A sensação é extremamente agradável, uma vez que nos sentimos devidamente entendidos, e isso define uma importante afinidade no sistema de pensar, condição indispensável para que se constitua um relacionamento íntimo. Quando ocorre essa comunicação bem-sucedida, nossa sensação é de aconchego, de não estarmos tão sozinhos neste mundo.

[...]

(Flávio Gikovate. "Em que consiste a intimidade?". Disponível em: http://flaviogikovate.com.br/em-que-consiste-a-intimidade. Acesso em: 16/2/2016.)

Texto III

De volta pro aconchego

Estou de volta pro meu aconchego
Trazendo na mala bastante saudade
Querendo um sorriso sincero
Um abraço para aliviar meu cansaço
E toda essa minha vontade

Que bom poder estar contigo de novo
Roçando teu corpo e beijando você
Pra mim tu és a estrela mais linda
Teus olhos me prendem, fascinam
A paz que eu gosto de ter.

É duro ficar sem você vez em quando,
Parece que falta um pedaço de mim.
Me alegro na hora de regressar,
Parece que vou mergulhar na felicidade [sem fim.

(Dominguinhos. Disponível em: http://www.letras.mus.br/Dominguinhos/687479. Acesso em: 20/2/2016.)

6. Os textos são de gêneros diferentes e foram produzidos em situações diversas, com intencionalidades diferentes. No entanto, há algo em comum no assunto de que tratam. Trata-se:
a) dos fundamentos da relação amorosa.
b) do relacionamento interpessoal no século passado.
c) da necessidade de, na relação amorosa, cada um dos parceiros preservar sua individualidade.
d) do modo de exposição da vida pessoal.
e) do assunto *intimidade*.

7. Embora os três textos tratem de assunto semelhante, percebe-se uma diferença de enfoque. Sobre esse enfoque, considere as afirmações a seguir.
I. O texto I aborda intimidade no sentido de privacidade, caracterizando-a como conceito abolido pelas redes sociais.
II. O texto II, trecho de um artigo de opinião, considera intimidade como algo que pode ocorrer em situações de interação verbal.
III. O texto III, letra de uma canção, aborda intimidade no âmbito do relacionamento amoroso.

Está correto o que se afirma em:
a) I, II e III.
b) II e III, apenas.
c) I e II, apenas.
d) apenas III.
e) apenas II.

Questões do Enem e dos vestibulares

1. (ENEM)

A rede telephonica

Revista Fon-Fon!

Em breve, já poderá o Brazil esticar as canellas sem receio de não ser ouvido dos pés á cabeça.

(*Fon-Fon!* ano IV, n. 36, 3 set. 1910. Disponível em: objdigital.bn.br. Acesso em: 4 abr. 2014.)

A charge, datada de 1910, ao retratar a implantação da rede telefônica no Brasil, indica que esta:

a) permitiria aos índios se apropriarem da telefonia móvel.

b) ampliaria o contato entre a diversidade de povos indígenas.

c) faria a comunicação sem ruídos entre grupos sociais distintos.

d) restringiria a sua área de atendimento aos estados do norte do país.

e) possibilitaria a integração das diferentes regiões do território nacional.

2. (FUVEST-SP)

Nani

Nani

(*NANIHUMOR.com*, acessado em agosto de 2012.)

Com base nas charges e em seus conhecimentos, assinale a alternativa correta.

a) Apesar da grave crise econômica que atingiu alguns países da Zona do Euro, entre os quais a Grécia, outras nações ainda pleiteiam sua entrada nesse Bloco.

b) A ajuda financeira dirigida aos países da Zona do Euro e, em especial à Grécia, visou evitar o espalhamento, pelo mundo, dos efeitos da bolha imobiliária grega.

c) Por causa de exigências dos credores responsáveis pela ajuda financeira à Zona do Euro, a Grécia foi temporariamente suspensa desse Bloco.

d) Com a crise econômica na Zona do Euro, houve uma sensível diminuição dos fluxos turísticos internacionais para a Europa, causando desemprego em massa, sobretudo na Grécia.

e) Graças à rápida intervenção dos países-membros, a grave crise econômica que atingiu a Zona do Euro restringiu-se à Grécia, França e Reino Unido.

3. (UPE-PE) Observe a imagem a seguir.

Michelangelo. *A queda de Adão e Eva e a expulsão do Jardim do Éden*, 1510/Capela Sistina, Vaticano

(Disponível em: http://doutormandrake.com/2011/06/03/obras-michelangelo)

Ela reproduz um detalhe dos afrescos pintados por Michelangelo na Capela Sistina. Sobre a imagem e seu contexto histórico, assinale a alternativa **correta**.

a) Encomendados pelo papa Júlio II, os afrescos da Capela Sistina trazem como tema primordial a cultura clássica, em especial sua rica mitologia.

b) Passagens do Velho Testamento também aparecem representadas na obra, segundo atesta a imagem.

c) Parte dos afrescos do teto da Capela Sistina foi destruída por um terremoto, no fim do século XIX.

d) Esses afrescos constituem a obra máxima de Michelangelo, cuja produção artística se limitava à pintura.

e) A pintura da abóbada da capela nunca foi finalizada por Michelangelo.

4. (UFU-MG)

Acender as velas

Zé Keti (1965).

Acender as velas
Já é profissão
Quando não tem samba
Tem desilusão
É mais um coração
Que deixa de bater
Um anjo vai pro céu
Deus me perdoe
Mas vou dizer
O doutor chegou tarde demais
Porque no morro
Não tem automóvel pra subir
Não tem telefone pra chamar
E não tem beleza pra se ver
E a gente morre sem querer morrer.

Disponível em: http://letras.mus.br/ze-keti/197272/

De acordo com a canção de Zé Keti, assinale a alternativa correta.

a) Este samba, gravado em 1965, quando o Brasil vivia sob a ditadura de Getúlio Vargas, se utiliza da simbologia das velas acesas para denunciar de forma metafórica a morte prematura de crianças da periferia.

b) Este samba, gravado em 1965, quando o Brasil vivia sob o regime da ditadura militar, denuncia em suas estrofes ritmadas o abandono e o descaso do poder público com a saúde de crianças pobres dos morros e favelas.

c) Neste samba, Zé Keti, aproveitando-se do fim da censura às artes com a extinção da ditadura militar em 1965, faz uma crítica severa às políticas de saúde no Brasil, bem como à dramática morte de crianças faveladas.

d) Neste samba, Zé Keti já alertava, em 1965, em pleno governo de Juscelino Kubitschek, para os graves problemas da saúde no Brasil, principalmente em morros e favelas cariocas.

5. (ENEM)

Eugênio Neves

NEVES, E. *Engraxate*. Disponível em: www.grafar.blogspot.com. Acesso em: 15 fev. 2013.

Considerando-se a dinâmica entre tecnologia e organização do trabalho, a representação contida no cartum é caracterizada pelo pessimismo em relação à:

a) ideia de progresso.

b) concentração do capital.

c) noção de sustentabilidade.

d) organização dos sindicatos.

e) obsolescência dos equipamentos.

6. (MACKENZIE-SP)

Rubens Chaves/Folhapress

Imagem de Valo Grande, hoje com quase 400 m de largura. Foi aberto no século XIX com 4 m de largura.

Acima, podemos observar o Valo Grande, canal construído no século XIX no rio Ribeira de Iguape, litoral do Estado de São Paulo, com o objetivo de dinamizar o escoamento da próspera produção agrícola, especialmente do arroz, nessa região. Esse canal é conhecido como um dos mais trágicos desastres ambientais decorrentes do desvio de um rio. Durante as cheias, as águas desviadas para o trecho artificial, sem os meandros para domar sua velocidade, ocasionam um intenso solapamento de suas margens. Os sedimentos, então, são depositados no porto de Iguape.

Os impactos ambientais, verificados no caso descrito, são:

a) deslizamentos de encostas e redução das ilhas de sedimentação.

b) elevação do nível do mar e degradação dos sistemas bióticos.

c) intenso processo erosivo e assoreamento.

d) aumento na ocorrência de extremos climáticos e decréscimos na produção dos alimentos de subsistência.

e) ressacas no litoral e ondas de calor.

(UFSCar-SP) Leia o texto para responder às questões de números 7 e 8:

Brasil é exemplo de sucesso na redução do desmatamento, diz relatório

Em 05 de junho de 2014, na Alemanha, ocorreu uma reunião da ONU sobre mudanças climáticas. Nessa reunião, foi divulgado um relatório destacando o Brasil como o país que mais reduziu o desmatamento.

O documento explora como, na primeira década deste século, o Brasil conseguiu se distanciar da liderança mundial em desmatamento e se transformou em exemplo de sucesso.

"As mudanças na Amazônia brasileira na década passada e sua contribuição para retardar o aquecimento global não têm precedentes", diz o relatório, que analisa a trajetória de 17 países em desenvolvimento com florestas tropicais.

(Alessandra Corrêa, *BBC Brasil*, 05.06.2014, www.bbc.co.uk. Adaptado)

7. Um dos objetivos da notícia é:
   a) criticar o descaso de alguns países com o problema do desmatamento.
   b) analisar o impacto negativo do desmatamento sobre florestas tropicais.
   c) divulgar informações sobre um relatório que trata da questão do desmatamento.
   d) revelar quais foram os países que mais lutaram contra o desmatamento.
   e) explicar como a ONU tem auxiliado alguns países a combater o desmatamento.

8. Entre os 17 países estudados, o Brasil foi o:
   a) único que manteve suas florestas tropicais totalmente preservadas.
   b) mais bem-sucedido no combate ao desmatamento em seu território.
   c) menos preocupado com as questões ecológicas discutidas na ONU.
   d) maior responsável pelo contínuo aumento do aquecimento global.
   e) principal causador das mudanças climáticas que ameaçam as florestas.

(ITA-SP) As questões de 9 a 15 referem-se ao texto a seguir, de Rubem Braga, publicado pela primeira vez em 1952, no jornal *Correio da Manhã*, do Rio.

01 José Leal fez uma reportagem na Ilha das Flores, onde ficam os imigrantes logo que chegam. E falou dos equívocos de nossa política imigratória. As pessoas que
05 ele encontrou não eram agricultores e técnicos, gente capaz de ser útil. Viu músicos profissionais, bailarinas austríacas, cabeleireiras lituanas. Paul Balt toca acordeão, Ivan Donef faz coquetéis, Galar Bedrich é
10 vendedor, Serof Nedko é ex-oficial, Luigi Tonizo é jogador de futebol, Ibolya Pohl é costureira. Tudo gente para o asfalto, "para entulhar as grandes cidades", como diz o repórter.
15 O repórter tem razão. Mas eu peço licença para ficar imaginando uma porção de coisas vagas, ao olhar essas belas fotografias que ilustram a reportagem. Essa linda costureirinha morena de Badajoz,
20 essa Ingeborg que faz fotografias e essa Irgard que não faz coisa alguma, esse Stefan Cromick cuja única experiência na vida parece ter sido vender bombons – não, essa gente não vai aumentar a produção
25 de batatinhas e quiabos nem plantar cidades no Brasil Central.

É insensato importar gente assim. Mas o destino das pessoas e dos países também é, muitas vezes, insensato: prin-
30 cipalmente da gente nova e países novos. A humanidade não vive apenas de carne, alface e motores. Quem eram os pais de Einstein, eu pergunto; e se o jovem Chaplin quisesse hoje entrar no Brasil
35 acaso poderia? Ninguém sabe que destino terão no Brasil essas mulheres louras, esses homens de profissões vagas. Eles estão procurando alguma coisa: emigraram. Trazem pelo menos o patrimônio de
40 sua inquietação e de seu apetite de vida. Muitos se perderão, sem futuro, na vagabundagem inconsequente das cidades; uma mulher dessas talvez se suicide melancolicamente dentro de alguns anos, em
45 algum quarto de pensão. Mas é preciso de tudo para fazer um mundo; e cada pessoa humana é um mistério de heranças e de taras. Acaso importamos o pintor Portinari, o arquiteto Niemeyer, o físico Lat-
50 tes? E os construtores de nossa indústria, como vieram eles ou seus pais? Quem pergunta hoje, e que interessa saber, se esses homens ou seus pais ou seus avós vieram para o Brasil como agricultores, comer-
55 ciantes, barbeiros ou capitalistas, aventureiros ou vendedores de gravata? Sem o tráfico de escravos não teríamos tido Machado de Assis, e Carlos Drummond seria impossível sem uma gota de sangue
60 (ou uísque) escocês nas veias, e quem nos garante que uma legislação exemplar de imigração não teria feito Roberto Burle Marx nascer uruguaio, Vila Lobos mexicano, ou Pancetti chileno, o general Ron-
65 don canadense ou Noel Rosa em Moçambique? Sejamos humildes diante da pessoa humana: o grande homem do Brasil de amanhã pode descender de um clandestino que neste momento está saltando as-
70 sustado na praça Mauá, e não sabe aonde ir, nem o que fazer. Façamos uma política de imigração sábia, perfeita, materialista; mas deixemos uma pequena margem aos inúteis e aos vagabundos, às aventureiras
75 e aos tontos porque dentro de algum deles, como sorte grande da fantástica loteria humana, pode vir a nossa redenção e a nossa glória.

(BRAGA, R. Imigração. *In: A borboleta amarela.* Rio de Janeiro, Editora do Autor, 1963)

9. O objetivo do autor é:
   a) discutir a reportagem de José Leal sobre a chegada de imigrantes ao Brasil.
   b) apoiar a imigração europeia, independentemente da condição social dos imigrantes.

c) mostrar que o Brasil não precisa de imigrantes sem qualificação profissional.

d) defender uma política imigratória não necessariamente vinculada a critérios profissionais.

e) criticar a legislação brasileira sobre imigração vigente na época.

10. O autor do texto:

a) destaca a aparência dos imigrantes como um fator preponderante para a imigração.

b) reproduz os nomes dos imigrantes citados na reportagem para atribuir-lhes importância social.

c) toma como sua a expressão "para entulhar as grandes cidades".

d) desenvolve os argumentos para sustentar que "é insensato importar gente assim".

e) concorda parcialmente com o repórter José Leal, porém assume um ponto de vista diferente.

11. De acordo com o texto, Rubem Braga:

I. assevera que os imigrantes qualificados teriam destino promissor no Brasil.

II. mostra otimismo em relação aos imigrantes sem profissão definida.

III. apresenta ideias sobre imigração tanto semelhantes como avessas às de José Leal.

IV. considera que, sem imigração, não haveria algumas das grandes personalidades no Brasil.

Estão corretas apenas:

a) I e II.

b) I, II e IV.

c) II e III.

d) II, III e IV.

e) III e IV.

12. No trecho *Tudo gente para o asfalto, "para entulhar as grandes cidades", como diz o repórter*, Rubem Braga:

I. retrata o ponto de vista do repórter José Leal.

II. cita José Leal e, com isso, marca a direção argumentativa do seu texto.

III. concorda com o repórter, segundo o qual os imigrantes deveriam trabalhar apenas no campo.

IV. concorda com o repórter, segundo o qual os imigrantes são desqualificados por exercerem profissões tipicamente urbanas.

Estão corretas apenas:

a) I e II.

b) I, II e IV.

c) I e III.

d) II, III, IV.

e) III e IV.

13. Assinale a opção em que a expressão destacada **não** retoma um conteúdo anterior.

a) *O repórter* tem razão. (linha 15)

b) É insensato importar *gente assim*. (linha 27)

c) *A humanidade* não vive apenas de carne, alface e motores. (linhas 31 e 32)

d) *Muitos* se perderão, sem futuro, na vagabundagem inconsequente das cidades; [...] (linhas 41 e 42)

e) [...] e que interessa saber, se esses homens ou *seus* pais ou seus avós vieram para o Brasil como agricultores, [...] (linhas 52 a 54)

14. De acordo com as normas gramaticais de pontuação:

I. o travessão da linha 23 serve para realçar uma conclusão do que foi dito anteriormente.

II. os dois-pontos da linha 29 podem ser substituídos por ponto e vírgula.

III. a vírgula, em "está saltando assustado na praça Mauá, e não sabe", linhas 69 e 70, pode ser excluída.

IV. o ponto e vírgula da linha 72 pode ser substituído por ponto final.

Estão corretas apenas:

a) I, II e III.

b) I, III e IV.

c) II e III.

d) II, III e IV.

e) III e IV.

15. Assinale a opção em que há metonímia.

a) gente para o asfalto (linha 12)

b) plantar cidades (linhas 25 e 26)

c) apetite de vida (linha 40)

d) fazer um mundo (linha 46)

e) loteria humana (linhas 76 e 77)

Unidade 2

Competência leitora e habilidades de leitura

Thinkstock/Getty Images

O único risco que se corre em livrarias e bibliotecas é abrir um livro ao acaso e deparar com uma informação ou ideia que nos transforma a vida para sempre, para o bem ou para o mal.

Ruy Castro

Fábio Guinalz/Fotoarena

Ler um livro pela primeira vez é conhecer um novo amigo; lê-lo pela segunda vez é encontrar um velho amigo.

Provérbio chinês

Ler é ganhar a alma

Filho de ferroviário morando num subúrbio de Araraquara, o menino [Ignácio de Loyola Brandão] tímido e encabulado, que se achava magro e feio e se sentia marginalizado, encontrou na leitura um refúgio para sua solidão. "Meu pai lia e parecia feliz", lembra. "Foi ele que me presenteou com os primeiros volumes. 'O cisne negro' e 'O patinho feio', como me encantaram. 'Pinóquio' era deslumbrante. Não me esqueço também de 'Robinson Crusoé', de 'O Barba Azul' e tantos mais." [...]

"A leitura era um modo de me abstrair de tudo o que incomodava, de colocar minhas raivas para fora", conta Loyola. "Depois, passou a ser uma forma de resolver meus conflitos, de viver os personagens, de amar todas aquelas mulheres... [...] Ler era a maneira de entender a vida, de ir embora. Ainda é. Quando estou lendo, me concentro, levito, saio de mim. Ler é ganhar a alma. É ser sobrevivente. A leitura é uma boia salva-vidas. Um escaler."

Ignácio de Loyola Brandão, jornalista e escritor (www.livrariacultura.com.br)

Fique ligado! Leia!

Livros

Editora José Olympio

Para você que gosta de literatura e deseja ler alguns clássicos, sugerimos:

- Da literatura brasileira: *Memórias póstumas de Brás Cubas* e *Dom Casmurro*, de Machado de Assis (Saraiva); *São Bernardo*, de Graciliano Ramos (Record); *Sagarana*, de João Guimarães Rosa (Nova Fronteira); *A rosa do povo*, de Carlos Drummond de Andrade (Record); *Estrela da manhã*, de Manuel Bandeira (Nova Fronteira); *A paixão segundo G. H.*, de Clarice Lispector (Rocco); *Macunaíma – O herói sem nenhum caráter*, de Mário de Andrade (Villa Rica); *Nova antologia poética*, de Mário Quintana (Globo); *Nova antologia poética*, de Vinícius de Morais (Companhia das Letras); *Baú de ossos*, de Pedro Nava (Ateliê); *Seminário de ratos*, de Lygia Fagundes Telles (Rocco); *Lavoura arcaica*, de Raduan Nassar (Companhia das Letras); *Dois irmãos*, de Milton Hatoum (Companhia das Letras).
- Da literatura inglesa: *Hamlet*, *Otelo* e *Romeu e Julieta*, de Shakespeare (Martin Claret); *Frankenstein*, de Mary Shelley (L&PM); *O médico e o monstro*, de R. L. Stevenson (Martin Claret); *O retrato de Dorian Gray*, de Oscar Wilde (Martin Claret); *David Copperfield*, de Charles Dickens.
- Da literatura norte-americana: *Ficção completa e poesia*, de Edgar Allan Poe (Nova Aguilar); *O grande Gatsby*, de Scott Fitzgerald (Record); *As vinhas da ira*, de John Steinbeck (Record); *O apanhador no campo de centeio*, de J. D. Salinger (Editora do Autor); *A marca humana*, de Philip Roth (Companhia das Letras); *Pé na estrada*, de Jack Kerouac (L&PM); *O velho e o mar*, de Ernest Hemingway (Bertrand Brasil).
- Da literatura francesa: *O vermelho e o negro*, de Stendhal (Cosac Naify); *Os miseráveis*, de Victor Hugo (FTD); *Germinal*, de Émile Zola (Companhia das Letras); *Madame Bovary*, de Gustave Flaubert (Companhia das Letras).
- Da literatura italiana: *O cavaleiro inexistente*, de Italo Calvino (Companhia das Letras).
- Da literatura russa: *Os irmãos Karamazov* e *Crime e castigo*, de Dostoiévski (Editora 34); *Guerra e paz* (Itatiaia) e *Anna Karenina* (Cosac Naify), de Tolstói.
- Da literatura alemã: *Os sofrimentos do jovem Werther*, de Goethe (Martins Fontes); *A montanha mágica*, de Thomas Mann (Nova Fronteira); *A metamorfose* e *O processo*, de Kafka (Companhia das Letras).
- Da literatura latino-americana: *Ficções e Poesia*, de Jorge Luis Borges (Companhia das Letras); *Antologia poética*, de Pablo Neruda (José Olympio); *O jogo da amarelinha*, de Julio Cortázar (Civilização Brasileira); *Cem anos de solidão*, de Gabriel García Márquez (Record).
- Da literatura portuguesa: *O primo Basílio* (Saraiva) e *Os Maias* (Ática), de Eça de Queirós; *Melhores poemas de Fernando Pessoa*, de Fernando Pessoa (Global); *Ensaio sobre a cegueira*, de José Saramago (Companhia das Letras).
- Das literaturas africanas: *O outro pé da sereia*, de Mia Couto (Companhia das Letras); *A gloriosa família*, de Pepetela (Nova Fronteira); *Os da minha rua*, de Ondjaki (Língua Geral).

Filmes

Shutterstock

Entre os inúmeros filmes cujos roteiros têm por base livros de literatura, sugerimos:

- Da literatura universal: *Romeu e Julieta* e *A megera domada*, de Franco Zefirelli; *A sedutora Madame Bovary*, de Vincent Minelli; *O germinal*, de Claude Berri; *Razão e sensibilidade*, de Ang Lee; *Desejo e reparação* e *Orgulho e preconceito*, de Joe Wright; *Frankenstein*, de James Whale; *Drácula de Bram Stoker*, de Francis Ford Coppola; *O senhor dos anéis*, de Peter Jackson; *Passagem para a Índia*, de David Lean; *Moça com brinco de pérola*, de Peter Webber; *Na estrada*, de Walter Salles; *A menina que roubava livros*, de Brian Percival.
- Da literatura brasileira e portuguesa: *Vidas secas* e *Memórias do cárcere*, de Nélson Pereira dos Santos; *Macunaíma*, de Joaquim Pedro de Andrade; *Lavoura arcaica* e *Os Maias*, de Luiz Fernando Carvalho; *Triste fim de Policarpo Quaresma*, de Paulo Thiago; *Brás Cubas*, de Júlio Bressane; *Memórias póstumas de Brás Cubas*, de André Klotzel; *Desmundo*, de Alain Fresnot; *O coronel e o lobisomem*, de Maurício Farias; *O primo Basílio*, de Daniel Filho; *O crime do Padre Amaro*, de Carlos Carrera.

Capítulo 5

Competência leitora e habilidades de leitura

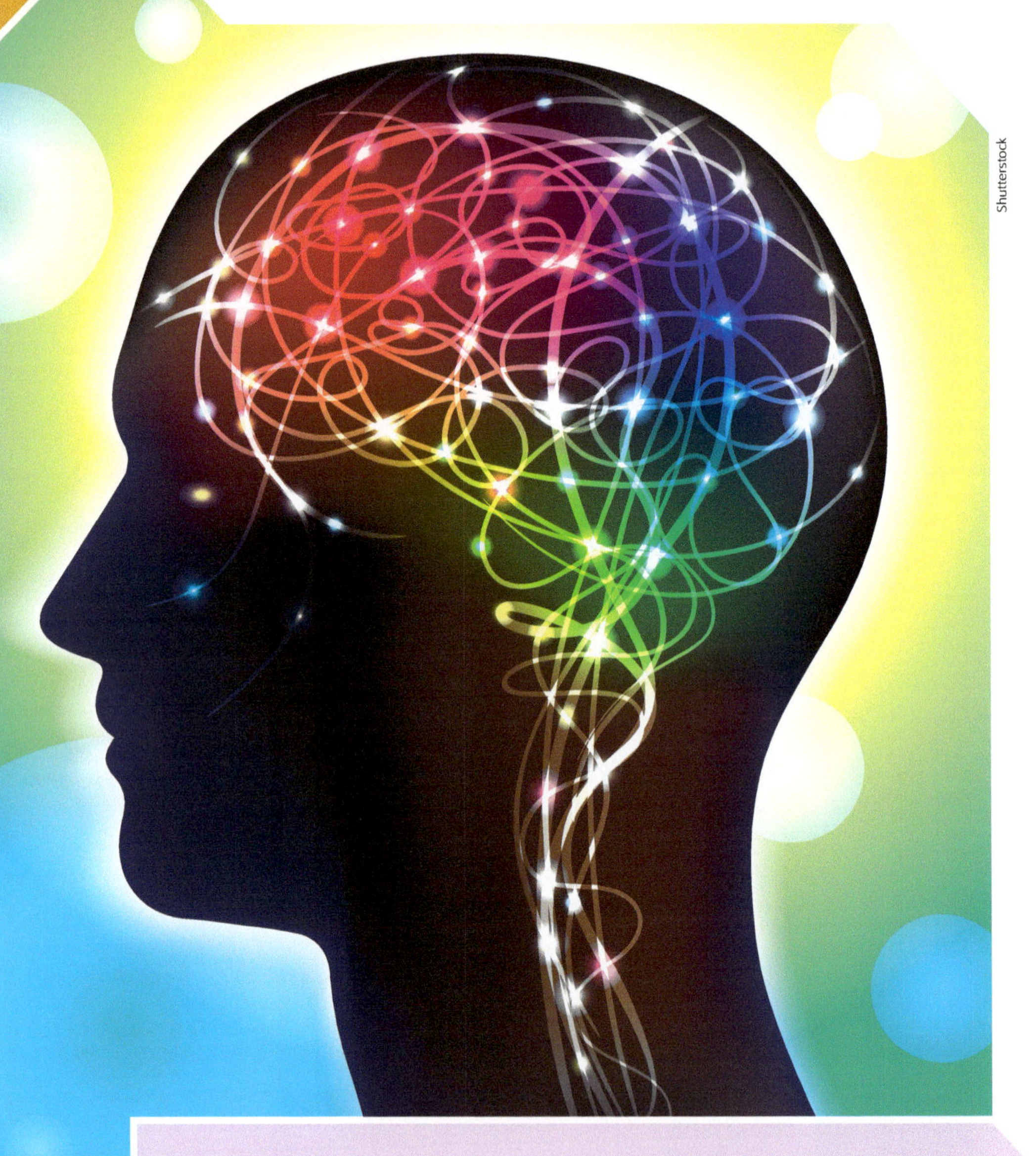

Shutterstock

De acordo com os resultados da Prova Brasil e do Saeb, que avaliam a competência leitora dos estudantes brasileiros de 5º e 9º anos do ensino fundamental e do 3º ano do ensino médio, menos de um terço dos alunos alcança o nível adequado de leitura. Neste capítulo, você vai aprender o que é *competência leitora* e saber quais são as *habilidades de leitura* necessárias para o desenvolvimento dessa competência.

Desde 1998, o ensino médio brasileiro vem passando por uma transformação profunda, à medida que tem procurado pôr em destaque o ensino por competências, em lugar do ensino focado apenas em conteúdos programáticos.

Nas questões de interpretação de texto dos diferentes tipos de exame – como Prova Brasil, Saeb, Enem, vestibulares e concursos públicos, entre outros –, o que se deseja avaliar é se o candidato desenvolveu a **competência leitora** necessária para ocupar a vaga ou o cargo que disputa.

Ainda a competência

Segundo Philippe Perrenoud, especialista em educação:

> [competência é a] capacidade de agir eficazmente em um determinado tipo de situação, apoiada em conhecimentos, mas sem limitar-se a eles.

(*Construir as competências desde a escola*. Porto Alegre: Artmed, 1999. p. 7.)

O que são competências e habilidades?

"Uma competência é mais do que um conhecimento", afirma Lino de Macedo, do Instituto de Psicologia da Universidade de São Paulo (USP) e um dos autores da matriz do Exame Nacional do Ensino Médio, o Enem. "Ela pode ser explicada como um saber que se traduz na tomada de decisões, na capacidade de avaliar e julgar. Ao contrário do que muita gente pode pensar, esse saber articulado ao fazer não é um modismo", garante ele. "A evolução da tecnologia é definitiva e, infelizmente, mais exclui do que inclui. Quem não sabe operar um computador, dificilmente consegue emprego", exemplifica.

(*Nova Escola*, nº 154.)

As competências e a leitura de mundo

Ler o mundo significa mais do que ser capaz de ler um texto. É necessário aprender outras linguagens além da escrita. Gráficos, estatísticas, desenhos geométricos, pinturas, desenhos e outras manifestações artísticas, as ciências, as formas de expressão formais e coloquiais – tudo deve ser lido e tem códigos e símbolos específicos de decifração. Quando um aluno está diante de um problema matemático, precisa ser capaz de interpretar a pergunta para entender que tipo de resposta é esperado. Idem para quem busca extrair conclusões de uma tabela de censo demográfico. Se o professor pede para escrever cartas a destinatários diferentes, o estudante tem de escolher o estilo e o vocabulário adequados a cada situação.

(*Nova Escola*, nº 154.)

Portanto, a competência pode ser traduzida como uma espécie de "saber fazer", isto é, saber lidar com as diferentes situações e problemas que se colocam diante de nós no dia a dia.

Se a competência está relacionada com o "saber fazer", as **habilidades** estão relacionadas com o "como fazer", isto é, como o indivíduo mobiliza recursos, toma decisões, adota estratégias ou procedimentos e realiza ações concretas para resolver os problemas. Portanto, competência e habilidades são duas dimensões interdependentes do "saber", que se completam mutuamente.

No âmbito da leitura e da interpretação de textos, a *competência leitora* se expressa por meio de *habilidades de leitura*, que, por sua vez, se concretizam por meio de operações ou esquemas de ação.

Veja como é avaliada a competência leitora na questão a seguir, da Prova Brasil/Saeb, destinada aos alunos do 3º ano do ensino médio.

Angeli

(Angeli. *Folha de S. Paulo*, 25/4/1993.)

A atitude de Romeu em relação a Dalila revela:

a) compaixão. **b)** companheirismo. **c)** insensibilidade. **d)** revolta.

Resposta: *c*.

Para resolver a questão, o estudante deveria mobilizar diferentes operações mentais: *observar* e *analisar* o diálogo entre as personagens — no qual a mulher fala ao marido dos sentimentos que tem — e *relacioná-lo* com a parte visual da tira, que mostra a mulher numa postura desmotivada, que combina com os sentimentos que ela enumera.

Essa integração de imagens e palavras contribui para a *interpretação do texto*, operação que possibilita captar o sentido global do que se lê. A tira evidencia uma situação de dificuldade de relacionamento do casal, comprovada no último quadrinho, em que fica explicitada a indiferença do marido em relação ao que é dito pela mulher.

Realizada a interpretação, o estudante deveria confrontá-la com as alternativas propostas e *concluir* que a alternativa *c* é a que traduz melhor o sentido geral do texto.

Veja outro exemplo, uma questão extraída da prova do Enem:

Calendário medieval, século XV.

Museu Condé, Chantilly, França

Os calendários são fontes históricas importantes, na medida em que expressam a concepção de tempo das sociedades.

Essas imagens compõem um calendário medieval (1460-1475) e cada uma delas representa um mês, de janeiro a dezembro. Com base na análise do calendário, apreende-se uma concepção de tempo

a) cíclica, marcada pelo mito arcaico do eterno retorno.

b) humanista, identificada pelo controle das horas de atividade por parte do trabalhador.

c) escatológica, associada a uma visão religiosa sobre o trabalho.

d) natural, expressa pelo trabalho realizado de acordo com as estações do ano.

e) romântica, definida por uma visão bucólica da sociedade.

Resposta: *d*.

Trata-se de uma questão que envolve a área de Ciências Humanas e suas Tecnologias. Para resolver a questão, o estudante precisa ativar conhecimentos prévios a respeito da agricultura na Europa Ocidental durante a Idade Média. Também deve lembrar que, na Europa, predomina o clima temperado, no qual as estações são bem-definidas. Portanto, tanto as atividades de trabalho quanto as atividades recreativas na Idade Média eram subordinadas às condições climáticas.

Assim, ao analisar e interpretar cada uma das doze telas do calendário, o estudante deveria relacioná-las aos doze meses do ano, isto é, o calendário mostra o que o camponês deveria fazer em cada mês do ano, de acordo com as condições climáticas, ora arando a terra, ora colhendo, ora moendo os grãos, ora fazendo o vinho, e assim por diante.

Realizada essa leitura global do calendário, que envolve a relação entre trabalho, clima e calendário, não seria difícil o estudante concluir que a alternativa mais adequada da questão é a *d*: "uma concepção de tempo natural, expressa pelo trabalho realizado de acordo com as estações do ano".

Quanto tempo o tempo tem?

Aproveite para fazer uma reflexão sobre o tempo e sobre o modo como vivemos na sociedade contemporânea assistindo ao documentário *Quanto tempo o tempo tem*, de Adriana L. Dutra e Walter Carvalho.

O filme reúne depoimentos de historiadores, filósofos, religiosos, psicólogos, jornalistas e outros profissionais sobre o modo como sentimos o passar das horas e da falta de tempo que caracteriza a vida nos dias de hoje.

Vale a pena conferir!

Infinito/Synapse e Curta!/Direção: Adriana L. Dutra e Walter Carvalho

Marcelo Gleiser, um dos entrevistados no filme.

Prepare-se
para o Enem e o vestibular

1. Observe este anúncio:

Fisher America

(http://thinkad.files.wordpress.com/2007/06/panasonic_whale_01.jpg)

A imagem de um animal em extinção, feito de metros e metros de fiação, criada pelo anunciante para transmitir a ideia de que aparelhos eletroeletrônicos podem funcionar sem fios, é uma metáfora. De que função da linguagem esse recurso é típico?

a) Metalinguística.
b) Fática.
c) Poética.
d) Referencial.
e) Emotiva.

2. Leia o anúncio abaixo e o texto que segue.

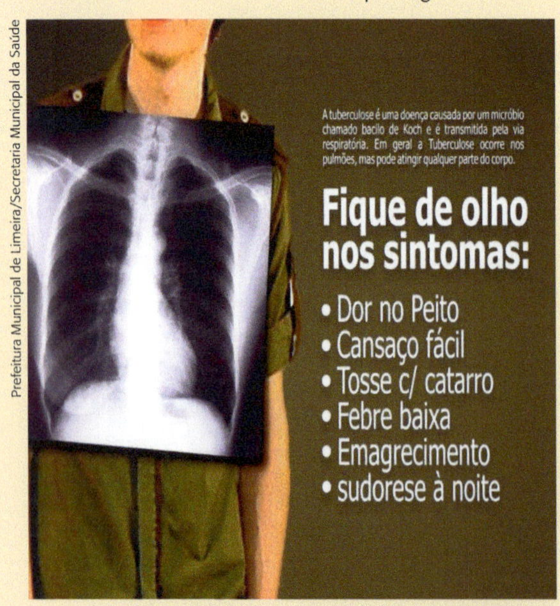

Prefeitura Municipal de Limeira/Secretaria Municipal da Saúde

(www.limeira.sp.gov.br/secretarias/saude/media/images/projetos/tuberculose/cartaz.jpg)

Medidas de defesa

Se você esteve em contato com uma pessoa com tuberculose ativa, faça um teste na pele (PPD) ou um raio-X do tórax para determinar se você entrou em contato com a tuberculose. Mesmo que seu teste (alérgico) dê positivo, não significa que você tem a doença. No Brasil, todos os bebês são vacinados contra a tuberculose ao nascer. Se você está com tosse há muito tempo e ela não melhora com nada, procure um posto de saúde: uma das causas de tosse crônica pode ser a tuberculose.

Se você estiver perto de pessoas que apresentam um risco maior de serem infectadas com a tuberculose, como em um hospital ou em uma penitenciária, use uma máscara que ajudará a impedir que você inale as bactérias da tuberculose. Finalmente, faça uma dieta saudável, repouse e exercite-se; assim, seu sistema imunológico fica em perfeito estado.

(http://saude.hsw.uol.com.br/prevenir-infeccoesrespiratorias5.htm)

Sobre o texto, podemos afirmar que se trata de um gênero do discurso que pertence à mesma família de gênero:

a) da reportagem.
b) da crônica.
c) da receita.
d) do editorial.
e) da lista.

3. A imagem abaixo faz parte de uma campanha a favor da saúde, contra o cigarro.

Ministério da Saúde

Nela identificamos, predominantemente:

a) a função conativa.
b) a função poética.
c) a função metalinguística.
d) a função referencial.
e) a função emotiva.

4. Leia os poemas:

Texto I

Soneto do amor total

Amo-te tanto meu amor... não cante
O humano coração com mais verdade...
Amo-te como amigo e como amante
Numa sempre diversa realidade.
Amo-te, enfim, de um calmo amor prestante
E te amo além, presente na saudade.
Amo-te, enfim, com grande liberdade
Dentro da eternidade e a cada instante.
Amo-te como um bicho, simplesmente
De um amor sem mistério e sem virtude
Com um desejo maciço e permanente.
E de te amar assim, muito e amiúde
É que um dia em teu corpo de repente
Hei de morrer de amar mais do que pude.

(Vinícius de Morais. *Livro de sonetos*. Sel. e org. Eucanaã Ferraz. São Paulo: Cia. das Letras, Editora Schwarcz, 2009. p. 53. Autorizado pela VM Empreendimentos Artísticos e Culturais © VM e© Cia. das Letras (Editora Schwarcz).

Texto II

O mundo que venci deu-me um amor

O mundo que venci deu-me um amor,
Um troféu perigoso, este cavalo
Carregado de infantes couraçados.
O mundo que venci deu-me um amor
Alado galoupando em céus irados,
Por cima de qualquer muro de credo,
Por cima de qualquer fosso de sexo.
O mundo que venci deu-me um amor
Amor feito de insulto e pranto e riso,
Amor que força as portas dos infernos,
Amor que galga o cume ao paraíso.
Amor que dorme e treme. Que desperta
E torna contra mim, e me devora
E me rumina em cantos de vitória.

(Mário Faustino. *Poesia completa – Poesia traduzida*. São Paulo: Max Limonad, 1985.)

Felipe Rocha

Os dois poemas expressam um ponto de vista semelhante a respeito do amor. Identifique a alternativa que melhor sintetiza esse ponto de vista.

a) O amor domina o eu lírico e o deixa consumido.
b) O amor é motivo de alegria e prazer.
c) O amor é um ritual místico e casto.
d) O amor é sinônimo de morte e desespero.
e) O amor gera atração física e guerra.

5. A chegada dos *e-books* no mercado editorial brasileiro tem gerado dúvidas e expectativas nos profissionais de várias áreas. Veja:

Nova tecnologia, mais leitores

Encontro discute impacto dos e-books no mercado editorial e importância do professor na formação dos leitores no país

O impacto dos livros em formato digital, ou e-books, gera dúvidas e também expectativas sobre novas possibilidades de negócios no mercado editorial brasileiro. Para discutir o futuro comercial desse setor e a expansão do hábito da leitura, dirigentes e profissionais da área de todo o país, além de professores e pesquisadores, encontraram-se na XXIII Reunião Anual da Abeu (Associação Brasileira de Editoras Universitárias), realizada de 7 a 10 de junho, na sede da Fundação Editora Unesp (FEU), em São Paulo.

[...]

(Daniel Patire. http://tudosobreleitura.blogspot.com/2010/07/leitura-no-mundo-digital-nova.html. Acesso em: 15/7/2010.)

Segundo o texto, as dúvidas e expectativas relacionadas aos *e-books* decorrem do fato de que:

a) há risco de que a população deixe de ler livros.
b) os professores não estão capacitados para lidar com a nova tecnologia.
c) os *e-books* tendem a custar mais caro que os livros impressos.
d) o novo suporte é uma incógnita no meio comercial.
e) o mercado editorial de *e-books* depende dos professores.

Questões do Enem e dos vestibulares

1. (ENEM)

> **Queijo de Minas vira patrimônio cultural brasileiro**
>
> O modo artesanal da fabricação do queijo em Minas Gerais foi registrado nesta quinta-feira (15) como patrimônio cultural imaterial brasileiro pelo Conselho Consultivo do Instituto do Patrimônio Histórico e Artístico Nacional (Iphan). O veredicto foi dado em reunião do conselho realizada no Museu de Artes e Ofícios, em Belo Horizonte. O presidente do Iphan e do conselho ressaltou que a técnica de fabricação artesanal do queijo está "inserida na cultura do que é ser mineiro".
>
> *Folha de S. Paulo*, 15 maio 2008.

Entre os bens que compõem o patrimônio nacional, o que pertence à mesma categoria citada no texto está representado em:

a) 

Rubens Chaves/Pulsar Imagens

Mosteiro de São Bento (RJ)

b) 

Pedro Américo. Tiradentes esquartejado. 1893.

Tiradentes esquartejado (1893), de Pedro Américo

c) 

Vinicius Moraes/Fotoarena

Ofício das paneleiras de Goiabeiras (ES)

d) 

João Prudente/Pulsar Imagens

Conjunto arquitetônico e urbanístico da cidade de Ouro Preto (MG)

e) 

Tales Azzi/Pulsar Imagens

Sítio arqueológico e paisagístico da Ilha do Campeche (SC)

2. (UEL-PR) Leia o texto e observe as figuras a seguir.

> O esquema clássico de hierarquia urbana teve origem no final do século XIX e se estendeu até meados da década de 1970. Porém, essa concepção tradicional de hierarquia urbana não explica as relações travadas entre as cidades no interior da rede urbana. Dessa forma, uma nova hierarquia urbana foi elaborada, aproximando-se da realidade de uma rede urbana.
>
> (Adaptado de: MOREIRA, J. C.; SENE, E. *Geografia para o Ensino Médio*: geografia geral e do Brasil. v. único. São Paulo: Scipione, 2002, p. 101-102.)

A figura a seguir mostra as relações entre as cidades em uma rede urbana.

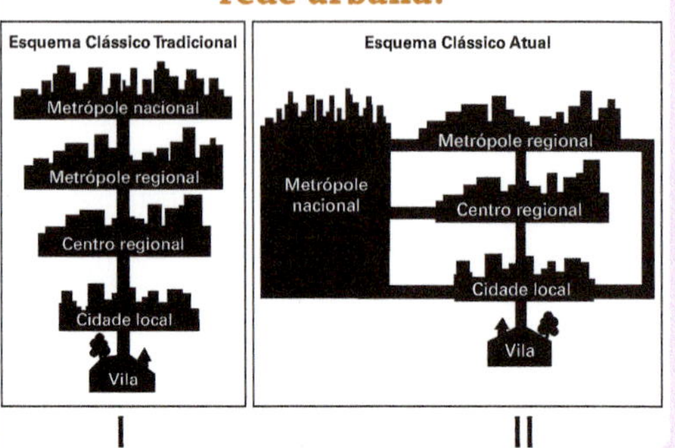

Com base no texto, associe os elementos da figura com as descrições apresentadas a seguir.

A) As relações seguem uma hierarquia crescente sob a influência de certos centros urbanos.

B) Em função dos avanços tecnológicos nos transportes e nas comunicações, rompe-se com a hierarquia rígida.

C) A cidade local pode se relacionar diretamente com a metrópole nacional, pois a hierarquia é rompida.

D) As relações das cidades são diretas com a metrópole nacional, sem a intermediação de cidade de porte médio.

E) A hierarquia é destacada a partir da submissão das cidades menores às grandes cidades.

Assinale a alternativa que contém a associação correta.

a) I-A, I-B, II-D, II-E, II-C.
b) I-A, I-E, II-B, II-C, II-D.
c) I-B, I-C, II-D, II-A, II-E.
d) I-B, I-D, II-A, II-C, II-E.
e) I-C, I-E, II-A, II-B, II-D.

3. (UFU-MG)

Texto 1

Algumas das grandes invenções que mudaram o mundo – computadores, internet, forno de micro-ondas, GPS, laser e câmeras digitais, para ficar apenas nos exemplos mais marcantes – surgiram nas fileiras militares. A próxima revolução tecnológica criada pela turma de farda ainda não transformou a vida das pessoas, mas isso é apenas uma questão de tempo. Desenvolvidos pelo Exército americano, os drones, aqueles aviões não tripulados comandados por sistemas de comunicação mantidos em terra firme, ganharam fama de máquinas assassinas graças aos ataques dos Estados Unidos em países como Iraque e Afeganistão, mas agora começam a encontrar sua verdadeira vocação: servir ao cidadão comum e gerar oportunidades de negócios para grandes empresas. Duas das corporações mais impetuosas do planeta, Google e Amazon, aceleram o desenvolvimento de drones capazes de realizar uma atividade ao mesmo tempo trivial e bilionária: a entrega de encomendas, o famoso delivery. A ideia é que os pequenos aviões transportem produtos de todo tipo (pizzas, livros, roupas, aparelhos eletrônicos, celulares) e os deixem na porta da casa dos consumidores. Parece irrealizável. Não é.

Istoé, 12 de setembro de 2014, p. 76-77

Texto 2

Milhares de pessoas já foram mortas em ataques de drones, muitas delas inocentes, todas sem julgamento ou chance de defesa. A revista *Time*, na edição da última semana de março de 2013, publicou a reportagem intitulada "Então, quem nós podemos matar?" (So, Who Can We Kill?), com um debate sobre a moralidade do uso bélico dos drones. O tema é recorrente nas principais revistas e jornais americanos. Entre membros da Organização das Nações Unidas (ONU), a preocupação é de que mais países passem a utilizar os drones como arma, numa escalada das mortes à distância.

Disponível em: <http://g1.globo.com/brasil/noticia/2013/03/polemicos-e-revolucionarios-mais-de-200-drones-voam-no-brasil-sem-regra.html>. Acesso em: janeiro 2015. (Adaptado)

Em relação aos textos 1 e 2, é correto afirmar que:

a) O texto 1 apresenta um cenário de aspectos positivos para o uso dos drones; o texto 2 apresenta uma reflexão sobre problemas acarretados pelos drones.

b) O texto 1 expõe uma visão panorâmica da real função dos drones; o texto 2 articula uma reflexão sobre ações futuras dos drones.

c) O texto 1 discute um cenário de aspectos positivos do uso dos drones; o texto 2 enfoca positivamente o uso dos drones, apesar do risco real de matar civis.

d) O texto 1 explora vantagens comerciais da tecnologia; o texto 2 explora vantagens e desvantagens da tecnologia.

4. (UPE-PE)

Proibida pra mim

(Charlie Brown Jr.)

Ela achou meu cabelo engraçado
Proibida pra mim no way
Disse que não podia ficar
Mas levou a sério o que eu falei

Eu vou fazer de tudo que eu puder
Eu vou roubar essa mulher pra mim
Eu posso te ligar a qualquer hora
Mas eu nem sei seu nome!

Se não eu, quem vai fazer você feliz?
Se não eu, quem vai fazer você feliz?... Guerra!

Eu me flagrei pensando em você
Em tudo que eu queria te dizer
Em uma noite especialmente boa
Não há nada mais que a gente possa fazer

Eu vou fazer tudo o que eu puder
Eu vou roubar essa mulher pra mim
Posso te ligar a qualquer hora
Mas eu nem sei seu nome!

Se não eu, quem vai fazer você feliz?
Se não eu, quem vai fazer você feliz?... Guerra!

Disponível em: http://www.vagalume.com.br/zeca-baleiro/proibida-pra-mim.html#ixzz39Nbxl53B

Considerando o texto da música "Proibida pra mim" e os assuntos referentes ao estudo do texto literário, analise as afirmativas a seguir:

I. O verso "Eu vou roubar essa mulher pra mim" é utilizado pelo eu lírico exclusivamente de modo denotativo, por isso seria interessante que a mulher em questão se precavesse, acionando a legislação vigente que a protege de ações violentas. O verso "Eu vou fazer de tudo que eu puder" reforça o argumento utilizado pelo eu lírico.

II. Pelo que se pode perceber na letra da música "Proibida pra mim", o texto escrito em versos é necessariamente literário. Isso porque, de forma categórica, é possível afirmar que "Proibida pra mim" é literário, visto que essa natureza de texto não deve ser apresentada de outra forma, a não ser por meio de versos.

III. No texto da música "Proibida pra mim", o leitor, em alguns versos, se dá conta de que o eu lírico se sente capaz de fazer alguém feliz, mas, ao mesmo tempo, demonstra não conhecer esse alguém com profundidade, pois ignora o seu nome. Os versos "Se não eu, quem vai fazer você feliz?" e "Mas eu nem sei seu nome!" ratificam o que se afirma.

IV. A letra da música "Proibida pra mim" trata de uma relação afetiva. Nos versos "Ela achou meu cabelo engraçado" e "Mas levou a sério o que eu falei", o eu lírico demonstra que, embora não soubesse o nome de sua interlocutora, tinha tido oportunidade de dialogar com ela. No texto literário, a elipse de algumas palavras não tende a prejudicar o sentido global do texto.

V. A letra da música da banda Charlie Brown Jr. é predominantemente conotativa. Isso permitiu ao autor expressar suas intenções, apresentar seus argumentos, discutir suas ideias, sem, necessariamente, fazer uso de discurso denotativo.

Está **correto**, apenas, o que se afirma em:

a) I, II e III.
b) III, IV e V.
c) II, III e IV.
d) II, IV e V.
e) III, IV e V.

5. (VUNESP-SP)

"A revista *Vogue* trouxe um ensaio na sua edição kids com meninas extremamente jovens em poses sensuais. Eu digo que, enquanto a gente continuar a tratar nossas crianças dessa maneira, pedofilia não será um problema individual de um 'tarado' hipotético, e sim um problema coletivo, de uma sociedade que comercializa sem pudor o corpo de nossas meninas e meninos", afirmou a roteirista Renata Corrêa. Para a jornalista Vivi Whiteman, a moda não é exatamente o mais ético dos mundos e não tem pudores com nenhum tipo de sensualidade. "A questão é que, num ensaio de moda feito para vender produtos e comportamento, não há espaço para teoria, nem para discussão, nem para aprofundar nada. Não é questão de demonizar a revista, mas de fato é o caso de ampliar o debate sobre essa questão".

(Maíra Kubík Mano. "Vogue Kids faz ensaio com crianças em poses sensuais e pode ser acionada pelo MP". *CartaCapital*, 11.09.2014. Adaptado.)

No texto, a pedofilia é abordada:

a) segundo critérios relativistas questionadores da validade de normas absolutas no campo da sexualidade.
b) de acordo com parâmetros jurídicos que atestam a criminalização desse tipo de comportamento.
c) a partir dos imperativos de mercantilização do corpo e da cultura, em detrimento de aspectos éticos e morais.
d) de acordo com critérios patológicos, que tratam esse fenômeno como distúrbio de comportamento.
e) sob um ponto de vista teológico, fundamentado na condenação cristã à sexualidade como forma de prazer.

6. (ITA-SP) O poema abaixo, de João Cabral de Melo Neto, integra o livro *A escola das facas*.

A voz do canavial

Voz sem saliva da cigarra,
do papel seco que se amassa,

de quando se dobra o jornal:
assim canta o canavial,

ao vento que por suas folhas,
de navalha a navalha, soa,

vento que o dia e a noite toda
o folheia, e nele se esfola.

Sobre o poema, é **incorreto** afirmar que a descrição:

a) compara o som das folhas do canavial com o da cigarra.
b) põe em relevo a rusticidade da plantação de cana de açúcar.
c) destaca o som do vento que passa pela plantação.
d) associa o som do canavial com o amassar das folhas de papel.
e) faz do vento a navalha que corta o canavial.

A observação, a **análise** e a identificação

Capítulo 6

Getty Images

No capítulo anterior, você viu como a competência leitora e as habilidades de leitura são exploradas nas provas do Enem e do vestibular. Conheça, neste capítulo, três importantes operações, a *observação*, a *análise* e a *identificação*, e veja como elas são avaliadas nesses exames.

Leia a seguinte questão, do Enem, e observe como sua resolução exige que o estudante realize operações como *observar, identificar* e *analisar*, entre outras.

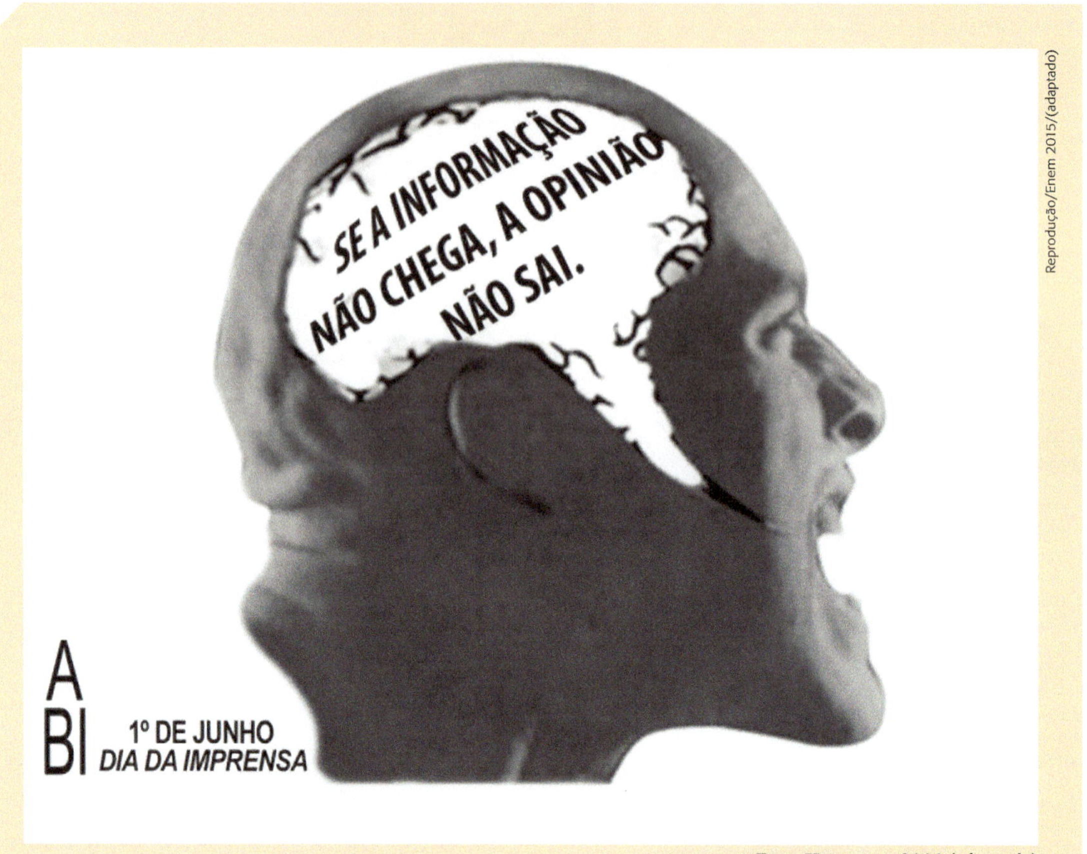

Reprodução/Enem 2015/(adaptado)

Zero Hora. jun. 2008 (adaptado)

Dia do Músico, do Professor, da Secretária, do Veterinário... Muitas são as datas comemoradas ao longo do ano e elas, ao darem visibilidade a segmentos específicos da sociedade, oportunizam uma reflexão sobre a responsabilidade social desses segmentos. Nesse contexto, está inserida a propaganda da Associação Brasileira de Imprensa (ABI), em que se combinam elementos verbais e não verbais para se abordar a estreita relação entre imprensa, cidadania, informação e opinião. Sobre essa relação, depreende-se do texto da ABI que:

a) para a imprensa exercer seu papel social, ela deve transformar opinião em informação.

b) para a imprensa democratizar a opinião, ela deve selecionar a informação.

c) para o cidadão expressar sua opinião, ele deve democratizar a informação.

d) para a imprensa gerar informação, ela deve fundamentar-se em opinião.

e) para o cidadão formar sua opinião, ele deve ter acesso à informação.

Resposta: *e*.

Para responder à questão, o estudante deve, primeiramente, observar os elementos que constituem a questão: uma figura e um texto verbal. Dentro da imagem da cabeça de um homem há um balão de fala no qual se lê o enunciado "Se a informação não chega, a opinião não sai". **Observar** é perceber, notar, considerar, verificar algo.

Na sequência, o estudante deve *identificar* alguns elementos essenciais para ter uma compreensão global do texto, como, por exemplo, quem são os interlocutores do texto. No canto esquerdo inferior, é possível identificar o logotipo da ABI (Associação Brasileira de Imprensa) e, abaixo da figura, a fonte em que o texto foi publicado: o jornal *Zero Hora*. Logo, os interlocutores são, de um lado, a ABI e, de outro, os leitores do jornal *Zero Hora*. O veículo é o jornal.

Identificar é perceber, reconhecer dados ou distinguir os traços característicos de um elemento no texto. Também é possível identificar o gênero a que pertence o texto e sua finalidade: trata-se de um anúncio publicitário publicado pela ABI a fim de prestigiar o Dia da Imprensa, comemorado no dia 1º de junho.

Prosseguindo, o estudante deve *analisar* os elementos que constituem a figura do anúncio e relacioná-los com o enunciado da questão, que estabelece um nexo entre "imprensa, cidadania, informação e opinião". Para **analisar** um texto é preciso decompô-lo, ou seja, identificar seus componentes fundamentais, examinar as relações que eles têm entre si e evidenciar de que modo essas relações constroem o sentido do texto.

Na figura, vemos um homem com a boca aberta, como se estivesse dizendo ou tentando dizer algo. De sua boca, entretanto, não sai nenhuma fala. Dentro de sua cabeça, ocupando o lugar do cérebro, vemos um balão de fala com o enunciado "Se a informação não chega, a opinião não sai". Logo, a relação entre cérebro e fala sugere que o indivíduo não consegue falar porque não tem informações processadas em seu cérebro.

Considerando que o objetivo do anúncio é prestigiar a imprensa e destacar sua importância para a vida social das pessoas, conclui-se que, na visão do anunciante e do próprio enunciado da questão do Enem, a imprensa cumpre um papel fundamental não só na transmissão de informações e na formação da opinião de seus leitores, como também na construção da cidadania.

Ora, se, sem informação e sem opinião, o sujeito não é capaz de falar, para a resolução da questão, a melhor alternativa é a *e*: "para o cidadão formar sua opinião, ele deve ter acesso à informação".

Prepare-se
para o Enem e o vestibular

1. Observe atentamente o quadro *As meninas* (1656), do pintor espanhol Diego Velázquez:

Diego Velázquez. As meninas, 1656.

Na cena retratada na tela, é possível identificar a função metalinguística, porque:

a) as feições das pessoas expressam sentimento.
b) é abordado o tema da pintura, representada por um pintor em ação.
c) prevalece o ambiente religioso, próprio da estética barroca.
d) trata-se de uma informação histórica.
e) as meninas simbolizam a realeza, e o cão simboliza a pobreza.

2. Observe e analise o infográfico a seguir, levando em consideração que *Baby Boomers* é a expressão que identifica as crianças que nasceram de 1946 a 1964, *Geração X* é a que identifica as que nasceram entre 1965 e 1980 e *Geração Y*, as nascidas depois de 1981.

Galileu/Editora Globo

PORCENTAGEM DE BRANCOS ADULTOS QUE ACHAM QUE

NEGROS SÃO MAIS PREGUIÇOSOS DO QUE BRANCOS

Geração Y	31
Geração X	32
Baby Boomers	35
Nascidos entre 1928-1945	46

NEGROS SÃO MENOS INTELIGENTES DO QUE BRANCOS

Geração Y	24
Geração X	19
Baby Boomers	24
Nascidos entre 1928-1945	32

NEGROS NÃO SE SAEM TÃO BEM POR FALTA DE MOTIVAÇÃO

Geração Y	38
Geração X	40
Baby Boomers	43
Nascidos entre 1928-1945	56

(*Galileu*, nº 289, p. 27.)

Complete a seguinte conclusão sobre os dados do infográfico, empregando as formas verbais adequadas.

> Os números ___ a percepção de que o preconceito ___ "naturalmente" à medida que o tempo passa.

a) confirmam – decresce
b) reiteram – reduz
c) contestam – diminui
d) ratificam – arrefece
e) retificam – cresce

3. Complete a frase, mantendo a coerência, com a expressão adequada.

> "___ facilidade de acesso à informação e à educação, os jovens de hoje aprenderam menos do que se esperava."
>
> (*Superinteressante*, nº 289, p. 27.)

a) em razão da
b) por causa da
c) dada a
d) a fim da
e) apesar da

4. Leia estes versos, de Mário de Andrade:

Ode ao burguês

Eu insulto o burguês! O burguês-níquel,
o burguês-burguês!
A digestão bem-feita de São Paulo!
O homem-curva! o homem-nádegas!
O homem que sendo francês, brasileiro,
[italiano,
é sempre um cauteloso pouco-a-pouco!

Eu insulto as aristocracias cautelosas!
Os barões lampiões! os condes Joões!
[os duques zurros!

que vivem dentro de muros sem pulos;
e gemem sangues de alguns mil-réis fracos
para dizerem que as filhas da senhora
[falam o francês

e tocam os "Printemps" com as unhas!

Eu insulto o burguês-funesto!
O indigesto feijão com toucinho,
[dono das tradições!

Fora os que algarismam os amanhãs!
Olha a vida dos nossos setembros!
Fará Sol? Choverá? Arlequinal!
Mas à chuva dos rosais
o êxtase fará sempre Sol!
[...]

(*Poesias completas*. São Paulo: Círculo do Livro, 1982.)

Nesse conhecido poema modernista, podemos perceber pelo menos duas funções. Assinale a alternativa correta.

a) referencial e fática
b) conativa e metalinguística
c) poética e metalinguística
d) poética e emotiva
e) emotiva e referencial

5. Observe e analise o *outdoor* abaixo, colocado em algumas estradas do país.

Kwarup

(Disponível em: http://www.administradores.com.br/noticias/marketing/celulares-sofrem-acidentes-em-nova-campanha-da-ecorodovias/107190/. Acesso em: 26/2/2016.)

Com a finalidade de evitar acidentes, a linguagem visual do anúncio emprega:

a) a causa pelo efeito.
b) o todo pela parte.
c) a comparação.
d) a similaridade.
e) o exagero.

Questões do Enem e dos vestibulares

1. (ENEM)

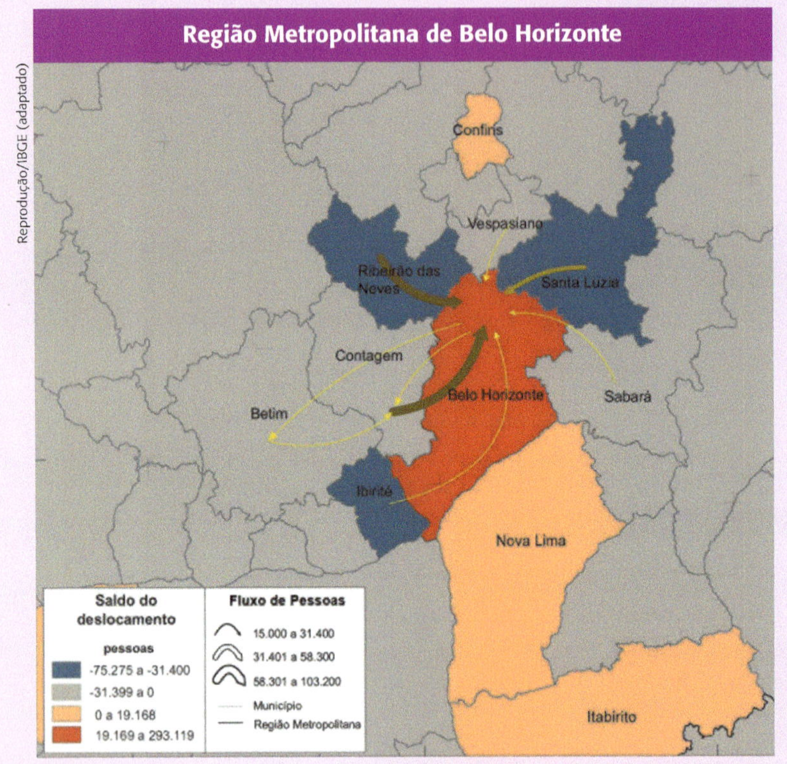

Reprodução/IBGE (adaptado)

O fluxo migratório representado está associado ao processo de:

a) fuga de áreas degradadas.
b) inversão da hierarquia urbana.
c) busca por amenidades ambientais.
d) conurbação entre municípios contíguos.
e) desconcentração dos investimentos produtivos.

Nota: O saldo considera apenas as pessoas que se deslocavam para o trabalho e retornavam aos seus municípios diariamente.

BRASIL. IBGE. *Atlas do censo demográfico 2010* (adaptado).

2. (UNIFOR-CE)

Justiça ordena que telefônicas cumpram medidas pró-clientes.

Iotti

Disponível em: <https://www.google.com.br/search?q=charge+zero+hora&espv=2&biw=1920&bih=955&source=lnms>. Acesso em: 10/05/2015.

De acordo com o quadrinho, infere-se que:

a) a lei do Serviço de Atendimento ao Consumidor (SAC), aprovada há quase um ano, está longe de ser cumprida por todas as empresas.
b) há uma satisfação com os serviços de atendimento ao consumidor das empresas (SACs).
c) em relação à falta de comunicação com a empresa, o Procon já tomou as providências.
d) a dificuldade de cancelar o produto e a falta de qualidade do atendimento ainda é um problema.
e) as empresas vêm se adequando à Lei, investindo na educação dos funcionários.

3. (FUVEST-SP) Observe a imagem e leia o texto.

Moacyr Lopes Junior/Folhapress

arvoresdesaopaulo.wordpresscom/2009/12/09
Acessado em junho de 2012.

Por muitos anos, as várzeas paulistanas foram uma espécie de quintal geral dos bairros encarapitados nas colinas. Serviram de pastos para os animais das antigas carroças que povoaram as ruas da cidade. Serviram de terreno baldio para o esporte dos humildes, tendo assistido a uma proliferação incrível de campos de futebol. Durante as cheias, tais campos improvisados ficam com o nível das águas até o meio das traves de gol.

Aziz Ab'Saber, 1956.

Considere a imagem e a citação do geógrafo Aziz Ab'Saber na análise das afirmações abaixo.

I. O processo de verticalização e a impermeabilização dos solos nas proximidades das vias marginais ao rio Tietê aumentam a sua susceptibilidade a enchentes.

II. A retificação de um trecho urbano do rio Tietê e a construção de marginais sobre a várzea do rio potencializaram o problema das enchentes na região.

III. A extinção da Mata Atlântica na região da nascente do rio Tietê, no passado, contribui, até hoje, para agravar o problema com enchentes nas vias marginais.

IV. A várzea do rio Tietê é um ambiente susceptível à inundação, pois constitui espaço de ocupação natural do rio durante períodos de cheias.

Está correto o que se afirma em:

a) I, II e III, apenas.

b) I, II e IV, apenas.

c) I, III e IV, apenas.

d) II, III e IV, apenas.

e) I, II, III e IV.

4. (ENEM)

Casados e independentes

Um novo levantamento do IBGE mostra que o número de casamentos entre pessoas na faixa dos 60 anos cresce, desde 2003, a um ritmo 60% maior que o observado na população brasileira como um todo...

... e um fator determinante é que cada vez mais pessoas nessa idade estão no mercado de trabalho, o que lhes garante a independência financeira necessária para o matrimônio.

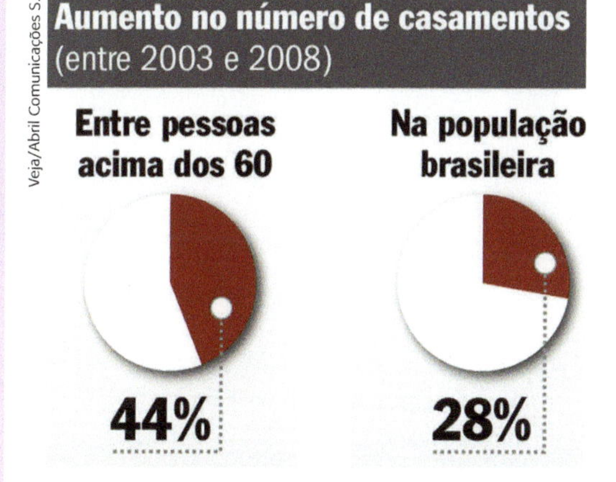

Fontes: *IBGE e Organização Internacional do Trabalho (OIT)*
*Com base no último dado disponível, de 2008
Veja, São Paulo, 21 abr. 2010 (adaptado).

Os gráficos expõem dados estatísticos por meio de linguagem verbal e não verbal. No texto, o uso desse recurso:

a) exemplifica o aumento da expectativa de vida da população.

b) explica o crescimento da confiança na instituição do casamento.

c) mostra que a população brasileira aumentou nos últimos cinco anos.

d) indica que as taxas de casamento e emprego cresceram na mesma proporção.

e) sintetiza o crescente número de casamentos e de ocupação no mercado de trabalho.

5. (UFSCar-SP) A figura [ao lado] ilustra raízes e ramos com folhas, os quais brotam a partir de uma batata. Dessa forma, tal órgão vegetal pode ser utilizado tanto para o plantio agrícola como para o plantio visando à decoração de um ambiente doméstico.

A capacidade de gerar novas porções vegetais, sejam ramos, folhas ou raízes, indica que a batata é:

a) uma raiz com gemas laterais capazes de se desenvolverem.
b) uma raiz cujos tecidos mais centrais são capazes de se desenvolverem.
c) um caule com gemas laterais capazes de se desenvolverem.
d) um caule cujos tecidos mais centrais são capazes de se desenvolverem.
e) um fruto cuja semente é capaz de se desenvolver.

Getty Images
(http://noticias.bol.uol.com.br)

6. (UPE-PE) Observe os quadros a seguir.

MUNCH, Edvard. *O grito*. (1893)

KOLLWITZ, Käthe. *Necessidade*. (1893-1901)

Eles são parte integrante do movimento artístico, que marcou a transição do século XIX para o XX, denominado:

a) cubista, graças ao tratamento da natureza mediante formas geométricas.
b) futurista, baseando-se na velocidade e nos desenvolvimentos tecnológicos.
c) dadaísta, por questionar o conceito de arte antes da Primeira Guerra Mundial.
d) impressionista, por meio da exploração da forma conjunta da intensidade das cores e da sensibilidade do artista.
e) expressionista, com o objetivo de mostrar como uma emoção é capaz de transformar nossas impressões sensoriais.

A comparação

Capítulo 7

Você já conheceu três importantes operações relacionadas à leitura: a observação, a análise e a identificação. Neste capítulo, vai conhecer a *comparação* e aprender a lidar com essa operação nos exames do Enem e dos vestibulares.

A **comparação** é uma das operações de leitura mais solicitadas nas provas de interpretação de textos do Enem e dos vestibulares. Lino de Macedo, professor do Instituto de Psicologia da USP e um dos responsáveis pela metodologia adotada pelo Enem, conceitua assim essa operação:

> Segundo o dicionário, comparar consiste em "examinar simultaneamente duas ou mais coisas, para lhes determinar semelhança, diferença ou relação; confrontar; cotejar; ter como igual ou como semelhante".
>
> Confrontar e relacionar são formas de comparar, sendo os três, igualmente, formas de análise.
>
> (In: *Eixos cognitivos – Versão preliminar*. Brasília: MEC, 2007. p. 71.)

Veja como essa operação foi solicitada na seguinte questão do Enem.

Texto I

Olhamos o homem alheio às atividades públicas não como alguém que cuida apenas de seus próprios interesses, mas como um inútil; nós, cidadãos atenienses, decidimos as questões públicas por nós mesmos na crença de que não é o debate que é empecilho à ação, e sim o fato de não se estar esclarecido pelo debate antes de chegar a hora da ação.

TUCÍDIDES. *História da Guerra do Peloponeso*. Brasília: UnB, 1987 (adaptado).

Texto II

Um cidadão integral pode ser definido por nada mais nada menos que pelo direito de administrar justiça e exercer funções públicas; algumas destas, todavia, são limitadas quanto ao tempo de exercício, de tal modo que não podem de forma alguma ser exercidas duas vezes pela mesma pessoa, ou somente podem sê-lo depois de certos intervalos de tempo prefixados.

ARISTÓTELES. *Política*. Brasília: UnB, 1985.

Comparando os textos I e II, tanto para Tucídides (no século V a.C.) quanto para Aristóteles (no século IV a.C.), a cidadania era definida pelo(a):

a) prestígio social.

b) acúmulo de riqueza.

c) participação política

d) local de nascimento.

e) grupo de parentesco.

Resposta: *c*.

Para comparar dois ou mais textos, é necessário confrontá-los, buscando-se semelhanças ou diferenças, com base em um critério adotado. Pode-se comparar, por exemplo, em relação ao tema, à forma, ao estilo e às épocas retratadas.

Comparando-se os dois textos da questão do Enem quanto a gênero e a contexto de produção, nota-se que eles se assemelham, pois ambos são filosóficos e foram produzidos mais ou menos na mesma época, com a diferença de apenas 100 anos.

The Bridgeman Art Library/Keystone Brasil

Quanto ao tema, nota-se que ambos tratam do mesmo assunto: a participação do indivíduo nas questões públicas. Conforme o primeiro texto, aquele que não se interessa pelo debate e pelas "atividades públicas" é "inútil", pois não se prepara para a "ação". O segundo texto defende que o "cidadão integral" é aquele que tem o direito de "exercer funções públicas".

A diferença entre os textos em relação à abordagem do tema é que o primeiro foca o indivíduo apolítico, desinteressado das questões públicas, ao passo que o segundo foca o "cidadão integral", que exerce as "funções públicas". Apesar dessa diferença de abordagem, os dois textos valorizam a participação política do cidadão na sociedade.

As alternativas poderiam explorar as diferenças entre um texto e outro, mas se ativeram à semelhança quanto ao tema. Logo, a alternativa correta é a *c*, na qual é apresentada a participação política como o elemento que define cidadania.

Veja, a seguir, outra questão, também de exame oficial, que explora a comparação, porém com foco nas diferenças, e não nas semelhanças entre textos.

(VUNESP-SP) A questão se baseia numa fala de personagem de uma peça de Millôr Fernandes (1923-2012) e num soneto de Antero de Quental (1842-1891).

Atriz

(Rindo forçosamente depois que os atores saem.)

Tem gente que continua achando que a vida é uma piada. Ainda bem que tem gente que pensa que a vida é uma piada. Pior é a gente que pensa que o homem é o rei da criação. Rei da criação, eu, hein? Um assassino nato, usufruidor da miséria geral – se você come, alguém está deixando de comer, a comida não dá para todos, não – de que é que ele se ri? De que se ri a hiena? Se não for atropelado ficará no desemprego, se não ficar desempregado vai pegar um enfisema, será abandonado pela mulher que ama – mas ama, hein? – , arrebentado pelos filhos – pelos pais, se for filho –, mordido de cobra ou ficará impotente. E se escapar de tudo ficará velho, senil, babando num asilo. Piada, é? Pode ser que haja vida inteligente em outro planeta, neste, positivamente, não. O homem é o câncer da Terra. Estou me repetindo? Pois é: corrompe a natureza, fura túneis, empesta o ar, emporcalha as águas, apodrece tudo onde pisa. Fique tranquilo, amigo: o desaparecimento do ser humano não fará a mínima diferença à economia do cosmos.

(Millôr Fernandes. *Computa, computador, computa.* 3. ed. Rio de Janeiro: Nórdica, 1972. p. 85.)

Solemnia verba

Disse ao meu coração: Olha por quantos
Caminhos vãos andamos! Considera
Agora, desta altura fria e austera,
Os ermos que regaram nossos prantos...

Pó e cinzas, onde houve flor e encantos!
E noite, onde foi luz de primavera!
Olha a teus pés o mundo e desespera
Semeador de sombras e quebrantos! –

Porém o coração, feito valente
Na escola da tortura repetida,
E no uso do penar tornado crente,

Respondeu: Desta altura vejo o Amor!
Viver não foi em vão, se é isto a vida,
Nem foi demais o desengano e a dor.

(*Os sonetos completos de Antero de Quental*. Porto: Livraria Portuense de Lopes, 1886. p. 119; 1ª ed., disponível na internet em: http://purl.pt/122/1/P160.html)

Os dois textos apresentados se identificam por expressar, sob pontos de vista distintos, a decepção e o pessimismo do homem com relação à vida e ao mundo. Diferenciam-se, todavia, na atitude final que apresentam ante essa decepção. Releia-os, atentamente, e explique essa diferença de atitude.

Como se nota, o próprio enunciado da questão estabelece a comparação entre os textos e menciona as semelhanças entre eles: "se identificam por expressar, sob pontos de vista distintos, a decepção e o pessimismo do homem com relação à vida e ao mundo".

Ao estudante cabe identificar as diferenças que a comparação permite estabelecer. Os textos se diferenciam quanto ao modo como a personagem da peça de Millôr Fernandes e o eu lírico do poema de Antero de Quental encaram a vida.

O texto de Millôr Fernandes mostra uma atitude pessimista em relação à vida e à espécie humana, considerando o ser humano o "câncer da Terra". Já o texto de Antero de Quental apresenta uma atitude positiva em relação à vida, considerando que, apesar dos sofrimentos pelos quais o ser humano passa, há recompensa. É o próprio coração que responde "Desta altura vejo o Amor! / Viver não foi em vão", dando a entender que o amor é o principal sentido da vida humana.

Assim, nas questões de exames oficiais em que a comparação é exigida, deve-se ficar atento ao critério adotado para estabelecer a comparação e ao tipo de encaminhamento da resposta, isto é, se é necessário apontar as semelhanças ou as diferenças entre dois ou mais textos.

Shutterstock

Prepare-se
para o Enem e o vestibular

1. Leia e compare os textos:

Texto I

Há quem veja nessa torrente de informações que jorra na internet um fator negativo, dificultando nossa concentração em textos de fôlego como romances, por exemplo. [...] o crítico de tecnologia Nicholas Carr defende a tese de que a navegação na internet está interferindo em nossa capacidade de leitura. Se antes, afirma Carr, ele se sentia um "mergulhador num oceano de palavras", hoje ele literalmente se sente "esquiando nesse oceano", dando a entender que a experiência de ler proporcionada pela internet é bastante superficial.

[...]

(*Língua Portuguesa*, nº 64, p. 28.)

Texto II

(*Folha de S. Paulo*, 16/12/2015.)

Ao abordar o assunto leitura de textos na Internet, os textos I e II sugerem que:

a) os usuários estão exigindo um instrumental mais adequado para a compreensão dos textos publicados na rede.

b) em razão da complexidade dos textos veiculados, a Internet deve proporcionar ao leitor recursos para compreendê-los.

c) o dinamismo da Internet possibilita maior rapidez de leitura de textos, como se o leitor esquiasse sobre as páginas da rede.

d) ao mergulhar em um oceano de palavras, o leitor necessita de orientação para interpretar os textos da Internet.

e) o pouco aprofundamento que há na maioria dos textos veiculados na rede desqualifica o leitor para a leitura e a compreensão de textos mais complexos.

2. Leia e compare os textos:

Texto I

Os grandes olhos azuis, meio cerrados, às vezes se abriam languidamente como para se embeberem de luz, e abaixavam de novo as pálpebras rosadas.

Os lábios vermelhos e úmidos pareciam uma flor da gardênia dos nossos campos, orvalhada pelo sereno da noite; o hálito doce e ligeiro exalava-se formando um sorriso. Sua tez alva e pura como um froco de algodão tingia-se nas faces de uns longes cor-de-rosa, que iam, desmaiando, morrer no colo de linhas suaves e delicadas.

(José de Alencar. *O guarani*. São Paulo: Saraiva, 2009.)

Texto II

Uma noite, e após uma orgia, eu deixara dormida no leito dela a condessa Barbora. Dei um último olhar àquela forma nua e adormecida com a febre nas faces e a lascívia nos lábios úmidos, gemendo ainda nos sonhos como na agonia voluptuosa do amor. — Saí... Não sei se a noite era límpida ou negra: sei apenas que a cabeça me escaldava de embriaguez. As taças tinham ficado vazias na mesa: aos lábios daquela criatura eu bebera até a última gota o vinho do deleite...

(Álvares de Azevedo. *Macário e Noite na taverna*. São Paulo: Saraiva, 2010. p. 80. Col. Clássicos Saraiva.)

Trechos de obras do período romântico, o texto I e o texto II tratam do mesmo assunto: ________. Por outro lado, abordam o assunto de maneiras diferentes, uma vez que no segundo texto prevalece ________.

Assinale a alternativa que completa corretamente a afirmação acima, feita a respeito dos dois textos.

a) o desejo / o sensualismo
b) a noite / a visão depreciativa da mulher
c) a morbidez / o sensualismo
d) o desejo / a presença da morte
e) a noite / o amor casto

3. Leia os textos:

Texto I

Casamento

Há mulheres que dizem:
Meu marido, se quiser pescar, pesque,
mas que limpe os peixes.
Eu não. A qualquer hora da noite
[me levanto,
ajudo a escamar, abrir, retalhar e
[salgar.
É tão bom, só a gente sozinhos na
[cozinha,
de vez em quando os cotovelos se
[esbarram,
ele fala coisas como "este foi difícil"
"prateou no ar dando rabanadas"
e faz o gesto com a mão.

O silêncio de quando nos vimos
[a primeira vez
atravessa a cozinha como um rio
[profundo.
Por fim, os peixes na travessa,
vamos dormir.
Coisas prateadas espocam:
somos noivo e noiva.

(Adélia Prado. *Poesia reunida*. São Paulo: Siciliano, 1991.)

Andressa Honório

Texto II

Casal

No quarto ela arruma a mala
Na sala ele vê televisão

(Francisco Alvim. *Poesia reunida*. São Paulo: Duas Cidades, 1988.)

A relação entre homem e mulher é o tema dos dois poemas, que são contemporâneos. Contudo, a abordagem que fazem do tema é diferente. Assinale a alternativa que se refere apropriadamente a essa diferença.

a) O primeiro revela intimidade e encantamento, e o segundo, separação.
b) O primeiro é sensual, e o segundo ridiculariza a paixão entre homem e mulher.
c) O primeiro é casto, e o segundo idealiza a relação entre homem e mulher.
d) O primeiro tem caráter religioso, e o segundo expõe conflito.
e) O primeiro satiriza o desejo, e o segundo fala de tédio.

Questões do Enem e dos vestibulares

1. (VUNESP-SP)

Descrição do Bloco	2000/01				2010/11			
	US$ milhões	*%	mil ton	$/ton	US$ milhões	*%	mil ton	$/ton
Países em desenvolvimento	22.129	38	89.870	246	128.268	57	313.520	409
Países desenvolvidos	34.491	60	163.090	211	92.022	41	207.440	444
Ásia (excl. Oriente Médio)	6.479	11	78.357	83	63.267	28	279.666	226
América Latina e Caribe	14.591	25	24.015	608	52.146	23	42.248	1.234
União Europeia – UE	15.494	27	96.837	160	48.281	22	105.404	458
China, Hong Kong e Macau	1.976	3	24.623	80	37.625	17	190.663	197
Estados Unidos	14.218	25	24.041	591	21.404	10	23.174	924

* Percentual sobre o total da exportação brasileira para os blocos indicados.

(*Carta Capital*. Exportações brasileiras para os principais blocos econômicos, ano XVI, nº 651, junho de 2011. Adaptado.)

A respeito da evolução das exportações brasileiras, pode-se afirmar que:

a) a China, Hong Kong e Macau, em porcentagem sobre o valor total das exportações, passaram de 3% (2000/01) para 17% (2010/11), trazendo os maiores ganhos comerciais nos períodos.

b) a participação em valor dos países desenvolvidos vem diminuindo, passando de 60% no primeiro período para 41% no segundo, sendo acompanhada pela queda do valor da tonelada exportada.

c) a maioria das exportações brasileiras atuais destina-se aos países em desenvolvimento, que lideram tanto em valor do total exportado quanto em quantidade exportada.

d) o mais importante parceiro comercial na balança das exportações brasileiras são os Estados Unidos, apresentando um desempenho crescente em valor do total exportado e em toneladas.

e) os blocos analisados mantiveram o mesmo ritmo de participação nas exportações brasileiras durante a década analisada.

2. (ENEM)

Texto I

Andaram na praia, quando saímos, oito ou dez deles; e daí a pouco começaram a vir mais. E parece-me que viriam, este dia, à praia, quatrocentos ou quatrocentos e cinquenta. Alguns deles traziam arcos e flechas, que todos trocaram por carapuças ou por qualquer coisa que lhes davam. [...] Andavam todos tão bem-dispostos, tão bem feitos e galantes com suas tinturas que muito agradavam.

CASTRO, S. *A carta de Pero Vaz de Caminha*. Porto Alegre: L&PM, 1996 (fragmento).

Texto II

PORTINARI, C. *O descobrimento do Brasil*. 1956. Óleo sobre tela, 199 × 169 cm. Disponível em: www.portinari.org.br. Acesso em: 12 jun. 2013.

Pertencentes ao patrimônio cultural brasileiro, a carta de Pero Vaz de Caminha e a obra de Portinari retratam a chegada dos portugueses ao Brasil. Da leitura dos textos, constata-se que:

a) a carta de Pero Vaz de Caminha representa uma das primeiras manifestações artísticas dos portugueses em terras brasileiras e preocupa-se apenas com a estética literária.

b) a tela de Portinari retrata indígenas nus com corpos pintados, cuja grande significação é a afirmação da arte acadêmica brasileira e a contestação de uma linguagem moderna.

c) a carta, como testemunho histórico-político, mostra o olhar do colonizador sobre a gente da terra, e a pintura destaca, em primeiro plano, a inquietação dos nativos.

d) as duas produções, embora usem linguagens diferentes – verbal e não verbal –, cumprem a mesma função social e artística.

e) a pintura e a carta de Caminha são manifestações de grupos étnicos diferentes, produzidas em um mesmo momento histórico, retratando a colonização.

3. (ENEM)

Texto I

Em todo o país a lei de 13 de maio de 1888 libertou poucos negros em relação à população de cor. A maioria já havia conquistado a alforria antes de 1888, por meio de estratégias possíveis. No entanto, a importância histórica da lei de 1888 não pode ser mensurada apenas em termos numéricos. O impacto que a extinção da escravidão causou numa sociedade constituída a partir da legitimidade da propriedade sobre a pessoa não cabe em cifras.

ALBUQUERQUE. W. *O jogo da dissimulação*: Abolição e cidadania negra no Brasil. São Paulo: Cia. das Letras, 2009 (adaptado).

Texto II

Nos anos imediatamente anteriores à Abolição, a população livre do Rio de Janeiro se tornou mais numerosa e diversificada. Os escravos, bem menos numerosos que antes, e com os africanos mais aculturados, certamente não se distinguiam muito facilmente dos libertos e dos pretos e pardos livres habitantes da cidade. Também já não é razoável presumir que uma pessoa de cor seja provavelmente cativa, pois os negros libertos e livres poderiam ser encontrados em toda parte.

CHALHOUB, S. *Visões da liberdade*: uma história das últimas décadas da escravidão na Corte. São Paulo: Cia. das Letras, 1990 (adaptado).

Sobre o fim da escravidão no Brasil, o elemento destacado no texto I que complementa os argumentos apresentados no texto II é o(a):

a) variedade das estratégias de resistência dos cativos.

b) controle jurídico exercido pelos proprietários.

c) inovação social representada pela lei.

d) ineficácia prática da libertação.

e) significado político da Abolição.

4. (UEL-PR) Leia o texto a seguir.

A arte pré-histórica é uma arte de linhas e croquis; é uma etapa além da percepção, um artifício que ajuda a reter a imagem na mente. Na arte pré-histórica, encontramos figuras humanas, geralmente armadas, em ação, seja perseguindo animais, lutando ou dançando. Os animais são representados de forma naturalista, ou seja, reproduções de imagens perceptíveis. As figuras humanas, pelo contrário, estão muito estilizadas; se estão em movimento, os braços e as pernas são alargados. O objetivo do artista foi indicar o movimento; as formas são ditadas por sensações internas mais que observação externa. Os dois principais estilos pré-históricos são vitalistas e se acham determinados pela imagem captada exteriormente e pela sensação internamente sentida. A arte pode haver estado associada com ritos, com a intenção de exercer os poderes mágicos através de um retrato fiel que apresenta naturalismo nas representações animais. Já o símbolo estilizado e dinâmico da forma humana é determinado por um sentimento interno.

(Adaptado de: READ, H. *Imagen e Idea*. La función del arte en el desarollo de la conciencia humana. México: FCE, 2003. p. 23-31.)

Com base no texto e nos conhecimentos sobre o tema, assinale a alternativa que apresenta, correta e respectivamente, as imagens da arte pré-histórica que representam o estilo animal naturalista (reprodução de imagens perceptíveis) e os símbolos estilizados e dinâmicos da forma humana determinados mais pela sensação que pela observação e que buscam indicar o movimento.

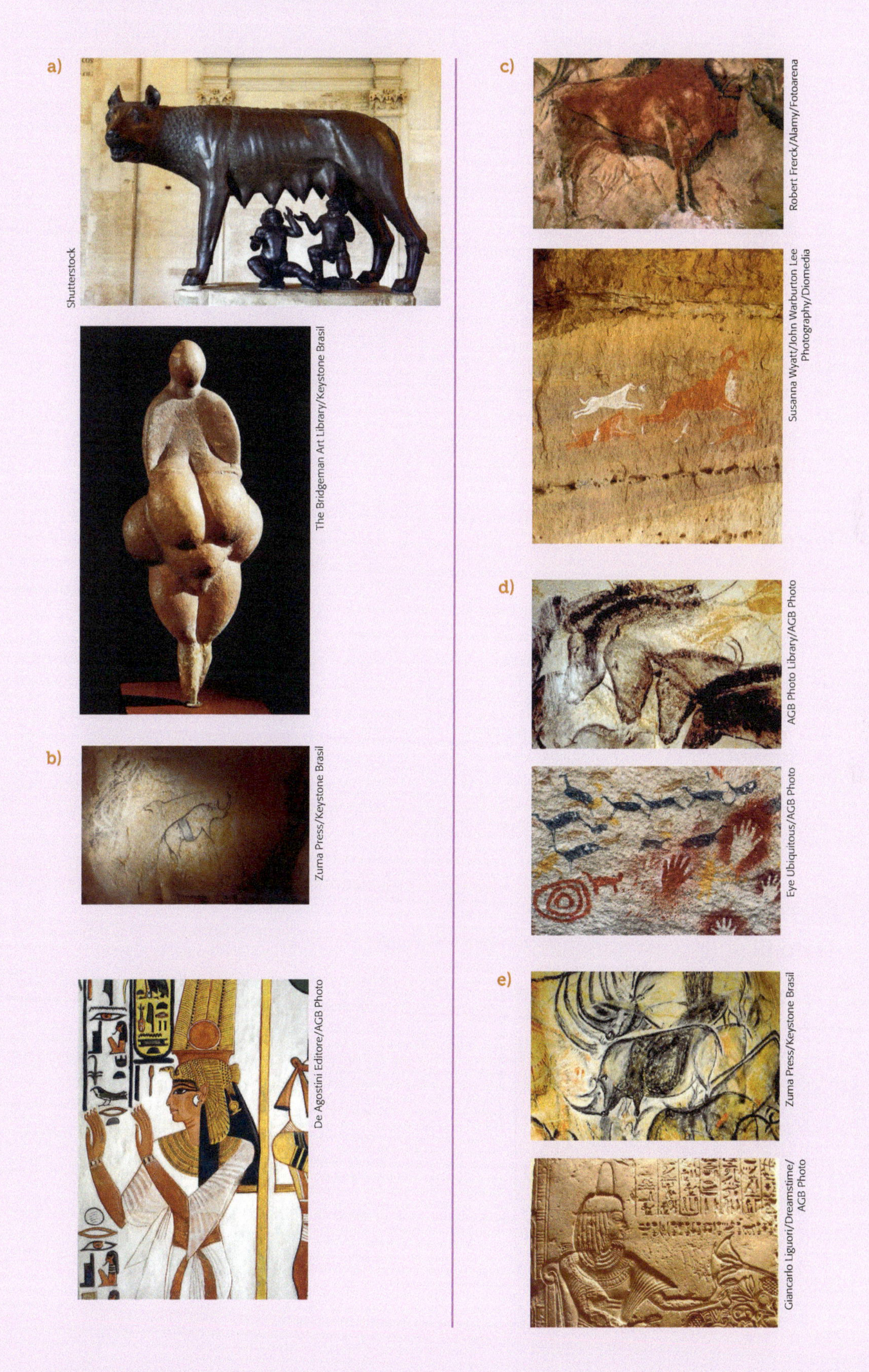

(MACKENZIE-SP) Textos para as questões de 5 a 10.

Texto I

01 Marketing viral ou publicidade vi-
02 ral são técnicas de marketing que ten-
03 tam explorar redes sociais preexistentes
04 para produzir maior divulgação de uma
05 marca. São processos parecidos com o de
06 uma epidemia, uma doença.
07 Inicialmente, marketing viral era a
08 prática de vários serviços livres de e-mail
09 de adicionar publicidade às mensagens
10 que saem de seus usuários para alcançar
11 um usuário suscetível, que será infecta-
12 do e reenviará o e-mail a outras pessoas
13 suscetíveis, infectando-as também. Atual-
14 mente, o conceito de marketing viral
15 não está associado a uma ameaça para o
16 computador, e o termo "viral" está rela-
17 cionado com a velocidade de propagação
18 da informação.

Adaptado de www.significados.com.br

Texto II

01 Os vírus são seres muito simples e
02 pequenos, formados basicamente por uma
03 cápsula proteica envolvendo o material ge-
04 nético. A palavra "vírus" vem do latim *virus*,
05 que significa fluido venenoso ou toxina.
06 Atualmente, a palavra é utilizada
07 para descrever os vírus biológicos, além
08 de designar, metaforicamente, qualquer
09 coisa que se reproduza de forma para-
10 sitária, como ideias. O termo "vírus" de
11 computador nasceu por analogia.

Adaptado de www.sobiologia.com.br

Texto III

5. Considere as seguintes afirmações sobre os textos I e II.

I. Apresentam marcas explícitas de interação com o leitor, como perguntas retóricas.

II. Nos dois textos, há confronto de ideias e de pontos de vista, presentes em diferentes narradores que direcionam os sentidos.

III. Há entre os textos marcas explícitas de intertextualidade, uma vez que neles se percebem citações de um pelo outro.

Assinale a alternativa correta.

a) Está correta apenas a afirmação I.
b) Está correta apenas a afirmação II.
c) Está correta apenas a afirmação III.
d) Todas as afirmações estão corretas.
e) Nenhuma das afirmações está correta.

6. Assinale a alternativa correta.

a) O texto I apresenta linguagem conotativa, pois se percebe, por meio dos termos utilizados, a presença predominante de metáforas.
b) Os três textos apresentados pertencem ao mesmo gênero textual, uma vez que o objetivo central de todos é apresentar de modo didático informações sobre o termo "vírus".
c) O texto I é exemplar do tipo de texto que se denomina argumentativo, pois a partir de uma tese central são apresentadas hipóteses contraditórias que indicam posicionamento pessoal de seu autor.
d) Os textos I e II são escritos em linguagem predominantemente denotativa, com a intenção de transmitir informações de modo claro, para fazer com que o leitor compreenda o que está sendo dito objetivamente.
e) Os textos I e II apresentam marcas de subjetividade, sendo que nos dois está presente o objetivo de explicitar o posicionamento pessoal de seus autores.

7. Assinale a alternativa correta sobre o texto III.

a) O significado da palavra "viral" recupera exclusivamente o sentido denotativo e primitivo do termo em latim, a origem da palavra.
b) A linguagem irônica empregada provoca efeito de humor ao apelar para sentidos contemporâneos e atualizados da palavra "viral".
c) Para a compreensão do efeito de humor da charge, o leitor prescinde de conhecimentos de mundo a respeito do uso da palavra "viral".
d) A palavra "viral" empregada na charge refere-se a um vírus que o paciente com as pernas quebradas contraiu e que é detectado pelo médico.
e) Os sentidos expressos pela charge contradizem o sentido de "viral" exposto no texto I.

8. Sobre o texto I, assinale a alternativa correta.

a) A palavra *suscetível* (linha 11) pode ser corretamente substituída por "indiferente", sem que com essa alteração sejam modificados sentidos originais do trecho.

b) A partícula *as* (linha 13) refere-se ao trecho "a uma ameaça para o computador", estabelecendo coesão anafórica.

c) No trecho *associado a uma ameaça para o computador* (linhas 15 e 16) o uso de acento indicador de crase é opcional na partícula *a*.

d) A palavra *propagação* (linha 17) pode ser corretamente substituída por "disseminação", sem que com essa alteração sejam modificados sentidos originais do trecho.

e) Nas palavras *inicialmente* (linha 07) e *atualmente* (linhas 13 e 14), o sufixo *-mente* indica que ambas podem ser classificadas como adjetivos.

9. Sobre o texto II, assinale a alternativa correta.

a) De acordo com a norma culta, a palavra *fluido* (linha 05) também pode ser escrita e pronunciada como "fluído", pois ambas as formas estão corretas.

b) *Metaforicamente* (linha 08) refere-se a um uso denotativo da palavra "vírus", com significado semelhante ao encontrado na palavra latina *virus*, a que o texto faz referência.

c) O verbo *ser* empregado no primeiro período do texto (linha 01) denota ação tal como o verbo *envolver*, também utilizado no mesmo trecho.

d) A palavra *parasitária* (linhas 09 e 10) pode ser corretamente substituída por "controlada", sem que com essa alteração sejam modificados sentidos originais do trecho.

e) A palavra *analogia* (linha 11) pode ser corretamente substituída por "aproximação, comparação, afinidade", sem que com essas alterações sejam modificados sentidos originais do trecho.

10. Observe as afirmações abaixo.

I. Em sua origem, a palavra *vírus* pertence ao domínio da biologia, mas por conta do seu significado tem sido utilizada para fazer referência a algo que se dissemina de forma rápida e intensa.

II. Os vírus que atingem os modernos computadores causam tamanho prejuízo que atualmente são conhecidos como marketing viral.

III. A publicidade viral é aquela que se baseia na troca de informações sobre medicamentos da área biológica.

Assinale a alternativa correta.

a) Está correta apenas a afirmação I.

b) Está correta apenas a afirmação II.

c) Está correta apenas a afirmação III.

d) Todas as afirmações estão corretas.

e) Nenhuma das afirmações está correta.

11. (ENEM)

Texto I

O presidente do jornal de maior circulação do país destacava também os avanços econômicos obtidos naqueles vinte anos, mas, ao justificar sua adesão aos militares em 1964, deixava clara sua crença de que a intervenção fora imprescindível para a manutenção da democracia.

Disponível em: http://oglobo.globo.com. Acesso em: 1º set. 2013 (adaptado).

Texto II

Nada pode ser colocado em compensação à perda das liberdades individuais. Não existe nada de bom quando se aceita uma solução autoritária.

FICO, C. *A educação e o golpe de 1964*. Disponível em: www.brasilrecente.com. Acesso em: 4 abr. 2014 (adaptado).

Embora enfatizem a defesa da democracia, as visões do movimento político-militar de 1964 divergem ao focarem, respectivamente:

a) razões de Estado – soberania popular

b) ordenação da nação – prerrogativas religiosas

c) imposição das Forças Armadas – deveres sociais

d) normatização do Poder Judiciário – regras morais

e) contestação do sistema de governo – tradições culturais

Capítulo
8

A memorização

Shutterstock

Você já conheceu algumas importantes operações utilizadas no exercício da leitura, como a observação, a identificação e a comparação.
Neste capítulo, você vai conhecer a *memorização* e aprender como lidar com ela em exames do Enem e dos vestibulares.

Leia a seguinte questão de História, extraída do exame vestibular da Universidade Federal de Alagoas, e observe como sua resolução exige o exercício da operação da *memorização*.

O mundo medieval europeu recebeu influência destacada do catolicismo. A religião esteve presente na sociedade, em grande parte das suas experiências culturais. O poder da Igreja Católica foi visível, e a ordem feudal predominou em várias regiões da Europa.

Na ordem feudal:

a) durante toda a Idade Média, prevaleceu o poder da nobreza, sem interferência dos papas na sua política.

b) existiam latifúndios com uma produção que buscava a autossuficiência econômica.

c) havia uma hierarquia social, onde a riqueza definia a posição social, independente da origem familiar.

d) havia uma produção agrícola importante, em que o comércio entre as cidades era fundamental para a venda dos excessos.

e) eram adotadas regras definidas para todos, com usos e costumes universalizados para toda a Europa Ocidental.

Resposta: *b*.

The Bridgeman Art Library/Keystone Brasil

Para resolver a questão, o estudante deveria ter conhecimento prévio sobre vários aspectos que caracterizavam o mundo medieval e acionar sua memória para examinar o teor das alternativas.

Por exemplo, para saber que a afirmação do item *a* é incorreta, teria de lembrar que no mundo medieval a nobreza tinha poderes e riquezas, mas era o papa quem controlava politicamente a maior parte das situações; para saber que a afirmação do item *c* é incorreta, teria de lembrar que a sociedade feudal era organizada por estamentos e nela a origem social do indivíduo era importante; para saber que a afirmação do item *d* é incorreta, teria de lembrar que o mundo rural era o centro da vida medieval e que as cidades perderam importância nessa época; e, para concluir que a afirmação do item *e* também é incorreta, teria de lembrar que havia na Idade Média uma política descentralizada, ou seja, cada feudo tinha autonomia e definia seus direitos e deveres. Por fim, para indicar a resposta correta, teria de lembrar que, na Idade Média, além de existirem muitos latifúndios e a terra ser muito disputada, cada feudo se empenhava em ter uma produção baseada na autossuficiência.

Além de todos esses conhecimentos, o estudante já deveria ter se apropriado de conceitos como *feudo*, *latifúndio*, *Idade Média*, *nobreza*, etc.

Em questões específicas de interpretação de textos, a memorização é exigida sempre que se solicita o domínio de conceitos, datas, fatos históricos, dados sobre pessoas, países, etc.

Prepare-se
para o Enem e o vestibular

1. Leia a estrofe a seguir.

Eu, Marília, não fui nenhum vaqueiro
fui honrado pastor da tua aldeia;
vestia finas lãs e tinha sempre
a minha choça do preciso cheia.
Tiraram-me o casal e o manso gado,
nem tenho a que me encoste um só cajado.

(Tomás Antônio Gonzaga. In: Antonio Candido e José A. Castello. *Presença da literatura brasileira*. São Paulo: Difel, 1976. v. 1. p. 165.)

No poema, as referências apresentadas e a descrição da situação atual do eu lírico são suficientes para relacioná-lo:

a) à Inconfidência Mineira e às penalidades sofridas pelos inconfidentes no século XVIII.
b) à abolição da escravatura e à ruína provocada pela decadência do cultivo da cana-de-açúcar no final do século XIX.
c) à Proclamação da República e à perda dos bens de D. Pedro II e da nobreza residente no país no final do século XIX.
d) à chegada da Família Real ao Brasil e à expropriação das melhores casas para residência da nobreza de Portugal no início do século XIX.
e) à ação da Inquisição nas colônias e à condenação de portugueses aqui residentes nos séculos XVI e XVII.

2. O *subjetivismo*, típico do Romantismo, também se apresenta de forma marcante em:

a)

Sobre um trono de mármore sombrio,
Em templo escuro, há muito
[abandonado,
Em seu grande silêncio, austero e frio
Um ídolo de gesso está sentado.

(Alberto de Oliveira)

b)

A música da Morte, a nebulosa,
Estranha, imensa música sombria,
Passa a tremer pela minh'alma e fria
Gela, fica a tremer, maravilhosa...

(Cruz e Sousa)

c)

Este é o rio, a montanha é esta,
Estes os troncos, estes os rochedos;
São estes inda os mesmos arvoredos,
Esta é a mesma rústica floresta.

(Cláudio Manuel da Costa)

d)

Cessem do sábio Grego e do Troiano
As navegações grandes que fizeram;
Cale-se de Alexandre e de Trajano
A fama das vitórias que tiveram;
Que eu canto o peito ilustre Lusitano,
A quem Netuno e Marte obedeceram.
Cesse tudo o que a Musa antiga canta,
Que outro valor mais alto se alevanta.

(Luís de Camões)

e)

O furo do ambiente calmo da cabina
[cosmoramava pedaços
[de distância no litoral.
O Pão de Açúcar era um teorema
[geométrico.
Passageiros tombadilhavam o êxtase
[oficial da cidade encravada de crateras.
O Marta ia cortar a Ilha Fiscal porque
[era um cromo branco mas piratas
[atracaram-no para carga e descarga.

(Oswald de Andrade)

Leia o poema a seguir, de Antonio Carlos Secchin, escritor contemporâneo, e responda às questões 3 e 4.

Uma palavra, outra mais, e eis um verso,
Doze sílabas a dizer coisa nenhuma.
Esforço, limo, devaneio e não impeço
Que este quarteto seja inútil como a espuma.

Agora é hora de ter mais seriedade,
Senão a musa me dará o não eterno.
Convoco a rima, que me ri da eternidade,
Calço-lhe os pés, lhe dou gravata
[e um novo terno.

Falar de amor, oh pastora, é o que eu queria,
Mas os fados já perseguem teu poeta,
Deixando apenas a promessa da poesia,

Matéria bruta que não cabe no terceto.
Se o deus frecheiro me jogasse a sua seta,
Eu tinha a chave pra trancar este soneto.

(In: Heloísa Buarque de Hollanda. *26 poetas hoje*. 6. ed. Rio de Janeiro: Aeroplano, 2007. p. 132.)

3. De maneira bem-humorada, o poeta pretende escrever um poema com elementos típicos do Parnasianismo. Esse esforço só *não* ocorre quando:

a) compõe os versos com métrica alexandrina.
b) emprega as estrofes componentes do soneto.
c) apresenta a inspiração amorosa como necessária para a criação poética.
d) caracteriza o poeta como ourives e estilista.
e) busca a *chave de ouro* como remate do poema.

4. Embora no poema prevaleça a tendência estética parnasiana, percebem-se referências a características de outros estilos literários, com exceção:

a) de referências à mitologia greco-romana, como no Classicismo (século XVI) e no Neoclassicismo (século XVIII).
b) da personificação do eu lírico como um pastor, no Arcadismo (século XVIII).
c) da poesia tomada como tema do poema, como na sátira barroca (século XVII).
d) do amor como fonte da poesia, como no Romantismo (século XIX).
e) do emprego do *verso livre,* como no Modernismo (século XX).

5. Leia este fragmento de um romance brasileiro:

Da mesma forma que o geólogo, interpretando a inclinação e a orientação dos estratos truncados de antigas formações, esboça o perfil de uma montanha extinta, o historiador só pode avaliar a altitude daquele homem, que por si nada valeu, considerando a psicologia da sociedade que o criou. Isolado, ele se perde na turba dos nevróticos vulgares. Pode ser incluído numa modalidade qualquer de psicose progressiva. Mas, posto em função do meio, assombra. É uma diátese, e é uma síntese. As fases singulares da sua existência não são, talvez, períodos sucessivos de uma moléstia grave, mas são, com certeza, resumo abreviado dos aspectos predominantes de mal social gravíssimo. Por isto o infeliz, destinado à solicitude dos médicos, veio, impelido por uma potência superior, bater de encontro a uma civilização, indo para a história como poderia ter ido para o hospício. [...]

Todas as crenças ingênuas, do fetichismo bárbaro às aberrações católicas, todas as tendências impulsivas das raças inferiores, livremente exercitadas na indisciplina da vida sertaneja, se condensaram no seu misticismo feroz e extravagante.

[...]

Pelos conceitos emitidos no texto e por sua experiência pessoal como leitor, pode-se concluir que a personagem caracterizada e o fato histórico em que se envolveu são:

a) *Policarpo Quaresma* e a Revolta da Armada contra Floriano Peixoto (*Triste fim de Policarpo Quaresma*).
b) *Brás Cubas* e as intrigas políticas do Segundo Império (*Memórias póstumas de Brás Cubas*).
c) João Romão e a urbanização do Rio de Janeiro (O cortiço).
d) *Antônio Conselheiro* e a guerra de Canudos (*Os sertões*).
e) *Jeca Tatu* e a decadência da cultura do café (*Urupês*).

6. No Brasil do século XX, mais especificamente nos anos 1950, surgiu uma tendência literária que explorava recursos visuais de letras e palavras dispostas expressivamente no papel. Que tendência era essa?

a) Concretismo
b) Tropicalismo
c) Cubismo
d) Brutalismo
e) Futurismo

7. Ao acessar uma página de um portal da internet, o usuário tem a possibilidade de escolher múltiplos caminhos de leitura, resultantes de sequências associativas, apresentadas como "janelas". O arranjo de informações que possibilita ao usuário essa liberdade de leitura é conhecido como:

Ikon Illustration RM/Other Images

a) multivisão.
b) hipertexto.
c) *browser.*
d) *on-line.*
e) *twitter.*

8. O tratamento subjetivo dado ao amor e ao cenário observado em produções literárias do século XVIII pode ser considerado uma característica de estilo que, mais tarde, teve presença marcante no:
a) Simbolismo.
b) Barroco.
c) Indianismo.
d) Byronismo.
e) Parnasianismo.

9. Muitos poemas produzidos em meados do século XX trazem como marca de modernidade uma linguagem simples, próxima da utilizada no dia a dia. Contudo, quanto à estrutura, eles revelam influência de uma escola literária anterior, que é o:
a) Romantismo.
b) Classicismo.
c) Barroco.
d) Surrealismo.
e) Impressionismo.

10. Leia os textos:

Texto I

[...] Bertoleza então, erguendo-se com ímpeto de anta bravia, recuou de um salto e, antes que alguém conseguisse alcançá-la, já de um só golpe certeiro e fundo rasgara o ventre de lado a lado.

E depois emborcou para a frente, rugindo e esfocinhando moribunda numa lameira de sangue.

João Romão fugira até o canto mais escuro do armazém, tapando o rosto com as mãos.

Nesse momento parava à porta da rua uma carruagem. [...]

(Aluísio Azevedo. *O cortiço.* São Paulo: Saraiva, 2009. p. 208.)

Texto II

O deus-verme

Fator universal do transformismo,
Filho da teleológica matéria,
Na superabundância ou na miséria,
Verme – é o seu nome obscuro de batismo.

Jamais emprega o acérrimo exorcismo
Em sua diária ocupação funérea,
E vive em contubérnio com a bactéria,
Livre das roupas do antropomorfismo.

Almoça a podridão das drupas agras,
Janta hidrópicos, rói vísceras magras
E dos defuntos novos incha a mão...

Ah! Para ele é que a carne podre fica,
E no inventário da matéria rica
Cabe aos seus filhos a maior porção!

(Augusto dos Anjos. *Obra completa.* Rio de Janeiro: Nova Aguilar.)

Andressa Honório

Características marcantes da literatura brasileira do final do século XIX até o começo do século XX são o cientificismo e a busca de uma visão mais documental do cotidiano do homem urbano. Considerando os textos lidos e essas características da produção literária do período mencionado, assinale a alternativa errada.
a) Ambos os textos revelam influência do determinismo.
b) O segundo texto explora a visão orgânica da morte.
c) O primeiro texto expõe a violência e a exploração social.
d) O Pré-Modernismo é o movimento literário ao qual estão relacionados ambos os textos.
e) O segundo texto apresenta vocabulário mais científico.

11. Pe. Antônio Vieira e Eça de Queirós são dois escritores portugueses cujas obras revelam marcas da história do país. Os gêneros de texto em que suas obras principais foram produzidas são, respectivamente:
a) sermão e romance.
b) carta e drama.
c) romance e comédia.
d) sermão e crônica.
e) catequese e romance.

Questões do Enem e dos vestibulares

1. (UNESP-SP)

> Se, até a década de 1980, o conjunto da agropecuária nordestina permaneceu quase inalterado, a partir de então se vislumbra a ocupação de novas fronteiras pelo agronegócio globalizado, tomando alguns lugares específicos dessa região, que passam a receber vultosos investimentos de algumas importantes empresas do setor, difundindo-se a agricultura científica e o agronegócio. Existe hoje no Nordeste, assim como de resto em todo o país, uma dicotomia entre uma agricultura tradicional e uma agricultura científica, apresentando-se esta em algumas partes bem delimitadas do território nordestino, constituindo verdadeiros *pontos luminosos*.
>
> (Denise Elias. "Globalização e fragmentação do espaço agrícola do Brasil". *Scripta Nova*, agosto de 2006. Adaptado.)

É exemplo de espaço nordestino "luminoso", incorporado aos circuitos produtivos globalizados do agronegócio, a região produtora de

a) soja, na Zona da Mata.

b) mandioca, na Chapada Diamantina.

c) cacau, no Agreste.

d) cana-de-açúcar, no Sertão.

e) frutas, no vale do São Francisco.

2. (UNIPAR) Assinale a alternativa correta sobre o escritor Mário de Andrade:

a) *Macunaíma* é uma colagem de mitos amazônicos e narrativas urbanas, e estilos narrativos diversificados.

b) *Amar verbo intransitivo* é o mais completo exemplo da prosa sentimental modernista, exaltada e idealizadora.

c) *Pauliceia desvairada* é obra patriótica, de forte cunho nacionalista e uma concepção irracionalista da existência.

d) *Contos novos* é uma coletânea de narrativas que combinam a narrativa enraizada no período colonial e na vanguarda europeia e experimental.

e) Sua obra de crítica literária, representada por *O empalhador de passarinho*, tem forte influência teórica europeia, sobretudo a italiana.

3. (MACKENZIE-SP) Assinale a alternativa que não pode ser relacionada a Monteiro Lobato e sua obra:

a) [...] aparece na literatura brasileira como o consolidador do romance, um ficcionista que cai no gosto popular. Por um lado sua obra é um retrato fiel de suas posições políticas e sociais: grande proprietário rural, nacionalista exagerado, escravocrata." (José de Nicola)

b) "[...] sua ficção teve esse caráter; foi obra de imaginação, mas não perdeu de vista as carências do homem comum, denunciando-as em cores vivazes, não raro aprofundando as linhas da caricatura e da sátira." (Guilhermino Cesar)

c) "[...] foi um grande publicista quando escrevia seus livros da literatura infantil. Trata-se de um terreno em que nós podemos com o mais legítimo orgulho dizer que ele não se coloca aí apenas entre os maiores escritores brasileiros." (José Guilherme Merquior)

d) "[...] sua prática literária foi, de certa forma, pioneira: ele inaugurou uma concepção de literatura que incluía a noção de livro como objeto sem aura, como linguagem, como texto, como mercadoria." (Marisa Lajolo)

e) "[...] é considerado por vários críticos como um homem à frente de seu tempo. Acreditando na educação, no sanitarismo, na técnica profissionalizante, pensou caminhos para solucionar problemas sociais, políticos e econômicos do país. (Lígia Militz da Costa)

(UFRN-RN) O texto a seguir, extraído da crônica "A noite em Natal", de Câmara Cascudo, publicada no jornal *A imprensa*, em 11 de maio de 1924, serve de referência às questões 4 e 5:

Despensa o commentario. Basta anunciar. Natal a noite. Estamos vendo uma cidade quieta como se aprendesse o movimento com as mumias pharaonicas. Sob a luz (quando ha) das lampadas amarellas arrastam, meia duzias de creaturas magras, uma "pose" melancolica de Byrons papa-gerimúns.

Depois, um "film" no Royal ou Rio Branco ou poker somnolento do Natal club.

Estive uns tempos inquerindo de como alguns amigos meus passavam as primeiras horas da noite. As respostas ficam todas catalogadas em trez classes. Indolencia. Ficam em casa e tentam ler. Sahem e não havendo (desde que morreu Parrudo) nada de novo entre nós, deixam-se ficar madorrando numa praça silenciosa. Instincto de elegância. Natal club. Ahi está como vive a noite um rapaz nesta terra de vates e de enchentes.

CASCUDO, Luís da Câmara. A noite em Natal. In: *Crônicas de origem*: a cidade do Natal nas crônicas cascudianas dos anos 20. Natal: EDUFRN, 2005, p. 86.

4. Ao se referir a "Byrons papa-gerimúns", o cronista considera as personagens da vida cultural da cidade como

a) poetas românticos provincianos.

b) leitores constantes de poesia romântica.

c) escritores ávidos por novos filmes.

d) literatos amantes de jogos de cartas.

5. Nesse trecho, Câmara Cascudo relata que indagou os amigos sobre os rapazes da cidade do Natal. O resumo das respostas revela um observador

a) nostálgico, ao se referir ao ambiente pacato dos espaços de lazer disponíveis.

b) imparcial, ao descrever os hábitos urbanos dos poetas locais.

c) irônico, ao se referir aos limitados atrativos da vida noturna da cidade.

d) indeciso, ao descrever o movimento das personagens no ambiente urbano.

6. (U.F. Londrina-PR) Observe a imagem e leia o texto a seguir.

Pablo Picasso. Guernica, 1937

Para Picasso: "A pintura não é feita para decorar apartamentos. É um instrumento de guerra para ataque e defesa contra o inimigo." O inimigo é o homem que explora seus semelhantes por egoísmo e lucro. Guernica foi pintada com paixão e convicção. O artista usa símbolos arquetípicos (o touro, o cavalo, a figura sustentando ao alto uma luz) criando uma obra alegórica.

(Adaptado de: WARNCKE, C. P. W. Ingo. *Pablo Picasso*. China: Taschen, 2007. p. 387-401.)

Com base na imagem, no texto e nos conhecimentos sobre a obra *Guernica*, de Pablo Picasso, considere as afirmativas a seguir.

I. A origem de *Guernica* restringe-se aos estudos que Picasso realizou das obras de Goya e Velásquez, não tendo qualquer relação direta com a destruição da cidade basca pelos bombardeios alemães.

II. A experiência da guerra foi interpretada por Picasso por um meio de expressão imagético, em que, pela linguagem da pintura, o artista aborda o sofrimento humano. O acontecimento conduziu à criação de uma obra que se manteve presente na consciência coletiva do século XX.

III. Picasso usou elementos da expressividade, através de sua própria linguagem formal, com motivos e esquemas pictóricos universais, difundidos por uma tradição. A composição em três partes baseia-se no tríptico, forma clássica do retábulo cristão.

IV. *Guernica* dialoga com outra obra de Picasso, a série de águas-fortes intitulada *Sonhos e Mentiras de Franco*, em que são introduzidas figuras saídas do repertório de *Guernica*, que representam os sofrimentos das vítimas da guerra civil.

Assinale a alternativa correta.

a) Somente as afirmativas I e II são corretas.

b) Somente as afirmativas I e IV são corretas.

c) Somente as afirmativas III e IV são corretas.

d) Somente as afirmativas I, II, III são corretas.

e) Somente as afirmativas II, III e IV são corretas.

A relação

Capítulo
9

Gary Waters/Ikon Images/Diomedia

Nos capítulos anteriores, você conheceu diferentes operações, como a observação, a análise, a comparação e a memorização. Neste capítulo, vai conhecer a *relação* e aprender como utilizar essa operação em questões do Enem, dos vestibulares e nas provas de redação.

No documento *Eixos cognitivos*, do Enem, a operação denominada relação é apresentada assim:

> **Relacionar** (a mesma informação em diferentes linguagens)
> Segundo o dicionário, relacionar significa "fazer ou fornecer a relação de; arrolar, pôr em lista; narrar, expor, descrever, referir; comparar (coisas diferentes) para deduzir leis ou analogias; fazer relações, conseguir amizades, travar conhecimento".
> (Brasília: MEC/INEP, 2007. p. 70.)

Relacionar dois ou mais textos equivale a estabelecer conexões e analogias, aproximá-los levando em conta algum tipo de critério.

É raro uma questão do Enem ou dos vestibulares solicitar ao estudante apenas que relacione uma coisa com outra. Geralmente, essa operação é solicitada juntamente com outra, por meio de formulações como "relacione e conclua", "relacione e explique", "relacione e construa", etc.

Embora a prova do Enem anuncie a intenção de estabelecer relação entre textos de diferentes linguagens, essa não é a norma em todos os exames. A relação pode ocorrer entre dois textos de linguagem verbal, entre textos de linguagem verbal e não verbal, e até mesmo entre partes de um único texto.

Veja, como exemplo, esta questão do Enem:

Com base na leitura dos seguintes textos motivadores e nos conhecimentos construídos ao longo de sua formação, redija um texto dissertativo-argumentativo em norma culta escrita da língua portuguesa sobre o tema **O Trabalho na Construção da Dignidade Humana**, apresentando experiência ou proposta de ação social, que respeite os direitos humanos. Selecione, organize e relacione, de forma coerente e coesa, argumentos e fatos para defesa de seu ponto de vista.

O que é trabalho escravo

Escravidão contemporânea é o trabalho degradante que envolve cerceamento da liberdade

A assinatura da Lei Áurea, em 13 de maio de 1888, representou o fim do direito de propriedade de uma pessoa sobre a outra, acabando com a possibilidade de possuir legalmente um escravo no Brasil. No entanto, persistiram situações que mantêm o trabalhador sem possibilidade de se desligar de seus patrões. Há fazendeiros que, para realizar derrubadas de matas nativas para formação de pastos, produzir carvão para a indústria siderúrgica, preparar o solo para plantio de sementes, entre outras atividades agropecuárias, contratam mão de obra utilizando os contratadores de empreitada, os chamados "gatos". Eles aliciam os trabalhadores, servindo de fachada para que os fazendeiros não sejam responsabilizados pelo crime.

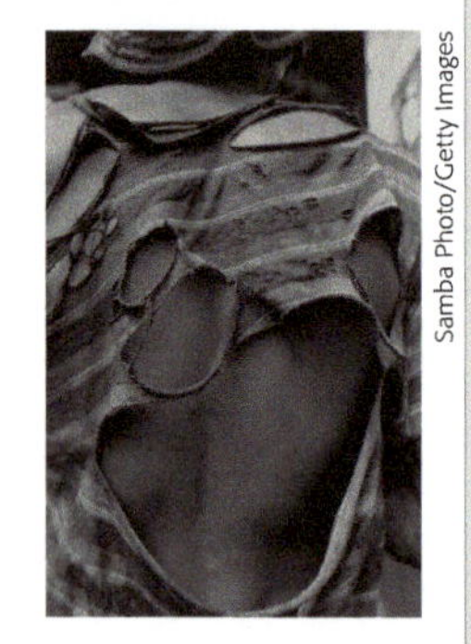
Samba Photo/Getty Images

Trabalho escravo se configura pelo trabalho degradante aliado ao cerceamento da liberdade. Este segundo fator nem sempre é visível, uma vez que não mais se utilizam correntes para prender o homem à terra, mas sim ameaças físicas, terror psicológico ou mesmo as grandes distâncias que separam a propriedade da cidade mais próxima.

Disponível em: http://www.reporterbrasil.org.br. Acesso em: 02 set. 2010 (fragmento).

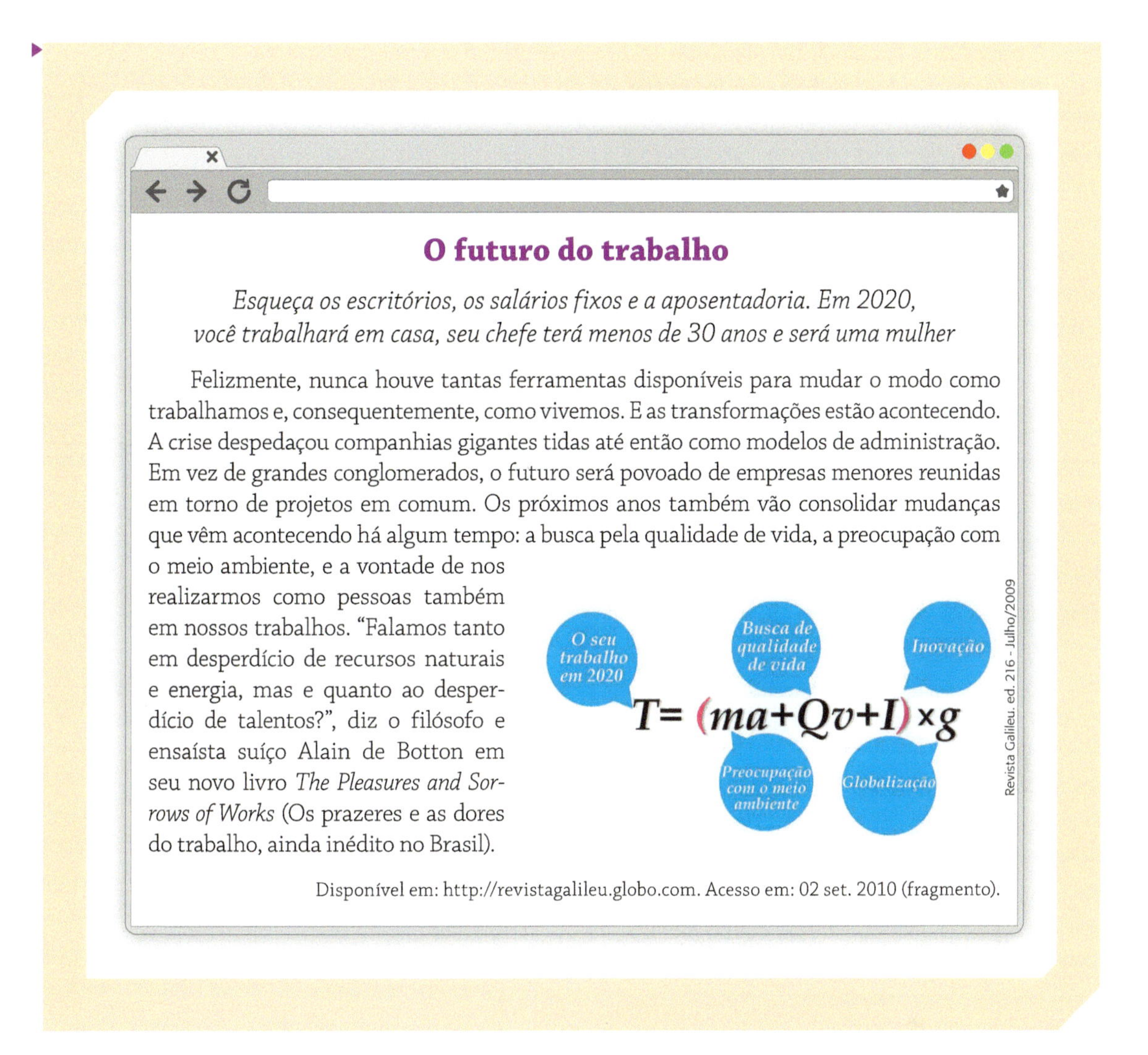

O futuro do trabalho

Esqueça os escritórios, os salários fixos e a aposentadoria. Em 2020, você trabalhará em casa, seu chefe terá menos de 30 anos e será uma mulher

Felizmente, nunca houve tantas ferramentas disponíveis para mudar o modo como trabalhamos e, consequentemente, como vivemos. E as transformações estão acontecendo. A crise despedaçou companhias gigantes tidas até então como modelos de administração. Em vez de grandes conglomerados, o futuro será povoado de empresas menores reunidas em torno de projetos em comum. Os próximos anos também vão consolidar mudanças que vêm acontecendo há algum tempo: a busca pela qualidade de vida, a preocupação com o meio ambiente, e a vontade de nos realizarmos como pessoas também em nossos trabalhos. "Falamos tanto em desperdício de recursos naturais e energia, mas e quanto ao desperdício de talentos?", diz o filósofo e ensaísta suíço Alain de Botton em seu novo livro *The Pleasures and Sorrows of Works* (Os prazeres e as dores do trabalho, ainda inédito no Brasil).

Disponível em: http://revistagalileu.globo.com. Acesso em: 02 set. 2010 (fragmento).

O tema da redação proposto pelo Enem é *O trabalho na construção da dignidade humana*. O aluno deveria desenvolvê-lo por meio de um relato de experiência ou pela elaboração de uma proposta de ação social, que levasse em conta o respeito aos direitos humanos.

Um painel de textos – dois textos verbais e uma fotografia – é oferecido como ponto de partida para a reflexão. Ao lê-los, o estudante deveria procurar *relacioná-los*, isto é, aproximá-los, contrastá-los, identificando os pontos de contato entre eles. O primeiro texto procura definir o que é trabalho escravo e de que modo ainda hoje são encontrados resquícios dessa prática no Brasil. A fotografia mostra, pelas costas, um homem de certa idade usando uma camiseta surrada, nítido sinal de pobreza. Talvez ele represente o "escravo" contemporâneo, ou seja, o trabalhador miserável, sem carteira assinada e sem nenhum direito trabalhista. O segundo texto verbal descreve como será, conforme se prevê, o trabalho daqui a alguns anos e como serão as relações entre profissionais e empresas num mundo globalizado e preocupado com o meio ambiente.

Ao relacionar os textos, fica evidente que o Brasil do século XXI apresenta um painel social e trabalhista contraditório, que vai de práticas arcaicas, como a escravidão, até o trabalho feito a distância, em casa, com o emprego das avançadas tecnologias de comunicação disponíveis em nosso tempo.

O relato de uma experiência ou a elaboração de uma proposta solicitados na questão deveriam necessariamente tocar em alguns pontos essenciais apontados pelos próprios textos: a eliminação completa em nosso país das relações de trabalho que sejam degradantes e abusivas, o respeito ao meio ambiente e a valorização do talento e da satisfação de cada trabalhador nas atividades que exerce.

Outra forma possível de relacionar os textos e discuti-los pela perspectiva do tema seria refletir sobre os direitos do trabalhador previstos na Constituição. Por esse caminho, seria possível discutir tanto práticas trabalhistas obsoletas, como a escravidão, quanto práticas recentes, ainda não consolidadas, que talvez exijam revisão e adaptação das leis trabalhistas.

Veja outra questão do Enem que, para ser resolvida, exige também o uso da *relação*.

Cândido Portinari (1903-1962), um dos mais importantes artistas brasileiros do século XX, tratou de diferentes aspectos da nossa realidade em seus quadros.

1

2

3

4

Cândido Portinari. *Baile na roça*, 1923-24 (1); *Retirantes*, 1944 (2); *Retirantes*, 1959 (3); *Cangaceiro*, 1958 (4). Reprodução autorizada por João Candido Portinari.

Sobre a temática dos "Retirantes", Portinari também escreveu o seguinte poema:

(...)
Os retirantes vêm vindo com trouxas e embrulhos
Vêm das terras secas e escuras; pedregulhos
Doloridos como fagulhas de carvão aceso

Corpos disformes, uns panos sujos,
Rasgados e sem cor, dependurados

Homens de enorme ventre bojudo
Mulheres com trouxas caídas para o lado

Pançudas, carregando ao colo um garoto
Choramingando, remelento
(...)

(Candido Portinari. *Poemas*. Rio de Janeiro: J. Olympio, 1964.)

Das quatro obras reproduzidas, assinale aquelas que abordam a problemática que é tema do poema.

a) 1 e 2
b) 1 e 3
c) 2 e 3
d) 3 e 4
e) 2 e 4

Resposta: *c*.

Para responder corretamente à questão, o estudante deveria observar os quadros, identificar o tema principal de cada um e, em seguida, ler o poema, identificar o seu tema e relacioná-lo com as pinturas. Das quatro telas, duas (as telas 2 e 3) são a representação visual do cenário descrito pelo poema: os retirantes com "trouxas e embrulhos", com "corpos disformes, uns panos sujos", "um garoto choramingando".

Prepare-se
para o Enem e o vestibular

1. Observe a escultura, leia o poema e responda às questões 1 e 2.

Shutterstock

O pensador (1902), de Auguste Rodin.

Queixo apoiado à mão em postura severa,
lembra-se o Pensador que é da carne uma presa;
carne fatal, desnuda ante o fado que o espera,
carne que odeia a morte e tremeu de beleza;

que estremeceu de amor na primavera ardente
e hoje, imersa no outono, a tristeza conhece.
A ideia de morrer dessa fronte consciente
passa por todo o bronze, à hora em que
[a noite desce.

De angústia os músculos se fendem, sofredores;
os sulcos de seu corpo enchem-se de terrores;
entrega-se, folha outoniça, ao Senhor forte

que o plasma. E não se crispa uma árvore torcida
de sol nos plainos, nem leão de anca ferida,
como esse homem que está meditando na morte.

(Gabriela Mistral, poetisa chilena. Disponível em: http://www.luso-poemas.net/modules/news/article.php?storyid=221001. Acesso em: 26/2/2016.)

Relacione o poema à escultura e indique a única passagem do poema que pode ser percebida visualmente na imagem.

a) "Queixo apoiado à mão em postura severa"
b) "lembra-se o Pensador que é da carne uma presa"
c) "a tristeza conhece"
d) "os sulcos de seu corpo enchem-se de terrores"
e) "estremeceu de amor na primavera"

2. O poema justifica a tensão existente na escultura *O Pensador*. Ela só ocorre porque:

a) é a imagem de um homem consciente.
b) o homem reflete sobre a transitoriedade do corpo.
c) sente saudade de amores passados.
d) a noite desce.
e) a primavera se foi e chegou o outono.

3. Os três textos que seguem dizem respeito ao mesmo fato: a morte de um menino de três anos, Aylan Shenu, que fugia da Síria com os pais.

Leia e relacione os textos:

Editora Três

ISTOÉ

#SOMOSTODOSIMIGRANTES

(Nº 2 388.)

(Nº 2 442.)

> [...] O bote de 5 metros de comprimento em que o menino sírio viajava com os pais e o irmão mais velho emborcou a caminho da Ilha de Cos, na Grécia. Eles fugiam dos terroristas do Estado Islâmico, que, em nome da construção de um califado, matam pessoas de todos os credos, torturam e estupram. Fugiam também das forças do ditador Bashar Assad, que bombardeiam o próprio povo com armas químicas. Quando Aylan nasceu, a Síria já estava em guerra civil. Ele morreu sem conhecer a paz.
>
> (Disponível em: veja.abril.com.br/noticia/mundo/aylan-morreu-sem-conhecer-a-paz. Acesso em: 16/2/2016.)

Com base na relação feita entre os textos, identifique a alternativa incorreta.

a) Uma das capas faz uso de uma ilustração e a outra, de uma fotografia.

b) Os tons de preto das duas capas remetem à ideia de luto motivado pela morte da criança emigrante.

c) Uma das capas faz um apelo à solidariedade e a outra, à reflexão sobre o fato.

d) Uma das capas apresenta uma visão pessimista da imigração e a outra, uma visão otimista sobre ela.

e) O barco em que estava Aylan afundou a caminho da ilha de Cos, mas o menino é vítima da violência praticada tanto pelos soldados do ditador Bashar Assad quanto pelos terroristas do Estado Islâmico.

4. Leia o texto:

> A literatura digital é a exploração das possibilidades formais surgidas com o desenvolvimento de tecnologias visuais e sonoras, como o vídeo, o computador e a edição eletrônica de textos. Essas tecnologias têm disponibilizado novos recursos expressivos, que reformulam não só a produção dos textos literários como sua leitura. A principal inovação que marca a literatura digital é a migração do texto da página impressa para a tela, trazendo para a literatura as possibilidades de animação comumente relacionadas com o cinema e o vídeo. Ocorre, assim, uma integração entre elementos verbais, sonoros e visuais.
>
> Com o abandono da página impressa, as palavras deixam de ser fixas e podem mover-se na superfície desse novo suporte. Além disso, podem sofrer metamorfoses, transformando-se por um determinado período de tempo, modificando-se em sua estrutura interna, virando outras palavras ou até mesmo imagens puras, sem referência verbal.
>
> (www.itaucultural.org.br/aplicexternas/enciclopedia_lit/index.cfm?fuseaction=definicoes_texto&cd_verbete=12153&cd_item=237&cd_idioma=28555&cd_produto=84)

Considere as seguintes afirmativas a respeito do texto e relacione-as com as alternativas abaixo.

I. A literatura digital se aproxima das artes plásticas e da música.

II. A literatura digital faz abandonar a leitura impressa.

III. A literatura digital mistura diferentes mídias e suportes da comunicação.

a) Apenas I é correta.

b) Nenhuma é correta.

c) Apenas II é correta.

d) Apenas II e III são corretas.

e) Apenas III é correta.

5. O texto mais antigo do país, de autoria de Pero Vaz de Caminha, foi escrito em 1500. No século XXI, a qual gênero textual Caminha provavelmente recorreria, considerando-se o objetivo que teve em vista com seu texto?

a) manual de instruções

b) *e-mail*

c) resenha

d) *twitter*

e) publicidade

6. Leia esta tira:

Calvin & Hobbes, Bill Watterson © 1987 Watterson/ Dist. by Universal Uclick

O humor da tira se dá por meio de um jogo de palavras, no último quadrinho, configurando a função:

a) emotiva.
b) fática.
c) metalinguística.
d) conativa.
e) referencial.

7. Leia o texto.

Ruínas de escola de gladiadores são encontradas na Áustria

Associated Press

Arqueólogos anunciaram nesta segunda-feira a descoberta na Áustria de uma escola de treinamento de gladiadores que se encontra em bom estado de conservação.

As ruínas se encontram enterradas debaixo do local conhecido como parque arqueológico de Carnuntum, a aproximadamente 45 km a leste de Viena. Esse complexo foi uma cidade no passado, onde viveram 50 mil pessoas, cerca de 1.700 anos atrás.

Ronald Zak/AP Photo/Glowimages

(Disponível em: www1.folha.uol.com.br/ciencia/970536-ruinas-de-escola-de-gladiadores-sao-encontradas-na-austria.shtml. Acesso em: 27/2/2016.)

Considere estas afirmativas:

I. O texto se aproxima do gênero *blog*, pois contém expressões informais, como *foi no passado*.

II. O texto é representativo do gênero conto, pois explora uma ação e um conflito.

III. O texto é um gênero jornalístico, pois tem principalmente caráter informativo.

Está(ão) correta(s) a(s) afirmativa(s):

a) I, apenas.
b) I e III, apenas.
c) III, apenas.
d) II, apenas.
e) II e III, apenas.

Questões do Enem e dos vestibulares

1. (ENEM)

O que a internet esconde de você

Sites de busca manipulam resultados. Redes sociais decidem quem vai ser seu amigo – e descartam as pessoas sem avisar. E, para cada *site* que você pode acessar, há 400 outros invisíveis. Prepare-se para conhecer o lado oculto da internet.

Reprodução/Pablo Bernasconi

GRAVATÁ, A. *Superinteressante*, São Paulo, ed. 297, nov. 2011 (adaptado).

Analisando-se as informações verbais e a imagem associada a uma cabeça humana, compreende-se que a venda:

a) representa a amplitude de informações que compõem a internet, às quais temos acesso em redes sociais e *sites* de busca.

b) faz uma denúncia quanto às informações que são omitidas dos usuários da rede, sendo empregada no sentido conotativo.

c) diz respeito a um buraco negro digital, onde estão escondidas as informações buscadas pelo usuário nos *sites* que acessa.

d) está associada a um conjunto de restrições sociais presentes na vida daqueles que estão sempre conectados à internet.

e) remete às bases de dados da *web*, protegidas por senhas ou assinaturas e às quais o navegador não tem acesso.

(UFSCar-SP) Instrução: Leia os três textos a seguir, para responder às questões de números 2 e 3.

Texto I

Navegar é preciso

Navegadores antigos tinham uma
[frase gloriosa:
"Navegar é preciso; viver não é preciso".

Quero para mim o espírito [d]esta frase,
transformada a forma para a casar como eu sou:

Viver não é necessário; o que é necessário é criar.
Não conto gozar a minha vida;
[nem em gozá-la penso.
Só quero torná-la grande,
ainda que para isso tenha de ser o meu corpo
[e a (minha alma) a lenha desse fogo.

Só quero torná-la de toda a humanidade;
ainda que para isso tenha de a perder
[como minha.
Cada vez mais assim penso.

Cada vez mais ponho da essência anímica
[do meu sangue
o propósito impessoal de engrandecer
[a pátria e contribuir
para a evolução da humanidade.

É a forma que em mim tomou o misticismo
[da nossa Raça.

(Fernando Pessoa, *Navegar é preciso*. www.secrel.com.br/jpoesia/fpesso05.html)

Texto II

Eu penso por meio de metáforas. Minhas ideias nascem da poesia. Descobri que o que penso sobre a educação está resumido num verso célebre de Fernando Pessoa: "Navegar é preciso. Viver não é preciso".

Navegação é ciência, conhecimento rigoroso. Para navegar, barcos são necessários. Barcos se fazem com ciência, física, números, técnica. A navegação, ela mesma, faz-se com ciência: mapas, bússolas, coordenadas, meteorologia. Para a ciência da navegação é necessária a inteligência instrumental, que decifra o segredo dos meios. Barcos, remos, velas e bússolas são meios.

Já o viver não é coisa precisa. Nunca se sabe ao certo. A vida não se faz com ciência. Faz-se com sapiência. É possível ter a ciência da construção de barcos e, ao mesmo tempo, o terror de navegar. A ciência da navegação não nos dá o fascínio dos mares e os sonhos de portos onde chegar. Conheço um erudito que tudo sabe sobre filosofia, sem que a filosofia tenha jamais tocado a sua pele. A arte de viver não se faz com a inteligência instrumental. Ela se faz com a inteligência amorosa.

(Rubem Alves, *Por uma educação romântica*, p. 112-113.)

Texto III

"Sapo não pula por boniteza, mas porém por percisão."

(Guimarães Rosa, Epígrafe do conto A hora e vez de Augusto Matraga. *Sagarana*, p. 279.)

2. Relacione os dois primeiros textos entre si. Ambos utilizam a frase "Navegar é preciso, viver não é preciso", que é tradução da frase latina "Navigare necesse; vivere non est necesse".

   a) Explique a diferença do uso dessa frase nesses dois textos.

   b) Em que sentido Guimarães Rosa emprega o substantivo *percisão* (= precisão) no texto III? Construa uma frase com o substantivo precisão, dando a ele um sentido diferente do que aparece na frase de Guimarães Rosa.

3. Saint-Exupéry, um famoso escritor francês, é autor do seguinte aforismo:

   Se você quer construir um navio, não peça às pessoas que consigam madeira, não lhes dê tarefas e trabalho. Fale antes a elas, longamente, sobre a grandeza e a imensidão do mar.

   a) A que frase do texto de Rubem Alves você ligaria esse aforismo? Explique por quê.

   b) Diz Rubem Alves em seu texto: "A vida não se faz com ciência. Faz-se com sapiência". Explique a diferença entre ciência e sapiência nesse contexto.

4. (UNIFOR-CE)

Texto I

"Nos Estados Unidos a ideia de comunidade está fundada na igualdade e homogeneidade de todos os seus membros, aqui concebidos como cidadãos. Quer dizer: a comunidade pode ser concebida como igualitária porque não seria feita de famílias, parentelas e facções que objetiva e efetivamente têm propriedades, estilos e tamanhos e interesses diferentes, mas de indivíduos e cidadãos. No Brasil, por contraste, a comunidade é necessariamente heterogênea, complementar e hierarquizada. Sua unidade básica não está baseada em indivíduos (ou cidadãos), mas em relações e pessoas, famílias e grupos de parentes e amigos. [...] Num caso o que conta é o indivíduo e o cidadão; noutro, o que vale é a relação."

(DAMATTA, Roberto. *A Casa & A Rua:* Espaço, Cidadania, Mulher e Morte no Brasil. Rio de Janeiro: Rocco, 1997, p. 77-78).

Texto II

"Não é só pelo status que essas pessoas resolvem concorrer a cargos públicos. Não é para desfilar em festas em que estão presentes as autoridades de todos os poderes – inclusive do Judiciário, de quem rapidamente se aproximam. O principal objetivo é conquistar o foro privilegiado. Na prática, o foro privilegiado significa o seguinte: ser julgado pelas pessoas que frequentam as mesmas festas que nós. Gente que representa um poder cujo orçamento é definido pelo parlamento. E o parlamento somos nós. Para quem está no mandato, é muito mais fácil se defender de qualquer acusação. O deputado tem conexões, contatos, amizades"

(REIS, Márlon. *O Nobre Deputado:* Relato chocante [e verdadeiro] de como nasce, cresce e se perpetua um corrupto na política brasileira. Rio de Janeiro: LeYa, 2014, p. 72).

Texto III

"Qual o cerne, então, da república? A definição de monarquia destaca quem exerce o poder, e a de república para que serve o poder. Na monarquia manda um, e na república o poder é usado para o bem comum. Assim, embora quando um único mande, ele tenda a usar o poder em benefício próprio, a verdadeira ameaça à república está nesse uso do poder, e não na forma institucional: está nos fins, e não nos meios. Resumindo: o inimigo da república é o uso privado da coisa pública. É sua apropriação, como se fosse propriedade pessoal"

(RIBEIRO, Renato Janine. *A República*. São Paulo: Publifolha, 2008, p. 36).

Observando os textos, é **correto** afirmar:

a) Os protestos da sociedade civil brasileira desde 2013 representam inequívoca mudança para uma sociedade relacional, tal como retratado nos textos.

b) A ideia de um "destino manifesto" a ser cumprido pelo Brasil embasa a postura individualista do cidadão brasileiro, contrastando com a postura norte-americana.

c) Na perspectiva de RIBEIRO, o uso do poder por um só jamais poderia ser tomado em sintonia com a ideia republicana, pois caracterizaria a monarquia.

d) A "sociedade de relações" (familiares, de compadrio, etc.) aliada ao patrimonialismo existentes no Brasil mostram-se causas da baixa eficácia das reivindicações cidadãs, ainda que oriundas de protestos.

e) A sociedade brasileira, ao trazer a marca da inclusividade relacional, mostra-se mais justa e equitativa no oferecimento de oportunidades para seus cidadãos do que a sociedade americana, notadamente pelo aspecto da representatividade parlamentar.

5. (VUNESP-SP) Analise a tabela.

Relação crédito/depósito entre as regiões brasileiras, 2007

Região	Crédito concedido (bilhões de R$)	Capacitação de depósitos (bilhões de R$)
Concentrada	712.683	618.578
Nordeste	51.164	73.230
Centro-Oeste	69.220	78.007
Amazônia	12.250	15.344

(Ricardo Scherma e Samira Kahil. "Densidades do sistema financeiro". *Sociedade & Natureza*, abril de 2011. Adaptado.)

O volume de recursos concedidos por crédito e coletados por depósito em cada região do Brasil constitui um importante indicativo das finanças e da forma de atuação dos agentes do sistema financeiro no território nacional. A partir da análise da tabela e considerando regiões "ganhadoras" as regiões em que o volume de recursos concedidos por crédito é superior ao volume de recursos captados por depósito, é correto afirmar que em 2007 prevaleceu uma situação de:

a) equilíbrios regionais: o volume de recursos captados por depósito em cada região brasileira foi inferior ao volume de crédito oferecido, portanto, todas as regiões podem ser caracterizadas como "perdedoras" de recursos.

b) desigualdades regionais: as regiões Amazônia, Nordeste e Centro-Oeste caracterizam-se como "ganhadoras" de recursos, enquanto a região Concentrada pode ser caracterizada como "perdedora".

c) equilíbrios regionais: não existiam diferenças significativas entre o volume de recursos concedidos e o volume de recursos captados por depósito entre as regiões brasileiras, não havendo, portanto, regiões "ganhadoras" ou "perdedoras" de recursos.

d) desigualdades regionais: apesar de todas as regiões se caracterizarem como "ganhadoras" de recursos, a região Concentrada possuía um montante de recursos muito superior ao total detido pelas demais regiões.

e) desigualdades regionais: a região Concentrada caracteriza-se como "ganhadora" de recursos, enquanto as demais regiões do país podem ser caracterizadas como "perdedoras".

A inferência, a **dedução** e a conclusão

Capítulo 10

Getty Images

Você já conheceu várias das operações que são utilizadas durante o ato de ler, como a observação, a análise, a comparação, etc. Neste capítulo, você vai conhecer, entre outras habilidades, a *inferência*, uma das operações mais solicitadas nas provas de interpretação de textos nos exames do Enem e dos vestibulares.

Você já deve ter ouvido alguém dizer que, diante de um texto, é preciso fazer inferências. Afinal, o que é uma inferência?

> **Inferência** é um processo pelo qual, com base em determinados dados, chega-se a uma conclusão.

Fazer inferências durante a leitura de um texto equivale a chegar a certas conclusões a partir de informações explícitas ou implícitas. Dados como características de uma personagem numa narrativa policial, por exemplo, permitem fazer inferências a respeito de quem pode ser o assassino; dados estatísticos apresentados numa reportagem sobre distribuição de renda no Brasil permitem fazer inferências sobre a desigualdade social no país; e assim por diante.

Em provas do Enem e dos vestibulares, raramente é pedido ao estudante que faça inferências, embora essa operação esteja presente em todo ato de leitura. As operações mais solicitadas explicitamente dizem respeito a dedução e conclusão.

Veja como as ações relativas a essas três operações são definidas no dicionário:

> **inferir:** fazer inferência sobre; concluir, deduzir.
>
> **deduzir:** concluir (algo) pelo raciocínio; inferir.
>
> **concluir:** chegar a um resultado, a uma decisão, a uma afirmação, a partir de um elemento ou de um conjunto de elementos concretos ou abstratos, após observação atenta ou por meio de raciocínio.
>
> (*Dicionário Houaiss da língua portuguesa.*)

Como se nota, trata-se de operações muito parecidas, a ponto de as questões de exames empregarem como sinônimas as palavras que as designam.

Veja como a questão a seguir, do Enem, solicita uma dessas operações:

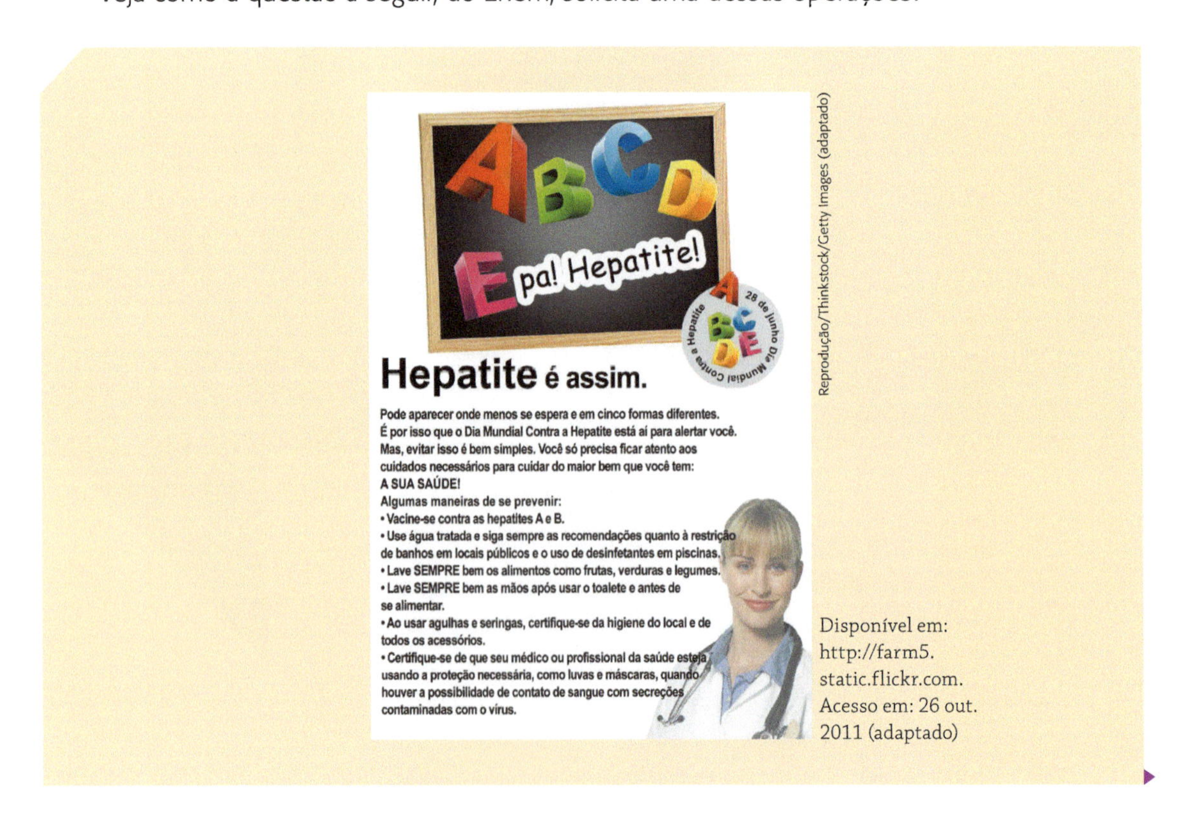

Reprodução/Thinkstock/Getty Images (adaptado)

Disponível em: http://farm5.static.flickr.com. Acesso em: 26 out. 2011 (adaptado)

Nas peças publicitárias, vários recursos verbais e não verbais são usados com o objetivo de atingir o público-alvo, influenciando seu comportamento. Considerando as informações verbais e não verbais trazidas no texto a respeito da hepatite, verifica-se que:

a) o tom lúdico é empregado como recurso de consolidação do pacto de confiança entre o médico e a população.

b) a figura do profissional da saúde é legitimada, evocando-se o discurso autorizado como estratégia argumentativa.

c) o uso de construções coloquiais e específicas da oralidade é recurso de argumentação que simula o discurso do médico.

d) a empresa anunciada deixa de se autopromover ao mostrar preocupação social e assumir a responsabilidade pelas informações.

e) o discurso evidencia uma cena de ensinamento didático, projetado com subjetividade no trecho sobre as maneiras de prevenção.

Resposta: *b*.

Para resolver a questão, o estudante deve ler atentamente o texto e identificar, no enunciado, o que a questão realmente pede. Como se vê, o próprio enunciado explicita o tipo de relação que vai ser observada, ou seja, a relação entre "as informações verbais" e as "não verbais". O enunciado também faz referência a "peças publicitárias", o que indica o gênero a que pertence o texto em exame: anúncio publicitário.

Na parte superior do anúncio, vemos um quadro semelhante a uma lousa, com algumas letras do alfabeto – A, B, C, D, E. A última delas forma a interjeição *Epa!*, como se o enunciador, ao pronunciar a letra *E*, se lembrasse da hepatite. Isso porque, conforme se vê numa espécie de selo na parte direta e inferior do quadro, o dia 28 de julho é o Dia Mundial contra a Hepatite. Logo, percebe-se que o anúncio foi publicado próximo dessa data, com a finalidade de lembrar a população sobre os cuidados para prevenir a hepatite.

Ao lermos a parte verbal do texto, vemos que as letras em destaque na parte superior do anúncio estão relacionadas com os tipos de hepatite: A, B, C, D e E.

O texto verbal apresenta uma linguagem simples e acessível à maioria da população. Assumindo um formato de texto instrucional ou injuntivo, faz uso de formas verbais no imperativo (*vacine-se*, *use*, *lave*, etc.) a fim de mostrar a maneira correta de evitar a contração da doença.

Ao lado da parte verbal do texto, há uma jovem usando um avental branco e um estetoscópio nos ombros, dando a entender que se trata de uma médica ou de uma outra profissional da saúde. Assim, associando a parte verbal à figura da moça, infere-se que a voz de quem profere as instruções seja da própria médica ou de outro médico qualquer, já que ela pode estar representando toda a classe médica.

Desse modo, o texto não verbal complementa o texto verbal, legitimando-o. Ou seja, a imagem sugere que quem fala e orienta a população são os médicos, os especialistas em saúde e, por isso, os conselhos e as orientações expressam a verdade científica.

Outro aspecto importante a destacar é que, apesar de o texto ser um anúncio, não há em nenhuma parte dele um nome ou um logotipo de um órgão do governo ou de uma empresa privada de saúde que pudesse estar se promovendo ou tentando vender vacinas, por exemplo, aos leitores. O texto, em tese, é parte de uma campanha publicitária de conscientização sobre os cuidados com a saúde e sobre o combate à hepatite.

Analisando os itens da questão do Enem, nota-se que os itens *a* e *c* devem ser descartados porque não há, na linguagem verbal, um "tom lúdico" nem "construções coloquiais e específicas da oralidade". Nem tampouco a linguagem é subjetiva, como afirma o item *e*. O item *d* faz referência a uma "empresa anunciada", o que também não se confirma no anúncio. Logo, resta o item *b*, que é a resposta correta. Nele destaca-se a relação entre o profissional de saúde e o "discurso autorizado", de modo que um legitima o outro, constituindo-se num forte argumento de persuasão do leitor.

Note que a relação entre o verbal e o não verbal, nesse texto, não é explícita. O leitor é quem deve relacionar as duas linguagens, fazer *inferências* e chegar a *conclusões* sobre quem é a moça de branco e sobre a relação que ela tem com o texto instrucional.

O estudante, ao examinar os itens da questão do Enem, deve notar que o enunciado da questão já mencionava o objetivo do texto "de atingir o público-alvo, influenciando seu comportamento". Deve também inferir que apenas o item *b* tinha condições de ser a resposta correta, pois é o único que explicita a "estratégia argumentativa" utilizada no texto para alcançar seu objetivo, ou seja, atingir e convencer o público-alvo.

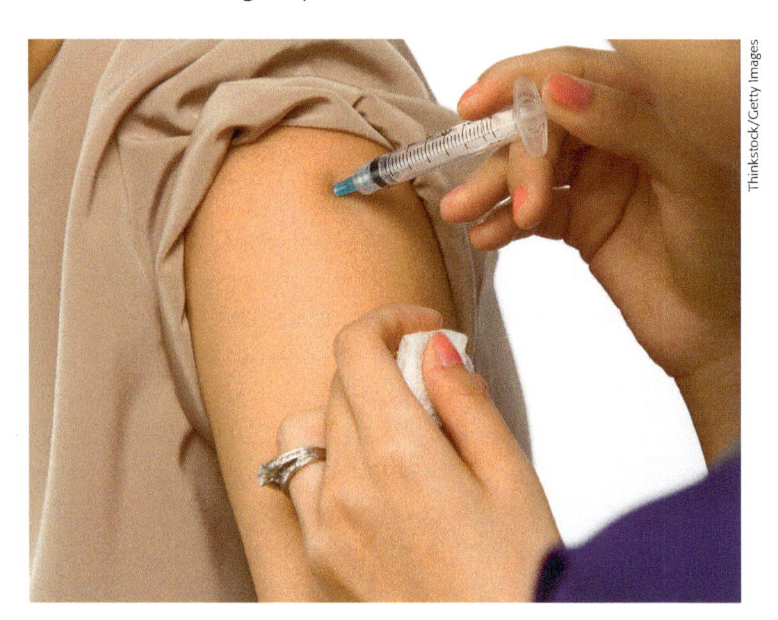
Thinkstock/Getty Images

Como você viu, em questões como essa, são as inferências feitas que nos levam a determinadas conclusões a respeito do texto em análise e a respeito das próprias alternativas da questão.

Prepare-se
para o Enem e o vestibular

1. Leia o texto a seguir.

Um elefante incomoda?

[...]

A situação do Brasil não é tão diferente assim. Basta dizer que, antes da chegada do ser humano ao nosso país, há talvez uns 15 mil anos, havia mastodontes (primos distantes extintos dos elefantes) em quase todas as áreas abertas do futuro território brasileiro, do Nordeste aos pampas. Havia ainda lhamas (!), cavalos selvagens, ursos (!!!), preguiças e tatus gigantes, dentes-de-sabre – a lista é enorme. Foram todos para o saco, talvez por uma combinação de efeitos da mudança climática que pôs um ponto final na Era do Gelo e da presença de primatas caçadores espertos e bem armados.

Mastodonte, que seria um legítimo "elefante" brasileiro extinto.

Essa bicharada toda se foi, mas seu impacto evolutivo ainda pode ser sentido. Galetti e seus colegas da Unesp têm estudado diversas plantas de quase todos os ambientes brasileiros cujos frutos são tão grandes, possuem casca tão dura e sementes tão avantajadas que, para eles, provavelmente evoluíram para ser dispersadas – ou seja, "plantadas" Brasil afora – por bichos muito maiores do que os atuais. Um mastodonte ou preguiça-gigante não teria grandes dificuldades em comer esses frutos e, bem, lançá-los ao léu [...], já com uma cobertura de fertilizante.

[...]

(Reinaldo José Lopes. Disponível em: http://darwinedeus.blogfolha.uol.com.br/2015/11/05/um-elefante-incomoda/. Acesso em: 27/4/2016.)

De acordo com o texto, pode-se deduzir que:

a) A presença de certo tipo de flora pode revelar, num território, a existência pregressa de determinado tipo de fauna, mesmo extinta há milhares de anos.

b) A existência desses animais em território brasileiro justificava-se para espalhar sementes e permitir que determinados frutos sobrevivessem.

c) Os fósseis encontrados em diversos sítios arqueológicos provam que esses animais habitavam nosso território.

d) A extinção desses animais se deu pela ação da caça por seres humanos primitivos, sem interferência de fenômenos naturais.

e) É inviável a ideia de que animais descendentes de espécies extintas, como os elefantes, possam ser aclimatados em solo brasileiro.

2. Leia o trecho da canção a seguir, de Vander Lee.

> [...]
> Cada dia que passo sem sua presença
> Sou um presidiário cumprindo sentença
> Sou um velho diário perdido na areia
> Esperando que você me leia
> Sou pista vazia esperando aviões
> Sou o lamento no canto da sereia
> Esperando o naufrágio das embarcações.
>
> (Disponível em: https://letras.mus.br/vander-lee/81190/. Acesso em: 27/4/2016.)

É possível concluir que, para expressar adequadamente seu estado emocional com a ausência da pessoa amada, o eu lírico faz uso de:

a) hipérboles.
b) metonímias.
c) eufemismos.
d) metáforas.
e) prosopopeias.

3. Observe o gráfico a seguir sobre trabalho infantil.

Nível de ocupação das pessoas de 5 a 17 anos de idade, na semana de referência, segundo as Grandes Regiões – 2013-2014

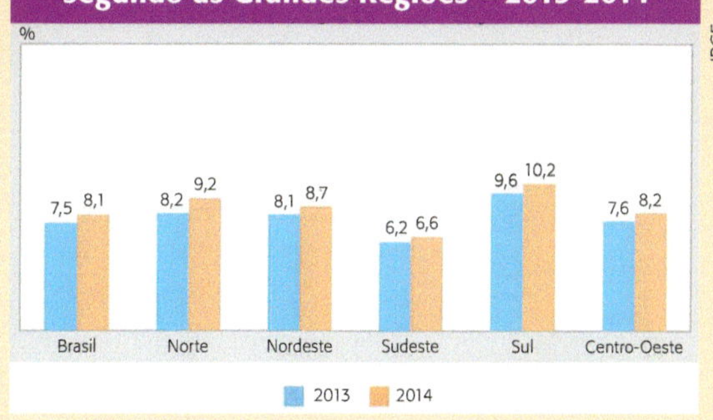

IBGE

Fonte: IBGE, Diretoria de Pesquisas, Coordenação de Trabalho e Rendimento, Pesquisa Nacional por Amostra de Domicílios 2013-2014.

As informações do gráfico indicam que, no período pesquisado:

a) houve queda do trabalho infantil em todas as regiões brasileiras.

b) em todas as regiões brasileiras houve aumento do trabalho infantil em porcentagem igual à do país como um todo.

c) houve crescimento do trabalho infantil em todas as regiões do país.

d) na região Sul há os menores índices de trabalho infantil em relação às demais regiões do Brasil.

e) o maior crescimento de um ano a outro se deu na região Sudeste.

4. Observe a tira, de Fernando Gonsales:

Fernando Gonsales

(*Folha de S. Paulo*, 10/11/2013.)

Sobre a narrativa da tira, pode-se concluir que:

a) calar é ouro, falar é prata.

b) a inveja é mãe de muitos males.

c) quem diz o que quer, ouve o que não quer.

d) quem conta um conto, aumenta um ponto.

e) o macaco se senta no rabo e fala mal do rabo do outro.

5. Observe atentamente o cartum e leia as estrofes finais de um soneto.

Caulos

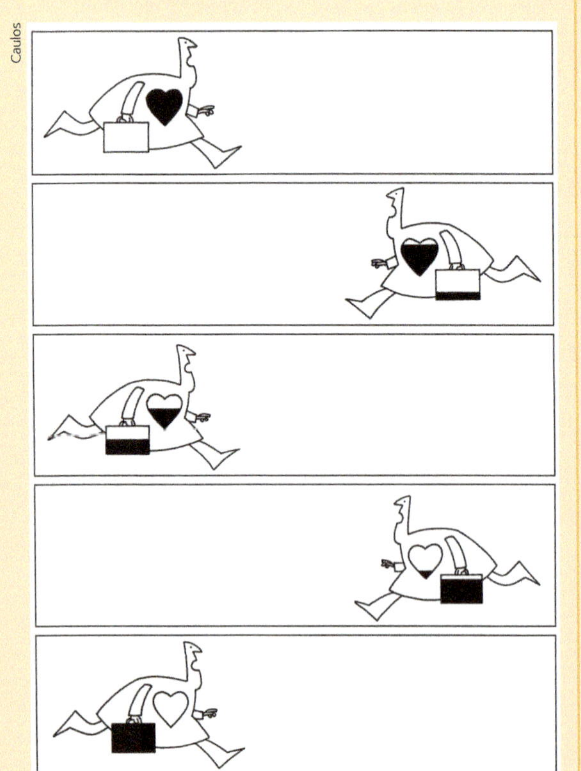

(Caulos. *Só dói quando eu respiro*. Porto Alegre: L&PM, 2012. p. 27.)

As pombas

[...]
Também dos corações onde abotoam,
Os sonhos, um por um, céleres voam,
Como voam as pombas dos pombais;

No azul da adolescência as asas soltam,
Fogem... Mas aos pombais as pombas voltam,
E eles aos corações não voltam mais...

(Raimundo Correia. In: *Antologia da poesia parnasiana brasileira*. São Paulo: Nacional/Lazuli, 2007. p. 118.)

Pode-se depreender da leitura que:

I. os dois textos contrapõem os sonhos e os ideais humanos à triste realidade.

II. os sonhos e os ideais humanos são, aos poucos, esquecidos, seja por causa da maturidade, seja por causa das relações de trabalho.

III. sonhos e ideais, de acordo com o cartum, são, progressivamente, substituídos pelo interesse por negócios e dinheiro.

IV. O poema expressa uma visão mais positiva do que o cartum, já que, com o tempo, os sonhos são retomados e realizados.

Está adequado o que se afirma em:

a) I e II apenas.

b) apenas em II e III.

c) apenas em IV.

d) apenas em II, III e IV.

e) apenas em I, II e III.

Questões do Enem e dos vestibulares

1. (PUC-MG) **Instrução:** A questão refere-se à tabela a seguir. Examine-a atentamente antes de responder a ela.

População por cor e renda mensal	Pessoas de 10 anos ou mais de idade				
	Cor [2]				Total
	Branca	%	Pretos e Pardos	%	
Homens					
Até 1/4 salários mínimos [1]	418 013	28,02%	1 047 679	70,22%	1 492 032
Mais de 30 salários mínimos	178 574	84,10%	29 421	13,86%	212 344
Mulheres					
Até 1/4 salários mínimos	986 502	27,73%	2 501 852	70,33%	3 557 348
Mais de 30 salários mínimos	49 234	84,73%	7 682	13,22%	58 107

Fonte: IBGE, Censo Demográfico 2010.
Nota: (1) Salário mínimo utilizado: R$ 510,00.
(2) Dados manipulados a partir de dados do IBGE, Censo Demográfico 2010. Não constam todas as categorias de cor e raça.

(Disponível em: http://raquelrolnik.wordpress.com/2011/11/25/. Acesso em: 2 ago. 2014.)

Assinale a alternativa **incorreta**.

a) Tendo em conta os rendimentos, permanecem ainda muito acentuadas as desigualdades entre pretos, pardos e brancos.

b) O número de mulheres negras com o mais alto nível de rendimento é 10 vezes menor que o de homens brancos.

c) A proporção de mulheres e homens não brancos que percebem mais de 30 salários mínimos por mês é praticamente a mesma.

d) O quantitativo de mulheres negras e pardas com salário entre 1 e 4 mínimos é mais de cinco vezes maior que o de homens brancos com igual nível de rendimento.

2. (ETEC) Analise a charge considerando que o personagem de terno seja o dono da empresa aérea.

Velati/Folhapress

(Velati, *Folha de S. Paulo*, 28.03.2012. Original colorido.)

Nessa charge, identifica-se a figura de linguagem:

a) antítese, já que os comissários de bordo apresentam reação idêntica ao saberem da demissão.

b) personificação, visto que o objetivo principal da charge é criar uma cena divertida e plena de humor.

c) hipérbole, pois há um exagero na solução drástica encontrada pelo dono da empresa para demitir os comissários.

d) metonímia, porque se percebe a indiferença do dono da empresa perante a sensação de terror da tripulação.

e) eufemismo, pois o dono da empresa resolve, sem sutileza, como cortar parte dos funcionários da empresa aérea.

(FGV-SP) Instrução: Analise a tira para responder às questões de números 3 e 4.

(www2.uol.com.br/laerte/tiras. Adaptado.)

3. O efeito de sentido do jogo de palavras empregado pelo gato Messias, no diálogo com o pai, resulta:

a) da troca de palavras com o mesmo tipo de estrutura.

b) do emprego inusitado de determinados sinônimos.

c) da função da ortografia nas relações interpessoais.

d) do significado conotativo dos termos utilizados.

e) do uso pouco habitual dos substantivos concretos.

4. Sabe-se que, na frase, vocativo é um termo independente, pelo qual se interpela o leitor ou o ouvinte. Na tira de Laerte, é possível atribuir ao vocativo, de que se valem pai e filho, a função adicional de:

a) exprimir a reprovação pela situação inusitada instaurada por Messias.

b) restringir drasticamente os limites do diálogo a um ambiente humorístico.

c) identificar as personagens, revelando nome e relação de parentesco.

d) desvelar características peculiares das personagens cômicas da tira.

e) indicar o emprego excessivo de gírias, interjeições e exclamações.

(UERJ-RJ)

Clara Gomes
bichinhos de jardim.com

5. No diálogo das personagens da tira, há mais de uma ocorrência de paradoxo, ou seja, uma combinação de termos ou expressões que se contradizem. O melhor exemplo de paradoxo presente na fala de Joana é:

a) espaço virtual

b) só se eu falhar

c) rede antissocial

d) opiniões sem noção

6. Ao descrever sua criação, Joana expressa uma opinião crítica acerca das redes sociais existentes. Essa crítica é reforçada, nas falas da personagem, principalmente pelo uso de:

a) frases de tom exclamativo

b) palavras de sentido negativo

c) elementos de caracterização sucinta

d) reticências de função complementar

7. (ENEM)

Uso de suplementos alimentares por adolescentes

Evidências médicas sugerem que a suplementação alimentar pode ser benéfica para um pequeno grupo de pessoas, aí incluídos atletas competitivos, cuja dieta não seja balanceada. Tem-se observado que adolescentes envolvidos em atividade física ou atlética estão usando cada vez mais tais suplementos. A prevalência desse uso varia entre os tipos de esportes, aspectos culturais, faixas etárias (mais comum em adolescentes) e sexo (maior prevalência em homens). Poucos estudos se referem a frequência, tipo e quantidade de suplementos usados, mas parece ser comum que as doses recomendadas sejam excedidas. A mídia é um dos importantes estímulos ao uso de suplementos alimentares ao veicular, por exemplo, o mito do corpo ideal. Em 2001, a indústria de suplementos alimentares investiu globalmente US$ 46 bilhões em propaganda, como meio de persuadir potenciais consumidores a adquirir seus produtos. Na adolescência, período de autoafirmação, muitos deles não medem esforços para atingir tal objetivo.

ALVES, C.; LIMA, R. *J. Pediatr.* v. 85, n. 4, 2009 (fragmento).

Sobre a associação entre a prática de atividades físicas e o uso de suplementos alimentares, o texto informa que a ingestão desses suplementos

a) é indispensável para as pessoas que fazem atividades físicas regularmente.

b) é estimulada pela indústria voltada para adolescentes que buscam um corpo ideal.

c) é indicada para atividades físicas como a musculação com fins de promoção da saúde.

d) direciona-se para adolescentes com distúrbios metabólicos e que praticam atividades físicas.

e) melhora a saúde do indivíduo que não tem uma dieta balanceada e nem pratica atividades físicas.

8. (VUNESP-SP) Analise as diferentes projeções cartográficas.

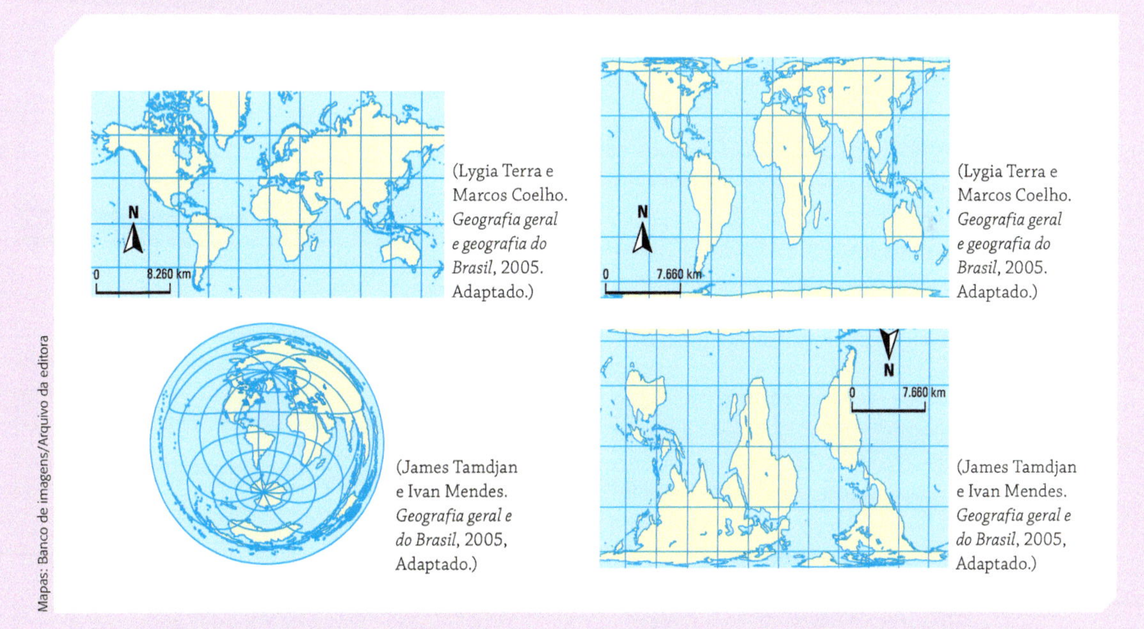

(Lygia Terra e Marcos Coelho. *Geografia geral e geografia do Brasil*, 2005. Adaptado.)

(Lygia Terra e Marcos Coelho. *Geografia geral e geografia do Brasil*, 2005. Adaptado.)

(James Tamdjan e Ivan Mendes. *Geografia geral e do Brasil*, 2005, Adaptado.)

(James Tamdjan e Ivan Mendes. *Geografia geral e do Brasil*, 2005, Adaptado.)

Mapas: Banco de imagens/Arquivo da editora

Considerando conhecimentos geográficos sobre projeções cartográficas, é correto afirmar que elas:

a) respeitam os mesmos graus de proporcionalidade, conformidade, equidistância e orientação, regras e convenções que garantem rigor na representação do planeta.

b) podem ser admitidas como representações fiéis da realidade, pois expressam de forma precisa e rigorosa o planeta como ele é.

c) trazem consigo diferentes formas de representação do planeta, buscando difundir ideologias e determinadas visões de mundo.

d) se caracterizam pela objetividade e neutralidade, sem que fatores de ordem política, técnica ou cultural tenham influência sobre as formas de representação do planeta.

e) são relações métricas entre a superfície do planeta e as áreas representadas no mapa, não apresentando distorções e deformações em relação à realidade.

(UFT-TO) Observe as imagens a seguir para responder as questões 9 e 10.

Diomedia/imageBROKER RM/Florian Kopp

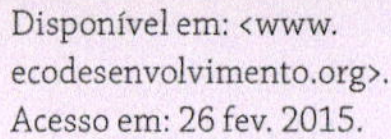

Disponível em: <www.ecodesenvolvimento.org>. Acesso em: 26 fev. 2015.

Edson Grandisoli/Pulsar Imagens

Disponível em: <www.paraiba.com.br>. Acesso em: 26 fev. 2015.

9. Assinale a assertiva **correta** em relação à interpretação das imagens.

a) Evidencia uma tendência atual denominada êxodo urbano, ou seja, trabalhadores fugindo das cidades em direção ao meio rural, a fim de obter melhores condições de trabalho e de qualidade de vida.

b) Demonstra que a vida nas grandes cidades oferece qualidade, fato que faz muitos sujeitos trocarem o campo pela cidade.

c) Retrata o desemprego nos grandes centros urbanos brasileiros e o crescimento do trabalho no campo, invertendo os fluxos migratórios no Brasil, fato que leva as pessoas a saírem do campo para a cidade.

d) Ilustra o movimento denominado êxodo rural, ou seja, uma modalidade de migração caracterizada pelo deslocamento de uma população da zona urbana em direção às áreas rurais.

e) Evidencia que o êxodo urbano, como em qualquer modalidade de migração por motivos econômicos, é a busca dos sujeitos por viver novas experiências de vida.

10. Linguagem é o uso da língua como forma de expressão e comunicação entre as pessoas. Pode ser empregada de formas distintas por meio do texto escrito ou falado, denominada de linguagem verbal ou por meio de imagens, figuras, desenhos, som, nomeada de linguagem não verbal. Assinale a alternativa **correta** em relação ao emprego da linguagem no texto.

a) A linguagem verbal é o elemento principal para o entendimento do texto que trata somente do êxodo rural.

b) O uso simultâneo das linguagens verbal e não verbal colabora para o entendimento do texto que aborda o êxodo urbano, pois os sujeitos deixam a cidade em busca de melhores condições de vida no campo.

c) O uso da linguagem não verbal é suficiente para compreender que o texto retrata o êxodo urbano. Inicia com sujeitos em condições precárias de trabalho na cidade e, na sequência, retrata-os trabalhando no campo, indicando a migração para o ambiente rural.

d) A sequência dos fatos relatados nas imagens – primeiro quadro e segundo quadro – não influencia na compreensão do texto.

e) A linguagem verbal utiliza qualquer código para se expressar, enquanto a linguagem não verbal faz uso apenas da língua escrita, assim como se constata no texto.

11. (UFSCar-SP) Observe as imagens de geração de energia recentemente implantadas no Brasil.

1. Usina de energia solar (SC)

Caio Marcelo/Agência RBS/Folhapress

(http://economia.uol.com.br/noticias/redacao/2014/08 /29/usina-que-produz-25-da-energia-solar-do-pais-comeca-operacao-comercial.htm)

2. Usina de energia eólica (CE)

Geraldo Bubniak/Fotoarena

(http://archief.rnw.nl/portugues/radioshow/em-busca-da-sustentabilidade-na-construção-de-parques-eolicos-no-ceara)

As imagens apresentadas nos permitem afirmar que a instalação de usinas que utilizam fontes de energia como a solar ou a eólica deve-se, entre outros fatores,

a) ao esgotamento do potencial hidrelétrico dos rios brasileiros.

b) à necessidade de diversificar a geração de energia elétrica com fontes consideradas limpas.

c) à urgência em diminuir os gastos com a importação de petróleo do Oriente Médio.

d) à forte diminuição da produção do carvão mineral extraído na região Sul.

e) à pressão internacional sobre o Brasil no sentido de fechar as usinas nucleares de Angra I e II.

O levantamento de hipóteses

Capítulo 11

Melancolia (1895), de Edward Munch./The Bridgeman Art Library/Keystone Brasil/Bergen Art Museum, Noruega

Em capítulos anteriores, você conheceu e exercitou algumas ações ou operações frequentemente solicitadas nas provas do Enem e dos vestibulares, tais como comparação, identificação, observação e memorização, entre outras. Neste capítulo, você vai ficar sabendo o que é *levantar hipóteses* e como essa operação é explorada em exames do Enem e de vestibulares.

O **levantamento de hipóteses** é uma das operações mais executadas ao se trabalhar com interpretação de textos. Para realizar operações como *concluir* ou *interpretar*, é necessário que, antes, o estudante levante hipóteses, na tentativa de captar o que não está sendo explicitado no texto.

O levantamento de hipóteses é uma tentativa de salientar os implícitos de um texto, operação necessária para a compreensão global. Veja como aparece nesta questão do Enem:

O autor da tira utilizou os princípios de composição de um conhecido movimento artístico para representar a necessidade de um mesmo observador aprender a considerar, simultaneamente, diferentes pontos de vista.

Das obras reproduzidas, todas de autoria do pintor espanhol Pablo Picasso, aquela em cuja composição foi adotado um procedimento semelhante é:

a) Pablo Picasso. Os amantes, 1923.

b) Pablo Picasso. Retrato de Françoise, 1946.

c) Pablo Picasso. A Tragédia (Os Pobres na Praia), 1903.

d) Pablo Picasso. Os dois saltimbancos, 1901.

e) Pablo Picasso. Retrato de Marie-Therese Walter. 1937

Resposta: *e*.

Ao ler a tira, o estudante deveria observar que "ver os dois lados de tudo" e a "fratura" equivalem ao rosto fragmentado de Calvin e à posição irregular de seus olhos no último quadrinho.

Feito isso, o passo seguinte seria relacionar a tira com as pinturas de Pablo Picasso, na busca de elementos comuns. Essa operação é complexa, pois implica várias outras operações, como *observar*, *analisar* e *comparar* todas as reproduções, *levantar hipóteses* sobre o que poderia haver em comum entre elas e a tira (por exemplo, seria o número de personagens, ou o ambiente, ou os gestos?) e, finalmente, *concluir*, chegando a uma resposta.

A resposta é a alternativa *e* porque, nela, o rosto da mulher também apresenta "fratura", já que os olhos, a boca e o nariz aparecem posicionados de diferentes ângulos.

Prepare-se
para o Enem e o vestibular

Leia a matéria de jornal a seguir e responda às questões 1 e 2.

SEM LEÃO, ZOOLÓGICO DE SP BUSCA COMPANHEIROS PARA LEOAS 'VIÚVAS'

BRUNO MOLINERO
DE SÃO PAULO

A área dos leões no zoológico de São Paulo vive um drama. Desde novembro, quando Barroso morreu de velhice, as viúvas Nina e Ruge não podem mais se encontrar, sob o risco de acontecer a maior pancadaria.

Pior para Nina. A calma leoa, que chegou ao zoo em 2000, vinda de um circo, teve as garras arrancadas quando era jovem.

Sem as unhas, não consegue fazer frente à fúria de Ruge, que nasceu ali ao lado, no antigo Simba Safari, e sempre teve fama de nervosinha – suas brigas lhe renderam cicatrizes e uma orelha machucada.

Como só Barroso conseguia fazer com que elas não se atacassem, hoje é preciso montar um esquema de segurança: enquanto uma fica exposta ao público, a outra repousa em um ambiente interno. No dia seguinte, elas trocam.

Desde a morte do leão, que tinha 15 anos, o zoológico de São Paulo não tem mais machos da espécie. Mas como zoológico sem leão é como cinema sem pipoca, a instituição está atrás de um novo felino. Um, não: quatro. A ideia é trazer dois casais, ou seja, dois leões e duas leoas jovens, de no máximo um ano de idade cada um.

Os biólogos esperam que os casais gerem filhotes. Você pode ter pensado: "Por que a Nina e a Ruge não tiveram leõezinhos com o Barroso?" Acontece que eles já eram velhinhos, o que torna isso mais difícil. Um leão vive geralmente 15 anos na natureza, idade com a qual Barroso morreu. As leoas já têm pelo menos 16 anos cada uma.

Thinkstock/Getty Images

Só que trazer um novo leão é difícil. É preciso encontrar um bicho disponível e transportá-lo [...].

Além disso, não é bom que os animais sejam parentes, pois seus filhotes podem nascer com problemas de saúde. O zoo de São Paulo até encontrou felinos no México, mas eram todos da mesma família. A busca continua e não tem data para acabar.

Enquanto os novos moradores não chegam, Nina e Ruge esperam um companheiro para desentristecer seus corações tão sós – e compartilhar os quase 100 kg de carne que podem comer todos os meses. Até lá, o zoo segue sem juba.

(Disponível em: http://www1.folha.uol.com.br/folhinha/2016/01/1732451-sem-nenhum-leao-zoo-de-sp-busca-companheiros-para-leoas-viuvas.shtml. Acesso em: 29/2/2016.)

1. A frase "Mas como zoológico sem leão é como cinema sem pipoca", no 5º parágrafo, sugere que a vinda de novos leões para o local é condição para:
   a) restabelecer a convivência pacífica entre as leoas Nina e Ruge.
   b) ampliar o número de frequentadores do zoológico.
   c) possibilitar o nascimento de filhotes.
   d) permitir que as leoas remanescentes voltem a reproduzir.
   e) consumir a quantidade de alimentos disponível.

2. A frase "Até lá, o zoo segue sem juba", do final do texto, é equivalente, quanto à conotação, a:
   a) O time continua sem craques.
   b) O autódromo permanece sem corridas.
   c) A noite está sem estrelas.
   d) O reino continua sem coroa.
   e) O galinheiro está sem galo.

3. Observe a linguagem visual e verbal do anúncio a seguir e qual é o anunciante.

AlmapBBDO

   Qual é a finalidade principal do anúncio?
   a) Conscientizar crianças e jovens do risco que correm nas ruas.
   b) Alertar o motorista para a necessidade de ficar sempre atento ao trânsito.
   c) Avisar aos engenheiros de trânsito que a distância prejudica a visibilidade e a leitura de placas pelos motoristas.
   d) Alertar os pais para a importância de orientar os filhos sobre os riscos oferecidos pelas ruas.
   e) Divulgar um modelo de automóvel com sensor de obstáculos.

4.

A rosa de Hiroshima

Pensem nas crianças
Mudas telepáticas
Pensem nas meninas
Cegas inexatas
Pensem nas mulheres
Rotas alteradas
Pensem nas feridas
Como rosas cálidas
Mas, oh, não se esqueçam
Da rosa da rosa
Da rosa de Hiroshima
A rosa hereditária
A rosa radioativa
Estúpida e inválida
A rosa com cirrose
A antirrosa atômica
Sem cor sem perfume
Sem rosa, sem nada

(*Antologia poética*. São Paulo: Cia. das Letras, Editora Schwarcz Ltda., 1992. p. 11. Autorizado pela VM Empreendimentos Artísticos e Culturais Ltda. © VM e © Cia. das Letras (Editora Schwarcz.)

   Levante hipóteses: O que representa a "rosa de Hiroshima"?
   a) Primeira Guerra Mundial (1914-1918)
   b) ditadura militar brasileira (1964-1985)
   c) ditadura Vargas (1930-1945)
   d) a bomba atômica, que eclodiu na Segunda Guerra Mundial (1939-1945)
   e) teoria da relatividade, de Einstein

5. O quadro a seguir é de autoria de Di Cavalcanti, pintor que viveu no século XX. Observe-o com atenção.

Paisagem de Subúrbio, Di Cavalcanti, 1930

Paisagem de subúrbio (1930).

Que aspecto da cena retratada no quadro indica tratar-se de um cenário típico do início daquele século?

a) Nenhuma via é pavimentada.
b) As casas são todas de sapê.
c) Falta iluminação artificial nas ruas.
d) Não se veem animais nos pastos.
e) Não há quintais ou espaços livres.

6. Leia este poema:

O sertanejo falando

A fala a nível do sertanejo engana:
as palavras dele vêm, como rebuçadas
(palavras confeito, pílula), na glace
de uma entonação lisa, de adocicada.
Enquanto que sob ela, dura e endurece
o caroço de pedra, a amêndoa pétrea,
dessa árvore pedrenta (o sertanejo)
incapaz de não se expressar em pedra.

2

Daí porque o sertanejo fala pouco:
as palavras de pedra ulceram a boca
e no idioma pedra se fala doloroso;
o natural desse idioma se fala à força.
Daí também porque ele fala devagar:
tem de pegar as palavras com cuidado,
confeitá-las na língua, rebuçá-las;
pois toma tempo todo esse trabalho.

(João Cabral de Melo Neto. *A educação pela pedra*. Rio de Janeiro: Alfaguara. © by herdeiros de João Cabral de Melo Neto.)

É possível observar no poema a ocorrência de duas funções da linguagem, que são:

a) referencial e conativa.
b) fática e poética.
c) poética e metalinguística.
d) emotiva e metalinguística.
e) poética e conativa.

7. Leia esta tira:

(*Folha de S. Paulo*, 14/2/2015.)

A propósito da tira, **não** se pode afirmar:

a) Os *vikings* constituem um povo guerreiro que, nas incursões contra os povos vizinhos, têm em vista o combate à tirania e à injustiça.
b) O humor decorre de um jogo de palavras: um substantivo e um verbo.
c) Nos dois primeiros quadrinhos, a palavra *causa* tem o sentido de "conjunto de interesses norteados por uma ideologia".
d) No 3º quadrinho, a colocação do pronome pessoal *nos* não está de acordo com o que recomenda a gramática normativa.
e) No texto da placa que se vê no 1º quadrinho, a partícula *se* foi empregada com funções e sentidos distintos.

Questões do Enem e dos vestibulares

1. (ENEM)

Alexandre Affonso

Disponível em: http://tv-video-edc.blogspot.com. Acesso em: 30 maio 2010.

A charge revela uma crítica aos meios de comunicação, em especial à internet, porque

a) questiona a integração das pessoas nas redes virtuais de relacionamento.
b) considera as relações sociais como menos importantes que as virtuais.
c) enaltece a pretensão do homem de estar em todos os lugares ao mesmo tempo.
d) descreve com precisão as sociedades humanas no mundo globalizado.
e) concebe a rede de computadores como o espaço mais eficaz para a construção de relações sociais.

2. (ENEM)

Texto I

Seis estados zeram fila de espera para transplante da córnea

Seis estados brasileiros aproveitaram o aumento no número de doadores e de transplantes feitos no primeiro semestre de 2012 no país e entraram para uma lista privilegiada: a de não ter mais pacientes esperando por uma córnea.

Até julho desse ano, Acre, Distrito Federal, Espírito Santo, Paraná, Rio Grande do Norte e São Paulo eliminaram a lista de espera no transplante de córneas, de acordo com balanço divulgado pelo Ministério da Saúde, no Dia Nacional de Doação de Órgãos e Tecidos. Em 2011, só São Paulo e Rio Grande do Norte conseguiram zerar essa fila.

Texto II

Ministério da Saúde (Governo Federal)

Disponível em: http://noticias.uol.com.br. Acesso em: 11 ago. 2013 (adaptado).

A notícia e o cartaz abordam a questão da doação de órgãos. Ao relacionar os dois textos, observa-se que o cartaz é:

a) contraditório, pois a notícia informa que o país superou a necessidade de doação de órgãos.
b) complementar, pois a notícia diz que a doação de órgãos cresceu e o cartaz solicita doações.
c) redundante, pois a notícia e o cartaz têm a intenção de influenciar as pessoas a doarem seus órgãos.
d) indispensável, pois a notícia fica incompleta sem o cartaz, que apela para a sensibilidade das pessoas.
e) discordante, pois ambos os textos apresentam posições distintas sobre a necessidade de doação de órgãos.

3. (PUC-RJ)

A bomba atômica

(fragmento)

A bomba atômica é triste
Coisa mais triste não há
Quando cai, cai sem vontade
Vem caindo devagar
Tão devagar vem caindo
Que dá tempo a um passarinho
De pousar nela e voar...

Coitada da bomba atômica
Que não gosta de matar!
Coitada da bomba atômica
Que não gosta de matar
Mas que ao matar mata tudo
Animal e vegetal
Que mata a vida da terra
E mata a vida do ar
Mas que também mata a guerra...
Bomba atômica que aterra!
Pomba atônita da paz!

Pomba tonta, bomba atômica
Tristeza, consolação
Flor puríssima do urânio
Desabrochada no chão
Da cor pálida do hélium
E odor de rádium fatal
Loelia mineral carnívora
Radiosa rosa radical.

Nunca mais oh bomba atômica
Nunca em tempo algum, jamais
Seja preciso que mates
Onde houve morte demais:
Fique apenas tua imagem
Aterradora miragem
Sobre as grandes catedrais:
Guarda de uma nova era
Arcanjo insigne da paz!

MORAES, Vinicius de. *Antologia Poética*. Rio de Janeiro: José Olympio, 1976, p. 147-8.

Loelia: Nome que designa uma família de orquídeas

a) Na terceira estrofe do texto, o autor usa diversos termos para se referir à bomba atômica. Explique a relação de sentido existente entre essa arma e o verso "Loelia mineral carnívora".

b) Percebe-se, em todo o poema, a utilização de uma figura de linguagem que consiste na atribuição de ação, movimento e voz a coisas inanimadas. Indique o recurso figurado empregado e transcreva do texto um exemplo desse recurso.

4. (UERJ-RJ)

<u>Sem ferir a liberdade de expressão</u>, essa medida pode ser um duríssimo golpe na diversidade cultural e política da Internet.

A oração sublinhada estabelece uma dada relação de sentido com o restante do período. Reescreva essa oração de duas maneiras diferentes, substituindo *sem* por outro conectivo e mantendo a relação de sentido original. Faça apenas as alterações necessárias.

(UERJ-RJ, adaptada) Com base no texto abaixo e na imagem a seguir, responda às questões 5 e 6.

Ler e crescer

01 Com a inacreditável capacidade
02 humana de ter ideias, sonhar, imagi-
03 nar, observar, descobrir, constatar, en-
04 fim, refletir sobre o mundo e com isso
05 ir crescendo, a produção textual vem se
06 ampliando ao longo da história. As con-
07 quistas tecnológicas e a democratização
08 da educação trazem a esse acervo uma
09 multiplicação exponencial, que começa
10 a afligir homens e mulheres de várias
11 formas. Com a angústia do excesso. A
12 inquietação com os limites da leitura. A
13 sensação de hoje ser impossível abarcar a
14 totalidade do conhecimento e da experi-
15 ência (ingênuo sonho de outras épocas).
16 A preocupação com a abundância da
17 produção e a impossibilidade de seu con-
18 sumo total por meio de um indivíduo.
19 O medo da perda. A aflição de se querer
20 hierarquizar ou organizar esse material.
21 Enfim, constatamos que a leitura cres-
22 ceu, e cresceu demais.

23 Ao mesmo tempo, ainda falta muito
24 para quanto queremos e necessitamos
25 que ela cresça. Precisa crescer muito
26 mais. Assim, multiplicamos campa-
27 nhas de leitura e projetos de fomento
28 do livro. Mas sabemos que, com todo o
29 crescimento, jamais a leitura conseguirá
30 acompanhar a expansão incontrolável e
31 necessariamente caótica da produção
32 dos textos, que se multiplicam ainda
33 mais, numa infinidade de meios novos.
34 Muda-se então o foco dos estudiosos,
35 abandona-se o exame dos textos e da
36 literatura, criam-se os especialistas
37 em leitura, multiplicam-se as reflexões
38 sobre livros e leitura, numa tentativa

39 de ao menos entendermos o que se passa,
40 já que é um mecanismo que recusa qual-
41 quer forma de domínio e nos fugiu ao
42 controle completamente.

43 Falar em domínio e controle a pro-
44 pósito da inquietação que assalta quem
45 pensa nessas questões equivale a lem-
46 brar um aspecto indissociável da cultura
47 escrita, e nem sempre trazido com clare-
48 za à consciência: o poder.

49 Ler e escrever é sempre deter alguma
50 forma de poder. Mesmo que nem sempre
51 ele se exerça sob a forma do poder de man-
52 dar nos outros ou de fazer melhor e ganhar
53 mais dinheiro (por ter mais informação e
54 conhecer mais), ou sob a forma de guar-
55 dar como um tesouro a semente do futuro
56 ou a palavra sagrada como nos mosteiros
57 medievais ou em confrarias religiosas,
58 seitas secretas, confrarias de todo tipo. De
59 qualquer forma, é uma caixinha dentro
60 da outra: o poder de compreender o texto
61 suficientemente para perceber que nele há
62 várias outras possibilidades de compreen-
63 são sempre significou poder – o tremendo
64 poder de crescer e expandir os limites indi-
65 viduais do humano.

66 Constatar que dominar a leitura é
67 se apropriar de alguma forma de poder
68 está na base de duas atitudes antagô-
69 nicas dos tempos modernos. Uma, au-
70 toritária, tenta impedir que a leitura
71 se espalhe por todos, para que não se
72 tenha de compartilhar o poder. Outra,
73 democrática, defende a expansão da
74 leitura para que todos tenham acesso a
75 essa parcela de poder.

76 Do jeito que a alfabetização está con-
77 seguindo aumentar o número de leitores,
78 paralelamente à expansão da produção
79 editorial que está oferecendo material es-
80 crito em quantidades jamais imaginadas
81 antes, e ainda com o advento de meios
82 tecnológicos que eliminam as barreiras
83 entre produção e consumo do material es-
84 crito, tudo levaria a crer que essa questão
85 está sendo resolvida. Será? Na verdade,
86 creio que ela se abre sobre outras ques-
87 tões. Que tipo de alfabetização é esse, a
88 que tipo de leitura tem levado, com que
89 tipo de utilidade social?

Ana Maria Machado

www.dubitoergosum.xpg.com.br

Pep Montserrat

PEP MONTSERRAT – www.pepmontserrat.com

5. O processo de composição da imagem de Pep Montserrat é o de "colagem", misturando e combinando signos visuais diferentes. Esse processo de mistura e combinação pode ser relacionado diretamente ao seguinte trecho do texto de Ana Maria Machado:

a) jamais a leitura conseguirá acompanhar a expansão incontrolável e necessariamente caótica da produção dos textos, que se multiplicam ainda mais, numa infinidade de meios novos. (l. 29-33)

b) abandona-se o exame dos textos e da literatura, criam-se os especialistas em leitura, multiplicam-se as reflexões sobre livros e leitura, (l. 35-38)

c) o poder de compreender o texto suficientemente para perceber que nele há várias outras possibilidades de compreensão (l. 60-63)

d) Constatar que dominar a leitura é se apropriar de alguma forma de poder está na base de duas atitudes antagônicas dos tempos modernos. (l. 66-69)

6. A imagem produzida pelo artista combina elementos de modo surpreendente, inesperado na realidade cotidiana. A figura da mão saindo do computador e oferecendo ao possível leitor um objeto característico de outro espaço de leitura sugere principalmente o sentido de:

a) coexistência entre práticas diversas de leitura.

b) centralidade da tecnologia na vida contemporânea.

c) artificialidade das leituras instantâneas na sociedade.

d) ambiguidade do leitor na relação com o aparato técnico.

(UFRN-RN)

As questões 7 e 8 referem-se ao texto a seguir.

Uma saída para as megacidades

As soluções inusitadas para trânsito, lixo, poluição – e os problemas crônicos dos grandes centros urbanos

ROBERTA CARDOSO
com NELITO FERNANDES

EMPILHADOS – Prédios na cidade chinesa de Chongqing, uma das que mais crescem no país. Das 136 novas metrópoles que entrarão até 2025 na lista das 600 maiores do mundo, 100 estão na China.

01 Precisamente às 6 horas da manhã,
02 o despertador de Lilian Garcia Martins
03 toca na Vila Formosa, bairro de classe
04 média na Zona Leste de São Paulo. A
05 partir daí, começa a jornada da analis-
06 ta de crédito, de 35 anos, para chegar
07 ao trabalho, às 8h30. O grande desafio
08 de Lilian é se locomover em horário de
09 pico na cidade. Como é difícil, pela lota-
10 ção excessiva, pegar qualquer uma das
11 linhas de ônibus que passam perto de
12 sua casa e dão acesso ao metrô, o ma-
13 rido tem de levá-la ao terminal de em-
14 barque mais próximo. Ambos perdem
15 cerca de 20 minutos de carro para fazer
16 o trajeto. Só aí Lilian consegue entrar
17 em um ônibus que a deixará a alguns
18 metros da estação Tatuapé. Poucos mi-
19 nutos depois, ela volta a enfrentar o
20 mesmo problema, no metrô. – Espero
21 cerca de meia hora, todo dia, para con-
22 seguir entrar em um dos vagões. E sair
23 é tão difícil quanto entrar, diz.

24 Essa não é uma aventura exclusi-
25 va de Lilian. Na capital paulista, quem
26 depende do transporte público tem uma
27 rotina difícil. A falta de eficiência na
28 mobilidade e a densidade populacional
29 agravaram o frágil modelo de urbaniza-
30 ção de cidades que crescem sem plane-
31 jamento. O problema não é apenas de
32 São Paulo, e vai além de complicações
33 no transporte. Os moradores das gran-
34 des cidades do mundo – principalmen-
35 te as que se expandem aceleradamente
36 em países emergentes – enfrentam
37 desafios como a degradação dos cen-
38 tros, o ar poluído, as enchentes e a falta
39 de lugar para dispor o lixo. De acordo
40 com a ONU, a previsão é que até 2020
41 a população urbana global atingirá 4,2
42 bilhões. Nos anos 1970, as dez maiores
43 cidades do mundo somavam 114 mi-
44 lhões de pessoas. Em 2025, abrigarão
45 234 milhões. Até lá, segundo um estu-
46 do da consultoria McKinsey, 136 cen-
47 tros urbanos vão se tornar megacidades
48 (aquelas com mais de 10 milhões de ha-
49 bitantes). Essa expansão das megalópo-
50 les está multiplicando os problemas da
51 sociedade.

[...]

Disponível em <http://revistaepoca.globo.com/Revista/Epoca/0EMI238282-15228,00.html>. Acesso em: 30 ago. 2011.

7. Quanto ao texto, é correto afirmar que:

a) as informações que aparecem na legenda abaixo da foto têm a função de sintetizar os fatos apresentados na matéria jornalística.

b) a presença de um relato pessoal representa uma estratégia que garante a abordagem parcial dos fatos, característica de uma matéria jornalística.

c) o uso das citações e dos dados numéricos constitui uma estratégia para garantir a credibilidade das informações.

d) o conteúdo da matéria jornalística se restringe à descrição dos problemas do crescimento populacional em São Paulo.

8. No texto:

a) a expressão *cerca de* (linha 15) tem valor restritivo em relação ao espaço de tempo focalizado.

b) os termos *precisamente* (linha 1) e *principalmente* (linhas 34-35) expressam, respectivamente, exatidão e focalização.

c) as expressões *de pico* (linhas 8-9) e *de embarque* (linhas 13-14) modificam, respectivamente, os verbos *locomover* (linha 8) e *levar* (linha 13).

d) o termo *que* (linha 30) tem como referente *o frágil modelo de urbanização de cidades* (linhas 29-30).

Capítulo 12

A explicação e a demonstração

Getty Images

Nesta unidade, você conheceu e exercitou diferentes operações ou esquemas de ação, como a observação, a análise, a comparação e o levantamento de hipóteses, entre outras. Conheça, neste capítulo, a *explicação* e a *demonstração*.

A **explicação** é uma das operações mais solicitadas em questões de interpretação de textos e em questões discursivas de qualquer disciplina. Já a **demonstração** é mais comum nas provas discursivas de ciências exatas.

Leia as questões da Unicamp-SP a seguir e veja como essas operações costumam ser solicitadas nos exames oficiais.

(UNICAMP-SP, adaptada) **INSTRUÇÃO**: As questões de números 1 e 2 tomam por base um texto que integra uma reportagem da revista *Fotografe Melhor* e fragmentos de um artigo de Elisabeth Seraphim Prosser, professora e pesquisadora de História da Arte e de Metodologia da Pesquisa Científica da Escola de Música e Belas Artes do Paraná.

Manifestação surgiu em Nova York nos anos de 1970

Muitos encaram o grafite como uma mera intervenção no visual das cidades. Outros enxergam uma manifestação social. E há quem o associe com vandalismo, pichação... Mas um crescente público prefere contemplá-lo como uma instigante, provocadora e fenomenal linguagem artística.

O grafite é uma forma de expressão social e artística que teve origem em Nova York, EUA, nos anos de 1970. O nova-iorquino Jean-Michel Basquiat foi o primeiro grafiteiro a ser reconhecido como artista plástico, tendo sido amigo e colaborador do consagrado Andy Warhol — a vida de Basquiat, aliás, mereceu até filme, lançado em 1996.

A chegada ao Brasil também foi nos anos de 1970, na bagagem do artista etíope Alex Vallauri, e se popularizou por aqui. Desde a década de 1990 é pura efervescência. Irreverente, a arte das ruas colocou à prova a criatividade juvenil e deu uma chance bastante democrática de expressão, que conquistou, além dos espaços públicos, um lugar na cultura nacional. Uma arte alternativa, que saiu dos guetos para invadir regiões centrais e privilegiadas em quase todo o Ocidente.

Hoje, à vista da sociedade e totalmente integrada ao cotidiano do cidadão brasileiro, a arte de rua provoca e, ao mesmo tempo, lembra a existência de minorias desfavorecidas e suas demandas por meio de coloridos desenhos que atraem a atenção.

Essa manifestação avançou no campo artístico e vem conquistando superfícies em ambientes até então improváveis: do interior de famosas galerias às fachadas externas de museus, como o Tate Modern, de Londres, que em 2008 (maio a setembro) teve a famosa parede de tijolinhos transformada em monumentais painéis grafitados (25 metros) pelas mãos, sprays e talento de grafiteiros de vários lugares do planeta, convidados para esse desafio, com destaque para os brasileiros *Nunca* e os artistas-irmãos *Osgêmeos*.

(*Fotografe Melhor*. Um show de cores se revela na arte dos grafites. São Paulo: Editora Europa, ano 14, n. 161, fevereiro 2010.)

MarioPonta/Alamy/Other Images

Do vandalismo anárquico à arte politicamente comprometida

Quanto à manifestação da arte de rua em si, pode-se afirmar que ela abrange desde o vandalismo anárquico até a arte politicamente comprometida. Vai da pichação, cujo propósito é sujar, incomodar, agredir, chamar a atenção sobre determinado espaço urbano ou simplesmente desafiar a sociedade estabelecida e a autoridade, até o lambe-lambe e o *graffiti*, nos quais se pretende criticar e transformar o *status quo*.

(...)

O transeunte (...) geralmente ignora, rechaça ou destrói essa arte, considerando-a sujeira, usurpação do seu direito a uma *paisagem esterilizada*, uma invasão do seu espaço (às vezes privado, às vezes público), uma afronta à mente inteligente. Escolhe não olhá-la, não observá-la, não ler nas suas entrelinhas e nos espaços entre seus rabiscos ou entre seus traços elaborados. Confunde o *graffiti* com a pichação, isto é, a arte com o vandalismo (...).

No entanto, em documentários e em entrevistas com vários artistas de rua em Curitiba em 2005 e 2006, pôde-se constatar que essa concepção é, na maioria dos casos, improcedente. Grande parte dos escritores de *graffiti* e dos artistas envolvidos com o lambe-lambe não apenas estuda ou trabalha, mas tem rendimento bom ou ótimo na sua escola ou no seu emprego.

De acordo com a pesquisa ora em andamento, o artista de rua curitibano mora tanto na periferia quanto no centro, é oriundo tanto de famílias de baixa renda como de outras economicamente mais favorecidas. Seu nível de instrução varia do fundamental incompleto ao médio e ao superior, encontrando-se entre eles inclusive funcionários de órgãos culturais e educacionais da cidade, bem como profissionais liberais, arquitetos, publicitários, designers e artistas plásticos, entre outros. Pôde-se perceber, também, que suas preocupações políticas, sua consciência quanto à ecologia e ao meio ambiente natural ou urbano, seu engajamento voluntário ou profissional em organizações educacionais e assistencialistas são uma constante.

(Elisabeth Seraphim Prosser. *Compromisso e sociedade no graffiti, na pichação e no lambe-lambe em Curitiba* (2004-2006). Anais — Fórum de Pesquisa Científica em Arte. Escola de Música e Belas Artes do Paraná. Curitiba, 2006-2007.)

1. *O transeunte (...) geralmente ignora, rechaça ou destrói essa arte, considerando-a sujeira, usurpação do seu direito a uma* ***paisagem esterilizada****, ...*

Nesta passagem dos fragmentos do texto de Prosser, a expressão "paisagem esterilizada" constitui uma síntese bastante expressiva da opinião do transeunte que não aprecia a arte de rua. Explique o que quis dizer a autora com a atribuição do adjetivo *esterilizada* ao substantivo *paisagem*.

2. Demonstre, com base nos textos e na imagem, que a arte de rua pode apresentar, além de características estéticas, também características de participação política.

Para responder à questão 1, o estudante teria de *explicar* o sentido da expressão "paisagem esterilizada" no contexto. De acordo com o texto, a arte de rua não interessa ao transeunte, que a vê como sujeira. Logo, "paisagem esterilizada" equivale a "cidade limpa" de pichações e grafites e isso, na perspectiva do texto, seria um direito do transeunte, que, diante dessa arte extraoficial, se sente usurpado em seus direitos de cidadão.

Iryna Vlasenko/Alamy/Fotoarena

O enunciado da questão 2 pede ao estudante que, "com base nos textos e na imagem", *demonstre* o caráter político do grafite. Demonstrar com base em elementos oferecidos por um texto significa valer-se deles para mostrar o que se pede, o que pode ser feito por meio da citação direta, indicada por aspas. De acordo com o primeiro texto, o grafite é uma arte que nasceu nos guetos e invadiu o espaço publico e a cultura oficial, podendo ser visto hoje tanto nas ruas quanto nos principais museus do mundo, como o Tate Modern, de Londres. Dada sua origem alternativa ou "marginal", o grafite é "pura efervescência", "irreverente", expressão direta das "minorias desfavorecidas". Assim, assume também um caráter nitidamente político, já que, como aponta o segundo texto, pode "criticar e transformar o *status quo*".

Observe que, na questão 1, era necessário esclarecer por que o autor empregou a expressão "paisagem esterilizada" a partir das nuances do contexto. Já na questão 2, era necessário descrever e explicar de maneira ordenada e pormenorizada, com exemplos extraídos dos textos, por que os autores reconhecem um caráter político na arte de rua.

Assim, chegamos a estes conceitos:

Explicar é elucidar a relação entre fatos e ideias ou fazer entender a veracidade (ou não) de alguma ideia, teoria ou fato por meio de elementos ou argumentos; nessa situação, a relação de causa e efeito é geralmente a mais enfatizada.

Demonstrar ou **mostrar** é descrever e explicar de maneira ordenada e pormenorizada, com auxílio de exemplos; é provar com um raciocínio convincente.

Preparе-se
para o Enem e o vestibular

1. Leia este trecho de uma reportagem:

Contaminação do Rio Doce pode se estender por muitos anos

Sem um plano de recuperação, a contaminação do Rio Doce pode se estender por muitos anos, após o acidente na barragem de Mariana. Essa conclusão faz parte de um relatório da Fundação SOS Mata Atlântica [...].

A água do Rio foi coletada em 18 pontos e, em somente dois, o índice de qualidade foi considerado regular. Em todos os outros a avaliação foi péssima. Entre os metais pesados encontrados acima dos níveis permitidos estão magnésio, chumbo, cobre, alumínio, ferro e manganês.

Os níveis de turbidez da água ficaram entre 5.150 e 1.220 UTNs, a unidade de valor usada para fazer a medição, sendo que o máximo aceitável é de 40 UTNs.

A coordenadora da rede de águas da SOS Mata Atlântica, Malu Ribeiro, diz a Anderson Costa que a chuva contribui para o aumento da contaminação do rio: "Cada vez que chove, ao contrário do que foi dito, divulgado por algumas autoridades e pela própria empresa, não vai haver uma diluição, uma dispersão desses minérios [...] e, quanto mais chuva, mais lama é depositada". Malu Ribeiro acrescenta que em todo o percurso de 650 km do Rio Doce há contaminação, desde o local do acidente até o litoral capixaba.

Enrico Marcovaldi/Ag. A Tarde/Futura Press

[...]

(Disponível em: http://jovempan.uol.com.br/programas/jornal-da-manhã/contaminacao-do-rio-doce-pode-se-estender-por-muitos-anos.hatml. Acesso em: 2/3/2016.)

O título do texto faz referência a uma possibilidade: a de que as águas do rio Doce permanecerão contaminadas por muito tempo. Só **não** constitui uma explicação para essa hipótese o item:

a) Extensão ou dimensão: somente em 2 pontos, em 18, o índice de qualidade da água foi considerado regular.

b) Contaminação: foram encontrados metais pesados em níveis acima dos permitidos.

c) Aspecto visual: foram verificados níveis de turbidez da água muito abaixo do mínimo aceitável.

d) Questão natural: o aumento de chuva na região provocava maior depósito de lama no leito do rio.

e) Opinião de ecologistas: o efeito da chuva na dispersão dos minérios depositados no leito do rio não é o que autoridades e representantes da empresa mineradora disseram.

Leia o texto a seguir e responda às questões 2 e 3.

A inteligência das plantas

[...]

Quer seja reconhecido ou não, o verdadeiro pomo de discórdia é o significado de *inteligência*, e é aqui que filósofos podem ingressar na discussão que já atraiu biólogos evolutivos, antropólogos e cientistas cognitivos. Se procuramos adotar o ponto de vista do universal, ultrapassando definitivamente o contexto e as realidades limitados do *Homo sapiens*, vamos nos dar conta em pouco tempo que aquilo ao qual chamamos *inteligência* é um elemento da própria vida, ou, mais precisamente, das trocas multifacetadas que ocorrem entre um organismo e seu ambiente.

[...]

Em meu livro "Plant-Thinking: A Philosophy of Vegetable Life" (pensamento de plantas: uma filosofia da vida vegetal), chamei a atenção para algumas semelhanças formais entre os mecanismos usados por plantas, animais e humanos em sua interação com o meio ambiente. Como eu escrevi nesse texto: "A sensibilidade das raízes que procuram a umidade no escuro do solo, as antenas de um caracol que sondam o que veem em seu caminho e as ideias ou representações humanas que projetamos à nossa frente não são tão dessemelhantes quanto tendemos a pensar". Dentro do esquema da sobrevivência, cada um desses "artefatos" funciona como maneira para se chegar à meta de obter do mundo externo os recursos necessários à vida e de evitar (ou proteger um organismo contra) os perigos que ali estão à sua espreita.

Talvez possamos argumentar que o caráter excepcional da inteligência humana consiste na possibilidade de perguntar "por quê?" e "para quê?", em lugar de "como?". Mas o questionamento e o pensamento sobre as finalidades, glorificados na filosofia grega antiga, estão especialmente fora de moda hoje, numa era que se rendeu aos valores da eficiência e produtividade. Se é que ela chega a ocorrer, a contemplação das razões de alguma coisa – do porquê de ela ser como é – se dá não quando as coisas funcionam bem, mas, pelo contrário, quando um erro de funcionamento se manifesta nos meios que estamos acostumados a usar para alcançar nossas metas. Assim, o suposto elemento que assinala a excepcionalidade humana é um sintoma certeiro de não adaptação, a incongruidade entre nós e nosso meio, a falta de sintonia entre o ambiente e nós.

O paradoxo de nossa inteligência se delineia nitidamente aqui. Uma das espécies mais bem-sucedidas do planeta, que se alastrou sobre toda a superfície da Terra, o *Homo sapiens* ameaça destruir seu próprio sistema de apoio à vida e os de outras espécies. Nosso sucesso evolutivo é um fracasso espetacular; nossa maravilhosa capacidade de adaptação, que molda virtualmente qualquer ambiente para adequar-se às nossas necessidades, é, ao mesmo tempo, uma catastrófica não adaptação aos ecossistemas finitos e frágeis que nos esforçamos para dominar e controlar. Como medir essa inteligência estranha que é indistinguível da estupidez? Com a ajuda de que testes de QI?

[...]

(Michael Marder. Disponível em: http://www1.folha.uol.com.br/ilustrissima/2015/12/1718804-a-inteligencia-das-plantas.shtml. Acesso em: 2/3/2016.)

2. De acordo com o texto, o significado de *inteligência* é um "pomo de discórdia" entre cientistas, pesquisadores e filósofos. Na opinião do autor, esse atributo:

a) é apenas do ser humano, não extensivo a outros organismos do ambiente.
b) consiste na capacidade de buscar causas e identificar finalidades.
c) tem relação com questionamentos de caráter metafísico.
d) é a qualidade que diferencia o ser humano de plantas e animais.
e) está presente nos mecanismos empregados por plantas, animais e seres humanos nas interações que fazem com o meio ambiente.

3. Segundo o autor, a relação do ser humano com o meio é uma demonstração de limitação de inteligência. Na opinião dele, o ser humano:

I. quer saber as razões de algo não quando as coisas funcionam bem, mas quando há erro de funcionamento nos recursos normalmente empregados para alcançar metas estabelecidas.
II. é uma das espécies mais bem-sucedidas, uma vez que se espalhou por todas as suas regiões do planeta.
III. é um fracasso, pois, ao mesmo tempo que molda os ambientes para adequá-los às suas necessidades, não se adapta aos ecossistemas finitos e frágeis.

Está(ão) correto(s) o(s) item(ns):

a) I, II e III.
b) I e II, apenas.
c) I e III, apenas.
d) apenas III.
e) apenas I.

4. Leia esta tira, de Fernando Gonsales:

Fernando Gonsales

(*Folha de S. Paulo*, 15/3/2014.)

Com sua argumentação, o leão pretende:

a) informar sobre a existência dos aminoácidos no corpo de todos os animais.
b) explicar como é a composição dos músculos dos animais.
c) revelar sua incapacidade de fabricar aminoácidos.
d) explicar e justificar sua ação de predador.
e) conseguir dos outros animais a compreensão para a limitação do seu organismo.

Questões do Enem e dos vestibulares

1. (UNICAMP-SP) No texto abaixo, há uma presença significativa de metáforas que auxiliam na construção de sentidos.

Entre silêncios e diálogos

Havia uma desconfiança: o mundo não terminava onde os céus e a terra se encontravam. A extensão do meu olhar não podia determinar a exata dimensão das coisas. Havia o depois. Havia o lugar do sol se aninhar enquanto a noite se fazia. Havia um abrigo para a lua enquanto era dia. E o meu coração de menino se afogava em desesperança. Eu que não era marinheiro nem pássaro – sem barco e asa.

Um dia aprendi com Lili a decifrar as letras e suas somas. E a palavra se mostrou como caminho poderoso para encurtar distância, para alcançar onde só a fantasia suspeitava, para permitir silêncio e diálogo. Com as palavras eu ultrapassava a linha do horizonte. E o meu coração de menino se afagava em esperança.

Ao virar uma página do livro, eu dobrava uma esquina, escalava uma montanha, transpunha uma maré.

Ao passar uma folha, eu frequentava o fundo dos oceanos, transpirava em desertos para, em seguida, me fazer hóspede de outros corações.

Pela leitura temperei a minha pátria, chorei sua miséria, provei de minha família, bebi de minha cidade, enquanto, pacientemente, degustei dos meus desejos e limites.

Assim, o livro passou a ser o meu porto, a minha porta, o meu cais, a minha rota. Pelo livro soube da história e criei os avessos, soube do homem e seus disfarces, soube das várias faces e dos tantos lugares de se olhar. (...) Ler é aventurar-se pelo universo inteiro.

(Bartolomeu Campos de Queirós. *Sobre ler, escrever e outros diálogos*. Belo Horizonte: Autêntica, 2012, p. 63.)

a) No trecho "Assim, o livro passou a ser o meu porto, a minha porta, o meu cais, a minha rota", há metáforas que expressam a experiência do autor com a leitura. Escolha uma dessas metáforas e explique-a considerando seu sentido no texto.

b) O texto mostra que a experiência de leitura promove uma importante mudança subjetiva. Explique essa mudança e cite dois trechos nos quais ela é explicitada.

2. (UFBA-BA)

VIVO: propaganda. *Veja*, São Paulo: Abril, ed. 2000, ano 40, n. 11, 21 mar. 2007. Fragmento do encarte especial destacável.

O texto publicitário faz uso da polissemia dos signos — ou seja, da multiplicidade de significados de uma palavra — como recurso de construção de sentidos. Identifique em que palavras se percebe o uso desse recurso na propaganda apresentada e explique como isso ocorre.

3. (UFBA-BA)

Há mais de 120 milhões de anos, enquanto gigantescos dinossauros destroçavam as florestas em combates titânicos, um drama mais silencioso se desenrolava sob os arbustos do Cretáceo: uma linhagem de seres minúsculos e peludos parou de pôr ovos e deu à luz seres jovens. Foram os progenitores de praticamente todos os mamíferos modernos. (CASTELVECCHI, 2009, p. 68).

No contexto da história reprodutiva dos vertebrados:

a) identifique o órgão que torna possível "dar a luz seres jovens", caracterizando-o quanto à origem embriológica.

b) explique o significado evolutivo do órgão referido, destacando as vantagens que ele confere aos mamíferos em relação aos organismos que põem ovos com casca.

4. (UFRJ-RJ)

Flagra

No escurinho do cinema
Chupando drops de anis
Longe de qualquer problema
Perto de um final feliz

Se a Deborah Kerr que o Gregory Peck
Não vou bancar o santinho
Minha garota é Mae West
Eu sou o Sheik Valentino

Mas de repente o filme pifou
E a turma toda logo vaiou
Acenderam as luzes, cruzes!

Que flagra!
Que flagra!
Que flagra!

(Rita Lee & Roberto de Carvalho.

No texto, a pronúncia dos nomes de atores célebres do cinema americano no 5º verso leva a um criativo efeito cômico.

a) Explique esse efeito, valendo-se de elementos fônicos e morfossintáticos.

b) Identifique, no plano vocabular, a relação semântica entre o 5º e o 6º versos.

(UFOP-MG) Texto para as questões de 5 a 7:

Eleições e suas questões

Sacha Calmon*

Seja qual for o próximo governo, três questões centrais estarão à sua frente, com a inscrição da esfinge: "Decifra-me ou te devoro". São elas: a) alongamento da dívida pública e barateamento da sua rolagem; b) a questão da segurança pública; e c) a transformação da economia informal em formal. A última questão resolverá três nós górdios: aumentará a arrecadação
05 e diminuirá a carga tributária; resolverá ainda a questão da Previdência e equalizará a concorrência (35% da economia está na informalidade ou na semi-informalidade). A informalidade é resultante de três fatores: extrema burocracia, tributação escorchante e legislação trabalhista e previdenciária retrógradas, a prejudicar a contratação e a dispensa de empregados. A informalidade é danosa porque articula o contrabando, o furto de mercadorias, encarece os seguros, dizima a concorrência leal, escraviza empregados, desprotege o trabalhador,
10 onera a seguridade social, desmoraliza o estado e reforça a sanha fiscal sobre o setor formal.

*In: *Estado de Minas*, 19/03/2006, p. 19.

5. Explique o significado das expressões "Decifra-me ou te devoro" (linha 02) e "nós górdios" (linha 04) no texto apresentado.

6. Leia o trecho:

"A última questão resolverá três nós górdios: aumentará a arrecadação e diminuirá a carga tributária; resolverá ainda a questão da Previdência e equalizará a concorrência (35% da economia está na informalidade ou na semi-informalidade). A informalidade é resultante de três fatores: extrema burocracia, tributação escorchante e legislação trabalhista e previdenciária retrógradas, a prejudicar a contratação e a dispensa de empregados."

Explique e exemplifique as relações de causa e efeito estabelecidas no trecho destacado acima.

7. Explique a concordância no período "(35% da economia está na informalidade ou na semi-informalidade)".

8. (UNICAMP-SP) O texto a seguir é extraído de artigo jornalístico no qual se comparam duas notícias que chamaram a atenção da imprensa brasileira no mês de outubro de 2007: de um lado, o caso entre o senador Renan Calheiros e a jornalista Mônica Veloso; de outro, o artigo em que o apresentador de TV Luciano Huck expressa sua indignação contra o roubo de seu relógio Rolex.

Aparentemente, o que aproxima todos esses personagens é a disputa por um objeto de desejo. No caso dos assaltantes de Huck, por estar no pulso de um "bacana", mais que um relógio, o objeto em questão aparece como um equivalente geral que pode dar acesso a outros objetos (...). Presente de sua mulher, a igualmente famosa apresentadora global Angélica, um relógio desse calibre é sinal de prestígio, indicando um lugar social que, no Brasil, costuma "abrir portas" raras vezes franqueadas à maior parte da população. (...) Mais afinado com as tradições patriarcais de seu estado natal, Renan aparece nos noticiários, bem de acordo com a chamada "preferência nacional" dos anúncios de cerveja. Daí que não seja possível, em ambos os episódios, associar os casos em questão àquele "obscuro objeto de desejo" que dá título a um dos mais instigantes filmes de Luís Buñuel. Tratava-se, para o cineasta, de mostrar como um desejo singular, único, podia engendrar um objeto de grande opacidade. Em direção oposta, tanto na parceria Calheiros/Veloso, quanto no confronto Huck/assaltantes, há uma espécie de exibição ostensiva dos objetos em jogo, como que marcando a coincidência de desejos que perderam sua singularidade para cair na vala comum das banalidades.

(Adaptado de Eliane Robert Moraes, *Folha de S. Paulo*, 14/10/2007, grifos nossos.)

a) Um dos usos de aspas é o de destacar elementos no texto. Explique a finalidade desse destaque nas seguintes expressões presentes no texto: "bacana", "abrir portas" e "preferência nacional".

b) No caso de "obscuro objeto de desejo", as aspas marcam o título de um filme de Buñuel. Explique como a referência a esse título estabelece uma oposição fundamental para a argumentação do texto.

9. (UFG-GO) Observe a pintura a seguir.

Pedro Américo. Tiradentes esquartejado. 1893.

Pedro Américo. "Tiradentes esquartejado", 1893. Museu Mariano Procópio, Juiz de Fora, Minas Gerais, Brasil.

A tela de Pedro Américo tematiza a morte de Tiradentes. Considerando a importância dessa pintura para o imaginário republicano:

a) apresente um argumento que explique a apropriação da figura de Tiradentes pelos republicanos.

b) explique como o quadro expressa essa apropriação.

10. (UFRJ-RJ) Os coqueiros da Bahia, as amendoeiras do Rio de Janeiro, as mangueiras que se espalham por tantas partes do Brasil são originários, na realidade, de lugares bem distantes. Trazidas de outras partes do mundo, a partir do século XVI, essas plantas são, hoje, consideradas "tipicamente brasileiras". Isso também ocorreu em outros países, onde espécies exóticas acabaram por se "nacionalizar". Explique como ocorreu essa difusão de espécies.

Ricardo Azoury/Pulsar

11. (UFJF-MG) O abuso de álcool tem um forte impacto negativo na saúde do homem, podendo causar lesões hepáticas e neurológicas, dentre outros problemas. A desnutrição é também comum entre os alcoólatras, já que a bebida produz calorias, mas não fornece nutrientes para o organismo. Sabendo-se que 7 kcal são fornecidas por grama de álcool etílico, quantas calorias equivalem a uma taça de 150 mL de vinho tinto, cujo teor de álcool seja igual a 12% m/v? Demonstre os cálculos.

(UFG-GO) Considere os textos 1, 2 e 3 para responder às questões de 12 a 16.

Texto 1

Hamlet (1948)

Direção: Laurence Olivier
Roteiro: Laurence Olivier
Produção: Laurence Olivier, Reginald Beck, Anthony Bushell
Música original: William Walton
Fotografia: Desmond Dickinson
Edição: Helga Cranston
Design de produção: Roger K. Furse
Direção de arte: Carmen Dillon
Figurino: Roger K. Furse, Elizabeth Hennings
Efeitos especiais: Henry Harris, Paul Sheriff, Jack Whitehead
País: UK
Gênero: Drama, Romance, Crime

Courtesy Everett Collection/Keystock/Grupo Keystone

Sinopse

O príncipe Hamlet, filho do rei da Dinamarca, sente-se deprimido quando perde o pai. Seu tio, Claudius, casa-se logo a seguir com sua mãe, a rainha Gertrude, e se torna o novo rei.

Pouco tempo depois, Hamlet se depara com o fantasma do pai, que lhe revela ter sido assassinado por Claudius e lhe pede vingança. Atormentado com tanta tristeza, é ainda alvo de membros da família que tentam convencê-lo de que está ficando louco.

Paralelamente, ele se sente apaixonado pela jovem Ophelia, filha de Polonius, conselheiro de Claudius e Gertrude, e irmã mais nova de seu grande amigo, Laertes. Ao tomar conhecimento do romance, Polonius tenta intrigá-lo com o fim de fazer com que o príncipe deixe de fazer a corte à sua filha.

Quando Hamlet procura a mãe para falar de suas suspeitas, segundo as quais Claudius teria assassinado seu pai, ele termina matando acidentalmente Polonius, que a tudo escutava às escondidas. A infeliz morte do conselheiro de Claudius dá a este o pretexto para afastá-lo do reino. Hamlet é, então, enviado para a Inglaterra. Ao mesmo tempo, Laertes regressa do exterior, onde estudava, quando toma conhecimento da morte do pai e da doença da irmã, que, não suportando o fato de seu pai ter sido morto pelo seu grande amor, vive mergulhada numa profunda tristeza e sofrendo de desmaios.

Ao retornar à Dinamarca, Hamlet se depara com o funeral de Ophelia. Aproveitando-se da situação, o rei Claudius convence Laertes a convidar Hamlet para uma exibição, onde os dois lutariam com espadas. Por orientação do rei, Laertes prepara sua espada com veneno em sua extremidade.

No dia combinado, com a Corte reunida, inicia-se a luta. Após alguns passos, Laertes fere Hamlet no ombro com sua espada envenenada. Enraivecido, este consegue igualmente ferir seu oponente com a mesma espada. Nesse instante, a rainha Gertrude grita que fora envenenada. Ela tinha inadvertidamente bebido um vinho com veneno, preparado por Claudius para Hamlet, caso este saísse com vida da luta.

Embora ferido, Hamlet, suspeitando de traição, ordena que todas as portas sejam fechadas. Laertes, então, diz ser ele o traidor e que Hamlet não tem mais que meia hora de vida, já que não há nenhum tipo de medicamento que possa curá-lo. Em seguida, pedindo perdão a Hamlet, morre com suas últimas palavras acusando o rei Claudius de ser o responsável por toda essa tragédia. Hamlet, então, vira-se para o tio e crava a espada envenenada no coração do rei, cumprindo, assim, a promessa de vingança feita ao pai. A seguir, chama seu amigo Horatio, que assistira a tudo, e lhe pede que conte sua história para todo o mundo.

Texto 2

Hamlet

(Uma sala do palácio do Itamarati. Hamleto entra vagarosamente e para no meio da sala. Apoia o queixo na palma da mão esquerda, metida na abotoadura da sobrecasaca, e balança uma perna meditabundamente.)

Hamleto *(monologando)*
Ser ou não ser... Minh'alma eis o fatal problema.
Que deves tu fazer nesta angústia suprema.
[Alma forte?
Cair, degringolar no abismo?
Ou bramir, ou lutar contra o federalismo?
Morrer, dormir... dormir... ser deposto... mais
[nada.
Oh, a deposição é o patamar da escada...
Ser deposto: Rolar por este abismo, às tontas...
(depois de longa meditação)
E o câmbio? E o Vitorino? E o Tribunal de Contas
(outra meditação)
Morrer, dormir... dormir? Sonhar talvez, que
[sonho?
Que sonho? A reeleição?
[...]
(cai numa reflexão profunda)
Mas, enfim, para que ser novamente eleito?
Se não fosse o terror... Se não fosse o respeito
Que a morte inspira, e o horror desse sono
[profundo...
Ah! quem suportaria os flagelos do mundo!
[...]
O comércio que morre; a indústria que adormece;
A míngua da lavoura; o déficit que cresce
Horrivelmente, como a estéril tiririca;
[...]
– Oh, quem resistiria a tanto, da alma forte,
Se não fosse o terror do ostracismo e da morte?
(Pausa)
O ostracismo... região triste e desconhecida
Donde nenhum viajor voltou jamais à vida...
Ah! eis o que perturba... Ah! eis o que entibia
Coragem maior e maior energia!
(entra Ofélia)
(voltando-se para ela)
[...]

Hamleto
Não te dei nada!

Ofélia
Deu! Deu-me elasticidade,
Com que me transformei numa lei de borracha!
Que estica à proporção que o câmbio
[escarrapacha!
Meu Senhor! A que mais devo este prodígio,
Senão ao seu amor, senão ao meu prestígio?

Hamleto
Dize, Constituição, és tu Republicana?

Ofélia
Meu Senhor.

Hamleto
Dize mais! És norte-americana?

Ofélia
Príncipe...
[...]

Hamleto
Sou Vice-Presidente?
Sou Presidente? Sou Ditador? Sou cacique?
Oh! que paralisada a minha língua fique
Se te minto! Não sou mais do que um homem!
Parte!
Que é de teu pai?

Ofélia
Não sei.

Hamleto
Devia acompanhar-te.
A lei neste país, não pode andar sozinha...
Parte para Chicago! A tua dor é a minha:
É a dor que anda a chiar em toda a vida humana
Parte para a imortal nação americana!
Parte para Chicago!
[...]

BILAC, Olavo. Hamlet. In: *Melhores poemas*. Seleção de Marisa Lajolo. 4. ed. São Paulo: Global, 2003. p. 126-131.

Texto 3

Disponível em: <www.faccar.com.br/desletras/hist/2005>. Acesso em: 5 mai. 2009.

12. O filme *Hamlet*, de Laurence Olivier, é considerado uma adaptação exemplar da clássica peça de Shakespeare, escrita entre 1600 e 1602, e é a grande referência pela qual as futuras versões cinematográficas são julgadas.

Considerando a construção textual da sinopse do filme (1948) e da peça teatral *Hamlet*, de Shakespeare, explique como a voz das personagens é marcada no gênero sinopse e no gênero peça teatral.

13. Como forma de despertar no leitor o interesse pelo filme, a sinopse é uma síntese informativa que antecipa parte de seu enredo. Com base nessa afirmação e no fato de a sinopse ser um gênero narrativo, qual é o tempo verbal predominante na sinopse do filme *Hamlet* e que efeito é produzido com o uso desse tempo?

14. No poema "Hamlet", de Olavo Bilac, quais elementos recriam a peça de William Shakespeare e por que o poema se configura como uma paródia?

15. Pode-se afirmar que Olavo Bilac compara o ato de governar uma república com a tragédia de Hamlet. Com base no texto 2, explique o dilema vivido por Hamleto.

16. Com base no quadrinho (texto 3) e na história de Hamlet (texto 1), responda:

a) No quadrinho, que recursos linguísticos constroem a intertextualidade entre a fala de Magali e o dilema de Hamlet?

b) Mesmo se apropriando do dilema de Hamlet, a personagem Magali mantém traços de sua identidade, o que produz humor. Quais são esses traços e por que o humor é produzido?

Capítulo 13

A justificação

Corbis/Latinstock

Em capítulos anteriores, entre outras operações, você aprendeu o que é a observação, a análise, a comparação e a memorização. Veja, agora, o que é a *justificação* e como ela é solicitada em exames do Enem e dos vestibulares.

Nas questões discursivas, é comum ser solicitado ao estudante que realize determinada operação – por exemplo, interpretar, comparar, inferir – e que **justifique** sua resposta. O que é justificar?

justificar: demonstrar que (algo) está certo ou que (alguém) está com a razão; fornecer argumentos a favor de; constituir-se em, dar, encontrar razões válidas para; legitimar.

(Adaptado do *Dicionário eletrônico Houaiss da língua portuguesa*.)

Portanto, quando em exames se pede ao estudante que justifique sua resposta, o que se espera é que ele comprove o que afirma com provas textuais concretas. Ou seja, ele deve indicar ou retirar do texto palavras, expressões, frases, versos, imagens, fatos que comprovem uma afirmação anterior.

Veja, a seguir, dois exemplos de como essa operação é solicitada em exames.

(UFRJ-RJ)

Happy end

O meu amor e eu
nascemos um para o outro
agora só falta quem nos apresente

(Cacaso. In: Cacaso et alii. *Poesia marginal*.
São Paulo: Ática, 2006. Col. Para Gostar de Ler.
© Copyrights Consultoria.)

O texto "Happy end" – cujo título ("final feliz") faz uso de um lugar-comum dos filmes de amor – constrói-se na relação entre desejo e realidade e pode ser considerado uma paródia de certo imaginário romântico. Justifique a afirmativa, levando em conta elementos textuais.

Eis a resposta que consta do gabarito oficial:

O título oficial do poema de Cacaso e seus dois primeiros versos remetem a um amor predestinado, idealizado. O desejo de realização desse amor, entretanto, é desmontado pelo terceiro verso, que traz a contingência da realidade. Essa ironia destrutiva é característica do discurso paródico.

Nessa questão, não é o estudante quem deve afirmar algo para depois justificar. A própria questão apresenta uma afirmativa para ser justificada. Nesse caso, é indispensável que se compreenda bem a afirmativa.

O candidato deveria perceber que, com o último verso, Cacaso destrói o imaginário romântico do "final feliz", contrapondo o ideal (amor perfeito) ao real (ainda falta conhecer a pessoa amada).

Observe que a justificativa apresentada na resposta oficial demonstra como o poema foi organizado para construir a paródia. Por isso, refere-se à oposição entre o último verso e as demais partes do poema (incluindo o título) para ressaltar a ironia destrutiva como um procedimento típico da paródia.

(UFJF-MG) Leia, agora, com atenção, os textos a seguir (texto I e texto II) publicados, respectivamente, na revista *Veja*, 2 de agosto de 2006, p. 60, e na revista *Sala de Aula*, de julho de 2006, p. 64-65.

Texto I

Para evitar riscos

Os cuidados que a mulher deve ter ao viajar desacompanhada

- Não tornar público que está viajando sozinha. Uma aliança na mão esquerda ajuda a afastar atrevidos.
- Em alguns países, como Egito e Marrocos, mulheres não costumam ir sós a restaurantes. Na África do Sul, o risco são os estupros. É melhor viajar para esses lugares em excursões.
- Muitos bares, mesmo na Europa, não aceitam mulheres desacompanhadas. É bom se inteirar sobre o assunto num guia turístico ou na recepção do hotel.
- Ao viajar de ônibus ou trem, evitar as poltronas do fundo, ou as que ficam isoladas. No trem, o ideal é escolher um vagão ocupado por famílias e casais.
- É melhor hospedar-se em locais movimentados, com lojas e restaurantes por perto.

Fontes: Departamento de Estado americano e Federação Brasileira de Albergues da Juventude

Texto II

Regras de conduta

Revista Veja

Revista Veja

Revista Veja

Músculos à mostra: no anúncio de cerveja, de sanduíche e de papel-toalha.

Uma cervejaria americana reuniu na internet sugestões de leis que devem reger o comportamento dos verdadeiramente machos do planeta. Entre as mais citadas:

- Telefonema de homem para homem não pode durar mais do que cinco minutos. Sem exceção
- Dente é o único cortador de unha aceitável do homem
- Homem jamais paga para alguém trocar o pneu do carro
- Homem não dá apelido aos órgãos genitais. Nem permite que a mulher dê
- Homem solteiro não tem gato como animal de estimação
- O cabelo do homem não pode ser mais comprido que o da mulher. E cortar, só no barbeiro
- Dois homens de verdade nunca ficam lado a lado no banheiro público. Se não houver intervalo adequado, é melhor voltar depois
- Homem que é homem usa cueca samba-canção

Escreva qual é o papel feminino e o papel masculino explicitados a partir da leitura dos textos I e II. Para justificar a sua resposta, mencione *dois* exemplos retirados do texto I e *dois* do texto II.

A operação solicitada na primeira parte do enunciado da questão é *escreva*, mas, provavelmente, o avaliador esperava que o candidato *identificasse* ou *explicasse* qual é o papel social da mulher e do homem, de acordo com os textos em análise.

Primeiramente, o candidato deveria perceber que os textos, embora tenham um formato instrucional, foram produzidos com intenções diferentes. O texto I é dirigido às mulheres que viajam desacompanhadas, e sua finalidade é orientá-las sobre como proceder nessas situações. Já o texto II é voltado ao público masculino consumidor de cerveja, e sua finalidade é diverti-lo com "orientações" machistas.

O candidato poderia iniciar sua resposta afirmando que, no texto I, o papel da mulher é o de objeto sexual e, depois, *justificar* a afirmação, explicando e mostrando que todas as orientações são no sentido de evitar o assédio masculino ou o estupro, daí as sugestões para usar "uma aliança na mão esquerda", ou "evitar as poltronas do fundo" em ônibus e trens, ou "hospedar-se em locais movimentados" (devem ser empregadas aspas quando se extraem trechos do texto original). Deveria ainda afirmar que, no texto II, o papel masculino é o do macho assumido, preocupado em provar sua masculinidade, e *justificar* a afirmação comentando algumas das regras de conduta, como cortar as unhas com os dentes (exemplo de comportamentos animalizados) ou não conversar ao telefone com outro homem mais do que cinco minutos (exemplo de comportamentos pouco sociáveis). Por fim, poderia concluir que, enquanto no texto I fica claro que a mulher tem um papel frágil e secundário na sociedade machista, o texto II é a expressão do próprio machismo, pois confirma e revalida o papel do macho forte e dominador.

Biratan

Prepare-se
para o Enem e o vestibular

1. Leia o poema:

Névoas

Nas horas tardias que a noite desmaia
Que rolam na praia mil vagas azuis,
E a lua cercada de pálida chama
Nos mares derrama seu pranto de luz,

Eu vi entre os flocos de névoas imensas,
Que em grutas extensas se elevam no ar,
Um corpo de fada – sereno, dormindo,
Tranquila sorrindo num brando sonhar.

Na forma de neve – puríssima e nua –
Um raio da lua de manso batia,
E assim reclinada no túrbido leito
Seu pálido peito de amores tremia.

Oh! filha das névoas! das veigas viçosas,
Das verdes, cheirosas roseiras do céu,
Acaso rolaste tão bela dormindo,
E dormes, sorrindo, das nuvens no véu?

O orvalho das noites congela-te a fronte,
As orlas do monte se escondem nas brumas,
E queda repousas num mar de neblina,
Qual pérola fina no leito de espumas!
[...]

(Fagundes Varela. *Poemas de Fagundes Varela*. Organização de Osmar Barbosa. Rio de Janeiro: Ediouro, 1988.)

Na poesia do Romantismo, a natureza é uma fonte inspiradora e tem papel de destaque. Qual das alternativas abaixo melhor justifica essa afirmação?

a) A musa do eu lírico está envolta em sombras da noite e ornada de pétalas perfumadas.
b) As nuvens da madrugada carregam o eu lírico até onde sua amada dorme.
c) A neve fria congelou a musa do eu lírico para que ele pudesse contemplá-la.
d) A lua ilumina o caminho na praia até as roseiras que brilham como pérolas.
e) A musa do eu lírico encanta-o porque agrega elementos como rosa, nuvem, luz do luar.

2. Leia o texto a seguir, tentando perceber a relação entre a informação dada e o título da seção do jornal em que ele foi publicado.

Blog do Estadão

Casa em Moema vende comida orgânica congelada para bebês

Vida de mãe não é fácil. Maria Fernanda Thomé de Rizzo percebeu isso há quatro anos, quando nasceu sua primeira filha, Gabriela. Com dificuldades de conciliar seu trabalho como professora de Educação Física, curso de mestrado e tarefas na cozinha, ela começou a preparar papinhas e congelar. "Eu fazia tudo com ingredientes orgânicos, mais saudáveis", diz. "Um dia, cansada, eu pensei: 'Será que ninguém faz papinha orgânica pronta para vender?'". Foi assim que surgiu a ideia de abrir o Empório da Papinha. Hoje, são 27 receitas de papinhas, todas preparadas com alimentos orgânicos. Uma delas é a papinha Manú, com frango, tomate, batata e brócolis. Há também a Elô, com frango, chuchu, mandioquinha e espinafre. Outra opção é a papinha vegetariana, batizada de Doca. Leva leite de soja, abóbora, batata e espinafre. Entre as opções para a sobremesa, há a papinha Nando, com doce de abóbora e coco. As criações são da nutricionista Mara Cristina Miranda, sócia de Maria Fernanda.

[...]

(Marcelo Duarte. *O Estado de S. Paulo*, http://blogs.estadao.com.br/curiocidade/casa-em-moema-vende-comida-organica-congelada-para-bebes/.)

O que justifica a criação de um termo novo, *curiocidade*, para nomear a seção em que o texto foi publicado?

a) A seção une um serviço de utilidade pública a curiosidades da vida urbana.

b) O termo busca chamar a atenção de um público-alvo específico: mulheres curiosas e jovens.

c) A seção reúne assuntos sobre saúde infantil e receitas originais.

d) A seção apresenta curiosidade sobre receitas rápidas de comida para bebês.

e) A seção fala da necessidade de promover uma cidade sustentável.

3. Leia o seguinte trecho de uma reportagem sobre roteiros de viagem.

Viagem & Cia.

Viagens curtas para o 7 de Setembro

Destinos para aproveitar em poucos dias e voltar sempre que bater saudade

Bruno Magalhães/Nitro

1. Ouro Preto, Minas Gerais
Riqueza, conspiração & história

POR QUE IR?

Enquanto o sol clareia devagar o céu, uma névoa flutua nas ruelas de Ouro Preto e cobre os casebres e as igrejas – quando o dia amanhece, convida moradores e turistas para brindar o passado da cidadela. Assim, não é à toa que Ouro Preto seja o destino mais visitado de Minas Gerais e Patrimônio Cultural da Humanidade: qualquer cantinho guarda histórias do império português, principalmente de quando descobriram que havia ouro farto naquelas serras.

A busca pelas pepitas, ainda no fim do século 17, também provocou efervescência artística: para provar suas riquezas, os senhores da época construíram igrejas que até hoje fascinam o olhar. Basta caminhar pelas ruas para deparar-se com templos ornados à exaustão com o metal dourado e repletos de obras de artistas locais, como as de Aleijadinho e de Athayde. É nesse andar lento, e mineiro, que se pode conversar com os moradores, cuja boa prosa relembra os tempos em que os inconfidentes, indignados com os altos impostos cobrados pela Coroa, armavam a revolução.

[...]

(http://viagemecia.uol.com.br/brasil/viagens_curtas_para_o_feriadao.html)

A sugestão de viagem a Ouro Preto é justificada, no texto, pelo caráter turístico e educativo que o programa tem, uma vez que:

a) a cidade, antiga capital do país, guarda referências do império luso.
b) a culinária e o povo da cidade são atraentes.
c) a cidade conserva marcas da presença do ouro e da efervescência artística do fim do século 17.
d) a cidade apresenta roteiro religioso e clima romântico.
e) a cidade é patrimônio cultural da humanidade, há nela obras de arte e clima tropical.

4. Leia esta notícia:

Folha de São Paulo

Um Toyota Corolla roubado foi recuperado na manhã desta sexta-feira por policiais rodoviários graças a um erro de grafia cometido na adulteração do emplacamento. O nome da capital catarinense [...] estava escrito como "Frorianópolis". O homem que dirigia o carro foi preso. O carro foi parado na altura do km 439 da rodovia Régis Bittencourt, sentido Paraná, na região de Registro (231 km a sudoeste de São Paulo). O erro das placas foi reproduzido também nos documentos apresentados pelo comerciante que dirigia o carro. [...]

(*Folha de S. Paulo*, 16/6/2006. www1.folha.uol.com.br/folha/cotidiano/ult95u122831.shtml.)

O "erro de grafia" a que se refere a notícia pode ser considerado um registro de variação linguística? Tome uma posição e justifique sua resposta.

Leia o texto e responda às questões 5 e 6.

O desafio de ler e compreender em todas as disciplinas

No Brasil, um em cada dez brasileiros com 15 anos ou mais não sabe ler e escrever. Uma vergonha que encobre outras realidades não tão evidentes, mas igualmente dramáticas. Como o fato de que dois terços da população entre 15 e 64 anos é incapaz de entender textos longos, localizar informações específicas, sintetizar a ideia principal ou comparar dois escritos. O problema não é reflexo apenas de baixa escolarização: segundo dados do Instituto Paulo Montenegro, ligado ao Ibope, mesmo considerando a faixa de pessoas que cursaram de 5ª a 8ª série, apenas um quarto delas é plenamente alfabetizado. A conclusão é que, na escola, os alunos aprendem a ler – mas não compreendem o que leem. É preciso virar esse jogo. Num mundo como o atual, em que os textos estão por toda a parte, entender o que se lê é uma necessidade para poder participar plenamente da vida social. Professores como você têm um papel fundamental nessa tarefa. Independentemente de seu campo de atuação, você pode ajudar os alunos a ler e compreender diferentes tipos de texto, incentivando-os a explorar cada um deles. Pode ensiná-los a fazer anotações, resumos, comentários, facilitando a tarefa da interpretação. [...]

(*Nova Escola*. http://revistaescola.abril.com.br/formacao/formacao-continuada/desafio-ler-compreender-todas-disciplinas-525311.shtml.)

5. Identifique o argumento utilizado no texto para justificar a importância de desenvolver a competência leitora dos estudantes.

6. Há, no texto, uma expressão metafórica que foge à objetividade e à formalidade que nele predominam. Identifique essa expressão e reescreva o trecho em que ela aparece, usando outra expressão de mesmo valor semântico, porém menos informal.

Questões do Enem e dos vestibulares

1. (FUVEST-SP) Leia o seguinte texto jornalístico:

PARA PARA

Numa de suas recentes críticas internas, a ombudsman desta *Folha* propôs uma campanha para devolver o acento que a reforma ortográfica roubou do verbo "parar". Faz todo sentido.

O que não faz nenhum sentido é ler "São Paulo para para ver o Corinthians jogar". Pior ainda que ler é ter de escrever.

Juca Kfouri, *Folha de S. Paulo*, 22/09/2014. Adaptado.

a) No primeiro período do texto, existe alguma palavra cujo emprego conota a opinião do articulista sobre a reforma ortográfica? Justifique sua resposta.

b) Para evitar o "para para" que desagradou ao jornalista, pode-se reescrever a frase "São Paulo para para ver o Corinthians jogar", substituindo a preposição que nela ocorre por outra de igual valor sintático-semântico ou alterando a ordem dos termos que a compõem. Você concorda com essa afirmação? Justifique sua resposta.

2. (UNICAMP-SP)

Os ombros suportam o mundo

Chega um tempo em que não se diz mais:
[meu Deus.
Tempo de absoluta depuração.
Tempo em que não se diz mais: meu amor.
Porque o amor resultou inútil.
E os olhos não choram.
E as mãos tecem apenas o rude trabalho.
E o coração está seco.

Em vão as mulheres batem à porta, não abrirás.
Ficaste sozinho, a luz apagou-se,
mas na sombra teus olhos resplandecem
[enormes.
És todo certeza, já não sabes sofrer.
E nada esperas de teus amigos.
Pouco importa venha a velhice,
[que é a velhice?
Teus ombros suportam o mundo
e ele não pesa mais que a mão de uma criança.
As guerras, as fomes, as discussões
[dentro dos edifícios
provam apenas que a vida prossegue
e nem todos se libertaram ainda.
Alguns, achando bárbaro o espetáculo,
prefeririam (os delicados) morrer.
Chegou um tempo em que não adianta morrer.
Chegou um tempo em que a vida é uma ordem.
A vida apenas, sem mistificação.

(Carlos Drummond de Andrade, *Sentimento do mundo*. São Paulo: Companhia das Letras, 2012, p. 51.)

a) Na primeira estrofe, o eu lírico afirma categoricamente que "o coração está seco". Que imagem, nessa primeira estrofe, explica o fato de o coração estar seco? Justifique sua resposta.

b) O último verso ("A vida apenas, sem mistificação") fornece para o leitor o sentido fundamental do poema. Levando-se em conta o conjunto do poema, que sentido é sugerido pela palavra *mistificação*?

3. (FGV-SP) Abaixo foi transcrita uma pequena passagem do capítulo "A borboleta preta", do romance *Memórias Póstumas de Brás Cubas*. Leia-a, observando os recursos estilísticos, sobretudo aqueles manifestados na forma de utilização das classes gramaticais para a produção especial de sentidos.

O gesto brando com que, uma vez posta, começou a mover as asas, tinha um certo ar escarninho, que me aborreceu muito. Dei de ombros, saí do quarto; mas tornei lá, minutos depois, e achando-a ainda no mesmo lugar, senti um repelão dos nervos, lancei mão de uma toalha, bati-lhe e ela caiu.

Não caiu morta; ainda torcia o corpo e movia as farpinhas da cabeça. Apiedei-me; tomei-a na palma da mão e fui depô-la no peitoril da janela. Era tarde; a infeliz expirou dentro de alguns segundos. Fiquei um pouco aborrecido, incomodado.

ASSIS, Machado de. *Obra Completa*. Rio de Janeiro: Aguilar, 1971. p. 552.

No segundo parágrafo, constrói-se um sentido de contradição do narrador em relação às suas ações manifestadas no primeiro. Escolha três expressões verbais que justifiquem essa contradição e as analise no contexto da passagem.

4. (FUVEST-SP)

Salão repleto de luzes, orquestra ao fundo, brilho de cristais por todo lado. O **crupiê*** distribui fichas sobre o pano verde, cercado de mulheres em longos vestidos e homens de **black-tie****. A roleta em movimento paralisa o tempo, todos retêm a respiração. Em breve estarão definidos a sorte de alguns e o azar de muitos. Foi mais ou menos assim, como um lance de roleta, que a era de ouro dos cassinos – maravilhosa para uns, totalmente reprovável para outros – se encerrou no Brasil. Para surpresa da nação, logo depois de assumir o governo, em 1946, o presidente Eurico Gaspar Dutra pôs fim, com uma simples penada, a um dos negócios mais lucrativos da época: a exploração de jogos de azar, tornando-os proibidos em todo o país. (...)

(Jane Santucci, "O dia em que as roletas pararam". *Nossa História*.)

***crupiê:** empregado de uma casa de jogos
****black-tie:** smoking, traje de gala

a) No texto acima, a autora utiliza vários recursos descritivos. Aponte um desses recursos. Justifique sua escolha.

b) A que fato relatado no texto se aplica a comparação "como num lance de roleta"?

5. (UFBA-BA)

Texto I

Aqui, ali, por toda a parte, encontravam-se trabalhadores, uns ao sol, outros debaixo de pequenas barracas feitas de lona ou de folhas de palmeira. De um lado cunhavam pedra cantando; de outro a quebravam a picareta; de outro afeiçoavam lajedos a ponta de picão; mais adiante faziam paralelepípedos a escopro e macete. E todo aquele retintim de ferramentas, e o martelar da forja, e o coro dos que lá em cima brocavam a rocha para lançar-lhe fogo, e a surda zoada ao longe, que vinha do cortiço, como de uma aldeia alarmada; tudo dava a ideia de uma atividade feroz, de uma luta de vingança e de ódio. Aqueles homens gotejantes de suor, bêbedos de calor, desvairados de insolação, a quebrarem, a espicaçarem, a torturarem a pedra, pareciam um punhado de demônios revoltados na sua impotência contra o impassível gigante que os contemplava com desprezo, imperturbável a todos os golpes e a todos os tiros que lhe desfechavam no dorso, deixando sem um gemido que lhe abrissem as entranhas de granito. O membrudo cavouqueiro havia chegado à fralda do orgulhoso monstro de pedra; tinha-o cara a cara, mediu-o de alto a baixo, arrogante, num desafio surdo.

AZEVEDO, Aluísio. *O cortiço*. São Paulo: Ática, 1999. p. 48. Edição especial.

Texto II

DIÁRIOS DE MOTOCICLETA, filme inspirado nos diários de Ernesto Che Guevara e de Alberto Granado, durante sua primeira viagem pela América Latina.

Deserto de Atacama, Chile, 11 de março de 1952

Um homem e uma mulher (indicando algum lugar em um mapa que Che e Alberto mostravam) – É isto mesmo. Somos de lá! Não tínhamos muita coisa. Era uma terra árida.

Mulher – Pertencia ao avô dele.

Homem – Era nossa, até que um latifundiário nos expulsou.

Mulher – E eles chamam isso de progresso.

Homem – Deixamos nosso filho com a família para procurar trabalho. Fugindo da polícia, que queria nos prender.

Alberto – Por quê?

Mulher – Porque somos comunistas.

Homem – Agora vamos para a mina. Se tivermos sorte, acharei trabalho. Parece que é tão perigoso que eles nem se importam com o seu partido.

Mulher (para Che e Alberto) – Vocês estão procurando trabalho?

Che – Não, nós dois não estamos procurando trabalho.

Mulher – Não? Então, por que viajam?

Che – Viajamos por viajar.

Mulher – Que Deus os abençoe. Que Deus abençoe a sua viagem.

[...]

Narrador (Che) (referindo-se ao homem e à mulher) – Aqueles olhos tinham uma expressão sombria e trágica. Falaram do companheiro desaparecido em circunstâncias misteriosas e que aparentemente havia terminado no fundo do mar. Foi uma das noites mais frias da minha vida. Mas conhecê-los me fez mais perto da espécie humana, que parecia tão estranha para mim.

(Aparece o cenário de uma pedreira, é a mina de Chuquicamata, Chile, numa visão panorâmica, com muitos homens sentados nas pedras, entre os quais estão Che e Alberto, esperando ser selecionados pelo contratador para trabalhar)

Contratador (apontando para cada um)

– Você. Você também... Você aí do lado também. Você... Você... Você... Você não, o do lado! Rápido, rápido. Vamos, homens! Venha rapaz, anda! Subam no caminhão. Rápido, rápido! O resto de vocês, para casa. Saiam daqui. Depressa, vamos indo. Vamos, subam. O caminhão está pronto? Entre no outro caminhão. Tudo pronto. Vamos indo. (Dirigindo-se a Che e Alberto) E vocês dois? O que estão fazendo aqui?

Che – Nada. Estamos só olhando.

Contratador — Olhando o quê, palhaço? Isto não é atração turística. Fora!

Che – O senhor não vê que estão com sede? Por que não dá um pouco de água para eles?

Contratador – Comporte-se ou chamarei a segurança e mandarei prendê-lo.

Che – Por que motivo?

Contratador – Invasão de propriedade privada. Esta terra pertence à Anaconda Mining Company. Vamos andando!

Voz de Che (narrando) – Ao sairmos da mina, sentimos que a realidade começava a mudar. Ou éramos nós? À medida que subíamos as cordilheiras, encontrávamos mais indígenas, que não tinham ao menos um teto onde fora sua própria terra.

Diários de motocicleta. Direção de Walter Salles. São Paulo, 2004. 1 DVD.

O romance "O Cortiço" e o filme "Diários de Motocicleta" podem ser considerados de denúncia social. Justifique essa afirmativa, apoiando a sua resposta no fragmento que focaliza a pedreira de João Romão (I) e na cena do filme em que Che e Alberto encontram-se com os nativos, em Atacama, no Chile (II), ambos transcritos acima.

6. (UFBA-BA)

Como no dia seguinte fosse passear ao roçado do padrinho, aproveitou a ocasião para interrogar a respeito o tagarela Felizardo. [...]

Olga encontrou o camarada cá embaixo, cortando a machado as madeiras mais grossas; Anastácio estava no alto, na orla do mato, juntando, a ancinho, as folhas caídas. Ela lhe falou.

– Bons dias, "sá dona".

– Então trabalha-se muito, Felizardo?

– O que se pode.

– Estive ontem no Carico, bonito lugar... Onde é que você mora, Felizardo?

– É doutra banda, na estrada da vila.

– É grande o sítio de você?

– Tem alguma terra, sim senhora, "sá dona".

– Você por que não planta para você?

– "Quá sá dona!" O que é que a gente come?

– O que plantar ou aquilo que a plantação der em dinheiro.

– "Sá dona tá" pensando uma coisa e a coisa é outra. Enquanto planta cresce, e então? "Quá, sá dona", não é assim.

[...]

– Terra não é nossa... E "frumiga"? ... Nós não "tem" ferramenta... isso é bom para italiano ou "alemão", que governo dá tudo... Governo não gosta de nós...

[...]

Ela voltou querendo afastar do espírito aquele desacordo que o camarada indicara, mas não pôde. Era certo. [...]

LIMA BARRETO, A. H. *Triste fim de Policarpo Quaresma*. São Paulo: Ática, 1996. p. 103.

O diálogo entre Olga e o afrodescendente Felizardo – extraído de uma narrativa ambientada no final do século XIX, durante o governo de Floriano Peixoto – revela, a partir do que diz Felizardo, uma concepção de Brasil e dos programas sociais do governo da época que contrasta com a visão utópica de Quaresma.

O filme "A invenção do Brasil", de Guel Arraes, projeta também uma concepção de Brasil.

Com base na leitura do livro de Lima Barreto e no enredo do filme citado, faça um comentário sobre *os três pontos de vista em questão*, utilizando sua reflexão sobre a realidade brasileira. Aponte diferenças e semelhanças e justifique sua resposta.

7. (FGV-SP) Leia o seguinte texto, no qual o crítico Augusto Meyer comenta um dos contos de Machado de Assis dedicados à "psicologia da criação".

01 Em "O Cônego ou Metafísica do Es-
02 tilo", deu-nos Machado de Assis a pró-
03 pria imagem dinâmica do esforço cria-
04 dor, num de seus momentos de crise.
05 O cônego, ao redigir o sermão, depois
06 do primeiro impulso bem-sucedido, em

07 que a fluência do discurso vai puxando a
08 pena, de súbito sente que um adjetivo não
09 acode ao apelo do substantivo. Desfeita a
10 ilusão da espontaneidade, hesita, duvida,
11 pois já não sabe como reatar o fio da frase.
12 Há só uma **Sílvia*** para aquele **Sílvio***,
13 mas o namoro ficou sem resposta e a pa-
14 lavrinha esquiva tomou a forma de um
15 ponto de interrogação. O autor convida o
16 leitor a enfiar-se na pele do cônego, para
17 poder acompanhar as coisas por dentro.
18 A nossa torre de observação é um poço,
19 aquele poço de mina que liga o inconscien-
20 te ao consciente. Descobrimos então um
21 "burburinho de ideias", e Sílvio, às cotove-
22 ladas no meio da multidão de candidatas,
23 segue à procura do amor predestinado.
24 Aborrecido, enfim, com a demora, o cône-
25 go se levanta e vai à janela, a espairecer do
26 esforço. Esquece por momentos a ansiosa
27 busca. "Mas Sílvio e Sílvia é que se lem-
28 bram de si", acode Machado. "Enquanto
29 o cônego cuida em coisas estranhas, eles
30 prosseguem em busca um do outro, sem
31 que ele saiba nem suspeite nada".
32 E desdobram então à delícia do leitor
33 aqueles dois ou três parágrafos, uma-
34 **frincha**** entreaberta para o subcons-
35 ciente, em que sentimos perpassar num
36 vislumbre a elaboração automática do es-
37 tilo, quando a intuição, enlaçada à enun-
38 ciação, inesperadamente desabrocha na
39 consciência da frase articulada – flor do
40 **epíteto*****. Na ilusão do autor, tudo pa-
41 rece uma dádiva imprevista, uma gene-
42 rosa oferta do subconsciente, (...). Mas a
43 verdade é que os grandes achados, como
44 prêmio bem-merecido, apenas cabem
45 aos que não desfalecem na busca e são
46 dignos de conquistá-los. Sílvio merecia
47 Sílvia. Nesta humilde glosa machadia-
48 na, o enlace de Sílvio e Sílvia simboliza
49 o harmonioso compromisso entre es-
50 forço e vocação, disciplina e poesia.

Augusto Meyer, *A forma secreta*. 4. ed., Rio de Janeiro: Francisco Alves, 1965.

***Sílvia e Sílvio:** nomes próprios que, no conto, personificam, respectivamente, um adjetivo e um substantivo.
****frincha:** fenda.
*****epíteto:** adjetivo ou qualificativo que se junta a um nome para dar-lhe uma designação particular.

a) Apesar de predominar no texto a linguagem denotativa, já que ele se insere no gênero ensaístico, é possível apontar palavras ou expressões usadas conotativamente. Cite dois exemplos. Justifique sua escolha.

b) As orações reduzidas "ao redigir o sermão" (l. 5) e "a espairecer do esforço" (l. 25 e 26) exprimem o mesmo tipo de circunstância? Justifique sua resposta.

A contextualização

Capítulo
14

Michael Blann/Getty Images

No âmbito da leitura e interpretação de textos, é muito valorizada a noção de *contexto*. Aprenda, neste capítulo, o que é *contextualizar* e como essa operação pode ser exigida nos exames do Enem e dos vestibulares.

Lino de Macedo, um dos mentores da prova do Enem, explica o que é **contextualização**:

> Contextuar ou contextualizar significa "incluir ou intercalar em um texto". Contexto significa o "encadeamento de ideias de um escrito, argumento ou composição". Encadear significa "ligar com cadeia; acorrentar, prender; coordenar (ideias, argumentos etc.); concatenar; [...] formar série; ligar-se a outros; fazer seguir na ordem natural".
>
> Contextuar corresponde [...] a algo inclusivo, que liga, por exemplo, diferentes palavras e outros indicadores semânticos, compondo uma frase, parágrafo ou texto.
>
> (*Eixos cognitivos do Enem* – Versão preliminar. Brasília: MEC/INEP, 2007. p. 74.)

Assim, a palavra *contexto* pode ser empregada com o sentido de "cotexto" ou "contexto imediato" quando se refere, por exemplo, à situação textual de que foi extraída uma palavra ou uma frase, como na pergunta "Qual é o sentido desta palavra no *contexto*?". E pode ter um sentido mais amplo, relacionado, por exemplo, ao momento histórico ou à situação sociopolítica e cultural da qual se comenta ou analisa certo aspecto, como na frase "No *contexto* do Romantismo, a natureza representava uma forma de evasão e de purificação".

Nos exames do Enem e dos vestibulares, é raro ser pedido de modo explícito ao estudante que contextualize um texto ou uma passagem de um texto, mas essa operação pode ser solicitada de outras formas.

Veja esta questão do vestibular da Universidade de Brasília:

Assinale C para as afirmativas corretas e E para as erradas:

1 — É verdade, é chuva no sertão.
A voz do meu avô estava trêmula. O homem duro chegara a se comover. E tossia alto para que não o vissem na comoção. Na outra noite os relâmpagos se firmaram mesmo. A conversa da cozinha ganhara outra animação. É chuva no sertão. Dois dias
5 depois vinham de volta sertanejos que não resistiram à saudade da terra ressuscitada. Já voltavam com outra cara. O sol que lhes tirara tudo seria dominado pela chuva do céu. O Paraíba não tardaria a descer. Chamavam a primeira cheia do rio de "correio do inverno". O céu se avolumava em nuvens brancas. Eram os carneiros pastando. As notícias se amiudavam sobre as chuvas. Uns falavam de muita água no Piauí, outros
10 já sabiam que no Ceará os rios estavam correndo. E começava a fazer um calor dos infernos. A negra Generosa garantia que aquela quentura era aviso de cheia:
— Vem água descendo.
(...)
Quando o rio chegava, corríamos para vê-lo de perto. A cabeça da primeira cheia era
15 como se fosse um serviço de limpeza geral do leito. Descia com ela uma imundície de restos e matérias em putrefação. Bois mortos, cavalos meio roídos pelos urubus. Aos poucos o Paraíba começava a limpar. O leito coberto de juncos, as vazantes de batata-doce cediam lugar ao caudal que se espalhava de barreira a barreira. Água vermelha como de barreiro de olaria.

José Lins do Rego. *Meus verdes anos*. Rio de Janeiro: José Olympio/INL/MEC, 1980, p. 81-82.

O texto acima corresponde a fragmentos extraídos da obra *Meus verdes anos*, de José Lins do Rego. Com relação às estruturas desse texto e a aspectos literários, históricos e geográficos brasileiros, julgue os itens de *a* a *k*.

a) O trecho ilustra característica marcante na obra de José Lins do Rego, que é recordar a própria vida, misturando realidade e ficção, memória e imaginação.
Resposta: C.

b) A principal característica do conjunto da obra de José Lins do Rego é a focalização na decadência da monocultura da cana-de-açúcar, provocada pela industrialização, pela máquina.
Resposta: C.

c) José Lins do Rego aproxima-se da estética de Guimarães Rosa, tanto pela inovação na língua quanto pelas características da narrativa voltada para a violência no sertão.
Resposta: E.

d) Nos fragmentos apresentados, o autor discorre acerca de uma anomalia climática: chuva no sertão nordestino cuja característica é a semiaridez.
Resposta: E.

e) O emprego do tempo verbal de "chegara" (ℓ. 2), "ganhara" (ℓ. 4) e "tirara" (ℓ. 6) indica que esses verbos expressam ações ocorridas antes da afirmação "— É verdade, é chuva no sertão" (ℓ. 1).
Resposta: C.

f) Pela expressão "correio do inverno" (ℓ. 7-8), depreende-se do texto que foi a chegada da cheia do rio Paraíba que permitiu ao avô enunciar: "— É verdade, é chuva no sertão".
Resposta: E.

g) Subentende-se do contexto em que está a oração "Eram os carneiros pastando" (ℓ. 8) que o rio Paraíba é cercado de morros onde são criados carneiros.
Resposta: E.

h) Apesar de não explicitar o pronome **se**, indicativo de reflexividade, o verbo "limpar" (ℓ. 17) deixa subentender a voz reflexiva.
Resposta: C.

i) A vírgula empregada depois de "juncos" (ℓ. 17) separa dois termos enumerados e, por isso, corresponde à conjunção aditiva **e**.
Resposta: C.

j) As "vazantes de batata-doce" (ℓ. 17) dizem respeito à agricultura de subsistência praticada nas várzeas dos rios, de forma sazonal, devido ao regime fluvial.
Resposta: C.

k) Em relação às políticas sociais, a Primeira República pouco modificou a realidade precedente, da qual o pungente cenário nordestino seria um exemplo a mais, situação que tende a ser alterada a partir de 1930, no contexto da Era Vargas.
Resposta: C.

Observe que as questões sobre o texto operam diferentes níveis de contextualização. Os itens de *e* a *i* exploram aspectos relacionados ao contexto, como o valor semântico da expressão "correio do inverno", ou das formas verbais do pretérito mais-que-perfeito, ou da oração "Eram os carneiros pastando", etc.

Rubens Chaves/Folhapress

Já os itens *a*, *b* e *c*, explorando conhecimentos de literatura brasileira, procuram situar o texto no contexto de toda a obra de José Lins do Rego, que é de base memorialista e retrata a crise da economia da cana-de-açúcar e a decadência dos latifúndios do Nordeste brasileiro ocorridas no final da República Velha.

Os itens *b*, *d*, *j* e *k*, em relação interdisciplinar com História e Geografia, exploram especificamente os aspectos históricos e geopolíticos retratados na obra de José Lins do Rego.

Prepare-se para o Enem e o vestibular

1. Observe a seguinte charge sobre o médico brasileiro Oswaldo Cruz, publicada na França.

(Disponível em: http://chc.cienciahoje.uol.com.br/oswaldo-cruz-o-medico-que-revolucionou-o-combate-a-doenças-no-brasil/. Acesso em: 3/3/2016.)

A qual contexto a charge faz referência?

a) Pandemia da gripe espanhola de 1918.
b) Epidemia do zika vírus de 2015.
c) Combate à febre amarela e à peste bubônica feito no início do século XX no Brasil.
d) Surgimento da gripe asiática, na década de 50 do século passado.
e) Pesquisas sobre a Aids feitas a partir das últimas décadas do século XX.

2. Entre os trechos de poemas a seguir, identifique aquele em que as referências dizem respeito a uma situação histórica mais próxima do nosso presente.

a)

Meu verso é profundamente
[romântico.
Choram cavaquinhos luares se
[derramam e vai
Por aí a longa sombra de rumores e
[ciganos.
Ai que saudade que tenho de meus
[negros verdes anos!

(Cacaso)

b)

[...]
O ouro nosso
De cada dia nos dai hoje
E perdoai nossas dívidas
Assim como perdoamos
O escravo faltoso
Depois de puni-lo.
Não nos deixeis cair em tentação
De liberalismo,
Mas livrai-nos de todo
Remorso, amém.

(José Paulo Paes)

c)

liberdade ainda que tarde
ouve-se em redor da mesa.
E a bandeira já está viva,
e sobe, na noite imensa.
E os seus tristes inventores
já são réus – pois se atreveram
a falar em Liberdade
(que ninguém sabe o que seja).

(Cecília Meireles)

d)

Provisoriamente não cantaremos o amor,
que se refugiou mais abaixo dos
[subterrâneos.
Cantaremos o medo, que esteriliza
[os abraços,
não cantaremos o ódio porque esse
[não existe,
existe apenas o medo, nosso pai e nosso
[companheiro [...]

(Carlos Drummond de Andrade)

e)

Lá na úmida senzala,
Sentado na estreita sala,
Junto ao braseiro, no chão,
Entoa o escravo o seu canto,
E ao cantar correm-lhe em pranto
Saudades do seu torrão...

(Castro Alves)

3. Observe as imagens abaixo e leia as afirmações a seguir.

Imagem 1

República Federativa do Brasil

Imagem 2

Reprodução/Maps world

I. A imagem 1 é posterior à imagem 2.

II. O verde, nas bandeiras, é uma referência ao Império Português, por ser símbolo da dinastia dos Braganças.

III. O amarelo, nas bandeiras, é uma referência à casa imperial da Espanha.

Assinale o item verdadeiro:

a) As três afirmações estão erradas.

b) Apenas a afirmação I está correta.

c) Apenas a afirmação III está correta.

d) Todas as afirmações estão corretas.

e) Apenas a afirmação II está errada.

4. A foto mostra uma catraca colocada em cima de um pedestal, no largo do Arouche, na cidade de São Paulo.

Coletivo Contra Filé/Rompendo as Amarras

A obra, criação de um grupo artístico chamado Contrafilé, que a denominou *Monumento à catraca invisível*, simboliza um dos movimentos recentes nas cidades brasileiras, que reivindica:

a) a construção, pelo poder público, de casas para famílias desabrigadas.

b) a cessão de terras do Estado para reforma agrária.

c) o livre acesso de todos os cidadãos às repartições públicas e privadas.

d) a manutenção das escolas públicas existentes e o não remanejamento de alunos.

e) a isenção de pagamento de passagem no transporte público.

5. Observe a obra *Flag* (1954-55), de Jasper Johns:

Coleção de Jean-Christophe Castelli, Nova York

(http://edu.warhol.org/images/jasper-johns-flag.jpg)

Sabendo que se trata de um trabalho produzido após a Segunda Guerra (1939-1945), assinale a alternativa em que o comentário feito se aplica devidamente à obra.

a) Ela representa a *pop art* e faz referência à sociedade de consumo.

b) É um protesto pela crise da Bolsa, ocorrida em Nova Iorque.

c) É uma homenagem à Independência dos Estados Unidos.

d) Ela representa o nascimento do expressionismo na pintura.

e) Ela ilustra a chegada do homem à Lua.

6. Leia com atenção a seguinte estrofe do poema *Os lusíadas*, de Luís de Camões:

> Quando os Deuses no Olimpo luminoso,
> Onde o governo está da humana gente,
> Se ajuntam em concílio glorioso
> Sobre as cousas futuras do Oriente.
> Pisando o cristalino Céu formoso,
> Vêm pela Via Láctea juntamente,
> Convocados da parte do Tonante,
> Pelo neto gentil do velho Atlante.
>
> (*Obra completa*. Rio de Janeiro: Nova Aguilar, 1988.)

Vincenzo Maria Coronelli. Terrestrial globe, detail: caravel, 1683 (mixed media)

Os lusíadas são um poema épico. Com base no enredo da obra, é possível inferir que suas origens estão vinculadas ao contexto de sua produção, que envolveu:

a) Grandes Navegações, Contrarreforma, unificação das províncias portuguesas.

b) Reforma Protestante, Revolução Comercial, Revolução Industrial.

c) fim do Império Romano, Tomada de Constantinopla, Grandes Navegações.

d) renascimento da cultura clássica, Revolução Comercial, Contrarreforma.

e) Grandes Navegações, expansionismo luso, renascimento da cultura clássica.

7. "Um automóvel ruidoso, que parece correr sob estilhaços de granada, é mais belo que a vitória da Samotrácia". Essa afirmação, de Filippo Marinetti, é trecho de um manifesto que foi um dos elementos propulsores da arte moderna. O espírito de ruptura do contexto em que se inseriu o manifesto foi confirmado, alguns anos depois, pela:

a) unificação da Itália.

b) Primeira Guerra Mundial.

c) Segunda Guerra Mundial.

d) unificação alemã.

e) Guerra Civil Espanhola.

8. Observe o quadro *Caça ao javali*, de Frans Snyders (c. 1640):

Galleria Palatina, Florença, Itália

(http://www.art-prints-on-demand.com/kunst/frans_snyders/snyders_boar_hunt.jpg)

O movimento do qual o quadro é representativo cultua o contraste claro-escuro, a dramatização, a expressividade. Qual é o nome pelo qual ficou conhecido esse movimento?

a) Renascimento

b) Neoclassicismo

c) Expressionismo

d) Barroco

e) Naturalismo

Questões do Enem e dos vestibulares

1. (ENEM)

Lygia Clark (1920-1988). Bicho de bolso. Placas de Metal, 1966.

CLARK, L. *Bicho de bolso*. Placas de metal, 1966.

O objeto escultórico produzido por Lygia Clark, representante do Neoconcretismo, exemplifica o início de uma vertente importante na arte contemporânea, que amplia as funções da arte. Tendo como referência a obra *Bicho de bolso*, identifica-se essa vertente pelo(a):

a) participação efetiva do espectador na obra, o que determina a proximidade entre arte e vida.

b) percepção do uso de objetos cotidianos para a confecção da obra de arte, aproximando arte e realidade.

c) reconhecimento do uso de técnicas artesanais na arte, o que determina a consolidação de valores culturais.

d) reflexão sobre a captação artística de imagens com meios óticos, revelando o desenvolvimento de uma linguagem própria.

e) entendimento sobre o uso de métodos de produção em série para a confecção da obra de arte, o que atualiza as linguagens artísticas.

2. (VUNESP-SP) Examine a charge do cartunista Théo, publicada na revista *Careta* em 27.12.1952.

Théo/Careta/Fundação Biblioteca Nacional

"Você é que é feliz"...

Getúlio: – Ser pai dos pobres dá mais trabalho do que ser Papai Noel! Você só se amofina no Natal: a mim eles chateiam o ano inteiro!

(Isabel Lustosa. *Histórias de presidentes*, 2008.)

O apelido de "pai dos pobres", dado a Getúlio Vargas, pode ser associado:

a) ao autoritarismo do presidente diante dos movimentos sociais, manifesto na repressão às associações de operários e camponeses.

b) aos esforços de negociação com a oposição, com a decorrente distribuição de cargos administrativos e funções políticas.

c) ao caráter popular do regime, originário de uma revolução social e empenhado no combate à burguesia industrial brasileira.

d) à política de concessões desenvolvida junto a sindicatos, como contrapartida do apoio político dos trabalhadores.

e) à supressão de legislação trabalhista no país, que obrigava o governo a agir de forma assistencialista.

3. (FUVEST-SP) Observe o mapa abaixo.

Rafael Straforini, 2004.

Com base no mapa e em seus conhecimentos, assinale a alternativa correta.

a) O rio São Francisco foi caminho natural para a expansão da cana-de-açúcar e do algodão da Zona da Mata, na Bahia, até a Capitania de São Paulo e Minas de Ouro.

b) A ocupação territorial de parte significativa dessa região foi marcada por duas características geomorfológicas: a serra do Espinhaço e o vale do rio São Francisco.

c) Essa região caracterizava-se, nesse período, por paisagens onde predominavam as minas e os currais, mas no século XIX a mineração sobrepujou as outras atividades econômicas dessas capitanias.

d) O caminho pelo rio São Francisco foi estabelecido pelas bandeiras paulistas para penetração na região aurífera da Chapada dos Parecis e posterior pagamento do "quinto" na sede da capitania, em Salvador.

e) As bandeiras que partiam da Capitania da Bahia de Todos os Santos para a Capitania de São Paulo e Minas de Ouro propiciaram o surgimento de localidades com economia baseada na agricultura monocultora de exportação.

(FGV-SP) **Instrução:** Analise a tirinha para responder às questões de números 4 e 5.

(www2.uol.com.br/angeli. Adaptado.)

4. Tendo-se em vista o emprego das palavras e o apelo a expressões como *sarado* (primeiro quadrinho), *ficar na nossa*, *pro nosso lado rola* (segundo quadrinho) e *vai mina* (quarto quadrinho), afirma-se:

I. O texto segue as regras gramaticais com esmero, observando com rigor a norma-padrão da língua.

II. O texto aproveita elementos típicos da gíria, afastando-se do uso estrito da norma-padrão da língua.

III. A adoção de elementos típicos da gíria, no texto, revela um grande preconceito linguístico do autor.

Está correto apenas o que se afirma em:

a) I.

b) II.

c) I e II.

d) II e III.

e) III.

5. A articulação entre o emprego figurado e o sentido denotativo do verbo *rolar* funciona como o elemento que aciona o efeito humorístico da tira. O uso metafórico está igualmente presente na expressão destacada em:

a) Sem pensar, as crianças *matavam* as saúvas no chão de cimento.

b) Os estrangeiros *pararam* junto ao riacho e se sentaram na relva.

c) Na fronteira, os inimigos *matavam* quem se aproximasse da cerca.

d) Duas aves majestosas *voavam* alegres pelo céu claro de inverno.

e) Em disputa acirrada, os automóveis *voavam* na estrada poeirenta.

(UFSP-SP) Leia o texto para responder às questões de números 6 e 7.

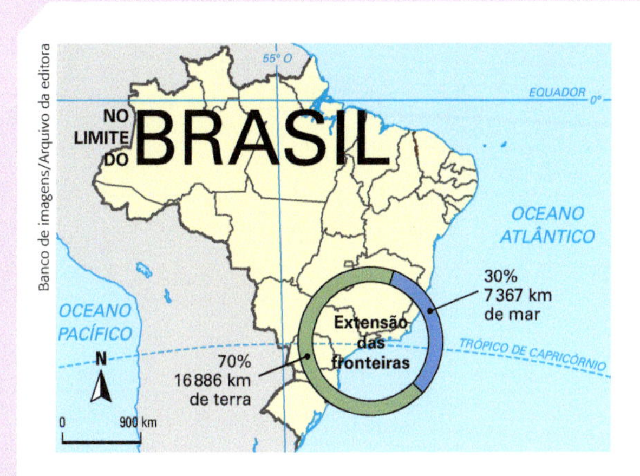

Pegamos os nossos 24.253 km de fronteiras e os esticamos em uma linha reta. Assim, fica possível entender o que acontece em cada canto desse Brasilzão: ______ invasões de terra, ______ de drogas e cenários de tirar o fôlego.

(http://super.abril.com.br. Adaptado.)

6. As lacunas do texto são preenchidas, correta e respectivamente, por:

a) ocorre – tráfego

b) há – tráfico

c) existe – tráfego

d) se vê – tráfego

e) acontece – tráfico

7. De acordo com o texto, é correto afirmar que:

a) problemas contrastam com belos cenários nas fronteiras do Brasil, cuja maior parte está em terra.

b) problemas se sobrepõem a cenários de grande beleza nas fronteiras do Brasil, cuja maior parte está em mar.

c) belos cenários estimulam grandes problemas nas fronteiras do Brasil, cuja maior parte está em terra.

d) problemas e lugares exóticos se equilibram nas fronteiras do Brasil, as quais também estão em equilíbrio em extensão.

e) belos cenários convivem com a gravidade dos problemas nas fronteiras do Brasil, cuja maior parte está em mar.

Capítulo 15

A interpretação

Lightspring/Shutterstock

Em capítulos anteriores, você conheceu e exercitou algumas ações ou operações avaliadas nas provas do Enem e dos vestibulares, tais como a comparação, a análise e a inferência, entre outras. Conheça, neste capítulo, a *interpretação* e veja como essa operação é avaliada nesses exames.

Por vezes, é difícil isolar uma operação mental de outra. Em interpretações de texto, frequentemente operações como o levantamento de hipóteses, a análise, a comparação ou a relação são passos intermediários, que precedem a interpretação.

Interpretar significa, segundo os dicionários, "determinar o sentido preciso de um texto ou de uma lei; explicar o sentido de; entender; julgar".

No âmbito escolar, segundo Lino de Macedo, um dos mentores da prova do Enem, interpretar constitui sempre uma inferência ou conclusão autorizada por sinais, indícios ou indicadores presentes em um texto. Interpretar supõe acrescentar sentido, ler nas entrelinhas, preencher os vazios e, dentro dos limites de determinado material, ampliar o seu conteúdo*.

Veja, a seguir, como esse tipo de operação é explorado nos exames.

(UERJ-RJ)

CAULOS. *Só dói quando eu respiro*. Porto Alegre: L&PM, 2001.

No cartum apresentado, o significado da palavra escrita é reforçado pelos elementos visuais, próprios da linguagem não verbal.

A separação das letras da palavra em balões distintos contribui para expressar principalmente a seguinte ideia:

a) dificuldade de conexão entre as pessoas.

b) aceleração da vida na contemporaneidade.

c) desconhecimento das possibilidades de diálogo.

d) desencontro de pensamentos sobre um assunto.

Resposta: *a*.

---

* "Esquemas de ação ou operações valorizadas na matriz ou prova do Enem". In: *Eixos cognitivos do Enem – Versão preliminar*. Brasília: MEC/INEP, 2007.

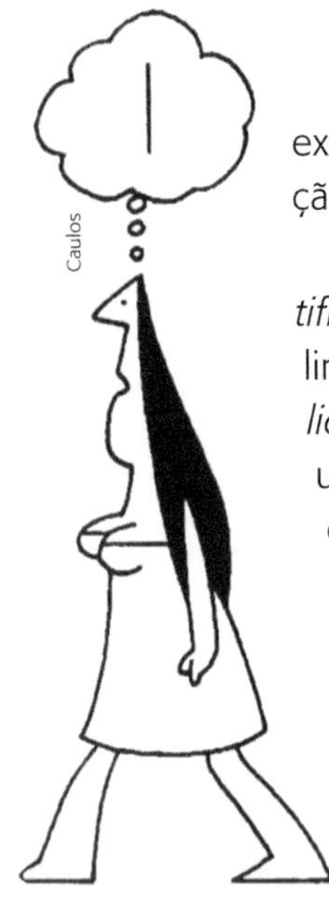

Caulos

As afirmativas apresentadas sobre o cartum são sínteses interpretativas. No exame, o candidato deveria analisar qual delas corresponde à melhor interpretação do cartum.

Para chegar à resposta correta, o estudante deveria, primeiramente, *identificar* o que se pede no enunciado da questão. Procedendo-se à *análise* das linguagens verbal e não verbal do cartum, nota-se que as letras da palavra *solidão* estão dispostas em balões de pensamento distintos e separados e cada uma delas provém do pensamento de uma pessoa. As pessoas, por sua vez, embora próximas umas das outras, caminham todas isoladamente, cada uma mergulhada nos seus próprios pensamentos, ou em sua "própria letra". Elas não percebem que, caso se aproximassem, formariam juntas a palavra solidão. É possível *inferir* e *interpretar* que a montagem do quebra-cabeça equivaleria, no plano da vida, à possibilidade de as pessoas encontrarem saídas para seus problemas ou estabelecerem um sentido para suas vidas. E, juntas, embora formem a palavra *solidão*, paradoxalmente estariam pondo fim à própria solidão, provavelmente a origem de seus males.

Ao conjunto de operações como essas, que levam a "ler nas entrelinhas, preencher vazios", é que chamamos **interpretação** de um texto.

Como se trata de uma questão de múltipla escolha, o estudante deveria ainda analisar cada uma das alternativas, confrontá-las com suas hipóteses de leitura e de interpretação do cartum e avaliar a verdade ou a falsidade de cada uma das proposições para fazer a escolha. Na questão em estudo, a alternativa *a* é a que corresponde à interpretação feita.

Caulos

Nem sempre a alternativa dada como correta é a melhor interpretação possível de um texto, mas, por exclusão, pode ser a melhor entre as alternativas apresentadas. Na questão em estudo, por exemplo, as alternativas *c* e *d* estão parcialmente corretas. É provável que as personagens tenham "desconhecimento das possibilidades de diálogo" (alternativa *c*), assim como que haja entre elas "desencontro de pensamentos sobre um assunto" (alternativa *d*), ocorrência habitual entre as pessoas. Entretanto, essas são informações que não compõem o universo explorado pelo cartum. Logo, o item *a* é a melhor entre as opções oferecidas.

Prepare-se
para o Enem e o vestibular

Leia o texto a seguir, de Mario Sergio Cortella, e responda às questões de 1 a 4.

O naufrágio de muitos internautas

Há mais de um século, o francês Júlio Verne publicou uma de suas mais encantadoras e assustadoras obras, "Vinte Mil Léguas Submarinas". Na época do lançamento, 1870, a maior parte das pessoas que tinham acesso a livros dominava minimamente o latim, seja por ser disciplina constante do currículo escolar em muitos países seja por interesses específicos. Por isso não ficou estranho que o romancista tenha chamado de Nemo ao enigmático capitão do Nautilus. No correr dos últimos 130 anos, porém, o latim, que há alguns séculos perdera seus falantes, perdeu a maior parcela dos seus conhecedores e, por consequência, no Capitão Ninguém (traduzindo para o português) desfez-se parte da aura misteriosa.

Restou, no entanto, para além da força literária dessa precursora obra de ficção científica, um caráter premonitório: a possibilidade de as pessoas se extraviarem nas novas profundezas abissais, embarcando, agora, não mais no Nautilus, mas, isso sim, em um computador, conduzidas, mais uma vez, por Ninguém.

Ora, a cada dia fala-se, mais e mais, sobre a triunfal entrada da humanidade na era do conhecimento; exalta-se a capacidade humana de estar vivendo, a partir deste momento, um período no qual o conhecimento será a principal riqueza. Tudo é fonte para o conhecimento, e a principal delas seria a Internet.

Devagar com isso! Não se deve confundir informação com conhecimento. A Internet, entre as mídias contemporâneas, é a mais fantástica e estupenda ferramenta para acesso à informação; no entanto transformar informação em conhecimento exige, antes de tudo, critérios de escolha e seleção, dado que o conhecimento (ao contrário da informação) não é cumulativo, mas seletivo.

É como alguém que entra numa livraria (ou em uma bienal do livro) sem saber muito o que deseja (mesmo um simples passear): corre o risco de ficar em pânico e com uma sensação de débito intelectual, sem ter clareza de por onde começar e imaginando que precisa ler tudo aquilo. É fundamental ter critério, isto é, saber o que se procura para poder escolher em função da finalidade que se tenha.

Os computadores e a Internet têm um caráter ferramental que não pode ser esquecido; ferramenta não é objetivo em si mesmo, é instrumento para outra coisa. [...]

Getty Images

(Disponível em: http://www1.folha.uol.com.br/fsp/equilibrio/eq0607200025. Acesso em: 24/1/2016.)

1. Das afirmações a seguir, a respeito do texto, a que deve ser considerada inadequada é:

a) A narrativa de Júlio Verne tem certa analogia com o uso da Internet em nosso século.

b) Hoje, pode-se considerar a Internet uma ferramenta fundamental para o conhecimento.

c) O conhecimento pode ser entendido como a principal riqueza de nossa era.

d) Segundo o autor, a informação tem um caráter cumulativo.

e) O acesso à Internet, por si só, garante a imersão no mundo do conhecimento.

2. O autor do texto:

I. manifesta uma visão pessimista quanto ao uso indiscriminado e ingênuo da Internet como meio de aquisição de conhecimento.

II. sugere que a utilização da Internet, sem o conhecimento da língua latina, desorientará o usuário.

III. censura o uso da Internet como ferramenta de acesso à informação.

Está(ão) correta(s):

a) apenas I.

b) apenas I e II.

c) apenas II e III.

d) apenas III.

e) apenas III.

3. O item que expressa claramente o modo de pensar do autor é:
   a) As informações que circulam na Internet não podem se transformar em conhecimento.
   b) Ao navegar na Internet, o usuário deve saber de antemão o que procura e ter critérios de seleção das informações.
   c) Não podemos nos enganar ao supor que a humanidade está entrando em uma era de conhecimento.
   d) O usuário das mídias contemporâneas deve se comportar como quem entra numa livraria e começa a ler tudo que lá se encontra.
   e) Como ferramenta útil que é, o computador pode ser utilizado como um objetivo em si mesmo.

4. O autor do texto utiliza duas comparações principais ao situar, de forma metafórica, o moderno usuário de computadores: com a navegação do *Nautilus* e a entrada em uma livraria. Com essas comparações, seu objetivo é ilustrar, respectivamente:
   a) um mergulho no conhecimento e a ampla possibilidade de escolha.
   b) a falta de conhecimento de línguas clássicas e a angústia diante de muitos livros para ler com pouco tempo para fazê-lo.
   c) a ausência de um objetivo e a desorientação diante de muita informação.
   d) o desconhecimento da fonte de informações e um passeio sem destino.
   e) a identificação de quem nos dirige e a sensação de pânico.

Leia o trecho de um texto de opinião, de Vladimir Safatle, e responda às questões 5 e 6.

O fim da música

Que, nos anos 1970 e 1980, músicos populares tenham se transformado em expoentes maiores da consciência crítica nacional, trazendo para a esfera da alta circulação cultural aquilo que tinha a capacidade de complexificar nossa imagem de país, de sociedade e de afetos, apenas demonstra como toda construção de um solo e de um território acaba por ter de lidar com o que procura nos levar para além de tal território. O desenvolvimento econômico parecia levar a uma explosão cultural que tendia a complexificar as imagens produzidas por nossa ideologia cultural.

Mas algo de peculiar ocorre a partir dos anos 1990, chegando a seu ápice neste último decênio. A partir de certo momento, impera o movimento que vai do É o Tchan, da era FHC, ao funk e sertanejo universitário do lulismo.

A despeito de experiências musicais inovadoras nestas últimas décadas, é certo que elas conseguiram ser deslocadas para as margens, deixando o centro da circulação completamente tomado por uma produção que louva a simplicidade formal, a estereotipia dos afetos, a segurança do já visto, isso quando não é a pura louvação da inserção social conformada e conformista. A música brasileira foi paulatinamente perdendo sua relevância, para se transformar apenas na trilha de fundo da literalização de nossos horizontes.

Ultimamente, todas as vezes que se levanta a regressão da qual a música brasileira é objeto se é acusado de elitista. Afinal, tais músicas teriam vindo dos estratos mais pobres da população brasileira. O que se chora seria, na verdade, o fim da dominância cultural da classe média urbana e o advento das classes populares e das classes do "Brasil profundo".

Como se fosse o caso de aplicar um esquema tosco de luta de classes ao campo da cultura. Para esses que escondem sua covardia crítica por meio de tal exercício, lembraria da necessidade de desconstruir a farsa de um "popular" que não traz problema algum para o dominante. [...] Sendo assim, em vez de aplicar esquemas sociológicos primários, melhor seria ouvirmos de fato o que se produz e nos perguntarmos por que chegamos a esse ponto.

(Disponível em: http://www1.folha.uol.com.br/fspilustrada/235828-o-fim-da-musica.shtml. Acesso em: 15/1/2016.)

5. Avalie os itens a seguir e assinale o que **não** for adequado ao texto lido:
   a) O autor faz uma *constatação* ao dizer que, nas décadas de 70 e 80 do século passado, músicos populares destacaram-se ao expressar nossa consciência crítica.
   b) Ele expressa uma *opinião* ao afirmar que a música popular trouxe para a esfera da alta circulação cultural nossa imagem de país, de sociedade e de afetos.
   c) Ao empregar a conjunção *mas*, no início do 2º parágrafo, o autor apresenta um pensamento oposto ao enunciado no 1º parágrafo.

d) O autor enuncia uma *certeza* ao dizer que o desenvolvimento econômico parecia ser responsável pela explosão cultural dos anos 70 e 80.

e) Há *juízo negativo* do autor quando se refere a certa produção da música popular durante os governos FHC e Lula: "[...] uma produção que louva a simplicidade formal, a estereotipia dos afetos, a segurança do já visto [...], pura louvação da inserção social conformada e conformista".

6. No 4º parágrafo, o autor menciona certo discurso que circula na sociedade segundo o qual a música brasileira estaria vivendo uma regressão com a presença marcante, a partir dos anos 1990, do *funk* e da música sertaneja. Considere as afirmações a seguir:

I. Segundo o texto, as manifestações musicais estão diretamente relacionadas com o momento histórico e político do país, como exemplifica o pagode de É o Tchan, da era Fernando Henrique, e o *funk* e o sertanejo universitário, da era Lula.

II. Na visão do jornalista, a partir dos anos 1990 a música brasileira perde o caráter ideológico e explora modelos culturais já conhecidos, sem nenhum traço de inovação ou contestação.

III. O jornalista se coloca favorável às manifestações musicais provindas de estratos mais pobres da população, pois as compreende como legítimas da cultura brasileira.

É (são) correta(s):

a) as afirmações I e II.
b) as afirmações I e III.
c) as afirmações II e III.
d) todas as afirmações.
e) Nenhuma das afirmações é correta.

7. Leia o anúncio comemorativo do Dia do Advogado:

11 DE AGOSTO DE 1827.
O DIA EM QUE O BRASIL COMEÇOU A PENSAR O DIREITO.

Em 11 de agosto de 1827, por decreto de D. Pedro I, foram criados os cursos jurídicos no Brasil. Por isso, no dia 11 de agosto comemora-se o Dia do Advogado. Hoje é impossível imaginar uma sociedade sem eles, pois sem advogados não há justiça, sem justiça não há democracia e sem democracia não há liberdade.

O Advogado é indispensável à administração da justiça e inviolável por seus atos e manifestações no sagrado exercício da profissão.

Nossa homenagem pelo Dia do Advogado.

11 de agosto.
OAB – ORDEM DOS ADVOGADOS DO BRASIL
SEÇÃO DE SÃO PAULO

(*Veja São Paulo*, ano 45, nº 33.)

No título do anúncio, foi empregado o artigo definido *o* antes da palavra *direito*. Com esse emprego, pode-se compreender que *o Brasil começou a pensar...*

a) com a razão, do lado oposto ao do coração.
b) reto, íntegro, justo.
c) seus problemas, conforme determina a lei ou a justiça.
d) o conjunto de leis ou normas que regulam as relações dos homens em sociedade.
e) a faculdade de praticar ou não um ato; de usufruir ou dispor de alguma coisa; ou de exigir algo de outra pessoa ou da sociedade.

8. A imagem a seguir é parte do anúncio publicitário de conhecida fábrica de automóveis.

F/Nazca Saatchi & Saatchi

(Disponível em: http://www.honda.com.br/imprensa/noticias/Paginas/Honda-revolucao-na-sua-garagem.aspx. Acesso em: 16/1/2016.)

Só **não** é possível inferir, pela imagem, que o objetivo do anúncio, entre outros, é:

a) realçar a inovação tecnológica do modelo do carro anunciado, em relação aos modelos semelhantes de outras marcas.
b) apresentar o veículo como digno de pertencer aos principais sucessos da história da tecnologia.
c) sugerir que, quando o homem pisou o solo lunar, lá encontrou esse veículo.
d) mostrar que até um astronauta, habituado com a mais alta tecnologia, se espanta diante da evolução desse automóvel.
e) sugerir que o automóvel anunciado é "coisa de outro mundo", muito à frente do nosso.

Questões do Enem e dos vestibulares

1. (UEL-PR) Leia a tirinha e o texto a seguir.

Carlos Ruas/Um Sábado Qualquer

www.umsabadoqualquer.com

(Disponível em: <www.umsabadoqualquer.com/category/darwin/>. Acesso em: 27 jun. 2014.)

> Antes do século XVIII, as especulações sobre a origem das espécies baseavam-se em mitologia e superstições e não em algo semelhante a uma teoria científica testável. Os mitos de criação postulavam que o mundo permanecera constante após sua criação. No entanto, algumas pessoas propuseram a ideia de que a natureza tinha uma longa história de mudanças constantes e irreversíveis.
>
> (Adaptado de: HICKMAN, C. P.; ROBERTS, L.; LARSON, A. *Princípios Integrados de Zoologia*. Rio de Janeiro: Guanabara Koogan, 2001. p. 99.)

De acordo com a ilustração, o texto e os conhecimentos sobre as teorias de fatores evolutivos, assinale a alternativa correta.

a) A variabilidade genética que surge em cada geração sofre a seleção natural, conferindo maior adaptação à espécie.

b) A variabilidade genética é decorrente das mutações cromossômicas e independe das recombinações cromossômicas.

c) A adaptação altera a frequência alélica da mutação, resultando na seleção natural em uma população.

d) A adaptação é decorrente de um processo de flutuação na frequência alélica ao acaso de uma geração para as seguintes.

e) A adaptação é o resultado da capacidade de os indivíduos de uma mesma população possuírem as mesmas características para deixar descendentes.

(PUC-MG) **Instrução**: As questões 2 e 3 devem ser respondidas com base na leitura do texto abaixo, do poeta moçambicano José Craveirinha.

Grito negro

Eu sou carvão!
E tu arrancas-me brutalmente do chão
E fazes-me tua mina
Patrão!

Eu sou carvão
E tu acendes-me, patrão
Para te servir eternamente como
[força motriz
Mas eternamente não
Patrão!

Eu sou carvão
Tenho que arder
E queimar tudo com o fogo da minha
[combustão.

Eu sou carvão!
Tenho que arder na exploração
Arder até as cinzas da maldição
Arder vivo como alcatrão, meu Irmão
Até não ser mais tua mina
Patrão!

Eu sou carvão
Tenho que arder
E queimar tudo com o fogo da minha
[combustão.

Sim
Eu serei o teu carvão
Patrão!

(CRAVEIRINHA, José. In: *Xigubo*. Lisboa: Edições 70, 1980, p. 13-14).

2. No texto, o eu lírico

a) critica o conformismo do homem negro diante da exploração de sua força de trabalho.

b) sugere a tomada de consciência do negro diante da dominação que lhe é imposta.

c) questiona a legitimidade das diferenças históricas e sociais baseadas na cor de pele.

d) enaltece a importância da luta armada pela liberdade no contexto pós-colonial.

3. Uma importante referência da dramaturgia de Ariano Suassuna encontra-se no teatro humanista de Gil Vicente (1465-1536), autor de farsas e autos que o tornaram o principal nome da literatura portuguesa no período de transição da Idade Média para o Renascimento. Caracteriza o teatro laico popular produzido nesse período:

a) a exaltação dos prazeres e da sensualidade.

b) a negação aos ideais estéticos greco-latinos.

c) a crítica social e de costumes aliada ao riso.

d) a tentativa de restaurar os valores teocêntricos.

4. (UNIFOR-CE)

SamPaulo

Disponível em: <sampaulocartunista.blogspot.com>. Acesso em 07/05/2015.

Na charge, o que contribui para o efeito de humor é:

a) a criatura ir reclamar no jornal e não em uma delegacia.

b) o recepcionista ter acatado a reclamação.

c) a criatura se sentir insultada com associação ao técnico.

d) o jornal ter lucrado comercialmente com o uso da imagem da criatura.

e) utilização de imagem para fins comerciais sem a devida autorização.

5. (ENEM) Em um laboratório de genética experimental, observou-se que determinada bactéria continha um gene que conferia resistência a pragas específicas de plantas. Em vista disso, os pesquisadores procederam de acordo com a figura.

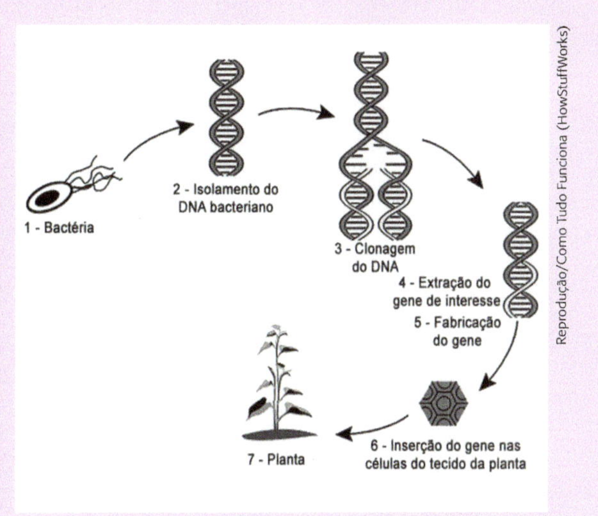

Reprodução/Como Tudo Funciona (HowStuffWorks)

Disponível em: http://ciencia.hsw.uol.com.br. Acesso em: 22 nov. 2013 (adaptado).

Do ponto de vista biotecnológico, como a planta representada na figura é classificada?

a) Clone.

b) Híbrida.

c) Mutante.

d) Adaptada.

e) Transgênica.

(UPE-PE)
(questões de 6 a 13)

(1) Em qualquer língua, de qualquer época, desde que em uso, ocorreram mudanças, em todos os estratos, em todos os níveis, o que significa dizer que, naturalmente, qualquer língua manifesta-se num conjunto de diferentes falares, que atendem às exigências dos diversos contextos de uso dessa língua. Pensar numa língua uniforme, falada em todo canto e em toda hora do mesmo jeito, é um mito que tem trazido consequências desastrosas para a autoestima das pessoas (principalmente daquelas de meios rurais ou de classes sociais menos favorecidas) e que tem confundido, há séculos, os professores de língua.

(2) Exatamente, por essa heterogeneidade de falares é que a língua se torna complexa, pois, por eles, se instaura o movimento dialético da língua: da língua que *está sendo*, que *continua igual*, e da língua que *vai ficando diferente*. Não querer reconhecer essa natural tensão do movimento das línguas é deixar de apanhar a natureza mesma de sua forma de existir: *histórica* e *culturalmente situada*.

(3) Por conta dessas vinculações da língua com as situações em que é usada, a voz de cada um de nós é, na verdade, *um coro de vozes*. Vozes de todos os que nos antecederam e

com os quais convivemos atualmente. Vozes daqueles que construíram os significados das coisas, que atribuíram a elas um sentido ou um valor semiológico. Vozes que pressupõem papéis sociais de quem as emite; que expressam visões, concepções, crenças, verdades e ideologias. Vozes, portanto, que, partindo das pessoas em interação, significam expressão de suas visões de mundo e, ao mesmo tempo, criação dessas mesmas visões.

(4) A língua é, assim, um grande ponto de encontro; de cada um de nós, com os nossos antepassados, com aqueles que, de qualquer forma, fizeram e fazem a nossa história. Nossa língua está embutida na trajetória de nossa memória coletiva. Daí, o apego que sentimos à nossa língua, ao jeito de falar de nosso grupo. Esse apego é uma forma de selarmos nossa adesão a esse grupo.

(5) Tudo isso porque linguagem, língua e cultura são, reiteramos, realidades indissociáveis.

(6) É nesse âmbito que podemos surpreender as raízes do processo de construção e expressão de nossa *identidade* ou, melhor dizendo, de nossa pluralidade de identidades. É nesse âmbito que podemos ainda experimentar o sentimento de partilhamento, de pertença, de ser *gente de algum lugar*, de ser pessoa que faz parte de determinado grupo. Quer dizer, pela língua afirmamos: temos território; não somos sem pátria. Pela língua, enfim, recobramos uma identidade.

ANTUNES, Irandé. *Língua, texto e ensino*. Outra escola possível. São Paulo: Parábola, 2009, p. 22-23.

6. A análise dos aspectos formais e das funções comunicativas do texto 1 nos permite afirmar que ele se caracteriza por

I. ser da esfera literária, o que se evidencia pela prevalência da linguagem figurada, típica de textos dessa esfera.

II. utilizar a repetição como uma de suas estratégias coesivas, a exemplo do termo *língua*, que se apresenta em todos os parágrafos.

III. ser caracteristicamente injuntivo, o que se evidencia pela recorrência de trechos nos quais o leitor é incisivamente convocado a assumir uma posição.

IV. apresentar argumentação consistente, fundamentada por ideias que, por vezes, contraria o senso comum, como se observa no 1º parágrafo.

Estão **corretas** as proposições:

a) I e III, apenas.
b) I, III e IV, apenas.
c) II e IV, apenas.
d) II, III e IV, apenas.
e) I, II, III e IV.

7. No que se refere aos pontos de vista explicitados no texto 1, é **correto** afirmar que a autora se posiciona

a) a favor de se compreender a complexidade de uma língua como consequência da multiplicidade de maneiras de se falar essa língua.
b) contra a ideia consensualmente aceita de se vincular uma determinada língua às diversas situações em que ela é usada.
c) a favor de mantermos intacta a língua dos nossos antepassados, já que é a língua daqueles que fizeram e fazem a nossa história.
d) contra um ensino de língua que leva em consideração a maneira de falar dos meios rurais ou das classes sociais menos favorecidas.
e) a favor de que nos esforcemos, coletivamente, para que haja unidade linguística, em todos os territórios, em todas as pátrias.

8. De acordo com o conteúdo do texto 1, é **correto** inferir que

a) o fato de nenhuma língua ser uniforme traz consequências danosas às classes menos favorecidas, pois seus membros têm maior dificuldade em aprender a língua correta.
b) a heterogeneidade que caracteriza uma língua relaciona-se às forças de manutenção e mudança que constantemente atuam em sua constituição.
c) a língua é o conjunto de nossas vozes e das vozes de nossos antepassados, o que faz ela se manter estática ao longo do tempo.
d) o jeito de falar das pessoas da zona rural ou das classes menos favorecidas é responsável por confundir, há séculos, os professores de língua.
e) a preservação da língua pátria de nossos antepassados é imprescindível ao processo de construção de nossa pluralidade de identidades.

9. Assinale a alternativa na qual se apresenta um título que corresponde ao sentido global do texto 1.

a) A construção identitária do professor de língua e o mito da prática uniforme
b) Crenças, verdades e ideologias na relação com a história e a cultura
c) Língua como ponto de encontro de diferentes vozes, culturas e identidades
d) Em defesa da uniformidade linguística e do sentimento de pertença
e) Vozes do passado e do presente na formação territorial de nossa pátria

10. Considerando as convenções da escrita e o prescrito pela norma-padrão do português, analise as proposições a seguir.

I. No fragmento: "Em qualquer língua, de qualquer época, desde que em uso, ocorreram mudanças, em todos os estratos, em todos os níveis" (1º parágrafo), a forma verbal destacada deve vir no plural por concordar com os termos *todos os estratos* e *todos os níveis*.

II. No fragmento: "Não querer reconhecer essa natural tensão do movimento das línguas é deixar de apanhar a natureza mesma de sua forma de existir: histórica e culturalmente situada" (2º parágrafo), os dois-pontos podem ser substituídos por vírgula, sem grande alteração no sentido.

III. No trecho: "Vozes de todos os que nos antecederam e com os quais convivemos atualmente" (3º parágrafo), a forma relativa sublinhada poderia ser substituída pelo relativo *quem*, garantindo-se a coesão e manutenção do sentido.

IV. O acento grave é facultativo no trecho: "o apego que sentimos à nossa língua" (4º parágrafo), a despeito da presença da expressão feminina em destaque.

Estão **corretas**, apenas:

a) I, II e III.

b) I, III e IV.

c) II e III.

d) II e IV.

e) II, III e IV.

11. Observe como se iniciam alguns parágrafos do texto 1:

> "Exatamente, por essa heterogeneidade" (2º parágrafo);
> "Por conta dessas vinculações da língua" (3º parágrafo);
> "A língua é, assim" (4º parágrafo);
> "Tudo isso" (5º parágrafo);
> "É nesse âmbito" (6º parágrafo).

Os segmentos sublinhados são responsáveis por promover no texto 1:

I. a apresentação de pontos de vista diferentes sobre o assunto.

II. a articulação e fluência entre as ideias veiculadas.

III. a continuação e progressão do tema abordado.

IV. o refinamento e a elegância no estilo adotado.

Estão **corretas**, apenas:

a) I e II.

b) I e III.

c) I e IV.

d) II e III.

e) II, III e IV.

12. Releia o 6º parágrafo do texto 1.

> "É nesse âmbito que podemos surpreender as raízes do processo de construção e expressão de nossa *identidade* ou, melhor dizendo, de nossa pluralidade de identidades. É nesse âmbito que podemos ainda experimentar o sentimento de partilhamento, de pertença, de ser *gente de algum lugar*, de ser pessoa que faz parte de determinado grupo. Quer dizer, pela língua afirmamos: temos território; não somos sem pátria. Pela língua, enfim, recobramos uma identidade."

Sobre o processo coesivo do trecho lido, analise as proposições a seguir.

I. Itens lexicais que compartilham a mesma área semântica, como *partilhamento* e *pertença*, concorrem para a manutenção temática.

II. Por meio do recurso do paralelismo, o termo *o sentimento* coordena os complementos *de partilhamento, de pertença, de ser gente [...]* e de *ser pessoa [...]*, num processo de reiteração desses segmentos.

III. Nos trechos: "É nesse âmbito que" e "de ser pessoa que faz parte", os termos destacados retomam palavras que os antecedem. Na primeira ocorrência, a palavra retomada é *âmbito*; na segunda, a palavra retomada é *pessoa*.

IV. A expressão *Quer dizer* altera o teor do trecho que a antecede, já que essa expressão introduz uma retificação.

Estão **corretas**:

a) I e II, apenas.

b) I, II e IV, apenas.

c) I, III e IV, apenas.

d) II e III, apenas.

e) I, II, III e IV.

13. No texto 1, a reiteração de itens lexicais, um dos importantes recursos da coesão textual, está presente, também, por meio da retomada por sinonímia. Isso ocorre, por exemplo, entre os segmentos sublinhados em:

a) "Em qualquer língua, de qualquer época, desde que em uso, ocorreram mudanças" (1º parágrafo).

b) "Pensar numa língua uniforme (...) é um mito" (1º parágrafo) / "por eles (os falares), se instaura o movimento dialético da língua" (2º parágrafo).

c) "qualquer língua manifesta-se num conjunto de diferentes *falares*" (1º parágrafo) / "por essa heterogeneidade de falares é que a língua se torna complexa" (2º parágrafo).

d) "Por conta dessas vinculações da língua com as situações em que é usada, a voz de cada um de nós é (...) um coro de vozes" (3º parágrafo).

e) "Vozes, portanto, que, partindo das pessoas em interação, significam expressão de suas visões de mundo e (...) criação dessas mesmas visões" (3º parágrafo).

Unidade 3

A leitura nas provas do Enem e dos vestibulares

Juan Moyano/Alamy/Fotoarena

Quando penso em todos os livros que ainda posso ler, tenho a certeza de ainda ser feliz.

Jules Renard

Tudo começa quando a criança fica fascinada com as coisas maravilhosas que moram dentro do livro. Não são as letras, as sílabas e as palavras que fascinam. É a história. A aprendizagem da leitura começa antes da aprendizagem das letras: quando alguém lê e a criança escuta com prazer. [...] a criança se volta para aqueles sinais misteriosos chamados letras. Deseja decifrá-los, compreendê-los — porque eles são a chave que abre o mundo das delícias que moram no livro! Deseja autonomia: ser capaz de chegar ao prazer do texto sem precisar da mediação da pessoa que o está lendo.

Rubem Alves

(*O prazer da leitura*. Disponível em: <http://www.rubemalves.com.br/oprazerdaleitura.htm>. Acesso em: 24/5/2012.)

The Bridgeman Art Library/Keystone Brasil

A leitura do mundo precede sempre a leitura da palavra, e a leitura desta implica a continuidade da leitura daquele.

Paulo Freire

(*A importância do ato de ler*: em três artigos que se completam. 26. ed. São Paulo: Cortez, 1991, adaptado.)

Bharati Chaudhuri/Getty Images

Antar Dayal/ Getty Images

Desde os nossos primeiros contatos com o mundo, percebemos o calor e o aconchego de um berço diferentemente das mesmas sensações provocadas pelos braços carinhosos que nos enlaçam. A luz excessiva nos irrita, enquanto a penumbra tranquiliza. O som estridente ou um grito nos assustam, mas a canção de ninar embala nosso sono. Uma superfície áspera desagrada, no entanto, o toque macio de mãos ou de um pano como que se integram à nossa pele. E o cheiro do peito e a pulsação de quem nos amamenta ou abraça podem ser convites à satisfação ou ao rechaço. Começamos assim a compreender, a dar sentido ao que e a quem nos cerca. Esses também são os primeiros passos para aprender a ler.

Maria Helena Martins

(*O que é leitura*. 3. ed. São Paulo: Brasiliense, 1997.)

Fique ligado! Leia!

Livros

Global Editora

Para você que gosta de ficção científica, sugerimos:
1984 (IBEP Nacional) e *A revolução dos bichos* (Companhia das Letras), de George Orwell; *Não verás país nenhum*, de Ignácio de Loyola Brandão (Global); *Eu, robô*, de Isaac Azimov (Ediouro); *2001 – Uma odisseia no espaço*, de Arthur C. Clarke (Nova Fronteira); *Contato*, de Carl Sagan (Companhia das Letras); *Os filhos de Duna*, de Frank Herbert (Nova Fronteira); *O guia do mochileiro das galáxias*, de Douglas Adam (Sextante); *Admirável mundo novo*, de Aldous Huxley (Globo); *Breve história do mundo*, de Ernest H. Gombrich (Martins Fontes).

Para você que gosta de ciências, história, filosofia, sugerimos:
O universo numa casca de noz (ARX) e *Uma breve história do tempo* (Rocco), de Stephen Hawking; *Mundos invisíveis* (Globo) e *A dança do universo* (Companhia das Letras), de Marcelo Gleiser; *Seis propostas para o novo milênio*, de Italo Calvino (Companhia das Letras); *O príncipe*, de Maquiavel (Martins Fontes); *A origem das espécies*, de Charles Darwin (Hemus); *A arte da guerra*, de Sun Tzu (Campus); *Por que almocei meu pai*, de Roy Lewis (Companhia das Letras); *Você é um animal, Viskovitz*, de Alessandro Boffa (Companhia das Letras).

Para você que gosta de livros relacionados às artes e aos quadrinhos, sugerimos:
Arte moderna, de Giulio Carlo Argan (Companhia das Letras); *História da pintura*, de Wendy Becckett (Ática); *Argumentação contra a morte da arte*, de Ferreira Gullar (Revan); *As aventuras de Tintim*, de Hergé (Companhia das Letras); *Pererê*, de Ziraldo (Melhoramentos); *Asterix*, de René Goscinny e Albert Uderzo (Record); *O último cavaleiro andante*, de Will Eisner (Cia. das Letras); *Maus*, de Art Spiegelman (Cia. das Letras); *Persépolis* e *Frango com ameixas*, de Marjane Satrapi (Cia. das Letras); *Dom Quixote*, por Gustave Doré (Opera Graphica); *Vincent & Van Gogh*, de Gradimir Smudja (Jorge Zahar); *Casa-grande e senzala em quadrinhos*, por Ivan Wasth Rodrigues (Global); *Só dói quando eu respiro*, de Caulos (L&PM); *Mafalda* (Martins Fontes); *Homem de bolso* e *Gente* (Dom Quixote), de Quino .

Filmes

As horas. Direção: Stephen Daldry. [S.l.]: Paramount Pictures, 2002.

Cruz e Souza – O poeta do desterro, de Sylvio Back; *Balzac*, de Dayana Josee; *Vinicius de Moraes*, de Miguel Faria Jr.; *Poeta de sete faces*, de Paulo Thiago; *Drummond, poeta do vasto mundo*, de Maria Maia; *Encontrando Forrester*, de Gus van Sant; *As horas*, de Stephen Daldry; *Capote*, de Bennett Miller; *Shakespeare apaixonado*, de John Madden; *O carteiro e o poeta*, de Michael Radford; *Sociedade dos poetas mortos*, de Peter Weir; *A verdade sobre Marlon Brando*, de Stevan Riley.

Capítulo 16

o Enem e os cinco eixos cognitivos

Richard Souza/Futura Press

Saber ler e interpretar um texto adequadamente é condição essencial para qualquer pessoa obter sucesso na vida pessoal e profissional. Nos exames oficiais, como o Enem e o vestibular, a interpretação de textos vem ocupando boa parte da prova e cumprindo, por isso, um papel decisivo no ingresso à universidade. Neste capítulo, você vai conhecer os cinco eixos cognitivos avaliados no exame do Enem e observar de que modo eles podem estar presentes em questões de diferentes áreas do conhecimento.

A avaliação no Enem

As provas do Enem não têm em vista avaliar se o estudante é capaz ou não de memorizar informações. Além do conteúdo específico de cada disciplina, o exame tem por objetivo avaliar se o estudante tem estruturas mentais desenvolvidas o suficiente para lhe possibilitar interpretar dados, pensar, tomar decisões adequadas, aplicar conhecimentos em situações concretas. E também se tem, na vida social, uma postura ética, cidadã.

Para aferir essas competências, o Enem avalia os **cinco eixos cognitivos** comuns às quatro áreas do conhecimento — Linguagens, códigos e suas tecnologias; Matemática e suas tecnologias; Ciências da natureza e suas tecnologias; e Ciências humanas e suas tecnologias —, além de **competências** e **habilidades** específicas nas quatro grandes áreas.

Enem ontem e hoje

O Exame Nacional do Ensino Médio (Enem) foi criado em 1998 e contou com a participação de 157 mil inscritos. Facultativa, a prova inicialmente servia para que os alunos se autoavaliassem e para que os órgãos oficiais verificassem a aprendizagem dos estudantes que estavam concluindo o ensino médio.

A partir de 2009, passou por um conjunto de mudanças, com a inclusão de uma nova matriz de referência e questões com mais conteúdo específico das áreas. Além disso, o Enem tornou-se prova obrigatória para o ingresso nas universidades federais. Como resultado dessa exigência, o exame é feito atualmente por cerca de 7 milhões de estudantes, todos os anos.

Joá Souza/FuturaPress

Os cinco eixos cognitivos

Os documentos do Enem anteriores a 2009 referiam-se a cinco competências e a 21 habilidades, que, nas provas do exame, eram avaliadas em todas as áreas. Em 2009, entretanto, essas cinco competências gerais ganharam outra denominação, *eixos cognitivos*, uma vez que cada área passou a avaliar competências e habilidades específicas. Assim, apesar da mudança de nome, os eixos cognitivos ou as antigas competências gerais continuaram os mesmos. Veja:

EIXOS COGNITIVOS (COMUNS A TODAS AS ÁREAS DE CONHECIMENTO)		
I	**Dominar linguagens (DL)**	Dominar a norma culta da língua portuguesa e fazer uso das linguagens matemática, artística e científica e das línguas espanhola e inglesa.
II	**Compreender fenômenos (CF)**	Construir e aplicar conceitos das várias áreas do conhecimento para a compreensão de fenômenos naturais, de processos histórico-geográficos, da produção tecnológica e das manifestações artísticas.
III	**Enfrentar situações-problema (SP)**	Selecionar, organizar, relacionar, interpretar dados e informações representados de diferentes formas, para tomar decisões e enfrentar situações-problema.
IV	**Construir argumentação (CA)**	Relacionar informações, representadas em diferentes formas, e conhecimentos disponíveis em situações concretas, para construir argumentação consistente.
V	**Elaborar propostas (EP)**	Recorrer aos conhecimentos desenvolvidos na escola para elaboração de propostas de intervenção solidária na realidade, respeitando os valores humanos e considerando a diversidade sociocultural.

Vejamos o que significa cada um desses eixos.

Dominar linguagens

O eixo cognitivo I refere-se tanto ao domínio da língua portuguesa e de uma língua estrangeira (inglês ou espanhol) quanto ao domínio de outras linguagens mais específicas, como a linguagem da matemática, a linguagem da historiografia, a linguagem artística, a científica, etc.

Dominar a língua portuguesa é mais do que conhecer as regras da norma-padrão. É também reconhecer a existência de variedades linguísticas, que podem estar em desacordo com a norma-padrão, mas, em alguns casos, ser adequadas à situação e ao gênero, como é o caso, por exemplo, do uso da gíria em algumas histórias em quadrinhos. É ainda reconhecer a adequação ou inadequação da linguagem à situação, tanto na modalidade oral quanto na escrita, seja pelo excesso de formalidade, seja pelo de informalidade.

Dominar linguagens significa também ser capaz de transitar de uma linguagem para outra, ou seja, ler, por exemplo, um texto literário e uma tabela ou um mapa com temas afins e ser capaz de fazer cruzamentos e extrair deles informações, dados e conclusões.

Compreender fenômenos

O eixo cognitivo II tem por objetivo avaliar se o estudante é capaz de construir e aplicar conceitos de diferentes áreas do conhecimento para compreender, explicar ou indicar as causas e consequências de "fenômenos naturais, de processos histórico-geográficos, da produção tecnológica e das manifestações artísticas".

Getty Images

Na prática, isso quer dizer que, para resolver determinada questão de História, por exemplo, pode ser necessário fazer alguns cálculos matemáticos que envolvam porcentagens ou localizar informações em um mapa. Ou, em uma prova de Geografia, partindo de uma tabela ou de um gráfico (linguagens da Matemática) com dados sobre desemprego ou subnutrição, por exemplo, fazer cálculos e, em seguida, inferências sobre políticas governamentais de trabalho e assistência social.

Determinadas operações, como analisar, levantar hipóteses, comparar, inferir, concluir, entre outras, são ferramentas essenciais para o estudante chegar à melhor resposta ou solução para o problema proposto na questão.

Enfrentar situações-problema

As situações-problema das provas do Enem aparecem em questões complexas, que geralmente envolvem mais de uma linguagem ou mais de uma área de conhecimento e diferentes operações mentais.

O objetivo desse eixo é avaliar se o estudante sabe selecionar, relacionar e interpretar dados para tomar uma decisão. Para fazer isso, ele tem de priorizar algumas informações em detrimento de outras e, com base nesses dados, adotar os procedimentos adequados para alcançar o objetivo, ou seja, resolver a situação-problema.

Resolver uma situação-problema assemelha-se a participar de um jogo. Para vencer, é necessário analisar a situação, mobilizar recursos, selecionar procedimentos e ações e interpretar todos os dados disponíveis para tomar a melhor decisão.

Assim, ter êxito numa situação-problema proposta em uma questão do Enem pressupõe enfrentá-la, aceitar os desafios e superá-los, contando com a mobilização de conhecimentos e habilidades em diferentes áreas.

Construir argumentação

O objetivo do eixo cognitivo IV é avaliar se o candidato é capaz de relacionar informações — principalmente as fornecidas pelo próprio exame — para construir argumentação consistente. Isso quer dizer que, diante de um tema complexo, o estudante deve primeiramente examiná-lo por diferentes perspectivas, fazendo uso de operações como analisar, comparar, levantar hipóteses, estabelecer relações de causa e efeito, etc., e, depois, posicionar-se diante do tema, isto é, tomar uma posição ou adotar um ponto de vista, e defendê-lo.

Na prova de redação, esse eixo aparece de forma clara. A proposta de produção de texto normalmente constitui-se de duas partes: um painel de textos que, com diferentes pontos de vista, abordam um assunto comum; e um tema argumentativo explícito, que exige do estudante um posicionamento e a defesa de um ponto de vista. O painel de textos serve para o participante selecionar e relacionar informações que lhe serão úteis para construir a argumentação.

A prova de redação, contudo, não é a única situação em que a argumentação está presente na prova. Em alguns tipos de questão de múltipla escolha, de diferentes áreas, as alternativas são argumentos que fundamentam uma afirmação ou um princípio apresentado no corpo da questão.

A tarefa do estudante, nesse caso, não é propriamente *construir* argumentos, mas *escolher* o argumento que melhor justifica uma ideia apresentada.

Elaborar propostas

João Sales

O eixo cognitivo V avalia a possibilidade de o estudante, fazendo uso de conhecimentos formais e adotando uma perspectiva cidadã, propor medidas de "intervenção solidária na realidade". Isso quer dizer que toda solução pensada para um problema apresentado na prova deve levar em conta não interesses individuais, mas o interesse coletivo, o respeito aos direitos do cidadão e à diversidade sociocultural, a preservação do meio ambiente, a busca de uma sociedade melhor e mais justa.

Tal qual no eixo IV, esse eixo também aparece muito claramente na prova de redação. Contudo, em questões de múltipla escolha de qualquer área do conhecimento, é com a mesma postura cidadã que o estudante deve examinar as alternativas e escolher as que sejam compatíveis com ela. Isso em relação aos mais variados temas que concorrem nesse exame, tais como direitos políticos do cidadão, a devastação da natureza no Brasil, efeitos da globalização, o impacto das redes sociais nas relações humanas, o aquecimento global, etc.

Você deve ter observado que nem sempre é fácil dissociar um eixo cognitivo de outro. Por isso, é comum que em uma mesma questão estejam implicados mais de um eixo.

Para o estudante se sair bem no Enem, não há necessidade de conhecer de cor os eixos cognitivos ou de reconhecê-los. Apesar disso, propomos a seguir alguns exercícios de reconhecimento dos eixos, para proporcionar maior familiaridade com eles e a possibilidade de serem mais bem compreendidos.

Exercícios

Há, a seguir, quatro questões extraídas de um exame do Enem. Leia-as e tente resolvê-las. Verifique o gabarito com seu professor. Depois identifique os eixos cognitivos que estão sendo avaliados em cada uma das questões.

1.

Na charge, há uma crítica ao processo produtivo agrícola brasileiro relacionada ao:

a) elevado preço das mercadorias no comércio.

b) aumento da demanda por produtos naturais.

c) crescimento da produção de alimentos.

d) hábito de adquirir derivados industriais.

e) uso de agrotóxicos nas plantações.

2.

Aquarela

O corpo no cavalete
é um pássaro que agoniza
exausto do próprio grito.
As vísceras vasculhadas
principiam a contagem
regressiva.
No assoalho o sangue
se decompõe em matizes
que a brisa beija e balança:
o verde – de nossas matas
o amarelo – de nosso ouro
o azul – de nosso céu
o branco o negro o negro

CACASO. In: HOLLANDA, H. B. (Org.). *26 poetas hoje*. Rio de Janeiro: Aeroplano, 2007.

Situado na vigência do Regime Militar que governou o Brasil, na década de 1970, o poema de Cacaso edifica uma forma de resistência e protesto a esse período, metaforizando:

a) as artes plásticas, deturpadas pela repressão e censura.

b) a natureza brasileira, agonizante como um pássaro enjaulado.

c) o nacionalismo romântico, silenciado pela perplexidade com a Ditadura.

d) o emblema nacional, transfigurado pelas marcas do medo e da violência.

e) as riquezas da terra, espoliadas durante o aparelhamento do poder armado.

3.

Obesidade causa doença

A obesidade tornou-se uma epidemia global, segundo a Organização Mundial da Saúde, ligada à Organização das Nações Unidas. O problema vem atingindo um número cada vez maior de pessoas em todo o mundo, e entre as principais causas desse crescimento estão o modo de vida sedentário e a má alimentação. Segundo um médico especialista em cirurgia de redução de estômago, a taxa de mortalidade entre homens obesos de 25 a 40 anos é 12 vezes maior quando comparada à taxa de mortalidade entre indivíduos de peso normal. O excesso de peso e de gordura no corpo desencadeia e piora problemas de saúde que poderiam ser evitados. Em alguns casos, a boa notícia é que a perda de peso leva à cura, como no caso da asma, mas em outros, como o infarto, não há solução.

FERREIRA, T. Disponível em: http://revistaepoca.globo.com. Acesso em: 2 ago. 2012 (adaptado).

O texto apresenta uma reflexão sobre saúde e aponta o excesso de peso e de gordura corporal dos indivíduos como um problema, relacionando-o ao:

a) padrão estético, pois o modelo de beleza dominante na sociedade requer corpos magros.

b) equilíbrio psíquico da população, pois esse quadro interfere na autoestima das pessoas.

c) quadro clínico da população, pois a obesidade é um fator de risco para o surgimento de diversas doenças crônicas.

d) preconceito contra a pessoa obesa, pois ela sofre discriminação em diversos espaços sociais.

e) desempenho na realização das atividades cotidianas, pois a obesidade interfere na *performance*.

4.

Posso mandar por *e-mail*?

Atualmente, é comum "disparar" currículos na internet com a expectativa de alcançar o maior número possível de selecionadores. Essa, no entanto, é uma ideia equivocada: é preciso saber quem vai receber seu currículo e se a vaga é realmente indicada para seu perfil, sob o risco de estar "queimando o filme" com um futuro empregador. Ao enviar o currículo por *e-mail*, tente saber quem vai recebê-lo e faça um texto sucinto de apresentação, com a sugestão a seguir:

Assunto: Currículo para a vaga de gerente de *marketing*

Mensagem: Boa tarde. Meu nome é José da Silva e gostaria de me candidatar à vaga de gerente de *marketing*. Meu currículo segue anexo.

Guia da língua 2010: modelos e técnicas. Língua Portuguesa, 2010 (adaptado).

O texto integra um guia de modelos e técnicas de elaboração de textos e cumpre a função social de:

a) divulgar um padrão oficial de redação e envio de currículos.

b) indicar um modelo de currículo para pleitear uma vaga de emprego.

c) instruir o leitor sobre como ser eficiente no envio de currículo por *e-mail*.

d) responder a uma pergunta de um assinante da revista sobre o envio de currículo por *e-mail*.

e) orientar o leitor sobre como alcançar o maior número possível de selecionadores de currículos.

Prepare-se
para o Enem e o vestibular

1. Leia o texto a seguir, de Mario Sergio Cortella, e observe as ilustrações que o acompanham.

Futebol, mandingas e fanatismos

Xilogravuras de J. Borges.

[...]

O Brasil foi fundado em 1500, o futebol chegou por aqui quase quatro séculos depois, mas, logo em nossos princípios, os colonizadores trouxeram uma palavra africana originária do malinês (no antigo Sudão) que se incorporou ao nosso léxico esportivo com rapidez: mandinga!

Mandinga (agora um sinônimo para feitiço, magia, reza-brava, superstição) era um dos nomes dados a alguns povos que viveram em regiões que hoje estariam, além de no Mali, no Marrocos e na Etiópia. Porque esses territórios eram conhecidos como "terra de feiticeiros", o topônimo ganhou entre nós a acepção de prática sobrenatural.

Não é casual que o estupendo escritor (e torcedor fanático) Nelson Rodrigues tenha inventado um personagem, o Sobrenatural de Almeida, para dar sentido a tudo que não parecia ter sentido quando o time dele era derrotado. Afinal, futebol, como campo também da crença desmesurada e da fé menos refletida, é lugar propício aos fanatismos, ainda mais que *fanun*, em latim, significa templo e *fanaticus* é quem serve aos deuses (e, nesta Terra de Santa Cruz, especialmente aos deuses do futebol)...

Fanático pode ser entendido como louco ou obsessivo; contudo, há um sentido menos delirante, que é entusiasmado ou apaixonado. Sabemos que, etimologicamente, entusiasmado é quem é pelos deuses arrebatado, enquanto que apaixonado é quem é possuído por sentimento tão intenso que encanta, mas que faz sofrer e provoca obscurecimento da razão. Quer coincidência melhor do que esta na órbita futebolística? Arrebatação, sofrimento e razão obscurecida! Esse é o encanto de um esporte no qual "pôr fé" é acreditar no inacreditável, desejar o improvável e resmungar contra o impossível!

Vale planejar, estudar e examinar os elementos racionais de uma copa, um campeonato ou uma partida? Vale, mas pouco. O que vale mesmo é cada torcedor torcer, isto é, gritar, cruzar os dedos, praguejar, pedir força, benzer-se, usar amuletos, atormentar-se e atormentar outros; não esqueçamos que os verbos torcer e torturar vêm de um mesmo vocábulo latino, *torquere*.

Claro, há dores inúteis e idiotices retumbantes, como quando o torcer como estímulo e aspiração se torna violência, agressão e brutalidade, quando, então, os deuses se retiram e adentram os demônios, que precisam ser vigiados e controlados, para que o benefício da alegria espontânea e repartida do futebol não se converta no malefício da crueldade intencional e homicida no futebol.

Eu faço uma mandinga, o adversário faz outra contra meu time, ou seja, contra mim! Quer me desafiar, me vencer, me humilhar. Porém, "meu nome é legião", somos muitos, e outros, e vários, e valentes, como nossos deuses; não desistiremos, nem nossos deuses, forças que são anteriores e superiores a nós, com as quais nos ligamos quando oramos, fazemos promessas, dedicamos oferendas, invocamos com fervor. Eu torço, o outro torce comigo, um outro torce contra mim, os adversários se tornam inimigos e nossos deuses se enfrentam nos estádios.

Futebol enfeitiça, encanta e cativa! Bom demais; e, como toda boa paixão, é a suspensão temporária do juízo. Copa, taça, copo. Um brinde aos deuses; um pouco do líquido derramamos na grama, fica para "o santo"...

(Disponível em: http://placar.abril.com.br/materia/futebol-mandingas-e-fanatismos/. Acesso em: 4/3/2016.)

Considere as afirmações sobre o texto e as xilogravuras:

I. Tanto a linguagem verbal quanto a linguagem visual se referem à relação entre futebol e crença.

II. A linguagem visual apresenta um misto de símbolos esportivos e religiosos.

III. No texto, o termo *mandinga* constitui uma metonímia, assim como a bola, as chuteiras e a cruz presentes nas xilogravuras.

IV. No texto, o autor faz uma crítica ao fanatismo dos torcedores, principalmente no trecho "Eu torço, o outro torce comigo, um outro torce contra mim, os adversários se tornam inimigos e nossos deuses se enfrentam nos estádios".

Está(ão) correta(s) a(s) afirmação(ões):

a) todas.
b) apenas I, II e III.
c) apenas I e II.
d) apenas III e IV.
e) apenas I.

2. Leia a tira:

Calvin & Hobbes, Bill Watterson © 1993 Watterson/Dist. by Universal Uclick

(http://revistaescola.abril.com.br/img/galeria-fotos/calvin/calvin-107.gif)

A tentativa de produzir humor, na tira, consiste em uma quebra de expectativa. Qual alternativa melhor explica a intenção do garoto Calvin, ao fazer a afirmação do último quadrinho?

a) O garoto transmite a ideia de que aquela brincadeira não é educativa na sua idade.
b) Calvin explica que é inútil ser ágil naquele tipo de brincadeira.
c) O garoto quer dizer que paciência é característica que não combina com a sua idade.
d) Calvin explora a ideia de que a vida cotidiana não valoriza o prazer.
e) Enquanto brinca, um garoto não aprende absolutamente nada novo.

3. Leia o texto:

TELESSAÚDE PRETENDE MELHORAR PROGRAMAS DE SAÚDE DA FAMÍLIA

O Instituto de Matemática e Estatística (IME), junto com a Faculdade de Medicina (FMUSP) e o Centro de Saúde Escola Samuel Pessoa (CSEB), que fica no bairro do Butantã, em São Paulo, uniram-se em parceria e desenvolveram o programa de telessaúde Borboleta, que tem como principal objetivo modernizar o serviço de Atenção Domiciliar Primária do CSEB. "Trata-se de um projeto multidisciplinar e que pode trazer um grande benefício à sociedade", opina Rafael Correia, pesquisador do IME que participou do desenvolvimento do sistema. O Borboleta é um software de código aberto, programado em linguagem Java, que será utilizado pelas equipes do programa de saúde da família do CSEB.

O projeto visa otimizar não só o registro dos acompanhamentos, mas também o agendamento de visitas, anteriormente feito sem um controle mais efetivo, além da criação de um catálogo de doenças e de um sistema de controle da demanda por medicamentos. [...]

(CAPELAS, B. Agência USP. Disponível em: http://www.usp.br/agen/?p=74967. Acesso em: 29/4/2016.)

Conforme afirma o texto, o Centro de Saúde Escola Samuel Pessoa (CSEB) procurou modernizar seus serviços e, para isso:

a) fará atendimento médico e preventivo via Internet (*software* Borboleta).
b) utilizará uma experiência do IME para divulgar novos processos de tratamento.
c) buscou nova tecnologia para aprimorar procedimentos anteriores e posteriores a consultas médicas.
d) irá catalogar doenças, praticando medicina preventiva com a ajuda do IME.
e) criou *software* capaz de detectar problemas de saúde e posterior diagnóstico.

4. Leia esta notícia:

BARBIE TATUADA CAUSA POLÊMICA NOS EUA

Nova York (Reuters) – De cabelo rosa e tatuada no ombro e pescoço, a nova Barbie, lançada pela empresa Mattel numa edição limitada para colecionadores, está mais para a perturbada heroína da trilogia Millenium, de Stieg Larsson, do que para as Barbies mais tradicionais, que existem desde 1959.

Desde que foi lançada pela Internet, neste mês, ao preço de 50 dólares, a boneca criada pela grife "tokidoki", de Los Angeles, teve seu estoque esgotado, mas não parou de gerar polêmica. [...] alguns pais questionam se um brinquedo deveria estimular modificações corporais.

[...]

(FRANCESCANI, C. Disponível em: http://cultura.estadao.com.br/noticias/geral,barbie-tatuada-causa-polemica-nos-eua,790920. Acesso em: 16/4/2016.)

Ferrari Press Agency Dartford/Keystone

Tradicionalmente, bonecas são um produto destinado principalmente a um público feminino infantil. O lançamento da nova Barbie de que fala a notícia revela:

a) a preferência atual por uma boneca que represente a mulher adulta oriental.
b) a necessidade atual de vender a imagem de uma mulher jovem, problemática e revolucionária.
c) a busca de novos nichos de mercado.
d) a disputa pelo público europeu e norte-americano.
e) o retorno a um estilo de boneca típico dos anos 1950.

5. O texto a seguir é o início do conto "Acefalia", de Julio Cortázar, escritor que viveu na Argentina. Leia-o.

> Cortaram a cabeça de um certo senhor, mas como depois estourou uma greve e não puderam enterrá-lo, esse senhor teve que continuar vivendo sem cabeça e arranjar-se bem ou mal.
>
> Em seguida ele notou que quatro dos cinco sentidos tinham ido embora com a cabeça. [...] cheio de boa vontade, sentou-se num banco da Praça Lavalle e tocava uma por uma as folhas das árvores, tratando de distingui-las e dar os respectivos nomes [...]
>
> (In: *Histórias de cronópios e de famas*. 7. ed. Rio de Janeiro: Civilização Brasileira, 2008.)

Na situação surreal mencionada no texto, a personagem sem a cabeça perdeu quatro dos cinco sentidos. Assinale as alternativas que apresentam uma ação que ela ainda poderia realizar, mesmo sem a cabeça e os quatro sentidos.

a) assistir a um filme
b) ter sensação térmica
c) reconhecer alimento salgado ou doce
d) reconhecer a textura de objetos
e) perceber chamados de uma pessoa que grita

Questões do Enem

1.

> O processo de concentração urbana no Brasil em determinados locais teve momentos de maior intensidade e, ao que tudo indica, atualmente passa por uma desaceleração do ritmo de crescimento populacional nos grandes centros urbanos.
>
> BAENINGER, R. *Cidades e metrópoles*: a desaceleração no crescimento populacional e novos arranjos regionais. Disponível em: www.sbsociologia.com.br. Acesso em: 12 dez. 2012 (adaptado).

Uma causa para o processo socioespacial mencionado no texto é o(a):

a) carência de matérias-primas.
b) degradação da rede rodoviária.
c) aumento do crescimento vegetativo.
d) centralização do poder político.
e) realocação da atividade industrial.

2.

> **Azeite de oliva e óleo de linhaça: uma dupla imbatível**
>
> *Rico em gorduras do bem, ela combate a obesidade, dá um chega pra lá no diabete e ainda livra o coração de entraves*
>
> Ninguém precisa esquentar a cabeça caso não seja possível usar os dois óleos juntinhos, no mesmo dia. Individualmente, o duo também bate um bolão. Segundo um estudo recente do grupo EurOlive, formado por instituições de cinco países europeus, os polifenóis do azeite de oliva ajudam a frear a oxidação do colesterol LDL, considerado perigoso. Quando isso ocorre, reduz-se o risco de placas de gordura na parede dos vasos, a temida aterosclerose – doença por trás de encrencas como o infarto.
>
> MANARINI, T. *Saúde é vital*, n. 347, fev. 2012 (adaptado).

Para divulgar conhecimento de natureza científica para um público não especializado, Manarini recorre à associação entre vocabulário formal e vocabulário informal. Altera-se o grau de formalidade do segmento no texto, sem alterar o sentido da informação, com a substituição de:

a) "dá um chega pra lá no diabete" por "manda embora o diabete".
b) "esquentar a cabeça" por "quebrar a cabeça".
c) "bate um bolão" por "é um *show*".
d) "juntinhos" por "misturadinhos.
e) "por trás de encrencas" por "causadora de problemas".

3.

> **Assum preto**
>
> Tudo em vorta é só beleza
> Sol de abril e a mata em frô
> Mas assum preto, cego dos óio
> Num vendo a luz, ai, canta de dor
> Tarvez por ignorança
> Ou mardade das pió
> Furaro os óio do assum preto
> Pra ele assim, ai, cantá mió
> Assum preto veve sorto
> Mas num pode avuá
> Mil veiz a sina de uma gaiola
> Desde que o céu, ai, pudesse oiá
>
> GONZAGA, L.; TEIXEIRA, H. Disponível em: www.luizgonzaga.mus.br. Acesso em: 30 jul. 2012 (fragmento).

As marcas da variedade regional registradas pelos compositores de *Assum preto* resultam da aplicação de um conjunto de princípios ou regras gerais que alteram a pronúncia, a morfologia, a sintaxe ou o léxico. No texto, é resultado de uma mesma regra a:

a) pronúncia das palavras "vorta" e "veve".
b) pronúncia das palavras "tarvez" e "sorto".
c) flexão verbal encontrada em "furaro" e "cantá".
d) redundância nas expressões "cego dos óio" e "mata em frô".
e) pronúncia das palavras "ignorança" e "avuá".

4.

> Ninguém nasce mulher: torna-se mulher. Nenhum destino biológico, psíquico, econômico define a forma que a fêmea humana assume no seio da sociedade; é o conjunto da civilização que elabora esse produto intermediário entre o macho e o castrado que qualificam o feminino.
>
> BEAUVOIR, S. *O segundo sexo*. Rio de Janeiro: Nova Fronteira, 1980.

Na década de 1960, a proposição de Simone de Beauvoir contribuiu para estruturar um movimento social que teve como marca o(a):

a) ação do Poder Judiciário para criminalizar a violência sexual.
b) pressão do Poder Legislativo para impedir a dupla jornada de trabalho.
c) organização de protestos públicos para garantir a igualdade de gênero.
d) oposição de grupos religiosos para impedir os casamentos homoafetivos.
e) estabelecimento de políticas governamentais para promover ações afirmativas.

5.

Rede social pode prever desempenho profissional, diz pesquisa

Pense duas vezes antes de postar qualquer item em seu perfil nas redes sociais. O conselho, repetido à exaustão por consultores de carreira por aí, acaba de ganhar um status, digamos, mais científico. De acordo com resultados da pesquisa, uma rápida análise do perfil nas redes sociais pode prever o desempenho profissional do candidato a uma oportunidade de emprego. Para chegar a essa conclusão, uma equipe de pesquisadores da Northern Illinois University, University of Evansville e Auburn University pediu a um professor universitário e dois alunos para analisarem perfis de um grupo de universitários.

Após checar fotos, postagens, número de amigos e interesses por 10 minutos, o trio considerou itens como consciência, afabilidade, extroversão, estabilidade emocional e receptividade. Seis meses depois, as impressões do grupo foram comparadas com a análise de desempenho feita pelos chefes dos jovens que tiveram seus perfis analisados. Os pesquisadores encontraram uma forte correlação entre as características descritas a partir dos dados da rede e o comportamento dos universitários no ambiente de trabalho.

Disponível em: http://exame.abril.com.br. Acesso em: 29 fev. 2012 (adaptado).

As redes sociais são espaços de comunicação e interação *on-line* que possibilitam o conhecimento de aspectos da privacidade de seus usuários. Segundo o texto, no mundo do trabalho, esse conhecimento permite:

a) identificar a capacidade física atribuída ao candidato.
b) certificar a competência profissional do candidato.
c) controlar o comportamento virtual e real do candidato.
d) avaliar informações pessoais e comportamentais sobre o candidato.
e) aferir a capacidade intelectual do candidato na resolução de problemas.

6. Para uma alimentação saudável, recomenda-se ingerir, em relação ao total de calorias diárias, 60% de carboidratos, 10% de proteínas e 30% de gorduras. Uma nutricionista, para melhorar a visualização dessas porcentagens, quer dispor esses dados em um polígono. Ela pode fazer isso em um triângulo equilátero, um losango, um pentágono regular, um hexágono regular ou um octógono regular, desde que o polígono seja dividido em regiões cujas áreas sejam proporcionais às porcentagens mencionadas. Ela desenhou as seguintes figuras:

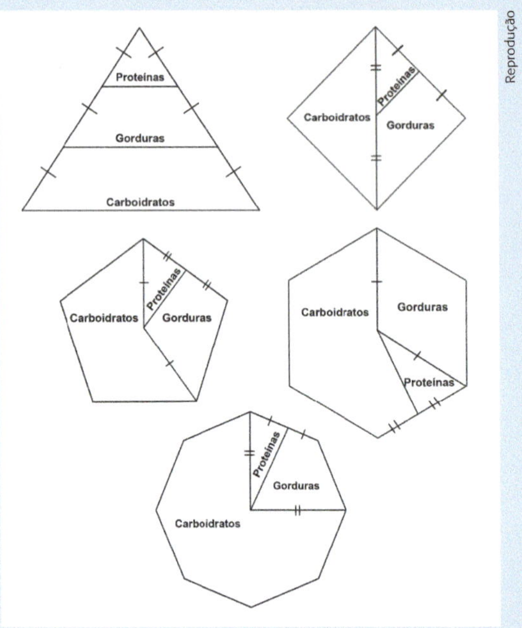

Entre esses polígonos, o único que satisfaz as condições necessárias para representar a ingestão correta de diferentes tipos de alimentos é o:

a) triângulo.
b) losango.
c) pentágono.
d) hexágono.
e) octógono.

7.

No ano de 1985 aconteceu um acidente muito grave em Angra dos Reis, no Rio de Janeiro, perto da aldeia guarani de Sapukai. Choveu muito e as águas pluviais provocaram deslizamentos de terras das encostas da Serra do Mar, destruindo o Laboratório de Radioecologia da Central Nuclear Almirante Álvaro Alberto, construída em 1970 num lugar que os índios tupinambás, há mais de 500 anos, chamavam de Itaorna. O prejuízo foi calculado na época em 8 bilhões de cruzeiros. Os engenheiros responsáveis pela construção da usina nuclear não sabiam que o nome dado pelos índios continha informação sobre a estrutura do solo, minado pelas águas da chuva. Só descobriram que Itaorna, em língua tupinambá, quer dizer "pedra podre", depois do acidente.

FREIRE, J. R. B. Disponível em: www.taquiprati.com.br. Acesso em: 1 ago. 2012 (adaptado).

Considerando-se a história da ocupação na região de Angra dos Reis mencionada no texto, os fenômenos naturais que a atingiram poderiam ter sido previstos e suas consequências minimizadas se:

a) o acervo linguístico indígena fosse conhecido e valorizado.

b) as línguas indígenas brasileiras tivessem sido substituídas pela língua geral.

c) o conhecimento acadêmico tivesse sido priorizado pelos engenheiros.

d) a língua tupinambá tivesse palavras adequadas para descrever o solo.

e) o laboratório tivesse sido construído de acordo com as leis ambientais vigentes na época.

8.

Reprodução/FacForm Gráfica

Disponível em: www.behance.net.
Acesso em: 21 fev. 2013 (adaptado).

A rapidez é destacada como uma das qualidades do serviço anunciado, funcionando como estratégia de persuasão em relação ao consumidor do mercado gráfico. O recurso da linguagem verbal que contribui para esse destaque é o emprego:

a) do termo "fácil" no início do anúncio, com foco no processo.

b) de adjetivos que valorizam a nitidez da impressão.

c) das formas verbais no futuro e no pretérito, em sequência.

d) da expressão intensificadora "menos do que" associada à qualidade.

e) da locução "do mundo" associada a "melhor", que quantifica a ação.

9.

Fora da ordem

Em 1588, o engenheiro militar italiano Agostinho Romelli publicou *Le Diverse et Artificiose Machine*, no qual descrevia uma máquina de ler livros. Montada para girar verticalmente, como uma roda de hamster, a invenção permitia que o leitor fosse de um texto ao outro sem se levantar de sua cadeira.

Hoje podemos alternar entre documentos com muito mais facilidade – um clique no mouse é suficiente para acessarmos imagens, textos, vídeos e sons instantaneamente. Para isso, usamos o computador, e principalmente a internet – tecnologias que não estavam disponíveis no Renascimento, época em que Romelli viveu.

BERCITTO, D. Revista *Língua Portuguesa*. Ano II. Nº 14.

O inventor italiano antecipou, no século XVI, um dos princípios definidores do hipertexto: a quebra de linearidade na leitura e a possibilidade de acesso ao texto conforme o interesse do leitor. Além de ser característica essencial da internet, do ponto de vista da produção do texto, a hipertextualidade se manifesta também em textos impressos, como:

a) dicionários, pois a forma do texto dá liberdade de acesso à informação.

b) documentários, pois o autor faz uma seleção dos fatos e das imagens.

c) relatos pessoais, pois o narrador apresenta sua percepção dos fatos.

d) editoriais, pois o editorialista faz uma abordagem detalhada dos fatos.

e) romances românticos, pois os eventos ocorrem em diversos cenários.

10.

Só num sentido muito restrito, o indivíduo cria com seus próprios recursos o modo de falar e de pensar que lhe são atribuídos. Fala o idioma de seu grupo; pensa à maneira de seu grupo. Encontra a sua disposição apenas determinadas palavras e significados. Estas não só determinam, em grau considerável, as vias de acesso mental ao mundo circundante, mas também mostram, ao mesmo tempo, sob que ângulo e em que contexto de atividade os objetos foram até agora perceptíveis ao grupo ou ao indivíduo.

MANNHEIM, K. *Ideologia e utopia*.
Porto Alegre: Globo, 1950 (adaptado).

Ilustrando uma proposição básica da sociologia do conhecimento, o argumento de Karl Mannheim defende que o(a):

a) conhecimento sobre a realidade é condicionado socialmente.
b) submissão ao grupo manipula o conhecimento do mundo.
c) divergência é um privilégio de indivíduos excepcionais.
d) educação formal determina o conhecimento do idioma.
e) domínio das línguas universaliza o conhecimento.

11.

O Centro-Oeste apresentou-se como extremamente receptivo aos novos fenômenos da urbanização, já que era praticamente virgem, não possuindo infraestrutura de monta, nem outros investimentos fixos vindos do passado. Pôde, assim, receber uma infraestrutura nova, totalmente a serviço de uma economia moderna.

SANTOS, M. *A Urbanização Brasileira*. São Paulo: EDUSP, 2005 (adaptado).

O texto trata da ocupação de uma parcela do território brasileiro. O processo econômico diretamente associado a essa ocupação foi o avanço da

a) industrialização voltada para o setor de base.
b) economia da borracha no sul da Amazônia.
c) fronteira agropecuária que degradou parte do cerrado.
d) exploração mineral na Chapada dos Guimarães.
e) extrativismo na região pantaneira.

12.

A biosfera, que reúne todos os ambientes onde se desenvolvem os seres vivos, se divide em unidades menores chamadas ecossistemas, que podem ser uma floresta, um deserto e até um lago. Um ecossistema tem múltiplos mecanismos que regulam o número de organismos dentro dele, controlando sua reprodução, crescimento e migrações.

DUARTE, M. *O guia dos curiosos*. São Paulo: Companhia das Letras, 1995.

Predomina no texto a função da linguagem:

a) emotiva, porque o autor expressa seu sentimento em relação à ecologia.
b) fática, porque o texto testa o funcionamento do canal de comunicação.
c) poética, porque o texto chama a atenção para os recursos de linguagem.
d) conativa, porque o texto procura orientar comportamentos do leitor.
e) referencial, porque o texto trata de noções e informações conceituais.

13.

VERÍSSIMO, L. F. *As cobras em: Se Deus existe que eu seja atingido por um raio*. Porto Alegre: L&PM, 1997.

O humor da tira decorre da reação de uma das cobras com relação ao uso de pronome pessoal reto, em vez de pronome oblíquo. De acordo com a norma-padrão da língua, esse uso é inadequado, pois:

a) contraria o uso previsto para o registro oral da língua.
b) contraria a marcação das funções sintáticas de sujeito e objeto.
c) gera inadequação na concordância com o verbo.
d) gera ambiguidade na leitura do texto.
e) apresenta dupla marcação de sujeito.

Competências e habilidades do Enem (I)

Capítulo 17

Shutterstock

Saber ler e interpretar um texto adequadamente é condição essencial para qualquer pessoa obter sucesso na vida pessoal e profissional. Em exames como o Enem, a interpretação de textos vem ocupando boa parte da prova e cumprindo, por isso, um papel decisivo no ingresso à universidade. Neste capítulo, você vai saber o que são as competências e habilidades avaliadas no exame do Enem e observar como elas são utilizadas nas questões de interpretação de textos.

O que são competências e habilidades?

Veja a explicação para **competência** dada por Philippe Perrenoud, especialista em educação:

> [Competência é a] capacidade de agir eficazmente em um determinado tipo de situação, apoiada em conhecimentos, mas sem limitar-se a eles.
>
> (*Construir as competências desde a escola*. Porto Alegre: Artmed, 1999. p. 7.)

Veja agora a explicação do próprio Enem:

> Competências são as modalidades estruturais da inteligência, ou melhor, ações e operações que utilizamos para estabelecer relações com e entre objetos, situações, fenômenos e pessoas que desejamos conhecer.
>
> (*Eixos cognitivos do Enem – Versão preliminar*. Brasília: MEC/INEP, 2007. p. 18.)

Vistas como "modalidades estruturais da inteligência", as competências se concretizam por meio de ações e operações que o estudante mobiliza para enfrentar determinada situação ou resolver um problema. Essas ações e operações são chamadas de **habilidades**.

Veja como o próprio Enem conceitua essa expressão:

> As habilidades decorrem das competências adquiridas e referem-se ao plano imediato do "saber fazer". [...] As habilidades expressam como os alunos concretizam suas ações, procedimentos e estratégias na resolução de problemas relativos aos diferentes domínios do conhecimento.
>
> (*Eixos cognitivos do Enem*, cit., p. 18 e 34-5.)

Shutterstock

As competências se concretizam, assim, por meio de ações e operações, ou seja, habilidades, que o estudante mobiliza para enfrentar determinada situação ou resolver um problema. Portanto, **competência** é o *saber fazer* e **habilidade** é o *como fazer*.

Apresentaremos, neste capítulo e nos dois capítulos seguintes, as competências da área de Linguagens, códigos e suas tecnologias definidas pelo Enem. As competências e habilidades de outras áreas você poderá conhecer acessando a Matriz de referências para o Enem 2009 no *site* http://portal.mec.gov.br/dmdocuments/matriz_referencia_novoenem.pdf.

Competências de área 1, 2 e 3 referentes a Linguagens, códigos e suas tecnologias

A seguir, apresentamos as três primeiras competências e suas respectivas habilidades indicadas pela Matriz de referência de Linguagens, códigos e suas tecnologias.

COMPETÊNCIA DE ÁREA 1 – APLICAR AS TECNOLOGIAS DA COMUNICAÇÃO E DA INFORMAÇÃO NA ESCOLA, NO TRABALHO E EM OUTROS CONTEXTOS RELEVANTES PARA SUA VIDA.	
H1	Identificar as diferentes linguagens e seus recursos expressivos como elementos de caracterização dos sistemas de comunicação.
H2	Recorrer aos conhecimentos sobre as linguagens dos sistemas de comunicação e informação para resolver problemas sociais.
H3	Relacionar informações geradas nos sistemas de comunicação e informação, considerando a função social desses sistemas.
H4	Reconhecer posições críticas aos usos sociais que são feitos das linguagens e dos sistemas de comunicação e informação.

COMPETÊNCIA DE ÁREA 2 – CONHECER E USAR LÍNGUA(S) ESTRANGEIRA(S) MODERNA(S) COMO INSTRUMENTO DE ACESSO A INFORMAÇÕES E A OUTRAS CULTURAS E GRUPOS SOCIAIS.	
H5	Associar vocábulos e expressões de um texto em LEM [língua estrangeira moderna] ao seu tema.
H6	Utilizar os conhecimentos da LEM e de seus mecanismos como meio de ampliar as possibilidades de acesso a informações, tecnologias e culturas.
H7	Relacionar um texto em LEM, as estruturas linguísticas, sua função e seu uso social.
H8	Reconhecer a importância da produção cultural em LEM como representação da diversidade cultural e linguística.

COMPETÊNCIA DE ÁREA 3 – COMPREENDER E USAR A LINGUAGEM CORPORAL COMO RELEVANTE PARA A PRÓPRIA VIDA, INTEGRADORA SOCIAL E FORMADORA DA IDENTIDADE.	
H9	Reconhecer as manifestações corporais de movimento como originárias de necessidades cotidianas de um grupo social.
H10	Reconhecer a necessidade de transformação de hábitos corporais em função das necessidades cinestésicas.
H11	Reconhecer a linguagem corporal como meio de interação social, considerando os limites de desempenho e as alternativas de adaptação para diferentes indivíduos.

Agora, leia e tente resolver três questões de provas do Enem:

1.

O *rap*, palavra formada pelas iniciais de *rhythm and poetry* (ritmo e poesia), junto com as linguagens da dança (o *break dancing*) e das artes plásticas (o grafite), seria difundido, para além dos guetos, com o nome de cultura *hip hop*. O *break dancing* surge como uma dança de rua. O grafite nasce de assinaturas inscritas pelos jovens com *sprays* nos muros, trens e estações de metrô de Nova York. As linguagens do *rap*, do *break dancing* e do grafite se tornaram os pilares da cultura *hip hop*.

DAYRELL, J. *A música entra em cena*: o *rap* e o *funk* na socialização da juventude. Belo Horizonte: UFMG, 2005 (adaptado).

Entre as manifestações da cultura *hip hop* apontadas no texto, o *break* se caracteriza como um tipo de dança que representa aspectos contemporâneos por meio de movimentos:

a) retilíneos, como crítica aos indivíduos alienados.

b) improvisados, como expressão da dinâmica da vida urbana.

c) suaves, como sinônimo da rotina dos espaços públicos.

d) ritmados pela sola dos sapatos, como símbolo de protesto.

e) cadenciados, como contestação às rápidas mudanças culturais.

2.

Caña

El negro
junto al cañaveral.

El yanqui
sobre el cañaveral.

La tierra
bajo el cañaveral.

¡Sangre
que se nos va!

GUILLÉN, N. *Sóngoro cosongo*. Disponível em: www.cervantesvirtual.com. Acesso em: 28 fev. 2012 (fragmento).

Nesse poema de Nicolás Guillén, no qual o poeta reflete sobre o plantio da cana-de-açúcar na América Latina, as preposições *junto*, *sobre* e *bajo* são usadas para indicar metaforicamente:

a) desordens na organização da lavoura de cana-de-açúcar.

b) relações diplomáticas entre os países produtores de cana-de-açúcar.

c) localidades da América Latina nas quais a cana-de-açúcar é cultivada.

d) relações sociais dos indivíduos que vivem do plantio da cana-de-açúcar.

e) funções particulares de cada profissional na lavoura da cana-de-açúcar.

3.

Embora particularidades na produção mediada pela tecnologia aproximem a escrita da oralidade, isso não significa que as pessoas estejam escrevendo errado. Muitos buscam, tão somente, adaptar o uso da linguagem ao suporte utilizado: "O contexto é que define o registro de língua. Se existe um limite de espaço, naturalmente, o sujeito irá usar mais abreviaturas, como faria no papel", afirma um professor do Departamento de Linguagem e

Tecnologia do Cefet-MG. Da mesma forma, é preciso considerar a capacidade do destinatário de interpretar corretamente a mensagem emitida. No entendimento do pesquisador, a escola, às vezes, insiste em ensinar um registro utilizado apenas em contextos específicos, o que acaba por desestimular o aluno, que não vê sentido em empregar tal modelo em outras situações. Independentemente dos aparatos tecnológicos da atualidade, o emprego social da língua revela-se muito mais significativo do que seu uso escolar, conforme ressalta a diretora de Divulgação Científica da UFMG: "A dinâmica da língua oral é sempre presente. Não falamos ou escrevemos da mesma forma que nossos avós". Some-se a isso o fato de os jovens se revelarem os principais usuários das novas tecnologias, por meio das quais conseguem se comunicar com facilidade. A professora ressalta, porém, que as pessoas precisam ter discernimento quanto às distintas situações, a fim de dominar outros códigos.

SILVA JR., M. G.; FONSECA, V. *Revista Minas Faz Ciência*, n. 51, set.-nov. 2012 (adaptado).

Na esteira do desenvolvimento das tecnologias de informação e de comunicação, usos particulares da escrita foram surgindo. Diante dessa nova realidade, segundo o texto, cabe à escola levar o aluno a:

a) interagir por meio da linguagem formal no contexto digital.

b) buscar alternativas para estabelecer melhores contatos *on-line*.

c) adotar o uso de uma mesma norma nos diferentes suportes tecnológicos.

d) desenvolver habilidades para compreender os textos postados na *web*.

e) perceber as especificidades das linguagens em diferentes ambientes digitais.

Confronte as questões lidas às competências de área 1, 2 e 3 e suas respectivas habilidades indicadas pela Matriz de referência de Linguagens, códigos e suas tecnologias definidas pelo Enem. Depois, responda:

Nick Onken/Getty Images

1. Em relação à questão 1:

a) Qual é a competência de área avaliada? Por quê?

b) Que habilidade(s) está(ão) sendo avaliada(s)? Justifique sua resposta.

2. Em relação à questão 2:

a) Qual é a competência de área avaliada? Por quê?

b) Que habilidades estão sendo avaliadas? Justifique sua resposta.

3. Em relação à questão 3:

a) Qual é a competência de área avaliada? Por quê?

b) Que habilidade(s) está(ão) sendo avaliada(s)? Justifique sua resposta.

Como é possível verificar, em cada questão é avaliada pelo menos uma competência e uma habilidade. Embora seja raro uma questão envolver mais de uma competência, é bastante comum uma questão envolver mais de uma habilidade.

Para você se dar bem nas provas do Enem, não é necessário que reconheça com precisão que competências e habilidades estão sendo avaliadas nas questões. Contudo, conhecê-las e ter certa familiaridade com elas poderá trazer-lhe mais tranquilidade nas provas.

Prepare-se
para o Enem e o vestibular

Leia o texto a seguir e responda às questões 1 e 2.

Dicas para combater o mosquito e os focos de larvas

Mantenha a caixa d'água sempre fechada com tampa adequada.

Remova folhas, galhos e tudo que possa impedir a água de correr pelas calhas.

Não deixe a água da chuva acumulada sobre a laje.

Lave semanalmente por dentro com escovas e sabão os tanques utilizados para armazenar água.

Mantenha bem tampados tonéis e barris d'água.

Encha de areia até a borda os pratinhos dos vasos de planta.

Se você tiver vasos de plantas aquáticas, troque a água e lave o vaso principalmente por dentro com escova, água e sabão pelo menos uma vez por semana.

Guarde garrafas sempre de cabeça para baixo.

Entregue seus pneus velhos ao serviço de limpeza urbana ou guarde-os sem água em local coberto e abrigados da chuva.

Coloque o lixo em sacos plásticos e mantenha a lixeira bem fechada. Não jogue lixo em terrenos baldios.

Reprodução/dengue.org.br

(Disponível em: http://www.dengue.org.br/dengue_prevenir.html. Acesso em: 4/2/2016.)

1. O mosquito *Aedes aegypti* é o transmissor da dengue e também da chikungunya e da zika. De acordo com as imagens mostradas no texto, o mosquito se prolifera em locais que:

a) não são usados.
b) acumulam água.
c) não recebem sol.
d) são desabitados.
e) há ocorrência de muita chuva.

2. De acordo com as imagens do texto, para combater o mosquito é necessário que as pessoas:

a) tenham consciência e façam a prevenção.
b) não deixem acumular água nas plantas.
c) não acumulem garrafas.
d) tenham preocupação em prevenir, se houver algum caso de dengue, chikungunya ou zika no bairro.
e) denunciem aos órgãos competentes os lugares de proliferação do mosquito.

3. Leia o texto:

FOTOSEARCH/AGB PHOTO

A charge é uma crítica à (ao):

a) sociedade humana.
b) evolução das espécies.
c) obesidade e ao sedentarismo.
d) sociedade primata.
e) homem moderno.

4. Leia o texto:

O grupo de hackers dissidentes do Anonymous diz ter impedido ataque do EI com espionagem online

Após os ataques de Paris, o grupo de hackers Anonymous declarou guerra ao autodenominado Estado Islâmico e afirma ter fechado milhares de contas de Twitter usadas por militantes do grupo extremista.

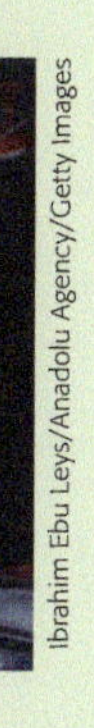

Mas um grupo online menor também está em ação – e com uma estratégia bem diferente. Eles afirmaram que já conseguiram impedir pelo menos uma ação terrorista.

Esse grupo é formado por dissidentes do Anonymous, insatisfeitos com a forma como este grupo lidava com ameaças de organizações terroristas.

A gota d'água veio após o ataque à redação da revista *Charlie Hebdo* em janeiro. Os membros insatisfeitos romperam com o Anonymous e criaram um grupo chamado Ghost Security Group.

"Eles [Anonymous] não têm nenhuma experiência em contraterrorismo", diz o diretor-executivo do Ghost Security Group, que falou com a BBC por telefone e pediu que sua identidade não fosse revelada por segurança.

[...]

(Disponível em: http://www.bbc.com/portuguese/noticias/2015/11/151123_hackers_estado_islamico_lab. Acesso em: 4/4/2016.)

O grupo Ghost Security Group não estava satisfeito com a atuação do grupo Anonymous em relação às ameaças de organizações terroristas. Portanto, deduz-se que os *hackers* dissidentes:

I. identificam mais rapidamente os usuários dos *sites* das organizações terroristas.
II. têm maior experiência em contraterrorismo.
III. têm estratégias mais eficientes.
IV. pedem sigilo de identidade por receio de ataques pessoais e ao grupo.
V. são contrários ao uso do *twitter.*

A propósito das afirmações anteriores:

a) apenas I é correta.
b) I e II são corretas.
c) I, II e III são corretas.
d) I, II, III e IV são corretas.
e) todas são corretas.

5. Observe atentamente o quadro *Golconda* (1953), de René Magritte, pintor belga que foi uma das principais expressões do Surrealismo:

Rene Magritte. Golconda, 1953

O quadro pode ser considerado um retrato da industrialização e da sociedade de consumo. Essa afirmação se justifica:

a) pela sequência de janelas fechadas, indicando solidão e medo.
b) pela repetição de perfis e de figurinos, indicando uniformidade.
c) pela ascensão física dos homens, indicando crítica à religiosidade.
d) pela ausência de movimento, indicando um ambiente urbano voltado exclusivamente ao trabalho.
e) pelas cores escuras das roupas com que as figuras humanas estão vestidas.

Questões do Enem

1.

En el día del amor, ¡no a la violencia contra la mujer!

Hoy es el día de la amistad y del amor. Pero, parece que este día es puro floro, porque en nuestro país aún existen muchos casos de maltrato entre las parejas, sobre todo hacia las mujeres. Por eso, el Ministerio de la Mujer y Poblaciones Vulnerables (MIMP) lanza la segunda etapa de la campaña "Si te quieren, que te quieran bien".

Esta campaña busca detener de una vez el maltrato contra la mujer y para eso, concientizar sobre la importancia de denunciar estos casos. Y es que las cifras son preocupantes. Cada hora se denuncian 17 casos de violencia contra la mujer y en total los Centros de Emergencia de la Mujer (CEM) y el MIMP atendieron en un año a más de 36 mil denuncias de las cuales 7 mil eran de niñas y adolescentes menores de 17 años. Un abuso.

Si eres testigo o víctima de algún tipo de violencia ya sea física, psicológica o sexual debes llamar gratuitamente a la línea 100 desde un teléfono fijo o celular.

Disponível em: http://napa.com.pe. Acesso em: 14 fev. 2012 (adaptado).

Pela expressão *puro floro*, infere-se que o autor considera a comemoração pelo dia do amor e da amizade, no Peru, como uma oportunidade para:

a) proteger as populações mais vulneráveis.
b) evidenciar as eficazes
c) camuflar a violência de gênero existente no país.
d) atenuar os maus-tratos cometidos por alguns homens.
e) enaltecer o sucesso das campanhas de conscientização feminina.

2.

Disponível em: www.lacronicadeleon.es. Acesso em: 12 mar. 2012 (adaptado).

A acessibilidade é um tema de relevância tanto na esfera pública quanto na esfera privada. No cartaz, a exploração desse tema destaca a importância de se:

a) estimular os cadeirantes na superação de barreiras.
b) respeitar o estacionamento destinado a cadeirantes.
c) identificar as vagas reservadas aos cadeirantes.
d) eliminar os obstáculos para o trânsito de cadeirantes.
e) facilitar a locomoção de cadeirantes em estacionamentos.

3.

A emergência da sociedade da informação está associada a um conjunto de profundas transformações ocorridas desde as últimas duas décadas do século XX. Tais mudanças ocorrem em dimensões distintas da vida humana em sociedade, as quais interagem de maneira sinérgica e confluem para projetar a informação e o conhecimento como elementos estratégicos, dos pontos de vista econômico-produtivo, político e sociocultural.

A sociedade da informação caracterizase pela crescente utilização de técnicas de transmissão, armazenamento de dados e informações a baixo custo, acompanhadas por inovações organizacionais, sociais e legais. Ainda que tenha surgido motivada por um conjunto de transformações na base técnico-científica, ela se investe de um significado bem mais abrangente.

LEGEY, L.-R.; ALBAGLI, S. Disponível em: www.dgz.org.br. Acesso em: 4 dez. 2012 (adaptado).

O mundo contemporâneo tem sido caracterizado pela crescente utilização das novas tecnologias e pelo acesso à informação cada vez mais facilitado. De acordo com o texto, a sociedade da informação corresponde a uma mudança na organização social porque

a) representa uma alternativa para a melhoria da qualidade de vida.
b) associa informações obtidas instantaneamente por todos e em qualquer parte do mundo.
c) propõe uma comunicação mais rápida e barata, contribuindo para a intensificação do comércio.
d) propicia a interação entre as pessoas por meio de redes sociais.
e) representa um modelo em que a informação é utilizada intensamente nos vários setores da vida.

4.

> My brother the star, my mother the earth
> my father the sun, my sister the moon,
> to my life give beauty, to my
> body give strength, to my corn give
> goodness, to my house give peace, to
> my spirit give truth, to my elders give
> wisdom.
>
> Disponível em: www.blackhawkproductions.com. Acesso em: 8 ago. 2012.

Produções artístico-culturais revelam visões de mundo próprias de um grupo social. Esse poema demonstra a estreita relação entre a tradição oral da cultura indígena norte-americana e a:

a) transmissão de hábitos alimentares entre gerações.
b) dependência da sabedoria de seus ancestrais.
c) representação do corpo em seus rituais.
d) importância dos elementos da natureza.
e) preservação da estrutura familiar.

5.

> Própria dos festejos juninos, a quadrilha nasceu como dança aristocrática, oriunda dos salões franceses, depois difundida por toda a Europa.
>
> No Brasil, foi introduzida como dança de salão e, por sua vez, apropriada e adaptada pelo gosto popular. Para sua ocorrência, é importante a presença de um mestre "marcante" ou "marcador", pois é quem determina as figurações diversas que os dançadores desenvolvem. Observa-se a constância das seguintes marcações: "*Tour*", "*En avant*", "*Chez des dames*","*Chez des chevaliê*", "Cestinha de flor", "Balancê", "Caminho da roça", "Olha a chuva", "Garranchê", "Passeio", "Coroa de flores", "Coroa de espinhos" etc.
>
> No Rio de Janeiro, em contexto urbano, apresenta transformações: surgem novas figurações, o francês aportuguesado inexiste, o uso de gravações substitui a música ao vivo, além do aspecto de competição, que sustenta os festivais de quadrilha, promovidos por órgãos de turismo.
>
> CASCUDO, L. C. *Dicionário do folclore brasileiro*. Rio de Janeiro: Melhoramentos, 1976.

As diversas formas de dança são demonstrações da diversidade cultural do nosso país. Entre elas, a quadrilha é considerada uma dança folclórica por:

a) possuir como característica principal os atributos divinos e religiosos e, por isso, identificar uma nação ou região.
b) abordar as tradições e costumes de determinados povos ou regiões distintas de uma mesma nação.
c) apresentar cunho artístico e técnicas apuradas, sendo, também, considerada dança-espetáculo.
d) necessitar de vestuário específico para a sua prática, o qual define seu país de origem.
e) acontecer em salões e festas e ser influenciada por diversos gêneros musicais.

6.

> **Novas tecnologias**
>
> Atualmente, prevalece na mídia um discurso de exaltação das novas tecnologias, principalmente aquelas ligadas às atividades de telecomunicações. Expressões frequentes como "o futuro já chegou", "maravilhas tecnológicas" e "conexão total com o mundo" "fetichizam" novos produtos, transformando-os em objetos do desejo, de consumo obrigatório. Por esse motivo *carregamos* hoje nos bolsos, bolsas e mochilas o "futuro" tão festejado.
>
> Todavia, não *podemos* reduzir-nos a meras vítimas de um aparelho midiático perverso, ou de um aparelho capitalista controlador. Há perversão, certamente, e controle, sem sombra de dúvida. Entretanto, *desenvolvemos* uma relação simbiótica de dependência mútua com os veículos de comunicação, que se estreita a cada imagem compartilhada e a cada dossiê pessoal transformado em objeto público de entretenimento.
>
> Não mais como aqueles acorrentados na caverna de Platão, *somos* livres para nos aprisionar, por espontânea vontade, a esta relação sadomasoquista com as estruturas midiáticas, na qual tanto *controlamos* quanto somos controlados.
>
> SAMPAIO, A. S. A microfísica do espetáculo. Disponível em: http://observatoriodaimprensa.com.br. Acesso em: 1 mar. 2013 (adaptado).

Ao escrever um artigo de opinião, o produtor precisa criar uma base de orientação linguística que permita alcançar os leitores e convencê-los com relação ao ponto de vista defendido. Diante disso, nesse texto, a escolha das formas verbais em destaque objetiva:

a) criar relação de subordinação entre leitor e autor, já que ambos usam as novas tecnologias.
b) enfatizar a probabilidade de que toda população brasileira esteja aprisionada às novas tecnologias.
c) indicar, de forma clara, o ponto de vista de que hoje as pessoas são controladas pelas novas tecnologias.
d) tornar o leitor copartícipe do ponto de vista de que ele manipula as novas tecnologias e por elas é manipulado.
e) demonstrar ao leitor sua parcela de responsabilidade por deixar que as novas tecnologias controlem as pessoas.

7.

O boxe está perdendo cada vez mais espaço para um fenômeno relativamente recente do esporte, o MMA. E o maior evento de Artes Marciais Mistas do planeta é o *Ultimate Fighting Championship*, ou simplesmente UFC. O ringue, com oito cantos, foi desenhado para deixar os lutadores com mais espaço para as lutas. Os atletas podem usar as mãos e aplicar golpes de jiu-jítsu. Muitos podem falar que a modalidade é uma espécie de vale-tudo, mas isso já ficou no passado: agora, a modalidade tem regras e acompanhamento médico obrigatório para que o esporte apague o estigma negativo.

CORREIA, D. UFC: saiba como o MMA nocauteou o boxe em oito golpes. *Veja*. 10 jun. 2011 (fragmento).

O processo de modificação das regras do MMA retrata a tendência de redimensionamento de algumas práticas corporais, visando enquadrá-las em um determinado formato. Qual o sentido atribuído a essas transformações incorporadas historicamente ao MMA?

a) A modificação das regras busca associar valores lúdicos ao MMA, possibilitando a participação de diferentes populações como atividade de lazer.

b) As transformações do MMA aumentam o grau de violência das lutas, favorecendo a busca de emoções mais fortes tanto aos competidores como ao público.

c) As mudanças de regras do MMA atendem à necessidade de tornar a modalidade menos violenta, visando sua introdução nas academias de ginástica na dimensão da saúde.

d) As modificações incorporadas ao MMA têm por finalidade aprimorar as técnicas das diferentes artes marciais, favorecendo o desenvolvimento da modalidade enquanto defesa pessoal.

e) As transformações do MMA visam delimitar a violência das lutas, preservando a integridade dos atletas e enquadrando a modalidade no formato do esporte de espetáculo.

8.

WILL. Disponível em: www.willtirando.com.br. Acesso em: 7 nov. 2013.

Opportunity é o nome de um veículo explorador que aterrissou em Marte com a missão de enviar informações à Terra. A charge apresenta uma crítica ao(à):

a) gasto exagerado com o envio de robôs a outros planetas.

b) exploração indiscriminada de outros planetas.

c) circulação digital excessiva de autorretratos.

d) vulgarização das descobertas espaciais.

e) mecanização das atividades humanas.

9.

Thinkstock/Getty Images

Figura 1: Disponível em: http://www.clicrbs.com.br/blog/fotos/235151post_foto.jpg. Acesso em: 27 abr. 2010.

Thinkstock/Getty Images

Figura 2: Disponível em: http://esporte.hsw.uol.com.br/volei-jogos-olimpicos.htm. Acesso em: 27 abr. 2010.

Getty Images

Figura 3: Disponível em: http://www.arel.com.br/eurocup/volei/. Acesso em: 27 abr. 2010.

O voleibol é um dos esportes mais praticados na atualidade. Está presente nas competições esportivas, nos jogos escolares e na recreação. Nesse esporte, os praticantes utilizam alguns movimentos específicos como: saque, manchete, bloqueio, levantamento, toque, entre outros. Na sequência de imagens, identificam-se os movimentos de:

a) sacar e colocar a bola em jogo, defender a bola e realizar a cortada como forma de ataque.

b) arremessar a bola, tocar para passar a bola ao levantador e bloquear como forma de ataque.

c) tocar e colocar a bola em jogo, cortar para defender e levantar a bola para atacar.

d) passar a bola e iniciar a partida, lançar a bola ao levantador e realizar a manchete para defender.

e) cortar como forma de ataque, passar a bola para defender e bloquear como forma de ataque.

Capítulo 18

Competências e habilidades do Enem (II)

© Lorenzo Rossi/AlamyStock Photo/Fotoarena

No capítulo anterior, você aprendeu o que são competências e habilidades. E conheceu também algumas competências e habilidades específicas da área de Linguagens, códigos e suas tecnologias avaliadas no exame do Enem. Neste capítulo, você vai conhecer mais algumas competências e habilidades e observar como elas são avaliadas nesse exame.

Competências de área 4, 5 e 6 referentes a Linguagens, códigos e suas tecnologias

A seguir, apresentamos as competências 4, 5 e 6 e suas respectivas habilidades indicadas pela Matriz de referência de Linguagens, códigos e suas tecnologias.

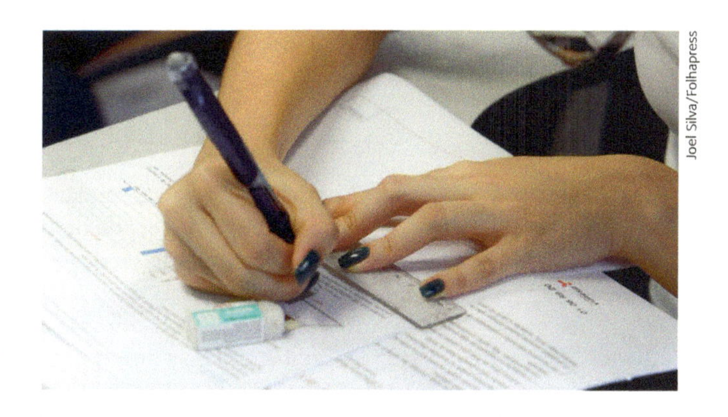
Joel Silva/Folhapress

COMPETÊNCIA DE ÁREA 4 – COMPREENDER A ARTE COMO SABER CULTURAL E ESTÉTICO GERADOR DE SIGNIFICAÇÃO E INTEGRADOR DA ORGANIZAÇÃO DO MUNDO E DA PRÓPRIA IDENTIDADE.	
H12	Reconhecer diferentes funções da arte, do trabalho da produção dos artistas em seus meios culturais.
H13	Analisar as diversas produções artísticas como meio de explicar diferentes culturas, padrões de beleza e preconceitos.
H14	Reconhecer o valor da diversidade artística e das inter-relações de elementos que se apresentam nas manifestações de vários grupos sociais e étnicos.

COMPETÊNCIA DE ÁREA 5 – ANALISAR, INTERPRETAR E APLICAR RECURSOS EXPRESSIVOS DAS LINGUAGENS, RELACIONANDO TEXTOS COM SEUS CONTEXTOS, MEDIANTE A NATUREZA, FUNÇÃO, ORGANIZAÇÃO, ESTRUTURA DAS MANIFESTAÇÕES, DE ACORDO COM AS CONDIÇÕES DE PRODUÇÃO E RECEPÇÃO.	
H15	Estabelecer relações entre o texto literário e o momento de sua produção, situando aspectos do contexto histórico, social e político.
H16	Relacionar informações sobre concepções artísticas e procedimentos de construção do texto literário.
H17	Reconhecer a presença de valores sociais e humanos atualizáveis e permanentes no patrimônio literário nacional.

COMPETÊNCIA DE ÁREA 6 – COMPREENDER E USAR OS SISTEMAS SIMBÓLICOS DAS DIFERENTES LINGUAGENS COMO MEIOS DE ORGANIZAÇÃO COGNITIVA DA REALIDADE PELA CONSTITUIÇÃO DE SIGNIFICADOS, EXPRESSÃO, COMUNICAÇÃO E INFORMAÇÃO.	
H18	Identificar os elementos que concorrem para a progressão temática e para a organização e estruturação de textos de diferentes gêneros e tipos.
H19	Analisar a função da linguagem predominante nos textos em situações específicas de interlocução.
H20	Reconhecer a importância do patrimônio linguístico para a preservação da memória e da identidade nacional.

Veja agora como essas competências e habilidades são exigidas em questões do Enem:

1.

Cultivar um estilo de vida saudável é extremamente importante para diminuir o risco de infarto, mas também de problemas como morte súbita e derrame. Significa que manter uma alimentação saudável e praticar atividade física regularmente já reduz, por si só, as chances de desenvolver vários problemas. Além disso, é importante para o controle da pressão arterial, dos níveis de colesterol e de glicose no sangue. Também ajuda a diminuir o estresse e aumentar a capacidade física, fatores que, somados, reduzem as chances de infarto. Exercitar-se, nesses casos, com acompanhamento médico e moderação, é altamente recomendável.

ATALIA, M. Nossa vida. *Época*. 23 mar. 2009.

As ideias veiculadas no texto se organizam estabelecendo relações que atuam na construção do sentido. A esse respeito, identifica-se, no fragmento, que:

a) a expressão "Além disso" marca uma sequenciação de ideias.

b) o conectivo "mas também" inicia oração que exprime ideia de contraste.

c) o termo "como", em "como morte súbita e derrame", introduz uma generalização.

d) o termo "Também" exprime uma justificativa.

e) o termo "fatores" retoma coesivamente "níveis de colesterol e de glicose no sangue".

2.

Texto I

Adri Felden/Argosfoto

Toca do Salitre – Piauí. Disponível em: http://www.fumdham.org.br. Acesso em: 27 jul. 2010.

Texto II

Ale Cabral/Futura Press

Arte urbana.

O grafite contemporâneo, considerado em alguns momentos como uma arte marginal, tem sido comparado às pinturas murais de várias épocas e às escritas pré-históricas. Observando as imagens apresentadas, é possível reconhecer elementos comuns entre os tipos de pinturas murais, tais como:

a) a preferência por tintas naturais, em razão de seu efeito estético.

b) a inovação na técnica de pintura, rompendo com modelos estabelecidos.

c) o registro do pensamento e das crenças das sociedades em várias épocas.

d) a repetição dos temas e a restrição de uso pelas classes dominantes.

e) o uso exclusivista da arte para atender aos interesses da elite.

3.

Texto I

O meu nome é Severino,
não tenho outro de pia.
Como há muitos Severinos,
que é santo de romaria,
deram então de me chamar
Severino de Maria;
como há muitos Severinos
com mães chamadas Maria,
fiquei sendo o da Maria
do finado Zacarias,
mas isso ainda diz pouco:
há muitos na freguesia,
por causa de um coronel
que se chamou Zacarias
e que foi o mais antigo
senhor desta sesmaria.
Como então dizer quem fala
ora a Vossas Senhorias?

MELO NETO, J. C. *Obra completa*. Rio de Janeiro: Aguilar, 1994 (fragmento).

Nelson Provazi

Texto II

João Cabral, que já emprestara sua voz ao rio, transfere-a, aqui, ao retirante Severino, que, como o Capibaribe, também segue no caminho do Recife. A autoapresentação do personagem, na fala inicial do texto, nos mostra um Severino que, quanto mais se define, menos se individualiza, pois seus traços biográficos são sempre partilhados por outros homens.

SECCHIN, A. C. *João Cabral:* a poesia do menos. Rio de Janeiro: Topbooks, 1999 (fragmento).

Com base no trecho de *Morte e Vida Severina* (Texto I) e na análise crítica (Texto II), observa-se que a relação entre o texto poético e o contexto social a que ele faz referência aponta para um problema social expresso literariamente pela pergunta "Como então dizer quem fala / ora a Vossas Senhorias?". A resposta à pergunta expressa no poema é dada por meio da:

a) descrição minuciosa dos traços biográficos do personagem-narrador.

b) construção da figura do retirante nordestino como um homem resignado com a sua situação.

c) representação, na figura do personagem-narrador, de outros Severinos que compartilham sua condição.

d) apresentação do personagem-narrador como uma projeção do próprio poeta, em sua crise existencial.

e) descrição de Severino, que, apesar de humilde, orgulha-se de ser descendente do coronel Zacarias.

Roy Lichtenstein. Mulher com Chapéu, 1962.

Confronte as questões lidas às competências de área 4, 5 e 6 e suas respectivas habilidades indicadas pela Matriz de referência de Linguagens, códigos e suas tecnologias definidas pelo Enem. Depois responda:

1. Em relação à questão 1:

a) Qual é a competência de área avaliada? Por quê?

b) Que habilidade(s) está(ão)sendo avaliada(s)? Por quê?

2. Em relação à questão 2:

a) Qual é a competência de área avaliada? Por quê?

b) Que habilidade(s) está(ão) sendo avaliada(s)? Por quê?

3. Em relação à questão 3:

a) Qual é a competência de área avaliada? Por quê?

b) Que habilidade(s) está(ão)sendo avaliada(s)? Por quê?

Prepare-se
para o Enem e o vestibular

1. Leia o seguinte fragmento de um conto de Álvares de Azevedo:

> — Meu Deus! meu Deus! por que tanta infâmia, tanto lodo sobre mim? Ó minha Madona! por que maldissestes minha vida, por que deixastes cair na minha cabeça uma nódoa tão negra?
>
> As lágrimas, os soluços abafavam-lhe a voz.
>
> — Perdoai-me, senhora, aqui me tendes a vossos pés! tende pena de mim, que eu sofri muito, que amei-vos, que vos amo muito! Compaixão! que serei vosso escravo, beijarei vossas plantas, ajoelhar-me-ei à noite à vossa porta, ouvirei vosso ressonar, vossas orações, vossos sonhos... e isso me bastará... Serei vosso escravo e vosso cão, deitar-me-ei a vossos pés quando estiverdes acordada, velarei com meu punhal quando a noite cair, e, se algum dia, se algum dia vós me puderdes amar... então... então...
>
> (Claudius Hermann. In: *Macário e Noite na taverna*. São Paulo: Saraiva, 2010. Col. Clássicos Saraiva.)

No fragmento, predomina a função emotiva da linguagem, pois:

a) há amplo uso da exclamação e da subjetividade.
b) prevalece o vocativo.
c) destaca-se a explicação do próprio texto.
d) há amplo uso de aliterações.
e) explora-se a descrição de imagens tristes.

2. O texto a seguir é trecho de uma obra de José de Alencar, um dos mais importantes escritores do Romantismo brasileiro. Leia-o.

> AZEVEDO – Então ela não é benfeita de corpo?
>
> PEDRO – Corpo?... Não tem! Aquilo tudo que senhor vê é pano só! Vestido vem acolchoado da casa da Bragaldi; algodão aqui, algodão aqui, algodão aqui! Cinturinha faz suar rapariga dela; uma aperta de lá, outra aperta de cá...
>
> AZEVEDO – Não acredito! Estás aí a pregar-me mentiras.
>
> PEDRO – Mentira! Pedro viu com estes olhos. Um dia de baile ela foi tomar respiração, cordão quebrou; e rapariga, bum: lá estirada.
>
> Moça ficou desmaiada no sofá; preta deitando água-de-colônia na testa para voltar a si.
>
> AZEVEDO – E tu viste isto?
>
> PEDRO – Vi, sim senhor; Pedro tinha ido levar bouquet que nhanhã Carlotinha mandava. Mas depois viu outra coisa... Um!...
>
> AZEVEDO – Que foi? dize; não me ocultes nada.
>
> PEDRO – Água-de-colônia caiu no rosto e desmanchou reboque branco!...
>
> AZEVEDO – Que diabo de história é esta! Reboque branco!...
>
> PEDRO – Ora, senhor não sabe; este pó que mulher deita na cara com pincel. Sinhá Henriqueta tem rosto pintadinho, como ovo de peru; para não aparecer, caia com pó de arroz e essa mistura que cabeleireiro vende.
>
> *Obra completa*. Rio de Janeiro: José Aguilar, 1960. v. 4.

José de Alencar notabilizou-se principalmente pelos romances que escreveu. A obra de que faz parte o fragmento lido, porém, consiste em um gênero textual diferente do romance. Esse gênero é:

a) crônica
b) texto teatral
c) novela
d) poesia
e) conto

3. Leia esta tira:

(http://revistaescola.abril.com.br/img/galeria-fotos/calvin/calvin-110.gif)

O garoto Calvin queria fazer uma experiência com um balão de gás. O humor da tira decorre:

a) do fato de um tigre falar e ser parceiro do garoto nas brincadeiras.

b) da dor do garoto por causa da queda sofrida após a perda do balão.

c) do fato de o tigre nada entender sobre balão.

d) da expectativa de que o balão pudesse evitar a queda.

e) do fato de a escada ter atrapalhado o projeto de voar feito pelo garoto.

4. Os textos a seguir, publicados em 31/10/2011, são trechos da página inicial de um *blog* e foram postados em homenagem ao escritor Carlos Drummond de Andrade. Leia-os.

Dia "D", de Drummond

Jô Oliveira

Olá, amigo da cozinha.

Hoje é um dia especial para quem aprecia a boa literatura. Foi num dia 31 de outubro, em 1902, que nasceu um dos maiores poetas da nossa língua. E calhou dele ser mineiro, de Itabira. Sim! Carlos Drummond de Andrade completaria, hoje, 109 anos de idade. Completaria ou completa, nunca sei quando me refiro a pessoas que se recusam a sumir de nossas vidas, desse mundo. Bom mineiro que foi (ou é, vai que...), Drummond jamais deixou de pensar nas calóricas guloseimas da nossa culinária, nem após desconjurar sua terra natal diante dos absurdos buracos com que a mineração de ferro, então descontrolada, desbastava a paisagem montanhosa do Vale do Aço.

Provas dessa gulosa pecha, que nos acomete a todos os mineiros, estão publicadas em alguns de seus poemas. Uns mais, outros menos carregados de mineiridade.

Abaixo, separei alguns textos (ou trechos deles) e pensamentos que o poeta nos deixou e que, de alguma maneira, estão relacionados com o delicioso momento da refeição.

Saudações gastronômicas!

Poema culinário

Shutterstock

No croquete de galinha,
A cebola batidinha
Com duas folhas de louro
Vale mais do que um tesouro
Também dois dentes de alho
Nunca serão espantalho.
(Ao contrário) E três tomates,
Em vez de causar dislates,
Sem peles e sem sementes,
São ajudas pertinentes
Ao lado do sal, da salsa,
(A receita nunca é falsa)
Todos boiam na manteiga
De natural doce e meiga.
E para maior deleite,
Um copo e meio de leite.
Ah, me esqueci: três ovos
Bem graúdos e bem novos
Junto à farinha de rosca
(Espante-se logo a mosca)
Mais a pitada de óleo,
Sem se manchar o linóleo,
E mais farinha de trigo...
Ai, meu Deus, deixa comigo!

(Carlos Drummond de Andrade)
(In: *A senha do mundo*. Rio de Janeiro: Record, 1997. p. 33. © Grana Drummond. www. carlosdrummond.com.br)

Os textos lidos são representativos de três gêneros textuais, que são, respectivamente:

a) fotojornalismo, receita, crítica literária.

b) fotojornalismo, crônica, poema.

c) poema, editorial, crítica literária.

d) fotojornalismo, conto, poema.

e) crônica, crítica literária, anedota.

Questões do Enem

1.

> Primeiro surgiu o homem nu de cabeça baixa. Deus veio num raio. Então apareceram os bichos que comiam os homens. E se fez o fogo, as especiarias, a roupa, a espada e o dever. Em seguida se criou a filosofia, que explicava como não fazer o que não devia ser feito. Então surgiram os números racionais e a História, organizando os eventos sem sentido. A fome desde sempre, das coisas e das pessoas. Foram inventados o calmante e o estimulante. E alguém apagou a luz. E cada um se vira como pode, arrancando as cascas das feridas que alcança.
>
> BONASSI, F. 15 cenas do descobrimento de Brasis. In: MORICONI, Í. (Org.). *Os cem melhores contos do século*. Rio de Janeiro: Objetiva, 2001.

A narrativa enxuta e dinâmica de Fernando Bonassi configura um painel evolutivo da história da humanidade. Nele, a projeção do olhar contemporâneo manifesta uma percepção que:

a) recorre à tradição bíblica como fonte de inspiração para a humanidade.

b) desconstrói o discurso da filosofia a fim de questionar o conceito de dever.

c) resgata a metodologia da história para denunciar as atitudes irracionais.

d) transita entre o humor e a ironia para celebrar o caos da vida cotidiana.

e) satiriza a matemática e a medicina para desmistificar o saber científico.

2.

MAGRITTE, R. *A reprodução proibida*. Óleo sobre tela, 79 × 65,5 cm. Museu Boymans-van Beuningen, Roterdã, Holanda, 1937.

O Surrealismo configurou-se como uma das vanguardas artísticas europeias do início do século XX. René Magritte, pintor belga, apresenta elementos dessa vanguarda em suas produções. Um traço do Surrealismo presente nessa pintura é o(a):

a) justaposição de elementos díspares, observada na imagem do homem no espelho.

b) crítica ao passadismo, exposta na dupla imagem do homem olhando sempre para frente.

c) construção de perspectiva, apresentada na sobreposição de planos visuais.

d) processo de automatismo, indicado na repetição da imagem do homem.

e) procedimento de colagem, identificado no reflexo do livro no espelho.

3.

Casa dos Contos

& em cada conto te cont
o & em cada enquanto me enca
nto & em cada arco te a
barco & em cada porta m
e perco & em cada lanço t
e alcanço & em cada escad
a me escapo & em cada pe
dra te prendo & em cada g
rade me escravo & em ca
da sótão te sonho & em cada
esconso me affonso & em
cada claúdio te canto & e
m cada fosso me enforco &

ÁVILA, A. *Discurso da difamação do poeta*. São Paulo: Summus, 1978.

O contexto histórico e literário do período barroco-árcade fundamenta o poema Casa dos Contos, de 1975. A restauração de elementos daquele contexto por uma poética contemporânea revela que:

a) a disposição visual do poema reflete sua dimensão plástica, que prevalece sobre a observação da realidade social.

b) a reflexão do eu lírico privilegia a memória e resgata, em fragmentos, fatos e personalidades da Inconfidência Mineira.

c) a palavra *esconso* (escondido) demonstra o desencanto do poeta com a utopia e sua opção por uma linguagem erudita.

d) o eu lírico pretende revitalizar os contrastes barrocos, gerando uma continuidade de procedimentos estéticos e literários.

e) o eu lírico recria, em seu momento histórico, numa linguagem de ruptura, o ambiente de opressão vivido pelos inconfidentes.

4.

Texto I

Um ato de criatividade pode contudo gerar um modelo produtivo. Foi o que ocorreu com a palavra sambódromo, criativamente formada com a terminação -(ó)dromo (= corrida), que figura em hipódromo, autódromo, cartódromo, formas que designam itens culturais da alta burguesia. Não demoraram a circular, a partir de então, formas populares como rangódromo, beijódromo, camelódromo.

AZEREDO, J. C. *Gramática Houaiss da língua portuguesa*. São Paulo: Publifolha, 2008.

Texto II

Existe coisa mais descabida do que chamar de sambódromo uma passarela para desfile de escolas de samba? Em grego, -dromo quer dizer "ação de correr, lugar de corrida", daí as palavras autódromo e hipódromo. É certo que, às vezes, durante o desfile, a escola se atrasa e é obrigada a correr para não perder pontos, mas não se desloca com a velocidade de um cavalo ou de um carro de Fórmula 1.

GULLAR, F. Disponível em: www1.folha.uol.com.br. Acesso em: 3 ago. 2012.

Há nas línguas mecanismos geradores de palavras. Embora o texto II apresente um julgamento de valor sobre a formação da palavra *sambódromo*, o processo de formação dessa palavra reflete:

a) o dinamismo da língua na criação de novas palavras.

b) uma nova realidade limitando o aparecimento de novas palavras.

c) a apropriação inadequada de mecanismos de criação de palavras por leigos.

d) o reconhecimento da impropriedade semântica dos neologismos.

e) a restrição na produção de novas palavras com o radical grego.

5.

da sua memória

mil
e
mui
tos
out
ros
ros
tos
sol
tos
pou
coa
pou
coa
pag
amo
meu

ANTUNES, A. *2 ou + corpos no mesmo espaço*. São Paulo: Perspectiva, 1998.

Trabalhando com recursos formais inspirados no Concretismo, o poema atinge uma expressividade que se caracteriza pela:

a) interrupção da fluência verbal, para testar os limites da lógica racional.

b) reestruturação formal da palavra, para provocar o estranhamento no leitor.

c) dispersão das unidades verbais, para questionar o sentido das lembranças.

d) fragmentação da palavra, para representar o estreitamento das lembranças.

e) renovação das formas tradicionais, para propor uma nova vanguarda poética.

6.

Exmº Sr. Governador:

Trago a V. Exa. um resumo dos trabalhos realizados pela Prefeitura de Palmeira dos Índios em 1928.

[...]

ADMINISTRAÇÃO

Relativamente à quantia orçada, os telegramas custaram pouco. De ordinário vai para eles dinheiro considerável. Não há vereda aberta pelos matutos que prefeitura do interior não ponha no arame, proclamando que a coisa foi feita por ela; comunicam-se as datas históricas ao Governo do Estado, que não precisa disso; todos os acontecimentos políticos são badalados. Porque se derrubou a Bastilha – um telegrama; porque se deitou pedra na rua – um telegrama; porque o deputado F. esticou a canela – um telegrama.

Palmeira dos Índios, 10 de janeiro de 1929.
GRACILIANO RAMOS.

RAMOS, G. *Viventes das Alagoas.* São Paulo: Martins Fontes, 1962.

O relatório traz a assinatura de Graciliano Ramos, na época, prefeito de Palmeira dos Índios, e é destinado ao governo do estado de Alagoas. De natureza oficial, o texto chama a atenção por contrariar a norma prevista para esse gênero, pois o autor:

a) emprega sinais de pontuação em excesso.
b) recorre a termos e expressões em desuso no português.
c) apresenta-se na primeira pessoa do singular, para conotar intimidade com o destinatário.
d) privilegia o uso de termos técnicos, para demonstrar conhecimento especializado.
e) expressa-se em linguagem mais subjetiva, com forte carga emocional.

7.

As narrativas indígenas se sustentam e se perpetuam por uma tradição de transmissão oral (sejam as histórias verdadeiras dos seus antepassados, dos fatos e guerras recentes ou antigos; sejam as histórias de ficção, como aquelas da onça e do macaco). De fato, as comunidades indígenas nas chamadas "terras baixas da América do Sul" (o que exclui as montanhas dos Andes, por exemplo) não desenvolveram sistemas de escrita como os que conhecemos, sejam alfabéticos (como a escrita do português), sejam ideogramáticos (como a escrita dos chineses) ou outros. Somente nas sociedades indígenas com estratificação social (ou seja, já divididas em classes), como foram os astecas e os maias, é que surgiu algum tipo de escrita. A história da escrita parece mesmo mostrar claramente isso: que ela surge e se desenvolve – em qualquer das formas – apenas em sociedades estratificadas (sumérios, egípcios, chineses, gregos etc.). O fato é que os povos indígenas no Brasil, por exemplo, não empregavam um sistema de escrita, mas garantiram a conservação e continuidade dos conhecimentos acumulados, das histórias passadas e, também, das narrativas que sua tradição criou, através da transmissão oral. Todas as tecnologias indígenas se transmitiram e se desenvolveram assim. E não foram poucas: por exemplo, foram os índios que domesticaram plantas silvestres e, muitas vezes, venenosas, criando o milho, a mandioca (ou macaxeira), o amendoim, as morangas e muitas outras mais (e também as desenvolveram muito; por exemplo, somente do milho criaram cerca de 250 variedades diferentes em toda a América).

D'ANGELIS, W. R. *Histórias dos índios lá em casa*: narrativas indígenas e tradição oral popular no Brasil. Disponível em: www.portalkaingang.org. Acesso em: 5 dez. 2012.

A escrita e a oralidade, nas diversas culturas, cumprem diferentes objetivos. O fragmento aponta que, nas sociedades indígenas brasileiras, a oralidade possibilitou:

a) a conservação e a valorização dos grupos detentores de certos saberes.
b) a preservação e a transmissão dos saberes e da memória cultural dos povos.
c) a manutenção e a reprodução dos modelos estratificados de organização social.
d) a restrição e a limitação do conhecimento acumulado a determinadas comunidades.
e) o reconhecimento e a legitimação da importância da fala como meio de comunicação.

Capítulo 19

Competências e habilidades do Enem (III)

© Ikon Images/Alamy Stock Photo/Fotoarena

Nos capítulos anteriores, você aprendeu o que são competências e habilidades. E conheceu também algumas competências e habilidades específicas da área de Linguagens, códigos e suas tecnologias avaliadas no exame do Enem. Neste capítulo, você vai conhecer mais algumas competências e habilidades e observar como elas são avaliadas nesse exame.

Competências de área 7, 8 e 9 referentes a Linguagens, códigos e suas tecnologias

A seguir, apresentamos as competências 7, 8 e 9 e suas respectivas habilidades indicadas pela Matriz de referência de Linguagens, códigos e suas tecnologias.

COMPETÊNCIA DE ÁREA 7 – CONFRONTAR OPINIÕES E PONTOS DE VISTA SOBRE AS DIFERENTES LINGUAGENS E SUAS MANIFESTAÇÕES ESPECÍFICAS.	
H21	Reconhecer, em textos de diferentes gêneros, recursos verbais e não verbais utilizados com a finalidade de criar e mudar comportamentos e hábitos.
H22	Relacionar, em diferentes textos, opiniões, temas, assuntos e recursos linguísticos.
H23	Inferir em um texto quais são os objetivos de seu produtor e quem é seu público-alvo, pela análise dos procedimentos argumentativos utilizados.
H24	Reconhecer no texto estratégias argumentativas empregadas para o convencimento do público, tais como a intimidação, sedução, comoção, chantagem, entre outras.

COMPETÊNCIA DE ÁREA 8 – COMPREENDER E USAR A LÍNGUA PORTUGUESA COMO LÍNGUA MATERNA, GERADORA DE SIGNIFICAÇÃO E INTEGRADORA DA ORGANIZAÇÃO DO MUNDO E DA PRÓPRIA IDENTIDADE.	
H25	Identificar, em textos de diferentes gêneros, as marcas linguísticas que singularizam as variedades linguísticas sociais, regionais e de registro.
H26	Relacionar as variedades linguísticas a situações específicas de uso social.
H27	Reconhecer os usos da norma-padrão da língua portuguesa nas diferentes situações de comunicação.

COMPETÊNCIA DE ÁREA 9 – ENTENDER OS PRINCÍPIOS, A NATUREZA, A FUNÇÃO E O IMPACTO DAS TECNOLOGIAS DA COMUNICAÇÃO E DA INFORMAÇÃO NA SUA VIDA PESSOAL E SOCIAL, NO DESENVOLVIMENTO DO CONHECIMENTO, ASSOCIANDO-O AOS CONHECIMENTOS CIENTÍFICOS, ÀS LINGUAGENS QUE LHES DÃO SUPORTE, ÀS DEMAIS TECNOLOGIAS, AOS PROCESSOS DE PRODUÇÃO E AOS PROBLEMAS QUE SE PROPÕEM SOLUCIONAR.	
H28	Reconhecer a função e o impacto social das diferentes tecnologias da comunicação e informação.
H29	Identificar, pela análise de suas linguagens, as tecnologias da comunicação e informação.
H30	Relacionar as tecnologias da comunicação e informação ao desenvolvimento das sociedades e ao conhecimento que elas produzem.

Agora leia e tente resolver estas questões de provas do Enem:

1.

Sarel van Staden/Glowimages

O homem evoluiu. Independentemente de teoria, essa evolução ocorreu de várias formas. No que concerne à evolução digital, o homem percorreu longo trajeto da pedra lascada ao mundo virtual. Tal fato culminou em um problema físico habitual, ilustrado na imagem, que propicia uma piora na qualidade de vida do usuário, uma vez que:

a) a evolução ocorreu e com ela evoluíram as dores de cabeça, o estresse e a falta de atenção à família.

b) a vida sem computador tornou-se quase inviável, mas se tem diminuído problemas de visão cansada.

c) a utilização demasiada do computador tem proporcionado o surgimento de cientistas que apresentam lesão por esforço repetitivo.

d) o homem criou o computador, que evoluiu, e hoje opera várias ações antes feitas pelas pessoas, tornando-as sedentárias ou obesas.

e) o uso contínuo do computador de forma inadequada tem ocasionado má postura corporal.

2.

O Conar existe para coibir os exageros na propaganda.
E ele é 100% eficiente nesta missão.

Conar

Propaganda boa é propaganda responsável.

Nós adoraríamos dizer que somos perfeitos. Que somos infalíveis. Que não cometemos nem mesmo o menor deslize. E só não falamos isso por um pequeno detalhe: seria uma mentira. Aliás, em vez de usar a palavra "mentira", como acabamos de fazer, poderíamos optar por um eufemismo. "Meia-verdade", por exemplo, seria um termo muito menos agressivo. Mas nós não usamos esta palavra simplesmente porque não acreditamos que exista uma "Meia-verdade". Para o Conar, Conselho Nacional de Autorregulamentação Publicitária, existem a verdade e a mentira. Existem a honestidade e a desonestidade. Absolutamente nada no meio. O Conar nasceu há 29 anos (viu só? não arredondamos para 30) com a missão de zelar pela ética na publicidade. Não fazemos isso porque somos bonzinhos (gostaríamos de dizer isso, mas, mais uma vez, seria mentira). Fazemos isso porque é a única forma da propaganda ter o máximo de credibilidade. E, cá entre nós, para que serviria a propaganda se o consumidor não acreditasse nela?

Qualquer pessoa que se sinta enganada por uma peça publicitária pode fazer uma reclamação ao Conar. Ele analisa cuidadosamente todas as denúncias e, quando é o caso, aplica a punição.

Anúncio do Conar (Conselho Nacional de Autorregulamentação Publicitária), veiculado na Revista *Veja*. São Paulo: Abril. Ed. 2120, ano 42, nº 27, 8 jul. 2009.

Considerando a autoria e a seleção lexical desse texto, bem como os argumentos nele mobilizados, constata-se que o objetivo do autor do texto é:

a) informar os consumidores em geral sobre a atuação do Conar.

b) conscientizar publicitários do compromisso ético ao elaborar suas peças publicitárias.

c) alertar chefes de família, para que eles fiscalizem o conteúdo das propagandas veiculadas pela mídia.

d) chamar a atenção de empresários e anunciantes em geral para suas responsabilidades ao contratarem publicitários sem ética.

e) chamar a atenção de empresas para os efeitos nocivos que elas podem causar à sociedade, se compactuarem com propagandas enganosas.

3.

Há certos usos consagrados na fala, e até mesmo na escrita, que, a depender do estrato social e do nível de escolaridade do falante, são, sem dúvida, previsíveis. Ocorrem até mesmo em falantes que dominam a variedade padrão, pois, na verdade, revelam tendências existentes na língua em seu processo de mudança que não podem ser bloqueadas em nome de um "ideal linguístico" que estaria representado pelas regras da gramática normativa. Usos como *ter* por *haver* em construções existenciais (*tem* muitos livros na estante), o do pronome objeto na posição de sujeito (para *mim* fazer o trabalho), a não concordância das passivas com se (*aluga-se* casas) são indícios da existência, não de uma norma única, mas de uma pluralidade de normas, entendida, mais uma vez, norma como conjunto de hábitos linguísticos, sem implicar juízo de valor.

CALLOU, D. Gramática, variação e normas. In: VIEIRA, S. R.; BRANDÃO, S. (orgs.). *Ensino de gramática*: descrição e uso. São Paulo: Contexto, 2007 (fragmento).

Considerando a reflexão trazida no texto a respeito da multiplicidade do discurso, verifica-se que:

a) estudantes que não conhecem as diferenças entre língua escrita e língua falada empregam, indistintamente, usos aceitos na conversa com amigos quando vão elaborar um texto escrito.

b) falantes que dominam a variedade padrão do português do Brasil demonstram usos que confirmam a diferença entre a norma idealizada e a efetivamente praticada, mesmo por falantes mais escolarizados.

c) moradores de diversas regiões do país que enfrentam dificuldades ao se expressar na escrita revelam a constante modificação das regras de emprego de pronomes e os casos especiais de concordância.

d) pessoas que se julgam no direito de contrariar a gramática ensinada na escola gostam de apresentar usos não aceitos socialmente para esconderem seu desconhecimento da norma-padrão.

e) usuários que desvendam os mistérios e sutilezas da língua portuguesa empregam formas do verbo *ter* quando, na verdade, deveriam usar formas do verbo *haver*, contrariando as regras gramaticais.

Confronte as questões lidas às competências de área 7, 8 e 9 e suas respectivas habilidades indicadas pela Matriz de referências de Linguagens, códigos e suas tecnologias definidas pelo Enem. Depois responda:

© Ikon Images/Alamy Stock Photo/Fotoarena

1. Em relação à questão 1:

a) Qual é a competência de área avaliada? Por quê?

b) Que habilidade(s) está(ão)sendo avaliada(s)? Por quê?

2. Em relação à questão 2:

a) Qual é a competência de área avaliada? Por quê?

b) Que habilidade(s) está(ão)sendo avaliada(s)? Por quê?

3. Em relação à questão 3:

a) Qual é a competência de área avaliada? Por quê?

b) Que habilidade(s) está(ão)sendo avaliada(s)? Por quê?

Prepare-se
para o Enem e o vestibular

Leia a tira a seguir e responda às questões 1 e 2.

© Angeli - Folha de S.Paulo 16.07.2001

1. O humor da tira decorre:

a) do emprego de gírias que caracterizam determinado grupo social.
b) do uso da norma-padrão por jovens que se consideram "descolados".
c) da quebra de expectativa observada no uso do adjetivo *maior* e do substantivo que o sucede.
d) da curiosidade da personagem por saber o que falaram a respeito dela.
e) do nome da personagem principal, *Orelha*.

2. A expressão *maior mala* equivale, na língua padrão, a:

a) egoísta.
b) enfadonho.
c) amigo.
d) elegante.
e) solidário.

3. Leia o texto:

Usuários já estão sem WhatsApp no Brasil

Shutterstock

O WhatsApp já parou de funcionar para grande parte dos usuários das operadoras Oi, Vivo, Tim e Claro. Muitos utilizaram as redes sociais para reclamarem do bloqueio de 48h imposto pela Justiça de São Paulo nesta quarta-feira, 16.

"Uma decisão arbitrária, retrógrada e ignorante. Digna de um imbecil com poder demais nas mãos. Uma vergonha pro Brasil", escreveu um usuário no Twitter. Programado para a 0h, de Brasília, os baianos e estados sem o horário de verão ficaram sem o aplicativo desde as 23h. [...]

Outros usuários aproveitaram para brincar com a situação. "Vou aproveitar essas 48 horas sem Whatsapp e sentar na mesa e conversar com um pessoal que tá morando aqui, acho que é minha família", escreveu outro usuário do Twitter, que se tornou a plataforma principal para os bate-papos. "Né que o Whatsapp parou mesmo? Espero que volte antes do Natal", brincou outra.

Bloqueio

O pedido foi feito pela 1ª Vara Criminal de São Bernardo do Campo e foi deferido pela juíza Sandra Regina Nostre Marques. Segundo a Justiça, o WhatsApp não teria atendido a uma determinação judicial de 23 de julho de 2015. A empresa foi notificada novamente em agosto, e não respondeu ao Ministério Público, que solicitou o bloqueio dos serviços pelo prazo de 48 horas, com base na lei do Marco Civil da internet.

(Disponível em: http://atarde.uol.com.br/digital/noticias/1733499-usuarios-ja-estao-sem-whatsapp-no-brasil#sthash.wKTeSHuV.dpuf. Acesso em: 5/4/2016.)

A postagem "Vou aproveitar essas 48 horas sem Whatsapp e sentar na mesa e conversar com um pessoal que tá morando aqui, acho que é minha família" leva a inferir que o usuário:

a) não utiliza o aplicativo com frequência.

b) tem destinado pouco tempo para conversar pessoalmente com seus familiares.

c) perdeu o hábito de teclar com sua família.

d) tem o hábito de sentar e conversar com sua família sobre como usar a tecnologia.

e) utiliza o aplicativo e, ao mesmo tempo, mantém a comunicação oral com seus familiares.

4. Observe o texto:

Africa

A ONG TNC (The Nature Conservancy) lançou a campanha #NaoChoveNaoLavo, que convida o paulistano a deixar de lavar seu carro enquanto a situação de escassez de água se mantiver. Com o lançamento da campanha, a ONG tinha o objetivo de:

a) se autopromover, transmitindo uma imagem positiva de si mesma.

b) informar os usuários de carros sobre a falta de água.

c) advertir o usuário para que não use o carro.

d) conscientizar a população quanto à necessidade de economizar água.

e) alertar a população para o risco de aplicação de multa aos que não cumprirem a lei.

5. A respeito da frase "Está pensando que ela cai do céu?", considere as afirmações:

I. *ela* retoma a palavra *água*, presente em "500 litros de água".

II. A expressão *cair do céu* é ambígua, pois tem os sentidos de "chover" e "ser gratuita".

III. A palavra *ela* sugere a palavra *chove* (chuva), enunciada posteriormente.

Está(ão) correta(s):

a) apenas I.

b) apenas II.

c) I e II.

d) II e III.

e) I e III.

6. No texto a seguir, seu autor assume a voz do pintor renascentista Leonardo da Vinci. Leia-o.

> Notem, não quero diminuir o valor de Jobs. Sua contribuição é notável, especialmente quando a bateria ainda não se foi. Apenas é preciso colocar as coisas nos seus devidos lugares. [...]
>
> Fiz a *Última Ceia* para a igreja de meu protetor, o Duque Lodovico Sforza.
>
> É um dos quadros mais famosos do mundo. Baseia-se em João 13:21, no qual Jesus anuncia aos 12 apóstolos que alguém, entre eles, o trairia. Sua reprodução está nas casas de metade do planeta e nunca precisou ser atualizada.
>
> Já o iPhone acabou com todas as ceias coletivas. Hoje, cada um fica curvado esfregando os dedos na telinha. Jobs nunca avisou quando ia trair seus fiéis compradores.
>
> (Vitor Knijnik. Disponível em: www.blogsdoalem.com.br/davinci/. Acesso em: 5/3/2016.)

Para obter efeito humorístico, que elementos o autor do texto contrapõe?

a) Uma pintura e a vida de Steve Jobs.

b) A fé católica e a arte de Leonardo da Vinci.

c) Uma pintura, a *Última ceia*, e a tecnologia digital.

d) O iPhone e baterias fracas.

e) O cristianismo e as artes plásticas.

Questões do Enem

1.

Texto I

O Brasil sempre deu respostas rápidas através da solidariedade do seu povo. Mas a mesma força que nos motiva a ajudar o próximo deveria também nos motivar a ter atitudes cidadãs. Não podemos mais transferir a culpa para quem é vítima ou até mesmo para a própria natureza, como se essa seguisse a lógica humana. Sobram desculpas esfarrapadas e falta competência da classe política.

Cartas. *IstoÉ*. 28 abr. 2010.

Texto II

Não podemos negar ao povo sofrido todas as hipóteses de previsão dos desastres. Demagogos culpam os moradores; o governo e a prefeitura apelam para as pessoas saírem das áreas de risco e agora dizem que será compulsória a realocação. Então temos a realocar o Brasil inteiro! Criemos um serviço, similar ao SUS, com alocação obrigatória de recursos orçamentários com rede de atendimento preventivo, onde participariam arquitetos, engenheiros, geólogos. Bem ou mal, esse "SUS" organizaria brigadas nos locais. Nos casos da dengue, por exemplo, poderia verificar as condições de acontecer epidemias. Seriam boas ações preventivas.

Carta do Leitor. *Carta Capital*. 28 abr. 2010 (adaptado).

Os textos apresentados expressam opiniões de leitores acerca de relevante assunto para a sociedade brasileira. Os autores dos dois textos apontam para a:

a) necessidade de trabalho voluntário contínuo para a resolução das mazelas sociais.

b) importância de ações preventivas para evitar catástrofes, indevidamente atribuídas aos políticos.

c) incapacidade política para agir de forma diligente na resolução das mazelas sociais.

d) urgência de se criarem novos órgãos públicos com as mesmas características do SUS.

e) impossibilidade de o homem agir de forma eficaz ou preventiva diante das ações da natureza.

2.

DPZ

Disponível em: http://www.ccsp.com.br. Acesso em: 27 jul. 2010 (adaptado).

O texto é uma propaganda de um adoçante que tem o seguinte mote: "Mude sua embalagem". A estratégia que o autor utiliza para o convencimento do leitor baseia-se no emprego de recursos expressivos, verbais e não verbais, com vistas a:

a) ridicularizar a forma física do possível cliente do produto anunciado, aconselhando-o a uma busca de mudanças estéticas.

b) enfatizar a tendência da sociedade contemporânea de buscar hábitos alimentares saudáveis, reforçando tal postura.

c) criticar o consumo excessivo de produtos industrializados por parte da população, propondo a redução desse consumo.

d) associar o vocábulo "açúcar" à imagem do corpo fora de forma, sugerindo a substituição desse produto pelo adoçante.

e) relacionar a imagem do saco de açúcar a um corpo humano que não desenvolve atividades físicas, incentivando a prática esportiva.

3.

O que é possível dizer em 140 caracteres?

Sucesso do Twitter no Brasil é oportunidade única de compreender a importância da concisão nos gêneros de escrita

A máxima "menos é mais" nunca fez tanto sentido como no caso do *microblog* Twitter, cuja premissa é dizer algo — não importa o quê — em 140 caracteres. Desde que o serviço foi criado, em 2006, o número de usuários da ferramenta é cada vez maior, assim como a diversidade de usos que se faz dela. Do estilo "querido diário" à literatura concisa, passando por aforismos, citações, jornalismo, fofoca, humor etc., tudo ganha o espaço de um *tweet* ("pio" em inglês), e entender seu sucesso pode indicar um caminho para o aprimoramento de um recurso vital à escrita: a concisão.

MURANO, E. Revista *Língua Portuguesa*. Disponível em: http://www.revistalingua.com.br/texto/54/artigo 248816-1.asp. Acesso em: 28 abr. 2010 (adaptado).

O Twitter se presta a diversas finalidades, entre elas, à comunicação concisa; por isso, essa rede social:

a) é um recurso elitizado, cujo público precisa dominar a língua padrão.
b) constitui recurso próprio para a aquisição da modalidade escrita da língua.
c) é restrita à divulgação de textos curtos e pouco significativos e, portanto, é pouco útil.
d) interfere negativamente no processo de escrita e acaba por revelar uma cultura pouco reflexiva.
e) estimula a produção de frases com clareza e objetividade, fatores que potencializam a comunicação interativa.

4.

O hipertexto refere-se à escritura eletrônica não sequencial e não linear, que se bifurca e permite ao leitor o acesso a um número praticamente ilimitado de outros textos a partir de escolhas locais e sucessivas, em tempo real. Assim, o leitor tem condições de definir interativamente o fluxo de sua leitura a partir de assuntos tratados no texto sem se prender a uma sequência fixa ou a tópicos estabelecidos por um autor. Trata-se de uma forma de estruturação textual que faz do leitor simultaneamente coautor do texto final. O hipertexto se caracteriza, pois, como um processo de escritura/leitura eletrônica multilinearizado, multissequencial e indeterminado, realizado em um novo espaço de escrita. Assim, ao permitir vários níveis de tratamento de um tema, o hipertexto oferece a possibilidade de múltiplos graus de profundidade simultaneamente, já que não tem sequência definida, mas liga textos não necessariamente correlacionados.

MARCUSCHI, L. A. Disponível em: http://www.pucsp.br. Acesso em: 29 jun. 2011.

O computador mudou nossa maneira de ler e escrever, e o hipertexto pode ser considerado como um novo espaço de escrita e leitura. Definido como um conjunto de blocos autônomos de texto, apresentado em meio eletrônico computadorizado e no qual há remissões associando entre si diversos elementos, o hipertexto:

a) é uma estratégia que, ao possibilitar caminhos totalmente abertos, desfavorece o leitor, ao confundir os conceitos cristalizados tradicionalmente.
b) é uma forma artificial de produção da escrita, que, ao desviar o foco da leitura, pode ter como consequência o menosprezo pela escrita tradicional.
c) exige do leitor um maior grau de conhecimentos prévios, por isso deve ser evitado pelos estudantes nas suas pesquisas escolares.
d) facilita a pesquisa, pois proporciona uma informação específica, segura e verdadeira, em qualquer *site* de busca ou *blog* oferecidos na internet.
e) possibilita ao leitor escolher seu próprio percurso de leitura, sem seguir sequência predeterminada, constituindo-se em atividade mais coletiva e colaborativa.

5.

Se no inverno é difícil acordar, imagine dormir

Com a chegada do inverno, muitas pessoas perdem o sono. São milhões de necessitados que lutam contra a fome e o frio. Para vencer esta batalha, eles precisam de você. Deposite qualquer quantia. Você ajuda milhares de pessoas a terem uma boa noite e dorme com a consciência tranquila.

Veja. 5 set. 1999 (adaptado).

O produtor de anúncios publicitários utiliza-se de estratégias persuasivas para influenciar o comportamento de seu leitor. Entre os recursos argumentativos mobilizados pelo autor para obter a adesão do público à campanha, destaca-se nesse texto:

a) a oposição entre individual e coletivo, trazendo um ideário populista para o anúncio.
b) a utilização de tratamento informal com o leitor, o que suaviza a seriedade do problema.
c) o emprego de linguagem figurada, o que desvia a atenção da população do apelo financeiro.
d) o uso dos numerais "milhares" e "milhões", responsável pela supervalorização das condições dos necessitados.
e) o jogo de palavras entre "acordar" e "dormir", o que relativiza o problema do leitor em relação ao dos necessitados.

6.

Motivadas ou não historicamente, normas prestigiadas ou estigmatizadas pela comunidade sobrepõem-se ao longo do território, seja numa relação de oposição, seja de complementaridade, sem, contudo, anular a interseção de usos que configuram uma norma nacional distinta da do português europeu. Ao focalizar essa questão, que opõe não só as normas do português de Portugal às normas do português brasileiro, mas também as chamadas normas cultas locais às populares ou vernáculas, deve-se insistir na ideia de que essas normas se consolidaram em diferentes momentos da nossa história e que só a partir do século XVIII se pode começar a pensar na bifurcação das variantes continentais, ora em consequência de mudanças ocorridas no Brasil, ora em Portugal, ora, ainda, em ambos os territórios.

CALLOU, D. Gramática, variação e normas. In: VIEIRA, S. R.; BRANDÃO, S. (orgs.). *Ensino de gramática*: descrição e uso. São Paulo: Contexto, 2007 (adaptado).

O português do Brasil não é uma língua uniforme. A variação linguística é um fenômeno natural, ao qual todas as línguas estão sujeitas. Ao considerar as variedades linguísticas, o texto mostra que as normas podem ser aprovadas ou condenadas socialmente, chamando a atenção do leitor para a:

a) desconsideração da existência das normas populares pelos falantes da norma culta.

b) difusão do português de Portugal em todas as regiões do Brasil só a partir do século XVIII.

c) existência de usos da língua que caracterizam uma norma nacional do Brasil, distinta da de Portugal.

d) inexistência de normas cultas locais e populares ou vernáculas em um determinado país.

e) necessidade de se rejeitar a ideia de que os usos frequentes de uma língua devem ser aceitos.

7.

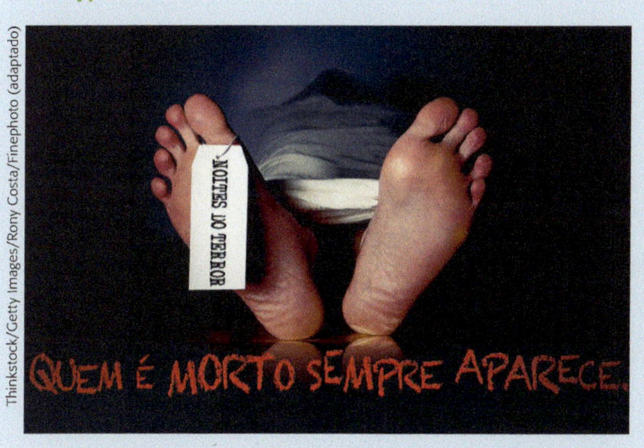

Thinkstock/Getty Images/Rony Costa/Finephoto (adaptado)

O anúncio publicitário está intimamente ligado ao ideário de consumo quando sua função é vender um produto. No texto apresentado, utilizam-se elementos linguísticos e extralinguísticos para divulgar a atração "Noites do Terror", de um parque de diversões. O entendimento da propaganda requer do leitor:

a) a identificação com o público-alvo a que se destina o anúncio.

b) a avaliação da imagem como uma sátira às atrações de terror.

c) a atenção para a imagem da parte do corpo humano selecionada aleatoriamente.

d) o reconhecimento do intertexto entre a publicidade e um dito popular.

e) a percepção do sentido literal da expressão "noites *do* terror", equivalente à expressão "noites *de* terror".

8.

MANDIOCA — mais um presente da Amazônia

Aipim, castelinha, macaxeira, maniva, maniveira. As designações da *Manihot utilissima* podem variar de região, no Brasil, mas uma delas deve ser levada em conta em todo o território nacional: *pão de pobre* — e por motivos óbvios.

Rica em fécula, a mandioca — uma planta rústica e nativa da Amazônia disseminada no mundo inteiro, especialmente pelos colonizadores portugueses — é a base de sustento de muitos brasileiros e o único alimento disponível para mais de 600 milhões de pessoas em vários pontos do planeta, e em particular em algumas regiões da África.

O melhor do Globo Rural. Fev. 2005 (fragmento).

De acordo com o texto, há no Brasil uma variedade de nomes para a *Manihot utilissima*, nome científico da mandioca. Esse fenômeno revela que:

a) existem variedades regionais para nomear uma mesma espécie de planta.

b) mandioca é nome específico para a espécie existente na região amazônica.

c) "pão de pobre" é designação específica para a planta da região amazônica.

d) os nomes designam espécies diferentes da planta, conforme a região.

e) a planta é nomeada conforme as particularidades que apresenta.

9.

Venho solicitar a clarividente atenção de Vossa Excelência para que seja conjurada uma calamidade que está prestes a desabar em cima da juventude feminina do Brasil. Refiro-me, senhor presidente, ao movimento entusiasta que está empolgando centenas de moças, atraindo-as para se transformarem em jogadoras de futebol, sem se levar em conta que a mulher não poderá praticar este esporte violento sem afetar, seriamente, o equilíbrio fisiológico das suas funções orgânicas, devido à natureza que dispôs a ser mãe. Ao que dizem os jornais, no Rio de Janeiro, já estão formados nada menos de dez quadros femininos.

Em São Paulo e Belo Horizonte também já estão se constituindo outros.

E, neste crescendo, dentro de um ano, é provável que em todo o Brasil estejam organizados uns 200 clubes femininos de futebol: ou seja: 200 núcleos destroçados da saúde de 2,2 mil futuras mães, que, além do mais, ficarão presas a uma mentalidade depressiva e propensa aos exibicionismos rudes e extravagantes.

(José Fuzeira, carta datada de 25/4/1940. In: SUGIMOTO, Luiz. Eva futebol clube, 2003. Disponível em: http://superfutebol.com.br/news3.php?cod=3909.)

O trecho é parte de uma carta de um cidadão brasileiro, José Fuzeira, encaminhada, em abril de 1940, ao então presidente da República Getúlio Vargas. As opções linguísticas de Fuzeira mostram que seu texto foi elaborado em linguagem:

a) regional, adequada à troca de informações na situação apresentada.
b) jurídica, exigida pelo tema relacionado ao domínio do futebol.
c) coloquial, considerando-se que ele era um cidadão brasileiro comum.
d) culta, adequando-se ao seu interlocutor e à situação de comunicação.
e) informal, pressupondo o grau de escolaridade de seu interlocutor.

10.

¡BRINCANDO!

KangaROOS llega a México con diseños atléticos, pero muy *fashion*. Tienen un toque *vintage* con diferentes formas y combinaciones de colores. Lo más *cool* de estos tenis es que tienen bolsas para guardar llaves o dinero. Son ideales para hacer ejercicio y con unos jeans obtendrás un *look* urbano.

www.kangaroos.com

Revista *Glamour Latinoamérica*. México, mar. 2010.

KangaRoos

O texto publicitário utiliza diversas estratégias para enfatizar as características do produto que pretende vender. Assim, no texto, o uso de vários termos de outras línguas, que não a espanhola, tem a intenção de:

a) atrair a atenção do público-alvo dessa propaganda.
b) popularizar a prática de exercícios esportivos.
c) agradar aos compradores ingleses desse tênis.
d) incentivar os espanhóis a falarem outras línguas.
e) enfatizar o conhecimento de mundo do autor do texto.

11.

Palavras jogadas fora

Quando criança, convivia no interior de São Paulo com o curioso verbo *pinchar* e ainda o ouço por lá esporadicamente. O sentido da palavra é o de "jogar fora" (*pincha fora essa porcaria*) ou "mandar embora" (*pincha esse fulano* daqui). Teria sido uma das muitas palavras que ouvi menos na capital do estado e, por conseguinte, deixei de usar. Quando indago às pessoas se conhecem esse verbo, comumente escuto respostas como "minha avó fala isso". Aparentemente, para muitos falantes, esse verbo é algo do passado, que deixará de existir tão logo essa geração antiga morrer. As palavras são, em sua grande maioria, resultados de uma tradição: elas já estavam lá antes de nascermos. "Tradição", etimologicamente, é o ato de entregar, de passar adiante, de transmitir (sobretudo valores culturais). O rompimento da tradição de uma palavra equivale à sua extinção. A gramática normativa muitas vezes colabora criando preconceitos, mas o fator mais forte que motiva os falantes a extinguirem uma palavra é associar a palavra, influenciados direta ou indiretamente pela visão normativa, a um grupo que julga não ser o seu. O *pinchar*, associado ao ambiente rural, onde há pouca escolaridade e refinamento citadino, está fadado à extinção?

É louvável que nos preocupemos com a extinção de ararinhas-azuis ou dos micos-leão-dourados, mas a extinção de uma palavra não promove nenhuma comoção, como não nos comovemos com a extinção de insetos, a não ser dos extraordinariamente belos. Pelo contrário, muitas vezes a extinção das palavras é incentivada.

VIARO, M. E. *Língua Portuguesa*, n. 77, mar. 2012 (adaptado).

A discussão empreendida sobre o (des)uso do verbo "pinchar" nos traz uma reflexão sobre a linguagem e seus usos, a partir da qual compreende-se que:

a) as palavras esquecidas pelos falantes devem ser descartadas dos dicionários, conforme sugere o título.
b) o cuidado com espécies animais em extinção é mais urgente do que a preservação de palavras.
c) o abandono de determinados vocábulos está associado a preconceitos socioculturais.
d) as gerações têm a tradição de perpetuar o inventário de uma língua.
e) o mundo contemporâneo exige a inovação do vocabulário das línguas.

As situações-problema nas provas do Enem e dos vestibulares

Capítulo 20

© Brain Light/Alamy Stock Photo/ Fotoarena

Em alguns exames vestibulares e principalmente nas provas do Enem, são propostas aos candidatos certas questões cuja resolução pode envolver mais de uma competência e mais de uma habilidade. São as chamadas *situações-problema*, que você vai conhecer neste capítulo.

O que é uma situação-problema?

Em nossa vida cotidiana, a todo momento nos deparamos com certos obstáculos ou situações que exigem de nós uma solução ou uma tomada de decisão. Para tomarmos a decisão mais adequada nessas situações, precisamos realizar várias operações. Por exemplo, procuramos colher mais informações a respeito do problema, acionamos nossos conhecimentos, comparamos dados, avaliamos consequências, procuramos olhar de diferentes ângulos, etc.

Todas essas operações exigem de nós a ativação de nossos esquemas mentais, o uso de nossa inteligência e o emprego de ações que nos levem a uma solução adequada.

O Enem e alguns exames vestibulares – que buscam avaliar não apenas conteúdos, mas também a capacidade do estudante de lidar com desafios, na universidade e na vida – propõem aos candidatos situações-problema que servem como recurso de avaliação das competências e habilidades desenvolvidas por eles.

Eis a visão do Enem a respeito de situação-problema:

> [...] uma boa situação-problema é estruturada a partir de certas coordenadas que a definem e que, ao mesmo tempo, abrem possibilidades diversas, ou seja, diferentes caminhos para sua solução. Dessa maneira, ao mergulhar na tarefa de resolução, o aluno pode contar com a presença de algumas informações dadas pelo problema que lhe servirão como um norte, uma direção. [...] Nesse sentido, os obstáculos exercem um papel desafiador, pois o aluno não possui *a priori* todos os obstáculos ou meios para alcançar a solução da tarefa. Ou seja, os obstáculos requerem do aluno um trabalho intelectual, que se caracteriza com mobilização de seus recursos, operações mentais para atualizar seus esquemas operatórios, tomadas de decisões que implicam a escolha e o risco de adotar uma certa linha de raciocínio. Todo esse trabalho mental concretiza-se na forma de um "saber fazer", de um conjunto de procedimentos e estratégias de ações.
>
> (*Eixos cognitivos do Enem – Versão preliminar.* Brasília: MEC/INEP, 2007. p. 37-8.)

Como podem ser as situações-problema?

As situações-problema podem explorar conhecimentos de diferentes áreas e se apresentar de vários modos. Eis alguns deles:

- comparação entre fragmentos de textos;
- confronto entre textos de diferentes linguagens;
- estabelecimento de relações entre elementos distintos presentes nos textos;
- exploração de leitura de um gráfico relacionado a conteúdos de Ciência, História ou Geografia e estabelecimento de relação com fenômenos naturais, sociais ou culturais;
- exploração de conteúdos de Matemática que exijam a elaboração de propostas a partir de uma linha de argumentação.

© Stock Connection Blue/ Alamy Stock Photo/Fotoarena

Analisando uma situação-problema proposta pelo Enem

Veja, a seguir, um exemplo de situação-problema proposta pelo Enem e o modo como ela poderia ser resolvida.

O texto abaixo reproduz parte de um diálogo entre dois personagens de um romance.

> — Quer dizer que a Idade Média durou dez horas? — perguntou Sofia.
>
> — Se cada hora valer cem anos, então sua conta está certa. Podemos imaginar que Jesus nasceu à meia-noite, que Paulo saiu em peregrinação missionária pouco antes da meia-noite e meia e morreu quinze minutos depois, em Roma. Até as três da manhã a fé cristã foi mais ou menos proibida. (...) Até as dez horas as escolas dos mosteiros detiveram o monopólio da educação. Entre dez e onze horas são fundadas as primeiras universidades.
>
> (Adaptado de GAARDER, Jostein. *O Mundo de Sofia — Romance da História da Filosofia*. São Paulo: Cia. das Letras, 1995. p. 187-9.)

O ano de 476 d.C., época da queda do Império Romano do Ocidente, tem sido usado como marco para o início da Idade Média. De acordo com a escala de tempo apresentada no texto, que considera como ponto de partida o início da Era Cristã, pode-se afirmar que:

a) as Grandes Navegações tiveram início por volta das quinze horas.

b) a Idade Moderna teve início um pouco antes das dez horas.

c) o Cristianismo começou a ser propagado na Europa no início da Idade Média.

d) as peregrinações do apóstolo Paulo ocorreram após os primeiros 150 anos da Era Cristã.

e) os mosteiros perderam o monopólio da educação no final da Idade Média.

Resposta: *a*.

Para resolver a questão, o estudante deveria compreender o diálogo entre as duas personagens e atribuir-lhe sentido. Para isso, teria de vencer o primeiro obstáculo, que consiste em construir uma escala de tempo, na qual cada hora corresponde a um século.

O segundo obstáculo é encaixar na escala de tempo os diferentes fatos da história citados, tendo em vista que, entre eles, há diferentes intervalos de tempo.

Como o Enem não privilegia a memorização, a informação sobre a queda do Império Romano do Ocidente e o início da Idade Média é oferecida ao estudante e torna-se uma das chaves para a resposta à questão.

THE BRIDGEMAN ART LIBRARY / KEYSTONE BRASIL

Operando o pensamento, o estudante deveria, primeiramente, estabelecer relações de equivalência entre horas e anos. Ou seja, cada hora equivale a cem anos; logo, as dez horas citadas no diálogo equivalem a mil anos, tempo de duração da Idade Média (476 d.C. a 1476 d.C.).

O ano 476 d.C. também permite situar na escala de tempo construída pelo estudante o momento do nascimento de Cristo, ou o início da Era Cristã, que ocorre à meia-noite.

A partir daí, o estudante deveria apenas encaixar na escala os demais fatos citados. Eis alguns deles:

- Paulo realizou suas peregrinações antes do ano 50 d.C. e morreu em Roma pouco antes do ano 75 d.C. Logo, se meia-noite corresponde ao ano zero, meia-noite e meia corresponde ao ano 50; somando quinze minutos, temos o ano 75.
- As três horas até as quais a fé cristã foi proibida equivalem ao ano 300 d.C.
- As dez horas até as quais durou o monopólio da educação pelas escolas dos mosteiros correspondem ao ano 1000 d.C.
- O período de dez a onze horas em que se deu a fundação das universidades equivale ao período 1000 d.C. a 1100 d.C.

Em seguida, o estudante deveria mobilizar seus conhecimentos de História a fim de, levando em conta a escala de tempo montada, identificar a afirmação verdadeira.

A alternativa *b*, por exemplo, é falsa porque a Idade Moderna não teve início antes das 10 horas (ano 1000). A alternativa *c* é falsa porque o Cristianismo começou a ser propagado antes da Idade Média. A alternativa *d* é falsa porque as pregações de Paulo começaram por volta de 50 d.C. E a alternativa *e* é falsa porque os mosteiros perderam o monopólio por volta de 1000 d.C., portanto bem antes do fim da Idade Média.

Como se observa, a situação-problema analisada é complexa, pois envolve diversas operações mentais. Como num jogo de abstrações e analogias, apresenta vários obstáculos que precisam ser superados um a um, mas de forma interdependente, isto é, cada elemento deve ser observado no conjunto, e não de forma isolada. Além disso, é preciso fazer inferências e deduções, completar os dados que faltam a partir do que é oferecido pelo problema.

Eixos cognitivos em xeque

Para resolver a situação-problema em análise, o estudante deveria mobilizar vários eixos cognitivos avaliados pelo Enem: o *eixo cognitivo I*, que se refere ao domínio de linguagens ou sistemas de representação; o *eixo cognitivo III*, que requer a seleção de informações e o estabelecimento de relações entre elas; o *eixo cognitivo IV*, que exige criar uma linha de argumentação mental e trabalhar com proposições, verdades e falsidades; e, por fim, o *eixo cognitivo V*, que envolve a elaboração de propostas, uma vez que é preciso criar um plano de ação, no caso uma escala de tempo construída a partir de dados oferecidos e de inferências realizadas.

Prepare-se
para o Enem e o vestibular

Observe os dois textos que seguem e responda às questões 1 e 2.

Texto 1

Garage IM

(Disponível em: http://www.aterceiraidade.com/conheca-tambem/novo-simbolo-idoso/. Acesso em: 15/3/2016.)

Texto 2

Fernando Gonsales

(Fernando Gonsales. *Folha de S. Paulo*, 9/10/2015.)

1. Considerando que o *hamster* sabe que a expectativa de vida de uma tartaruga comum é de 100 anos, em proporção à sua idade, qual é a idade mínima das tartarugas na fila de idosos no segundo quadrinho?

a) 70 anos
b) 80 anos
c) 90 anos
d) 95 anos
e) mais de 83 anos

Fernando Gonsales

2. Levando-se em conta o limite de idade do ser humano para ser considerado idoso (conforme indica o símbolo do texto 1), em relação ao *hamster*, a expectativa de vida humana seria de:

a) 72 anos
b) 60 anos
c) mais de 75 anos
d) 80 anos
e) 65 anos

3. O IOEB (Índice de Oportunidades da Educação Brasileira) mostra como está a educação nos Estados e municípios do país. É uma soma de indicadores de resultado, de insumos, da qualidade dos professores, do tempo de jornada das crianças na escola, da experiência de diretores, das notas de prova, do rendimento e da idade dos alunos. Veja abaixo os 10 Estados com melhor colocação no IOEB e os 10 municípios líderes do *ranking* nacional:

I. *RANKING* DOS 10 ESTADOS COM MAIOR IOEB

Posição	Estado	IOEB
1º	São Paulo	5.1
2º	Minas Gerais	5.0
3º	Santa Catarina	5.0
4º	Paraná	4.9
5º	Ceará	4.6
6º	Distrito Federal	4.6
7º	Espírito Santo	4.6
8º	Goiás	4.6
9º	Rio Grande do Sul	4.5
10º	Mato Grosso	4.5

II. *RANKING* DOS 10 MUNICÍPIOS DO BRASIL COM MAIOR IOEB

Posição	Estado	IOEB
1º	Sobral (CE)	6.1
2º	Groairas (CE)	5.9
3º	Porteiras (CE)	5.9
4º	Centenário (RS)	5.9
5º	Novo Horizonte (SP)	5.8
6º	Bom Sucesso do Sul (PR)	5.8
7º	São Domingos das Dores (MG)	5.7
8º	Paranapuá (SP)	5.7
9º	Monte Castelo (SP)	5.7
10º	Brejo Santo (CE)	5.7

(Disponível em: http://g1.globo.com/educacao/noticia/2015/10/novo-indice-avalia-situacao-da-educacao-nos-municípios.html. Acesso em: 20/3/2016.)

- Pedro, um leitor do *site*, enviou o seguinte texto como comentário aos resultados publicados:

> Eu sou de uma terra que o povo padece, mas não esmorece e procura vencer. Da terra querida, que a linda cabocla de riso na boca zomba no sofrer, não nego meu sangue, não nego meu nome. Olho para a fome, pergunto o que há? Eu sou brasileiro, filho do Nordeste, sou cabra da Peste, sou do Ceará.
>
> Patativa do Assaré

JARBAS OLIVEIRA/AE

O poeta cearense Patativa do Assaré.

Diante dos resultados do IOEB, pode-se afirmar que o ufanismo de Pedro, representado pela poesia de Patativa do Assaré:

a) é totalmente justificado.
b) não se justifica de forma alguma.
c) justifica-se em relação aos resultados do Estado a que pertence.
d) justifica-se parcialmente, apenas em razão do resultado dos municípios.
e) justifica-se em razão da equivalência entre município e Estado.

4. Há, a seguir, dois textos, um de Miguel de Cervantes e outro de Carlos Drummond de Andrade. Ambos descrevem o momento em que Quixote, personagem de Cervantes, estando numa venda que ele acredita ser um castelo, pede ao vendeiro, a quem considera um nobre castelão, que o nomeie cavaleiro, passando a ser conhecido como Dom Quixote de La Mancha.

I. Texto de Miguel de Cervantes:

> Avisado e medroso, o castelão trouxe logo um livro, em que assentava a palha e cevada que dava aos arrieiros, e com um coto de vela de sebo que um muchacho lhe trouxe aceso, e, com as duas sobreditas donzelas, voltou para ao pé de Quixote, mandou-o pôr de joelhos, e, lendo no seu manual em tom de quem recitava alguma oração devota, no meio da leitura levantou a mão, e lhe descarregou no cachaço um bom pescoção, e logo depois com a sua mesma espada uma pranchada, sempre rosnando entre dentes, como quem rezava.
>
> (*Dom Quixote de La Mancha*. Porto, Portugal: Lello & Irmão Editores, 1962. p. 32.)

II. Poema de Carlos Drummond de Andrade:

Sagração

Rocinante
pasta a erva do sossego.
A Mancha inteira é calma.
A chama oculta arde
nesta fremente Espanha interior.

De geolhos e olhos visionários
me sagro cavaleiro
andante, amante
de amor cortês e minha dama,
cristal de perfeição entre perfeitas.

Daqui por diante
é girar, girovagar, a combater
o erro, o falso, o mal de mil semblantes
e recolher no peito em sangue
a palma esquiva e rara
que há de cingir-me a fronte
por mão de Amor-amante.

A fama, no capim
que Rocinante pasta,
se guarda para mim, em tudo a sinto,
sede que bebo, vento que me arrasta.

(https://pendientedemigracion.ucm.es/info/especulo/numero23/drummond.html. Acesso em: 30/4/2016.)

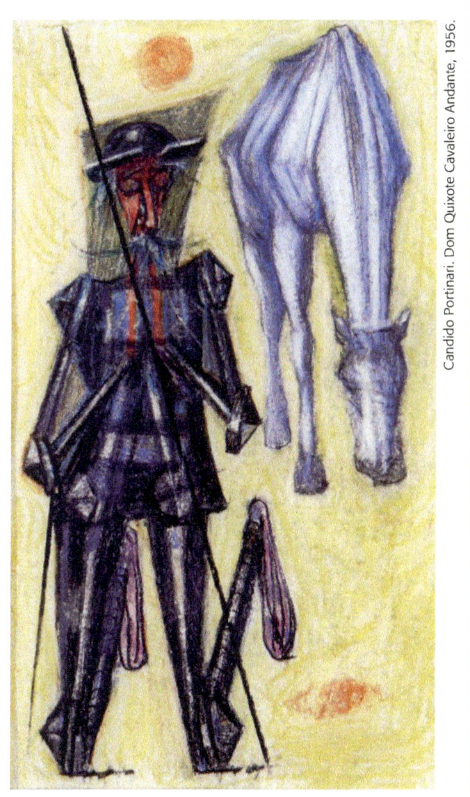

Candido Portinari. Dom Quixote Cavaleiro Andante, 1956.

Cartão *D. Quixote cavaleiro andante*, de Portinari.

A diferença de tom do texto II em relação ao texto I explica-se porque:

a) denuncia, de modo sarcástico, a hipocrisia que rodeava o herói.

b) escrito em primeira pessoa, assume a visão do herói e sua atitude respeitosa diante do sonho de tornar-se cavaleiro.

c) parodia o momento de sagração dos cavaleiros medievais nas novelas de cavalaria.

d) é marcado pelo riso e pelo burlesco, próprio da paródia.

e) apresenta uma perspectiva irônica em relação ao texto de Miguel de Cervantes.

5. Leia o texto:

Trote, uma prática medieval que desafia as universidades

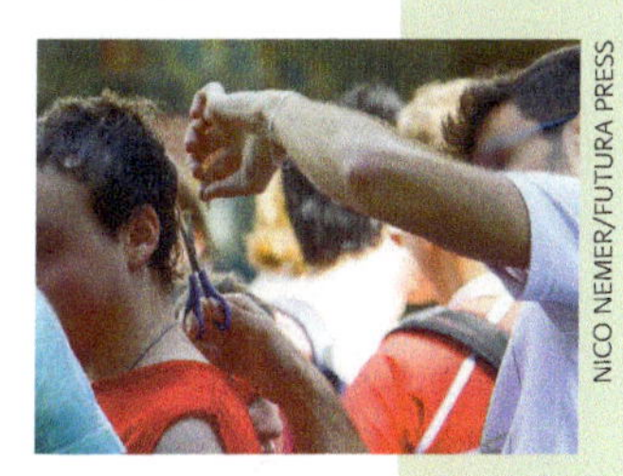

NICO NEMER/FUTURA PRESS

As primeiras universidades surgiram na Europa em plena Idade Média. Foram um sopro de liberdade. Permitiram progressivamente ao homem atuar segundo a razão, em vez de apenas obedecer a dogmas. Paradoxalmente, ao mesmo tempo em que nasciam os centros de estudo, surgia uma instituição muito mais tributária da ideia que hoje fazemos da "Idade das Trevas": o trote. Os primeiros registros da prática datam do início do século XIV. Calouros da região correspondente à moderna Alemanha eram obrigados a andar nus e ingerir fezes de animais mediante a promessa de que poderiam se vingar nos novatos do ano seguinte. "Os alunos veteranos descontavam nos mais novos a repressão promovida em sala de aula por professores rigorosos", afirma Antônio Zuin, professor do Departamento de Educação da Universidade Federal de São Carlos (UFSCar) [...].

(Nathalia Goulart. http://veja.abril.com.br/noticia/educacao/trote-uma-pratica-medieval-que-desafia-as-universidades)

No texto, a prática do trote entre universitários é situada na Idade Média. Contudo, ela ainda ocorre nos dias atuais, porém com outra motivação. Em que consiste essa mudança?

a) A classe social dos estudantes é outra.

b) Os professores deixaram de ser a motivação para as ações violentas.

c) Os trotes buscam valorizar a liberdade de ação dos calouros.

d) As ações violentas não são fruto da tradição acadêmica.

e) No passado, era necessário seguir dogmas, e hoje não.

Observe o quadro do pintor espanhol Goya, ao lado, e leia os versos do poeta português Jorge de Sena que seguem. Depois responda às questões 6 e 7.

Francisco de Goya. Fuzilamentos de três de maio. 1814.

Fuzilamentos de 3 de maio de 1808.

Carta a meus filhos sobre os fuzilamentos de Goya

Não sei, meus filhos, que mundo será o vosso.
É possível, porque tudo é possível, que ele seja
aquele que eu desejo para vós. Um simples mundo,
onde tudo tenha apenas a dificuldade que advém
de nada haver que não seja simples e natural.
Um mundo em que tudo seja permitido,
conforme o vosso gosto, o vosso anseio, o vosso prazer,
o vosso respeito pelos outros, o respeito dos outros por vós.
E é possível que não seja isto, nem seja sequer isto
o que vos interesse para viver. Tudo é possível,
[...]
Estes fuzilamentos, este heroísmo, este horror,
foi uma coisa, entre mil, acontecida em Espanha
há mais de um século e que por violenta e injusta
ofendeu o coração de um pintor chamado Goya,
que tinha um coração muito grande, cheio de fúria
e de amor. Mas isto nada é, meus filhos.
Apenas um episódio, um episódio breve,
nesta cadeia de que sois um elo (ou não sereis)
de ferro e de suor e sangue e algum sêmen
a caminho do mundo que vos sonho.
[...]

(Sena, Jorge de. *Metamorfoses, seguidas de Quatro sonetos a Afrodite Anadiómena*. Lisboa: Moraes, 1963. http://asfolhasardem.wordpress.com/2010/03/19/jorge-de-sena-carta-a-meus-filhos-sobre-os-fuzilamentos-de-goya/)

6. O quadro de Goya retrata o fuzilamento de espanhóis civis pelo exército napoleônico nas ruas de Madri em 1808. Que expressão empregada por Jorge de Sena melhor se aplica às pessoas situadas à esquerda, no quadro?

a) "mundo em que tudo seja permitido"
b) "porque tudo é possível"
c) "este heroísmo, este horror"
d) "um episódio breve"
e) "o respeito dos outros por vós"

7. Os termos *fuzilamentos* e *horror* empregados nos versos de Jorge de Sena correspondem a que elementos do quadro, respectivamente?

a) expressão do homem de branco e construção não iluminada, ao fundo
b) construção não iluminada, ao fundo, e sangue no chão
c) lanterna acesa, no chão, e braços abertos do homem de branco
d) expressão do homem de branco e homens com as mãos no rosto
e) sangue no chão e homens com as mãos no rosto

Questões do Enem e dos vestibulares

1. (FATEC-SP) O aplicativo Waze, instalado em tablets e smartphones, tem sido usado com frequência para auxiliar os motoristas a "fugirem" do trânsito pesado das grandes cidades. Esse aplicativo consegue apresentar ao usuário uma boa rota alternativa e o tempo estimado para chegada ao destino, baseando-se tão somente nas distâncias e velocidades médias dos diversos usuários nessas rotas.

   Suponha que um candidato da FATEC saia de casa às 11h 10 min. Ele se dirige ao local de realização da prova, iniciando pelo trecho A, de 18 km, e finalizando pelo trecho B, de 3 km, às velocidades médias apresentadas na tela do aplicativo (conforme a figura).

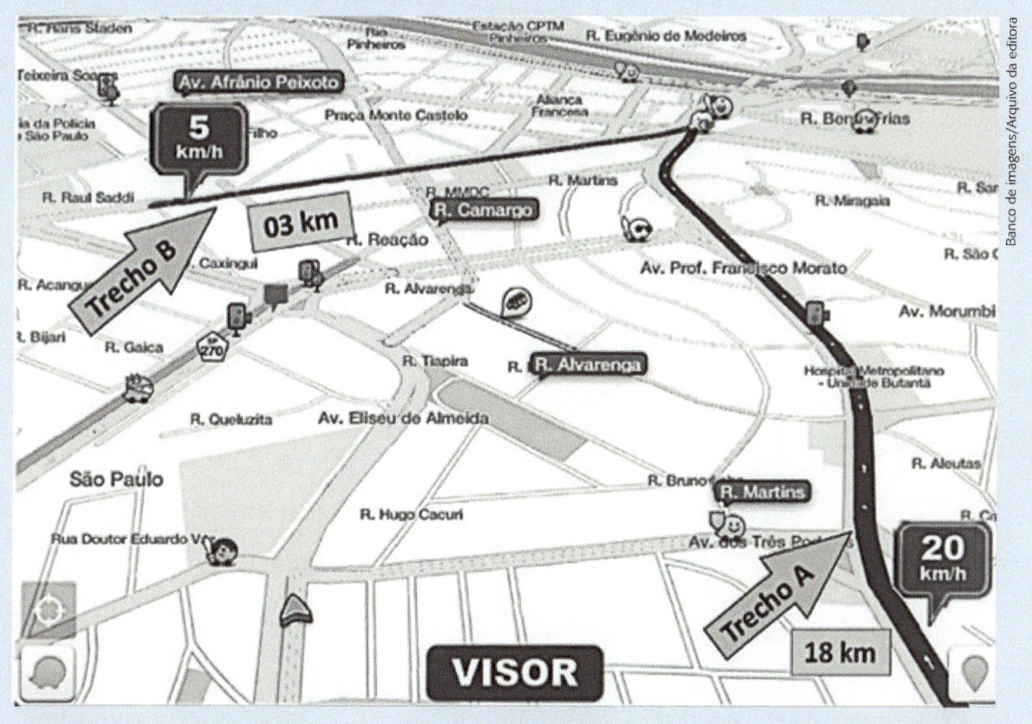

Banco de imagens/Arquivo da editora

É correto afirmar que a hora estimada para chegada ao destino é

a) 11 h 40 min.
b) 12 h 10 min.
c) 12 h 40 min.
d) 13 h 10 min.
e) 13 h 25 min.

2. (ENEM) Em uma escola, a probabilidade de um aluno compreender e falar inglês é de 30%. Três alunos dessa escola, que estão em fase final de seleção de intercâmbio, aguardam, em uma sala, serem chamados para uma entrevista. Mas, ao invés de chamá-los um a um, o entrevistador entra na sala e faz, oralmente, uma pergunta em inglês que pode ser respondida por qualquer um dos alunos.

   A probabilidade de o entrevistador ser entendido e ter sua pergunta oralmente respondida em inglês é

a) 23,7%
b) 30,0%
c) 44,1%
d) 65,7%
e) 90,0%

3. (UNICAMP-SP) Os gráficos a seguir representam a espacialização e proporção da pobreza e da indigência no Brasil entre 1990 e 2004. Considerando esses gráficos, assinale a alternativa correta.

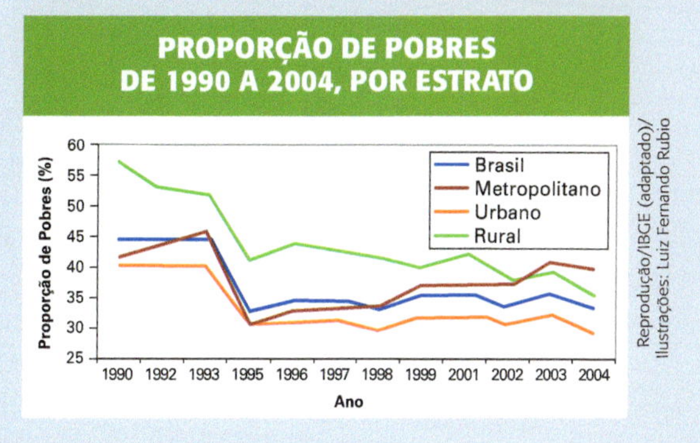

Reprodução/IBGE (adaptado)/
Ilustrações: Luiz Fernando Rubio

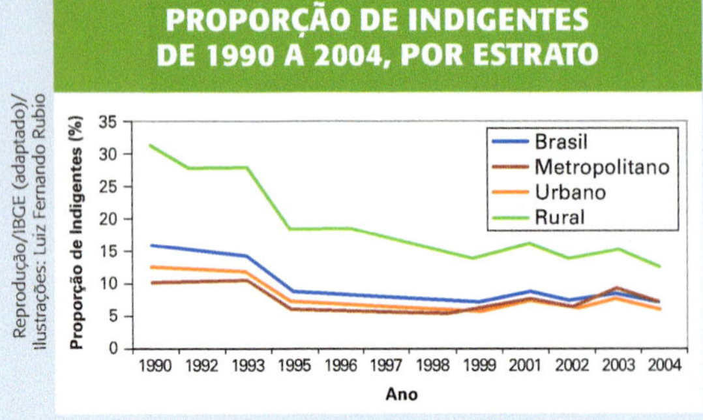

Adaptado de S. Rocha, "Pobreza e indigência no Brasil — algumas evidências empíricas com base na PNAD 2004." *Nova Economia*. Belo Horizonte, pág. 4-5. Maio/Agosto. 2006. Disponível em: http://www.scielo.br. Acesso em: 15/4/2010.

a) Comparando as áreas metropolitanas, urbanas e rurais, observa-se que a melhoria da pobreza (queda na proporção de pobres) no período 1990-2004 foi menos acentuada nas áreas urbanas.

b) Nas áreas rurais, a queda na proporção de indigentes foi mais significativa do que a de pobres.

c) No período 1995-2004, a proporção de pobres e de indigentes no Brasil se manteve mais ou menos constante.

d) A queda menos acentuada na proporção de indigentes no Brasil, no período, ocorreu nas áreas urbanas.

4. (ENEM) O polímero de PET (Politereftalato de Etileno) é um dos plásticos mais reciclados em todo o mundo devido à sua extensa gama de aplicações, entre elas, fibras têxteis, tapetes, embalagens, filmes e cordas. Os gráficos mostram o destino do PET reciclado no Brasil, sendo que, no ano de 2010, o total de PET reciclado foi de 282 kton (quilotoneladas).

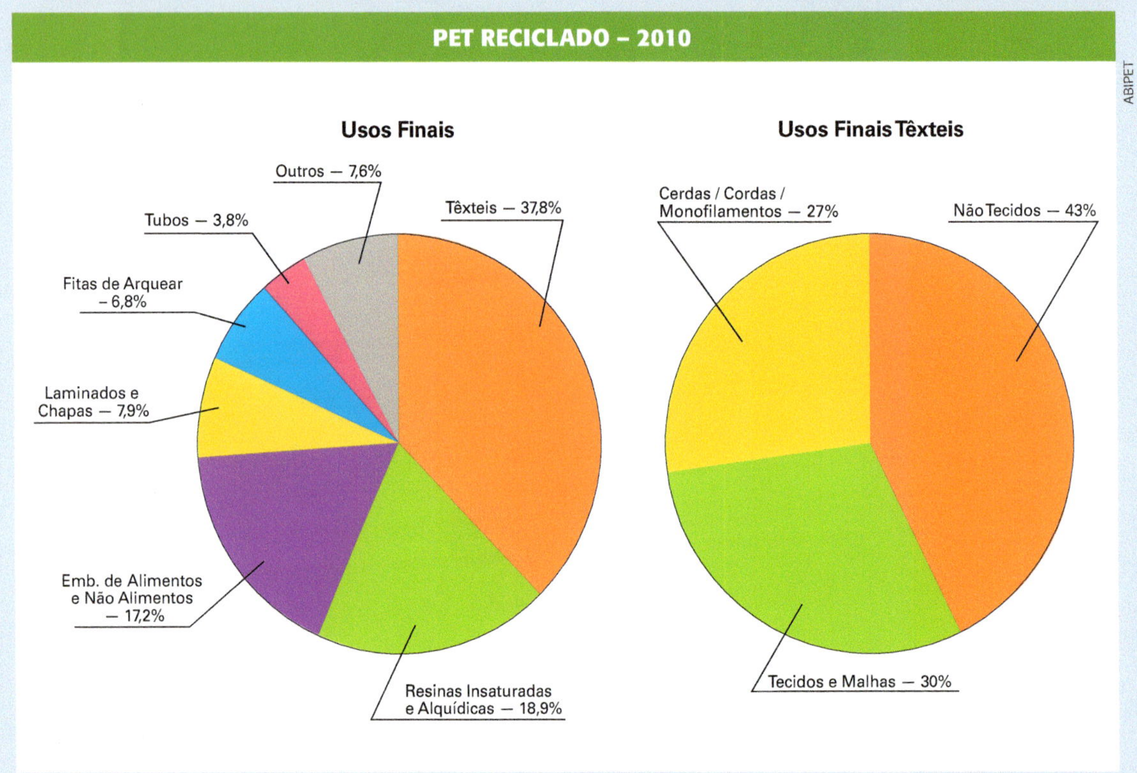

Disponível em: www.abipel.org.br. Acesso em 12 jul.2012 (adaptado).

De acordo com os gráficos, a quantidade de embalagens PET recicladas destinadas à produção de tecidos e malhas, em kton, é mais aproximada de:

a) 16,0.
b) 22,9.
c) 32,0.
d) 84,6.
e) 106,6.

5. (ENEM) Um arquiteto está reformando uma casa. De modo a contribuir com o meio ambiente, decide reaproveitar tábuas de madeira retiradas da casa. Ele dispõe de 40 tábuas de 540 cm, 30 de 810 cm e 10 de 1 080 cm, todas de mesma largura e espessura. Ele pediu a um carpinteiro que cortasse as tábuas em peças de mesmo comprimento, sem deixar sobras, e de modo que as novas peças ficassem com o maior tamanho possível, mas de comprimento menor que 2 m.

Atendendo o pedido do arquiteto, o carpinteiro deverá produzir

a) 105 peças.
b) 120 peças.
c) 210 peças.
d) 243 peças.
e) 420 peças.

6. (UFRN-RN) A sequência abaixo faz parte do roteiro de adaptação de *Memórias póstumas de Brás Cubas* para os quadrinhos. O fragmento textual do Capítulo VII que corresponde à sequência abaixo é:

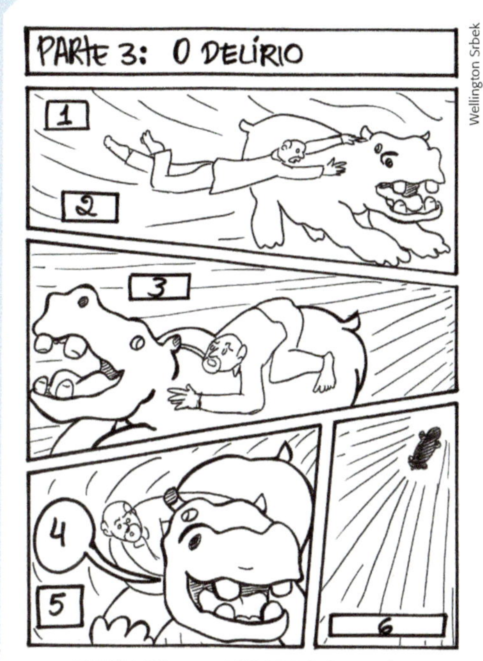

SRBEK, Wellington; MELADO, B. Página do roteiro de adaptação do romance *Memórias póstumas de Brás Cubas para os quadrinhos*. Disponível em: <http://blogdosquadrinhos.blog.uol.com.br/arch2010-02-01_2010-02-28.html>. Acesso em: 28 jun. 2010.

a) "Tentei falar, mas apenas pude grunhir esta pergunta ansiosa:

— Onde estamos?

— Já passamos o Éden.

— Bem; paremos na tenda de Abraão.

— Mas se nós caminhamos para trás! redarguiu motejando a minha cavalgadura." (p. 26)

b) "Deixei-me ir, calado, não sei se por medo ou confiança; mas, dentro em pouco, a carreira de tal modo se tornou vertiginosa, que me atrevi a interrogá-lo, e com tal arte lhe disse que a viagem me parecia sem destino.

— Engana-se, replicou o animal, nós vamos à origem dos séculos." (p. 25)

c) "Como ia de olhos fechados, não via o caminho. Lembra-me só que a sensação de frio aumentava com a jornada, e que chegou uma ocasião em que me pareceu entrar na região dos gelos eternos." (p. 25)

d) "Com efeito, abri os olhos e vi que o meu animal galopava numa planície branca de neve, com uma ou outra montanha de neve, vegetação de neve, e vários animais grandes de neve." (p. 26)

7. (ENEM)

O HPV é uma doença sexualmente transmissível. Uma vacina com eficácia de 98% foi criada com o objetivo de prevenir a infecção por HPV e, dessa forma, reduzir o número de pessoas que venham a desenvolver câncer de colo de útero. Uma campanha de vacinação foi lançada em 2014 pelo SUS, para um público-alvo de meninas de 11 a 13 anos de idade. Considera-se que, em uma população não vacinada, o HPV acomete 50% desse público ao longo de suas vidas. Em certo município, a equipe coordenadora da campanha decidiu vacinar meninas entre 11 e 13 anos de idade em quantidade suficiente para que a probabilidade de uma menina nessa faixa etária, escolhida ao acaso, vir a desenvolver essa doença seja, no máximo, de 5,9%. Houve cinco propostas de cobertura, de modo a atingir essa meta:

Proposta I: vacinação de 90% do público-alvo.

Proposta II: vacinação de 55,8% do público-alvo.

Proposta III: vacinação de 88,2% do público-alvo.

Proposta IV: vacinação de 49% do público-alvo.

Proposta V: vacinação de 95,9% do público-alvo.

Para diminuir os custos, a proposta escolhida deveria ser também aquela que vacinasse a menor quantidade possível de pessoas.

Disponível em: www.virushpv.com.br. Acesso em: 30 ago. 2014 (adaptado).

A proposta implementada foi a de número

a) I.
b) II.
c) III.
d) IV.
e) V.

8. (ENEM)

Embalagens usadas e resíduos devem ser descartados adequadamente

Todos os meses são recolhidas das rodovias brasileiras centenas de milhares de toneladas de lixo. Só nos 22,9 mil quilômetros das rodovias paulistas são 41,5 mil toneladas. O hábito de descartar embalagens, garrafas, papéis e bitucas de cigarro pelas rodovias persiste e tem aumentado nos últimos anos. O problema é que o lixo acumulado na rodovia, além de prejudicar o meio ambiente, pode impedir o escoamento da água, contribuir para as enchentes, provocar incêndios, atrapalhar o trânsito e até causar acidentes. Além dos perigos que o lixo representa para os motoristas, o material descartado poderia ser devolvido para a cadeia produtiva. Ou seja, o papel que está sobrando nas rodovias poderia ter melhor destino. Isso também vale para os plásticos inservíveis, que poderiam se transformar em sacos de lixo, baldes, cabides e até acessórios para os carros.

Disponível em: www.girodasestradas.com.br. Acesso em: 31 jul. 2012.

Os gêneros textuais correspondem a certos padrões de composição de texto, determinados pelo contexto em que são produzidos, pelo público a que eles se destinam. Pela leitura do texto apresentado, reconhece-se que sua função é:

a) apresentar dados estatísticos sobre a reciclagem no país.
b) alertar sobre os riscos da falta de sustentabilidade do mercado de recicláveis.
c) divulgar a quantidade de produtos reciclados retirados das rodovias brasileiras.
d) revelar os altos índices de acidentes nas rodovias brasileiras poluídas nos últimos anos.
e) conscientizar sobre a necessidade de preservação ambiental e de segurança nas rodovias.

9. (ENEM) Após realizar uma pesquisa de mercado, uma operadora de telefonia celular ofereceu aos clientes que utilizavam até 500 ligações ao mês o seguinte plano mensal: um valor fixo de R$12,00 para os clientes que fazem até 100 ligações ao mês. Caso o cliente faça mais de 100 ligações, será cobrado um valor adicional de R$ 0,10 por ligação, a partir da 101ª até a 300ª; e caso realize entre 300 e 500 ligações, será cobrado um valor fixo mensal de R$32,00.

Com base nos elementos apresentados, o gráfico que melhor representa a relação entre o valor mensal pago nesse plano e o número de ligações feitas é:

a)

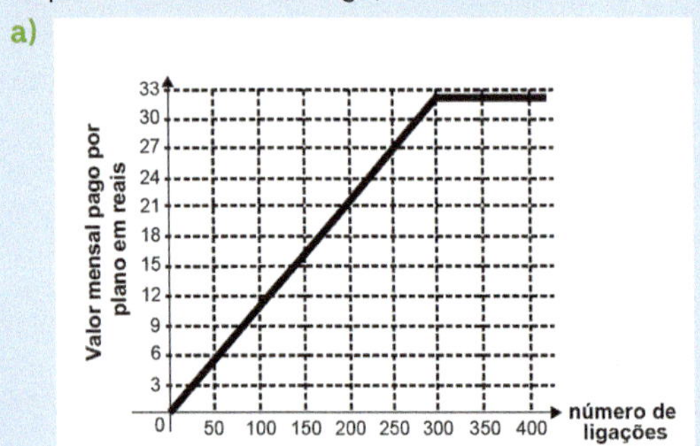

b)

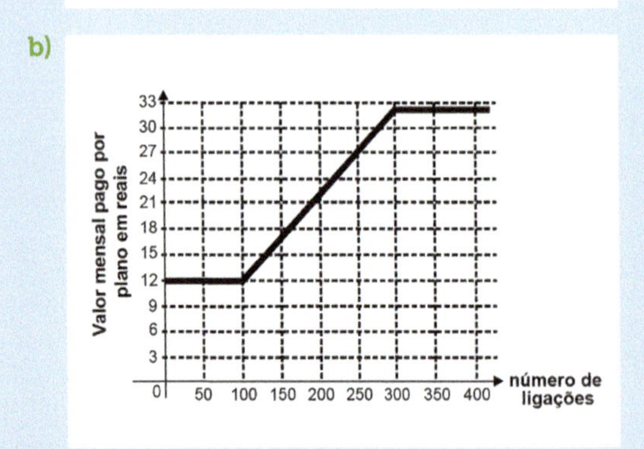

c)

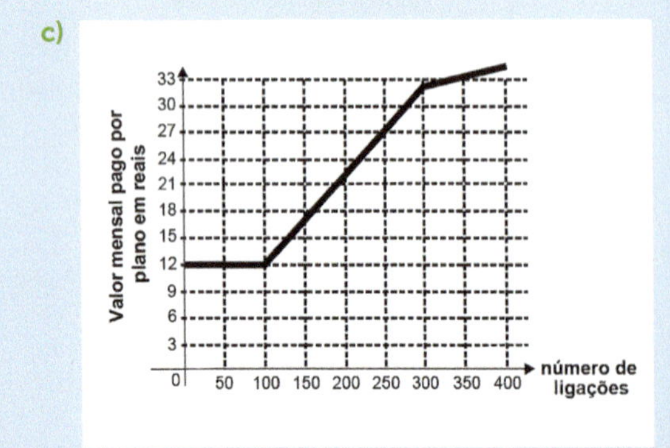

d)

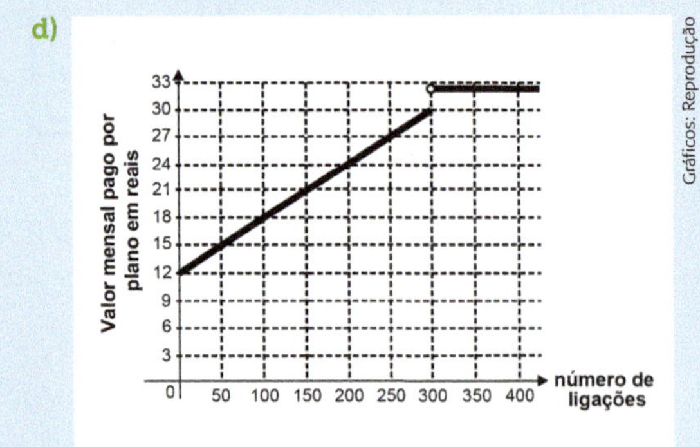

e)

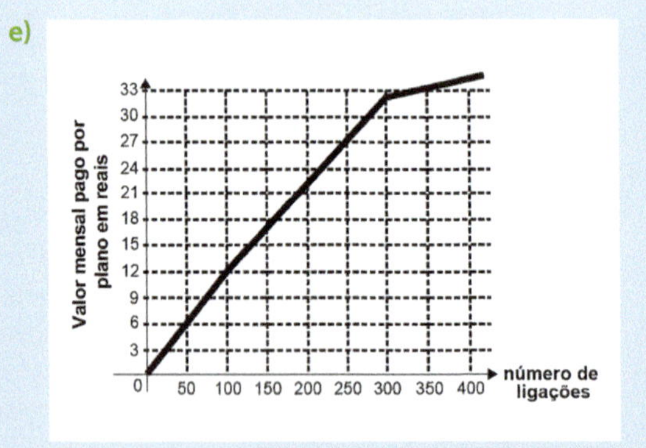

10. (ENEM)

14 coisas que você não deve jogar na privada

Nem no ralo. Elas poluem rios, lagos e mares, o que contamina o ambiente e os animais. Também deixa mais difícil obter a água que nós mesmos usaremos. Alguns produtos podem causar entupimentos:

- cotonete e fio dental;
- medicamento e preservativo;
- óleo de cozinha;
- ponta de cigarro;
- poeira de varrição de casa;
- fio de cabelo e pelo de animais;
- tinta que não seja à base de água;
- querosene, gasolina, solvente, tíner.

Jogue esses produtos no lixo comum. Alguns deles, como óleo de cozinha, medicamento e tinta, podem ser levados a pontos de coleta especiais, que darão a destinação final adequada.

MORGADO, M.; EMASA. Manual de etiqueta. *Planeta Sustentável*, jul.-ago. 2013 (adaptado).

O texto tem objetivo educativo. Nesse sentido, além do foco no interlocutor, que caracteriza a função conativa da linguagem, predomina também nele a função referencial, que busca:

a) despertar no leitor sentimentos de amor pela natureza, induzindo-o a ter atitudes responsáveis que beneficiarão a sustentabilidade do planeta.

b) informar o leitor sobre as consequências da destinação inadequada do lixo, orientando-o sobre como fazer o correto descarte de alguns dejetos.

c) transmitir uma mensagem de caráter subjetivo, mostrando exemplos de atitudes sustentáveis do autor do texto em relação ao planeta.

d) estabelecer uma comunicação com o leitor, procurando certificar-se de que a mensagem sobre ações de sustentabilidade está sendo compreendida.

e) explorar o uso da linguagem, conceituando detalhadamente os termos usados de forma a proporcionar melhor compreensão do texto.

11. (ENEM) A insulina é utilizada no tratamento de pacientes com diabetes para o controle glicêmico. Para facilitar sua aplicação, foi desenvolvida uma "caneta" na qual pode ser inserido um refil contendo 3 mL de insulina, como mostra a imagem.

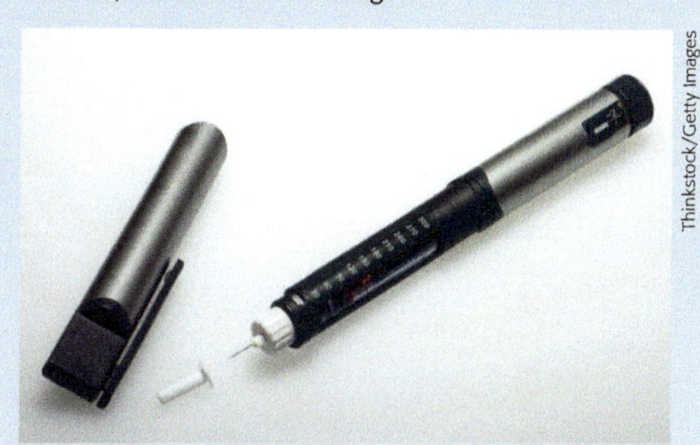

Thinkstock/Getty Images

Para controle das aplicações, definiu-se a unidade de insulina como 0,01 mL. Antes de cada aplicação, é necessário descartar 2 unidades de insulina, de forma a retirar possíveis bolhas de ar.

A um paciente foram prescritas duas aplicações diárias: 10 unidades de insulina pela manhã e 10 à noite. Qual o número máximo de aplicações por refil que o paciente poderá utilizar com a dosagem prescrita?

a) 25
b) 15
c) 13
d) 12
e) 8

Capítulo 21

Interpretação de textos não verbais e multimodais

Fundação Pierre Verger/Instituto Carybé/Solisluna Design e Editora

Montagem de pintura e fotografia de Carybé e Verger.

Nas questões de interpretação de textos do Enem e dos vestibulares, predominam textos verbais, que geralmente pertencem à família dos gêneros literários, jornalísticos ou científicos. Contudo, não é raro encontrarmos textos não verbais para interpretação. Veja, neste capítulo, como lidar com textos desse tipo.

Nas duas últimas décadas, a noção de texto e de leitura tem se ampliado muito. Hoje consideramos texto todo enunciado, verbal ou não verbal, que cumpre uma finalidade comunicativa e é capaz de constituir sentido. Assim, é texto um poema ou um cartum, uma notícia ou uma pintura, uma história em quadrinhos ou uma canção.

Com o advento e a popularização da Internet, a noção de texto também se ampliou com conceitos novos, como o intertexto e o hipertexto. O Enem e os exames vestibulares têm seguido essa orientação, procurando trazer para as provas a diversidade de textos, gêneros e linguagens que circulam na vida social.

Ler e interpretar determinados textos de linguagem não verbal ou textos multimodais, como filmes, charges, cartuns, ilustrações e quadrinhos implicam as mesmas operações ou esquemas de ação que você já aprendeu: analisar, levantar hipóteses, comparar, inferir, etc.

Veja, a seguir, como resolver uma questão de vestibular em que há esse tipo de texto:

(UERJ-RJ)

Calvin & Hobbes, Bill Watterson © 1993 Watterson / Dist. by Universal Uclick

Adaptado de http://inet.sitepac.pt

A história em quadrinhos apresenta uma característica fundamental do modo de produção capitalista na atualidade e uma política estatal em curso em muitos países desenvolvidos.

Essa característica e essa política estão indicadas em:

a) liberdade de comércio – ações afirmativas para grupos sociais menos favorecidos.

b) sociedade de classe – sistemas de garantias trabalhistas para a mão de obra sindicalizada.

c) economia de mercado – programas de apoio aos setores econômicos pouco competitivos.

d) trabalho assalariado – campanhas de estímulo à responsabilidade social do empresariado.

Resposta: *c*.

O texto apresentado na questão é uma história em quadrinhos, gênero em que a linguagem verbal e a linguagem dos desenhos se completam na construção dos sentidos.

O texto retrata uma situação na qual Calvin, colocando-se na condição de empresário, tenta vender limonada. Por meio das interações entre a garota Susie e Calvin, é possível perceber a concepção empresarial do garoto, reflexo de vários discursos que circulam na sociedade.

A questão da Universidade Estadual do Rio de Janeiro, além de exigir que o candidato analisasse e interpretasse a história em quadrinhos, esperava que ele relacionasse a concepção de Calvin ao modo de produção capitalista da atualidade e buscasse pontos de contato entre ambos.

O argumento utilizado por Calvin para justificar o preço exorbitante de cada copo de limonada – a "lei da oferta e procura" – é o princípio básico da economia de mercado. Calvin, diante da perda de mercado (a amiga Susie), em vez de rever sua política de custos, preços e lucros e tornar-se mais competitivo e adequado ao perfil do mercado, prefere pedir subvenção ao Estado, representado pela mãe do garoto. Assim, o candidato chegaria à conclusão de que a alternativa *c* é a que traduz melhor as alusões feitas pelo texto.

Prepare-se
para o Enem e o vestibular

Leia a charge a seguir, de Velati, e responda às questões 1 e 2.

Velati/Folhapress

(*Folha de S. Paulo*, 3/3/2014).

1. A partir da observação da linguagem visual e da linguagem verbal da charge, pode-se afirmar que:

a) a expressão *metade do mundo* refere-se, na verdade, à metade da população do planeta.

b) a linguagem visual é imperfeita, já que não há correspondência entre o espaço representado e a fração numérica da população.

c) a parte mais rica da população do planeta habita o ocidente e a parte mais pobre, o oriente.

d) a superpopulação é característica da região habitada pelos mais pobres.

e) o lixo e a poluição ambiental são de responsabilidade da parte mais pobre do planeta.

2. A charge foi publicada no início de 2014. Dois anos depois, a imprensa noticiou o seguinte dado de pesquisa:

62 bilionários têm patrimônio igual ao de 3,6 bilhões mais pobres, diz ONG

(Disponível em: http://www1.folha.uol.com.br/mercado/2016/01/1730524-62-bilionarios-tem-patrimonio-igual-ao-de-3,6-bilhoes-mais-pobre-diz-ong.shtml. Acesso em: 5/3/2016.)

Isso significa que a charge:

a) está desatualizada e deveria ser adaptada à nova realidade, que é completamente diferente.

b) deveria ser refeita, reduzindo-se, na representação do planeta, a parte habitada pelos mais ricos.

c) deveria ser refeita, reduzindo-se a parte habitada pelos mais pobres.

d) deveria representar a parte habitada pelos mais ricos com sinais de poluição ambiental, já que sua capacidade de consumo é responsável pela produção de mais lixo.

e) deveria manter-se inalterada, pois o fenômeno criticado continua, na essência, o mesmo.

3. Leia o gráfico a seguir, com os conteúdos mais cobrados no Enem, na área de Linguagens, códigos e suas tecnologias.

Veja/Editora Abril

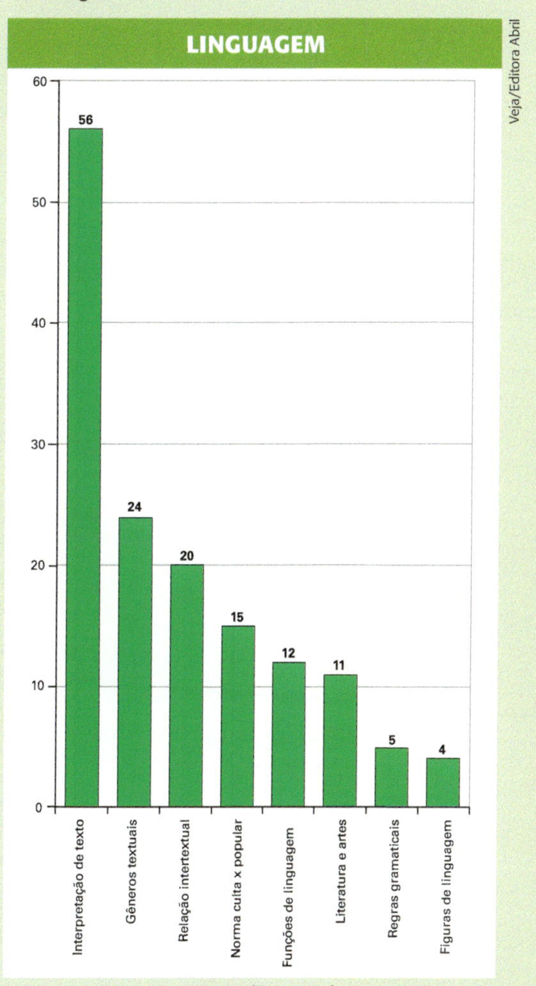

Fonte: Revista *Veja* (Disponível em: uni.mobi/enem/dicas/conteúdos-mais-cobrados-no-enem.php. Acesso em: 5/3/2016.)

Depreende-se que no Enem se valoriza a habilidade do candidato de:

a) compreender a linguagem em seu caráter estético, como forma de ascensão social.

b) ler e compreender textos de diferentes gêneros, produzidos em registros linguísticos variados e com objetivos diversos.

c) reconhecer os registros de linguagem, como forma de valorizar apenas aqueles que são mais prestigiados socialmente.

d) empregar a linguagem de maneira eficiente, como objeto de persuasão do locutário.

e) reconhecer os mecanismos presentes no uso da língua, tendo sempre como alvo o emprego adequado da norma culta.

4. Há, a seguir, uma tabela e um gráfico com dados sobre a taxa de analfabetismo no Brasil.

TAXA DE ANALFABETISMO DAS PESSOAS DE 15 ANOS OU MAIS DE IDADE, POR SEXO – BRASIL – 2007/2013

POR SEXO	2007	2008	2009	2011	2012	2013
Total	10,1	10,0	9,7	8,6	8,7	8,5
Homens	10,4	10,2	9,8	8,8	9,0	8,8
Mulheres	9,9	9,8	9,6	8,4	8,4	8,2

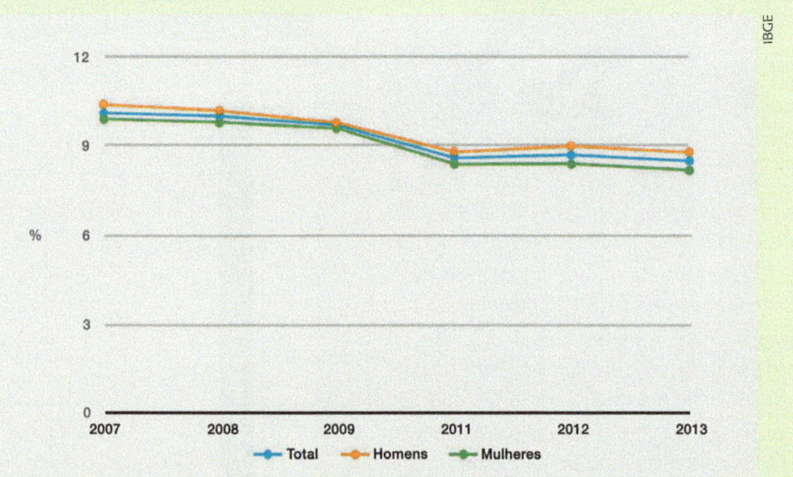

(Disponível em: brasilemsintese.ibge.gov.br/educação/taxa-de-analfabetismo-das-pessoas-de-15-anos-ou-mais.html. Acesso em: 5/3/3016.)

Leia as afirmativas abaixo.

I. O gráfico permite visualizar uma queda na taxa de analfabetismo até 2011, interrompida em 2012.

II. Em 2013, há uma retomada da tendência de queda do índice de analfabetismo.

III. A persistência das taxas em torno de 9%, nessa faixa etária, se explica pela entrada precoce no mercado de trabalho.

IV. Embora apresente tendência de queda, a taxa ainda é muito elevada em relação à população brasileira.

Está correto o que se afirma em:

a) todas.

b) em I, II e III, apenas.

c) em II, III e IV, apenas.

d) apenas em IV.

e) em II, apenas.

5. Leia com atenção os seguintes dados sobre educação no Brasil.

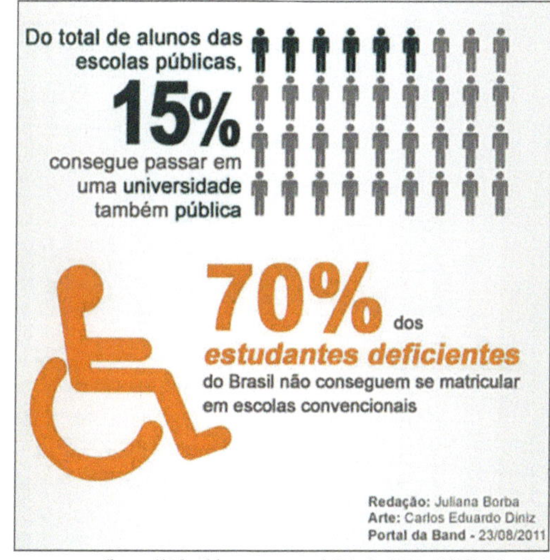

(http://3.bp.blogspot.com/-4CnCciB74qU/TlWNziCqBpI/AAAAAAAAB_E/YoDqVtRnnlY/s1600/InfoALigaEducacao.jpg)

A partir da leitura que você fez, analise as afirmativas:

I. O número de analfabetos no Brasil supera o de Portugal.

II. O processo educativo no Brasil fica prejudicado pela inadequação entre salas e o perfil do aluno.

III. A pobreza dificulta a permanência de alunos em escolas.

São corretas as afirmativas:

a) I, II e III.

b) III, apenas.

c) I e III.

d) I, apenas.

e) II e III.

Questões do Enem e dos vestibulares

1. (ENEM)

Máscara senufo. Mali. Madeira e fibra vegetal. Acervo do MAE/USP

Wagner Souza/Museu de Arqueologia e Etnologia da Universidade de São Paulo

As formas plásticas nas produções africanas conduziram artistas modernos do início do século XX, como Pablo Picasso, a algumas proposições artísticas denominadas vanguardas. A máscara remete à:

a) preservação da proporção.
b) idealização do movimento.
c) estruturação assimétrica.
d) sintetização das formas.
e) valorização estética.

2. (FUVEST-SP) O Brasil possui cerca de 7.500 km de litoral, ao longo dos quais encontramos distintas paisagens naturais, pouco ou muito transformadas pelo homem.

Com base nas imagens e em seus conhecimentos, assinale a alternativa que contém informações corretas sobre a paisagem a que elas se referem.

a)

J.L.bulcão/Pulsar Imagens

Essa paisagem, resultante de derramamentos vulcânicos em eras geológicas recentes, restringe-se, no Brasil, a poucos trechos do litoral da região Sudeste.

b)

Alex Uchôa/Opção Brasil Imagens

Na ausência de cobertura vegetal, essas formações decorrentes de ação eólica constituem paisagens que se modificam constantemente, estando presentes no litoral e também no interior do Brasil.

c)

G. Evangelista/Opção Brasil Imagens

Paisagem comum nas orlas litorâneas da região Sul, em que se destaca o coqueiro, espécie arbórea nativa dessa região, utilizada de forma ornamental em outras regiões litorâneas do país.

d)

Thinkstock/Getty Images

Este tipo de morro-testemunho constitui uma forma de relevo tabular, sem cobertura vegetal, formando uma paisagem comum, sobretudo em praias do Sudeste e do Norte do Brasil.

e)

Vitor Marigo/Opção Brasil Imagens

Ora mais largas, ora mais estreitas, paisagens desse tipo resultam da erosão de partículas argilosas decorrente da ação das ondas do mar. No Brasil, estão ausentes apenas da região Norte.

3. (UEL-PR) As origens da Arte Moderna estão relacionadas com o trabalho inovador de vários artistas que atuaram até o século XIX. Podem-se relacionar alguns precursores com os movimentos da Arte Moderna: Manet e o Impressionismo, Van Gogh e o Expressionismo, Cézanne e o Cubismo, Gauguin e o Fovismo e Bosch e o Surrealismo.

Com base nos conhecimentos sobre os antecedentes da Arte Moderna, relacione as obras dos artistas mencionados com as dos respectivos movimentos.

I. Edouard Manet. O Tocador de Pífaro, 1866.

II. Vincent van Gogh. O Escolar, 1853.

III. Paul Cézanne. Mont Sainte-Victoire, 1906.

IV. Paul Gauguin. Parau Api, 1892.

V. Hieronymus Bosch. O jardim das delícias, c. 1500.

A) Pablo Picasso. Le pigeon aux petits pois, 1911.

B) THE BRIDGEMAN ART LIBRARY / KEYSTONE BRASIL

C) Claude Monet. Impressão, nascer do sol, 1872.

D) Joan Miró. Mulher e pássaro à luz da lua - Série Constelações, 1940.

E) Henri Matisse. Madame Matisse (Retrato da risca verde)

Assinale a alternativa que contém a associação correta.

a) I-A, II-C, III-E, IV-B, V-D.
b) I-A, II-D, III-B, IV-C, V-E.
c) I-C, II-B, III-A, IV-E, V-D.
d) I-C, II-D, III-E, IV-A, V-B.
e) I-D, II-C, III-A, IV-B, V-E.

4. (ENEM) Atualmente existem diversas locadoras de veículos, permitindo uma concorrência saudável para o mercado, fazendo com que os preços se tornem acessíveis.

Nas locadoras P e Q, o valor da diária de seus carros depende da distância percorrida, conforme o gráfico.

O valor pago na locadora Q é menor ou igual àquele pago na locadora P para distâncias, em quilômetros, presentes em qual(is) intervalo(s)?

a) De 20 a 100.
b) De 80 a 130.
c) De 100 a 160.
d) De 0 a 20 e de 100 a 160.
e) De 40 a 80 e de 130 a 160.

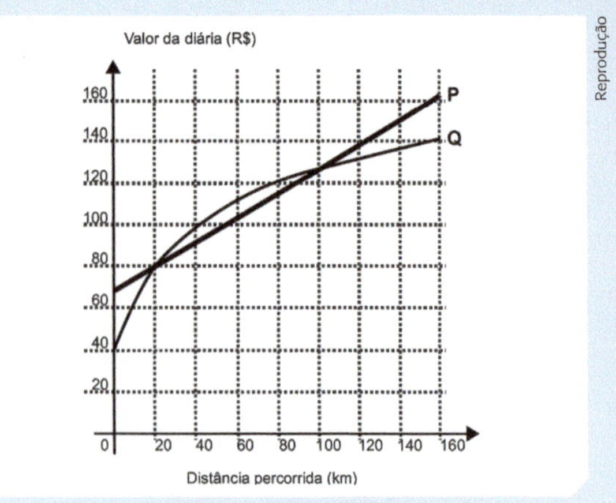

Disponível em: www.sempretops.com. Acesso em: 7 ago. 2012.

5. (ENEM)

Scientific American Brasil, ano 11, n. 134, jul. 2013 (adaptado).

Para atingir o objetivo de recrutar talentos, esse texto publicitário:

a) afirma, com a frase "Queremos seu talento exatamente como ele é", que qualquer pessoa com talento pode fazer parte da equipe.
b) apresenta como estratégia a formação de um perfil por meio de perguntas direcionadas, o que dinamiza a interação texto-leitor.
c) utiliza a descrição da empresa como argumento principal, pois atinge diretamente os interessados em informática.
d) usa estereótipo negativo de uma figura conhecida, o *nerd*, pessoa introspectiva e que gosta de informática.
e) recorre a imagens tecnológicas ligadas em rede, para simbolizar como a tecnologia é interligada.

6. (PUC-MG) O mapa representa a região conhecida como *Arco do Desmatamento*, onde se concentram os maiores índices de desmatamentos da Amazônia brasileira.

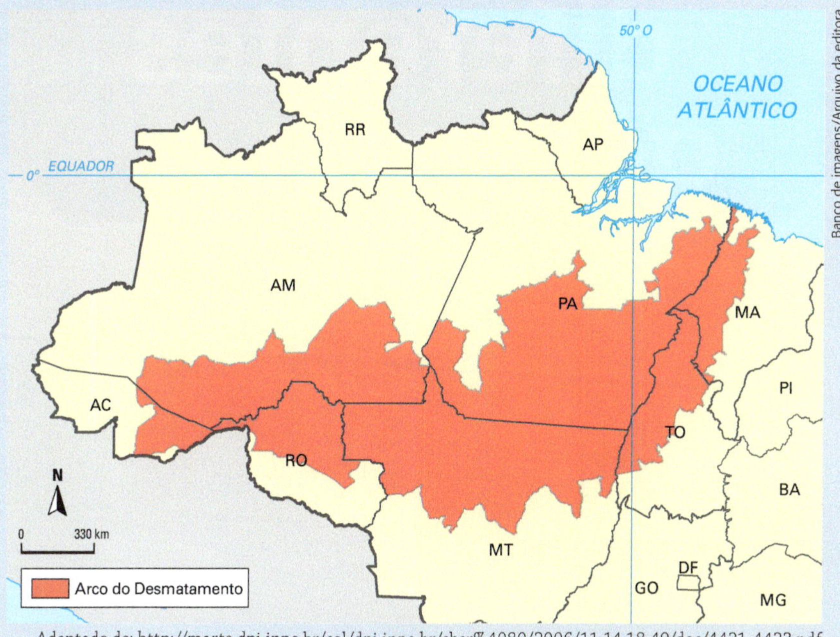

Adaptado de: http://marte.dpi.inpe.br/col/dpi.inpe.br/sbsr%4080/2006/11.14.18.49/doc/4421-4423.pdf

Baseado no seu conhecimento sobre o assunto e nas informações contidas no mapa, é **correto** afirmar que o desmatamento amazônico ocorre predominantemente nas áreas:

a) das reservas indígenas e unidades de conservação.
b) de extrativismo mineral e vegetal.
c) de forte expansão urbana e industrial.
d) de expansão da fronteira agrícola e da atividade pecuária.

7. (UFG-GO) Leia a tira a seguir.

Disponível em: <www.lospirata.com.br/imagens/bobcuspenaofunciona.jpg.>. Acesso em: 09 out. 2008.

Em meados da década de 1970 várias formas de protesto baseadas na cultura (vestuário, música, fanzine etc.) foram introduzidas no Brasil, criando um novo perfil do universo juvenil urbano. São grupos que formam redes de identidades espacializadas que se diferenciam por produzirem distintas alternativas de manifestação, nem sempre baseadas em formas convencionais de protesto, como passeatas, greves, ocupações de prédios públicos etc. Na tira apresentada, o personagem Bob Cuspe, do cartunista Angeli, foi inspirado nos punks.

Considerando o exposto, indique outro grupo juvenil do ambiente urbano metropolitano, apresentando uma ação desenvolvida por este mesmo grupo que evidencie sua posição quanto à ordem social vigente.

Capítulo 22

Comparação entre textos de diferentes gêneros

Steve Bloom/Steve Bloom Images/Diomedia

No capítulo 7, você ficou conhecendo os princípios básicos da comparação. Neste capítulo e no próximo, vai aprofundar seu conhecimento sobre os tipos de comparação que costumam ser solicitados em provas do Enem e de vestibulares.

Você já sabe que comparar dois textos equivale a analisá-los e identificar semelhanças e/ou diferenças entre eles quanto a alguns critérios previamente definidos. Nos exames do Enem e de vestibulares, é comum haver questões que aproximam gêneros do discurso diferentes, como um poema e uma canção, um fragmento de texto em prosa (conto, crônica ou romance) e uma pintura, um texto científico e um gráfico ou uma tabela, etc.

Em questões de múltipla escolha, o critério ou os critérios da comparação são explicitamente anunciados; em questões discursivas, entretanto, é preciso que o próprio estudante adote critérios para estabelecer a comparação.

Como se trata de gêneros diferentes, o modo composicional (estrutura) dos textos sempre apresenta diferenças, o que pode ser um critério de observação. O tema, se for comum aos textos, pode ser outro critério de comparação. O uso da língua em suas variações — com variantes regionais ou urbana, menos ou mais formal, etc. — também pode ser outro.

Examinemos algumas situações concretas, começando por duas questões extraídas de exame vestibular da UFMT-MT.

Instrução: Leia os textos abaixo para responder às questões 1 e 2.

(MENEZES, Philadelpho. *Poesia concreta e visual*. São Paulo: Ática, 1998.)

1. A partir da leitura dos textos, analise as afirmativas.

I. O texto I funcionou como ponto de partida para a criação do texto II, que pode ser chamado de intertexto.

II. Na construção do texto II, foram respeitados, além da diagramação, o tipo de letra e o significado do texto I.

III. O texto II dialoga com o texto I à medida que constitui uma paródia.

IV. O texto II pode provocar uma leitura automatizada em função de a logomarca contida no texto I ser familiar ao leitor.

São corretas as afirmativas:

a) II, III e IV, apenas.
b) I, II e III, apenas.
c) III e IV, apenas.
d) I, II, III e IV.
e) I, III e IV, apenas.

Resposta: *e*.

2. A palavra *Chiclets* (texto I) é marca de uma goma de mascar. Com o tempo, *chiclets* passou a designar qualquer goma de mascar, processo que ocorreu também com a marca BomBril. Esse recurso de alteração de sentido denomina-se:

a) metáfora.
b) metonímia.
c) antítese.
d) eufemismo.
e) ironia.

Resposta: *b*.

Por meio das afirmativas que apresenta, a primeira questão estabelece uma comparação entre dois textos de diferentes gêneros — uma embalagem e um poema concreto —, adotando três critérios para confronto: a relação discursiva existente entre os textos (intertexto e paródia), os recursos gráficos (tipo de letra e diagramação) e a logomarca. Envolve, portanto, critérios relacionados à forma e ao conteúdo dos textos. Já a segunda questão envolve a memorização do conceito de metonímia e seu reconhecimento no poema concreto.

Veja outro exemplo, este constituído por uma questão de exame vestibular da Universidade Federal do Rio Grande do Norte.

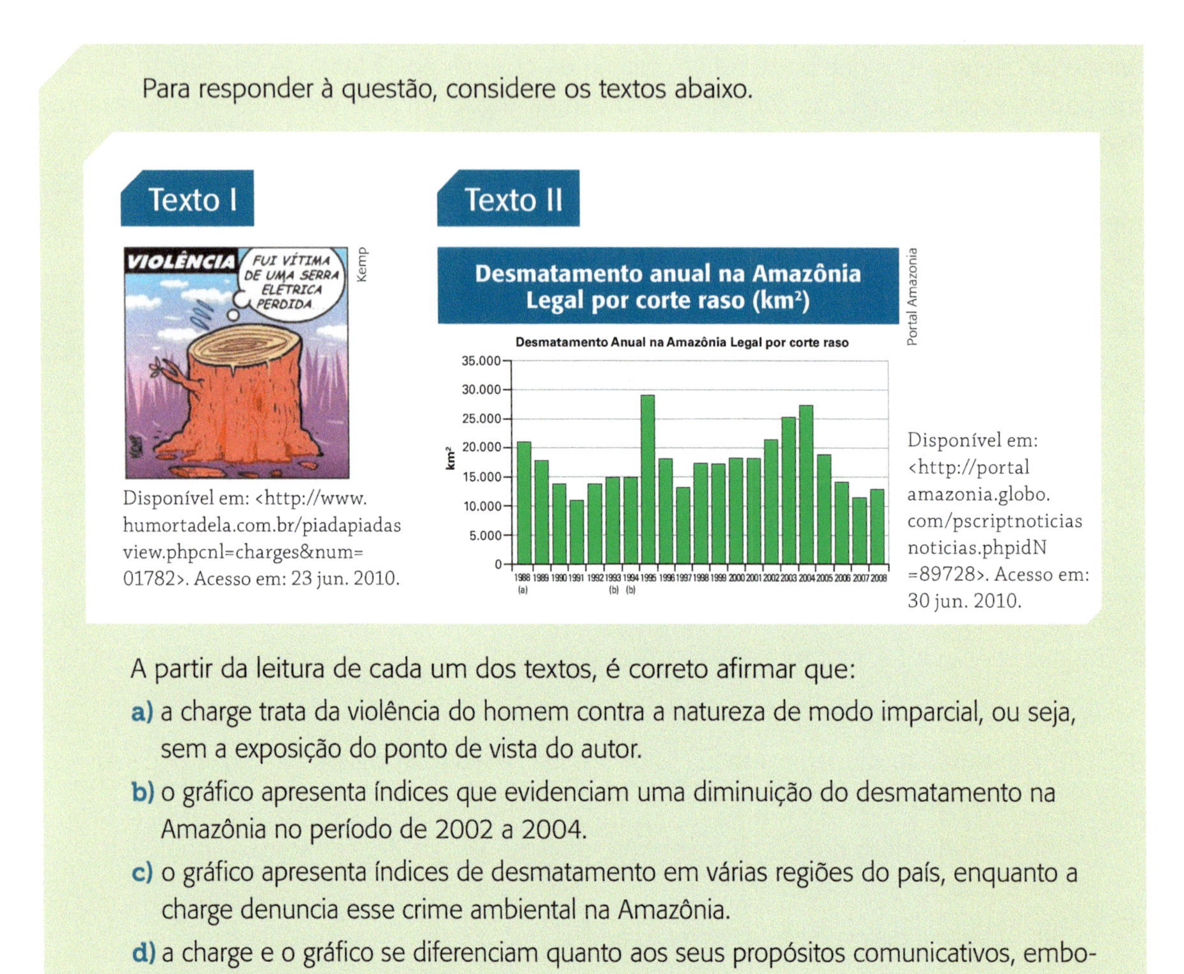

Para responder à questão, considere os textos abaixo.

Texto I

Disponível em: <http://www.humortadela.com.br/piadapiadasview.phpcnl=charges&num=01782>. Acesso em: 23 jun. 2010.

Texto II

Disponível em: <http://portalamazonia.globo.com/pscriptnoticias noticias.phpidN=89728>. Acesso em: 30 jun. 2010.

A partir da leitura de cada um dos textos, é correto afirmar que:

a) a charge trata da violência do homem contra a natureza de modo imparcial, ou seja, sem a exposição do ponto de vista do autor.

b) o gráfico apresenta índices que evidenciam uma diminuição do desmatamento na Amazônia no período de 2002 a 2004.

c) o gráfico apresenta índices de desmatamento em várias regiões do país, enquanto a charge denuncia esse crime ambiental na Amazônia.

d) a charge e o gráfico se diferenciam quanto aos seus propósitos comunicativos, embora tratem da mesma temática.

Resposta: *d*.

Para resolver a questão, o candidato deveria ler, analisar e interpretar cada um dos textos e em seguida compará-los, em busca de semelhanças e diferenças. A imagem da árvore cortada por uma "serra elétrica perdida" e o título do gráfico "Desmatamento anual da Amazônia Legal por corte raso (km²)" revelam claramente uma *aproximação temática*. Já que os textos são de gêneros textuais diferentes, é natural que sirvam a propósitos comunicativos distintos: enquanto a charge tem a finalidade de criar humor crítico, o gráfico cumpre o papel de informar, de modo resumido e visual, o volume de desmatamento na Amazônia Legal entre 1988 e 2008.

Entre os itens, o único que apresenta uma síntese comparativa é a alternativa *d*, que é a resposta esperada. Os dois primeiros itens fazem considerações isoladas sobre a charge ou sobre o gráfico e o item *c* faz uma afirmação sobre o gráfico que não é verdadeira.

Prepare-se
para o Enem e o vestibular

1. Leia os dois textos que seguem.

Texto 1

SECRETARIA DE ESTADO DA SAÚDE
COORDENADORIA DE CONTROLE DE DOENÇAS
CENTRO DE VIGILÂNCIA EPIDEMIOLÓGICA "PROF. ALEXANDRE VRANJAC"
Divisão de Imunização

VACINA HPV NAS ESCOLAS

Senhores pais ou responsáveis,

O Ministério da Saúde, por meio do Programa Nacional de Imunização, está introduzindo a vacina quadrivalente papilomavírus humano (HPV) no Calendário Nacional de Vacinação do Sistema Único de Saúde (SUS).

Esta vacina previne o câncer do colo do útero, uma doença grave que pode ser uma ameaça à vida. No Brasil, é a terceira causa de morte por câncer entre as mulheres e faz por ano 5.264 vítimas fatais. Os subtipos HPV 16 e 18 são responsáveis por cerca de 70% dos casos de câncer do colo do útero em todo o mundo e ambos os subtipos estão incluídos na vacina quadrivalente contra HPV.

Por intermédio das Secretarias de Saúde e de Educação, em setembro de 2015 se iniciará a vacinação contra HPV para as adolescentes de 9 a 11 anos de idade nas Unidades Básicas de Saúde (UBS) e em escolas públicas e privadas.

Para que as adolescentes estejam devidamente protegidas contra o câncer do colo do útero deverão tomar três doses da vacina contra HPV.

A vacina HPV é gratuita e também estará disponível nas Unidades de Saúde durante todo o ano para as meninas que estejam dentro da faixa etária recomendada.

A participação das escolas nas ações de vacinação contra o vírus HPV é muito importante, pois possibilita a discussão entre os alunos e os pais sobre a importância da vacinação contra o vírus HPV.

Texto 2

Assinale a afirmação **incorreta** a respeito dos textos.

a) Ambos têm a mesma finalidade: divulgar uma ação de caráter comunitário.

b) Embora tenham a mesma finalidade, os textos fazem uso de gêneros textuais distintos.

c) O texto 1, ao fazer uso do gênero textual *carta*, estabelece uma relação mais direta com os receptores – os pais das adolescentes –, apresentando explicações e argumentos com o fim de convencê-los da importância da vacinação das filhas.

d) O texto 2 utiliza o gênero textual *cartaz*, com cores alegres e suaves e imagens de pequenos ímãs decorados. O público-alvo, portanto, são as meninas e adolescentes às quais a vacina é direcionada.

e) Para atingir seus objetivos, cada texto faz uso de um registro linguístico diferente: o texto 1 utiliza uma linguagem mais formal, pois se dirige aos pais das adolescentes; o texto 2 faz uso de gírias e expressões próprias da língua oral, pois se dirige ao público adolescente.

As imagens a seguir são, respectivamente, reprodução do quadro *Mona Lisa*, de Leonardo da Vinci, e do trabalho fotográfico *Boy*, de Sebastião Salgado. Observe-as com atenção e depois responda às questões 2 e 3.

Leonardo da Vinci. Monalisa, c. 1503-1506. Museu do Louvre, Paris, França.

Sebastião Salgado

2. Considere as seguintes afirmativas a propósito das imagens:
   I. *Boy* tem apelo estético e social.
   II. *Mona Lisa* tem apelo social e não estético.
   III. As duas imagens têm caráter humanista e nacionalista.
   a) Apenas I é verdadeira.
   b) Apenas II é verdadeira.
   c) Apenas II e III são verdadeiras.
   d) Apenas III é verdadeira.
   e) Apenas I e II são verdadeiras.

3. O quadro *Mona Lisa* é uma das obras de arte mais conhecidas no planeta. Ele surpreende sempre pelo fato de o olhar da mulher parecer seguir o observador, efeito que é conseguido pela técnica da __________. O trabalho de Sebastião Salgado, feito no século XX, emprega o recurso fotográfico __________.
   Assinale a alternativa que preenche corretamente as lacunas da afirmação anterior.
   a) visão tridimensional – do uso de cores frias
   b) perspectiva – do uso do preto e branco
   c) luminosidade desfocada – da centralização da figura humana
   d) lei dos terços – do flagrante de uma ação humana
   e) regra do antropocentrismo – do uso do preto e branco

4. Leia os textos:

Laerte

(Laerte. www2.uol.com.br/laerte/tiras/gatos/tira13.gif)

Poema enjoadinho

Filhos... Filhos?
Melhor não tê-los!
Mas se não os temos
Como sabê-los?
[...]
E então começa
A aporrinhação:
Cocô está branco
Cocô está preto
Bebe amoníaco
Comeu botão.
Filhos? Filhos
Melhor não tê-los
Noites de insônia
Cãs prematuras
Prantos convulsos
Meu Deus, salvai-o!
Filhos são o demo
Melhor não tê-los...
Mas se não os temos
Como sabê-los?
Como saber
Que macieza
Nos seus cabelos
Que cheiro morno
Na sua carne
Que gosto doce
Na sua boca!
Chupam gilete
Bebem xampu
Ateiam fogo
No quarteirão
Porém, que coisa
Que coisa louca
Que coisa linda
Que os filhos são!

(Vinícius de Morais. In: *Nova antologia poética de Vinicius de Moraes*. Sel. e org. Antonio Cicero e Encanaã Ferraz. São Paulo: Cia. das Letras, Editora Schwarcz, 2008. p. 141. Autorizado pela VM Empreendimentos Artísticos e Culturais Ltda. © VM e © Cia. das Letras (Editora Schwarcz.))

Apesar de os textos pertencerem a gêneros diferentes, ambos se aproximam quanto ao tema e ao enfoque que dão a ele. Qual é o verso do poema que expressa o enfoque dado ao tema pelos dois textos?

a) "Comeu botão."
b) "Que gosto doce"
c) "Filhos são o demo"
d) "Que coisa linda"
e) "Noites de insônia"

Veja, a seguir, uma obra de Rembrandt, que viveu no século XVII, e leia um poema de Orlando Neves, autor português que produziu seus principais trabalhos no século XX. Depois responda às questões 5 e 6.

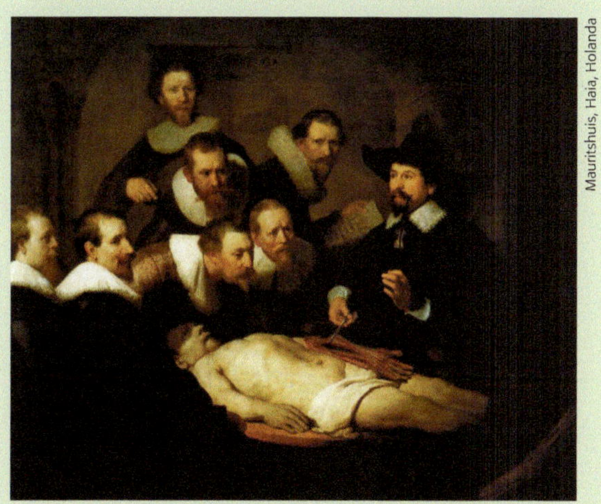

Mauritshuis, Haia, Holanda

A Lição de Anatomia do Dr. Nicolaes Tulp, 1632.

O corpo

Ante as portas desgarradas, paradoxal
é a morte: impossível, feito realidade,
acaso predito. Corpo, deus imortal,
para sempre cego e mudo, abandona-te ao livre

ar. Que te transformes e assemelhes à noite.
Tempestade final das sombras, foste, corpo,
respiração com voz, área que habitaste,
vária e discordante, a cada movimento.

E agora que a luz desfalece e não a tocas,
nem por ela és tocado, a palavra deixou
de ser a tua pátria e não mais esfolias

o espaço. Agora, que já nada mudará,
nenhuma eternidade te rescende. A morte
petrifica o frágil espaço que foi teu.

(Orlando Loureiro Neves. Disponível em: www.citador.pt/poemas/o-corpo-orlandoloureiro-neves. Acesso em: 24/3/2012.)

5. Rembrandt e Orlando Neves abordaram o mesmo tema nesses objetos artísticos, embora apresentem linguagens diferentes. Que item contempla essas linguagens?

a) fotografia – literatura
b) artes plásticas – música
c) anatomia – fotografia
d) artes plásticas – literatura
e) artes cênicas – lírica

6. Em que item aparece o tema das duas obras?

a) amor
b) corpo
c) túmulo
d) nascimento
e) ciência

7. Observe a pintura e leia o poema que seguem.

Texto 1

Pedro Américo de Figueiredo e Melo. Independência ou Morte ou O Grito do Ipiranga, 1888.

Independência ou morte (1888), de Pedro Américo.

Texto 2

O grito

Um tranquilo riacho suburbano,
Uma choupana embaixo de um coqueiro,
Uma junta de bois e um carreteiro:
Eis o pano de fundo e, contra o pano,

Figurantes – cavalos, cavaleiros,
Ressaltando o motivo soberano,
A quem foi reservado o meio plano
Onde avulta, solene e sobranceiro.

Complete-se a pintura mentalmente
Com o grito famoso, postergando
Qualquer simbologia irreverente.

Nem se indague do artista, casto obreiro
Fiel ao mecenato e ao seu comando,
Quem o povo, se os bois, se o carreteiro.

(José Paulo Paes. *O melhor poeta da minha rua*. São Paulo: Ática, 2008. p. 90.)

É **incorreta** a afirmação:

a) O poema foi escrito a partir da observação da pintura, conforme atesta a expressão "nem se indague do artista, casto obreiro".

b) Nos dois quartetos do poema, é feita uma descrição da pintura.

c) A pintura e o poema foram produzidos na mesma época.

d) No penúltimo verso do poema, é feita uma crítica ao pintor, em razão do destaque que ele deu à monarquia na pintura, encomendada por D. Pedro II.

e) A pergunta que, segundo o poema, não deve ser feita ao artista que fez a pintura é se os bois estão ali representando o povo.

Questões do Enem e dos vestibulares

1. (ENEM)

Texto I

PALAVRAS DO ARCO DA VELHA	
Expressão	**Significado**
Cair nos braços de Morfeu	Dormir
Debicar	Zombar, ridicularizar
Tunda	Surra
Mangar	Escarnecer, caçoar
Tugir	Murmurar
Liró	Bem-vestido
Copo d'água	Lanche oferecido pelos amigos
Convescote	Piquenique
Bilontra	Velhaco
Treteiro de topete	Tratante atrevido
Abrir o arco	Fugir

FIORIN, J. L. As línguas mudam. In: Revista *Língua Portuguesa*, n. 24, out. 2007 (adaptado).

Texto II

Antigamente

Antigamente, os pirralhos dobravam a língua diante dos pais e se um se esquecia de arear os dentes antes de cair nos braços de Morfeu, era capaz de entrar no couro. Não devia também se esquecer de lavar os pés, sem tugir nem mugir. Nada de bater na cacunda do padrinho, nem de debicar os mais velhos, pois levava tunda. Ainda cedinho, aguava as plantas, ia ao corte e logo voltava aos penates. Não ficava mangando na rua, nem escapulia do mestre, mesmo que não entendesse patavina da instrução moral e cívica. O verdadeiro smart calçava botina de botões para comparecer todo liró ao copo d'água, se bem que no convescote apenas lambiscasse, para evitar flatos. Os bilontras é que eram um precipício, jogando com pau de dois bicos, pelo que carecia muita cautela e caldo de galinha. O melhor era pôr as barbas de molho diante de um treteiro de topete, depois de fintar e engambelar os coiós, e antes que se pusesse tudo em pratos limpos, ele abria o arco.

ANDRADE, C. D. *Poesia e prosa*. Rio de Janeiro: Nova Aguilar, 1983 (fragmento).

Na leitura do fragmento do texto *Antigamente* constata-se, pelo emprego de palavras obsoletas, que itens lexicais outrora produtivos não mais o são no português brasileiro atual. Esse fenômeno revela que:

a) a língua portuguesa de antigamente carecia de termos para se referir a fatos e coisas do cotidiano.

b) o português brasileiro se constitui evitando a ampliação do léxico proveniente do português europeu.

c) a heterogeneidade do português leva a uma estabilidade do seu léxico no eixo temporal.

d) o português brasileiro apoia-se no léxico inglês para ser reconhecido como língua independente.

e) o léxico do português representa uma realidade linguística variável e diversificada.

2. (ENEM)

LXXVIII (Camões, 1525?-1580)

Leda serenidade deleitosa,
Que representa em terra um paraíso;
Entre rubis e perlas doce riso;
Debaixo de ouro e neve cor-de-rosa;

Presença moderada e graciosa,
Onde ensinando estão despejo e siso
Que se pode por arte e por aviso,
Como por natureza, ser fermosa;

Fala de quem a morte e a vida pende,
Rara, suave; enfim, Senhora, vossa;
Repouso nela alegre e comedido:

Estas as armas são com que me rende
E me cativa Amor; mas não que possa
Despojar-me da glória de rendido.

CAMÕES, L. *Obra completa*. Rio de Janeiro: Nova Aguilar, 2008.

Rafael Sanzio. Dama com Unicórnio, c. 1505-06. Galeria Borghese, Roma, Itália

SANZIO, R. (1483-1520) *Dama com unicórnio*. Roma, Galleria Borghese. Disponível em: www.arquipelagos.pt. Acesso em: 29 fev. 2012.

A pintura e o poema, embora sendo produtos de duas linguagens artísticas diferentes, participaram do mesmo contexto social e cultural de produção pelo fato de ambos

a) apresentarem um retrato realista, evidenciado pelo unicórnio presente na pintura e pelos adjetivos usados no poema.
b) valorizarem o excesso de enfeites na apresentação pessoal e na variação de atitudes da mulher, evidenciadas pelos adjetivos do poema.
c) apresentarem um retrato ideal de mulher marcado pela sobriedade e o equilíbrio, evidenciados pela postura, expressão e vestimenta da moça e os adjetivos usados no poema.
d) desprezarem o conceito medieval da idealização da mulher como base da produção artística, evidenciado pelos adjetivos usados no poema.
e) apresentarem um retrato ideal de mulher marcado pela emotividade e o conflito interior, evidenciados pela expressão da moça e pelos adjetivos do poema.

3. (ENEM)

Texto I

Andaram na praia, quando saímos, oito ou dez deles; e daí a pouco começaram a vir mais. E parece-me que viriam, este dia, à praia, quatrocentos ou quatrocentos e cinquenta. Alguns deles traziam arcos e flechas, que todos trocaram por carapuças ou por qualquer coisa que lhes davam. [...] Andavam todos tão bem-dispostos, tão bem feitos e galantes com suas tinturas que muito agradavam.

CASTRO, S. *A carta de Pero Vaz de Caminha*. Porto Alegre: L&PM, 1996 (fragmento).

Texto II

Coleção Banco Central do Brasil, Rio de Janeiro

PORTINARI, C. *Descobrimento*. 1956. Óleo sobre tela, 199 x 169 cm Disponível em: www.portinari.org.br. Acesso em: 12 jun. 2013.

Pertencentes ao patrimônio cultural brasileiro, a carta de Pero Vaz de Caminha e a obra de Portinari retratam a chegada dos portugueses ao Brasil. Da leitura dos textos, constata-se que

a) a carta de Pero Vaz de Caminha representa uma das primeiras manifestações artísticas dos portugueses em terras brasileiras e preocupa-se apenas com a estética literária.
b) a tela de Portinari retrata indígenas nus com corpos pintados, cuja grande significação é a afirmação da arte acadêmica brasileira e a contestação de uma linguagem moderna.
c) a carta, como testemunho histórico-político, mostra o olhar do colonizador sobre a gente da terra, e a pintura destaca, em primeiro plano, a inquietação dos nativos.
d) as duas produções, embora usem linguagens diferentes – verbal e não verbal –, cumprem a mesma função social e artística.
e) a pintura e a carta de Caminha são manifestações de grupos étnicos diferentes, produzidas em um mesmo momento histórico, retratando a colonização.

4. (ENEM)

Texto I

A dois passos do paraíso

A Rádio Atividade leva até vocês
Mais um programa da séria série
"Dedique uma canção a quem você ama"
Eu tenho aqui em minhas mãos uma carta
Uma carta d'uma ouvinte que nos escreve
E assina com o singelo pseudônimo de
"Mariposa Apaixonada de Guadalupe"
Ela nos conta que no dia que seria
O dia mais feliz de sua vida
Arlindo Orlando, seu noivo
Um caminhoneiro conhecido da pequena
E pacata cidade de Miracema do Norte
Fugiu, desapareceu, escafedeu-se
Oh! Arlindo Orlando, volte
Onde quer que você se encontre
Volte para o seio de sua amada
Ela espera ver aquele caminhão voltando
De faróis baixos e para-choque duro
[...]

BLITZ. Disponível em: http://letras.terra.com.br. Acesso em: 28 fev. 2012 (fragmento).

Texto II

A característica da oralidade radiofônica, então, seria aquela que propõe o diálogo com o ouvinte: a simplicidade, no sentido da escolha lexical; a concisão e coerência, que se traduzem em um texto curto, em linguagem coloquial e com organização direta; e o ritmo, marcado pelo locutor, que deve ser o mais natural (do diálogo). É esta organização que vai "reger" a veiculação da mensagem, seja ela interpretada ou de improviso, com objetivo de dar melodia à transmissão oral, dar emoção, personalidade ao relato do fato.

VELHO, A. P. M. *A linguagem do rádio multimídia*. Disponível em: www.bocc.ubi.pt. Acesso em: 27 fev. 2012.

Em relação ao texto II, que analisa a linguagem do rádio, o texto I apresenta, em uma letra de canção:

a) estilo simples e marcado pela interlocução com o receptor, típico da comunicação radiofônica.
b) lirismo na abordagem do problema, o que o afasta de uma possível situação real de comunicação radiofônica.
c) marcação rítmica dos versos, o que evidencia o fato de o texto pertencer a uma modalidade de comunicação diferente da radiofônica.
d) direcionamento do texto a um ouvinte específico, divergindo da finalidade de comunicação do rádio, que é atingir as massas.
e) objetividade na linguagem caracterizada pela ocorrência rara de adjetivos, de modo a diminuir as marcas de subjetividade do locutor.

5. (MACKENZIE-SP)

O Brasil em 2020

Será, é claro, um Brasil diferente sob vários aspectos. A maior parte deles, imprevisível. Uma década é um período longo o suficiente para derrubar certezas absolutas (ninguém prediz uma Revolução Francesa, uma queda do Muro de Berlim ou um ataque às torres gêmeas de Nova York). Mas é também um período de maturação dos grandes fenômenos incipientes – dez anos antes da popularização da internet já era possível imaginar como ela mudaria o mundo. Da mesma forma, fenômenos detectáveis hoje terão seus efeitos mais fortes a partir de 2020.

David Cohen, Revista *Época*, 25/05/2009

ÉRAMOS SEIS, SEREMOS TRÊS
A fecundidade da brasileira despencou - em total de filhos por mulher
Em 1960, a brasileira tinha em média 6 filhos
Em 1980, passou para 4 crianças
Em 2000, eram 2 filhos
Em 2020, a média será 1,5
1960
1980
2000
2020
Revista Época

Com base no enunciado, observe as afirmações a seguir, assinalando V (verdadeiro) ou F (falso).

a) A diminuição da fecundidade no Brasil deve-se às transformações econômicas e sociais que se acentuaram na primeira metade do século XX devido à intensa necessidade de mão de obra no campo, inclusive de mulheres, fato este que elevou o país ao patamar de agrário-exportador.

b) Devido à mudança do papel social da mulher do século XX, ela deixa de viver, exclusivamente, no núcleo familiar, ingressando no mercado de trabalho e passando a ter acesso ao planejamento familiar e a métodos contraceptivos. Esses aspectos, conjugados, explicam a diminuição vertiginosa das taxas de fecundidade no Brasil.

c) As quedas nas taxas de natalidade de um país levam, ao longo do tempo, ao envelhecimento da população (realidade da maioria dos países desenvolvidos). Neste sentido, verifica-se uma forte tendência a um mercado de trabalho menos competitivo e exigente, demandando menos custos do Estado com os aspectos sociais.

Dessa forma, a sequência correta é:

a) VVV
b) FVV
c) VVF
d) FVF
e) VFV

6. (FUVEST-SP)

Poema ZEN, Pedro Xisto, 1966:

Pedro Xisto

Diagrama referente ao poema ZEN:

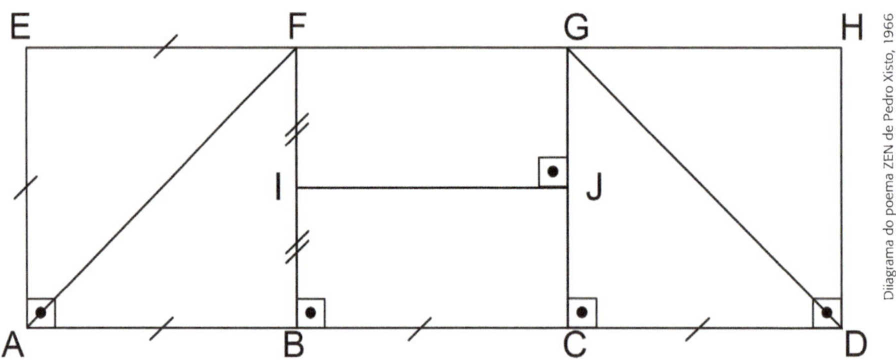

Diagrama do poema ZEN de Pedro Xisto, 1966

Observe as figuras acima e assinale a alternativa correta.

a) O equilíbrio e a harmonia do poema ZEN são elementos típicos da produção poética brasileira da década de 1960. O perímetro do triângulo ABF, por exemplo, é igual ao perímetro do retângulo BCJI.

b) O equilíbrio e a harmonia do poema ZEN podem ser observados tanto no conteúdo semântico da palavra por ele formada quanto na simetria de suas formas geométricas. Por exemplo, as áreas do triângulo ABF e do retângulo BCJI são iguais.

c) O poema ZEN pode ser considerado concreto por apresentar proporções geométricas em sua composição. O perímetro do triângulo ABF, por exemplo, é igual ao perímetro do retângulo BCGF.

d) O concretismo poético pode utilizar proporções geométricas em suas composições. No poema ZEN, por exemplo, a razão entre os perímetros do trapézio ADGF e do retângulo ADHE é menor que 7/10.

e) Augusto dos Anjos e Manuel Bandeira são representantes do concretismo poético, que utiliza proporções geométricas em suas composições. No poema ZEN, por exemplo, a razão entre as áreas do triângulo DHG e do retângulo ADHE é 1/6.

(VUNESP-SP) **Instrução:** As questões de números 7 a 9 tomam por base uma tira de Adão Iturrusgarai (1965-) e um fragmento de um poema de Alberto de Oliveira (1857-1937).

Adão Iturrusgarai

(Adão Iturrusgarai. *O mundo maravilhoso de Adão Iturrusgarai*. www.adao.blog.uol.com.br/images/tira-pro-site.gif. Adaptado.)

O que eu lhe dizia

Não sei se é certo ou não o que eu li outro dia,
Onde, já não me lembra, ó minha
[noiva amada:
– "A posse faz perder metade da valia
À cousa desejada."

Não sei se após haver saciado no meu peito,
Quando houver de possuir-te, esta ardente
[paixão,
Eu sentirei em mim, de gozo satisfeito,
Menor o coração.

Sei que te amo, e a teus pés a
[minh'alma abatida
Beija humilde e feliz o grilhão que a tortura;
Sei que te amo, e este amor é toda
[a minha vida,
Toda a minha ventura.

Talvez haja entre mim que os passos
[te acompanho,
E a abelha que a zumbir vai procurar a flor,
– Alma ou asas movendo –
[o mesmo fluido estranho,
seja instinto ou amor;

Talvez o que eu presumo irradiação divina,
Minha nobre paixão, meu fervoroso afeto,
Por sua vez o sinta o verme da campina,
O inseto ao pé do inseto...

(Alberto de Oliveira. *Poesias – segunda série* (1898-1903). Rio de Janeiro: H. Garnier, 1906, p. 20-21.)

7. No poema de Alberto de Oliveira, encontram-se reflexões sobre a natureza e a intensidade do amor. Particularmente na última estrofe apresentada, a consideração do amor como "irradiação divina", apesar da beleza poética, deixa entrever a existência de um preconceito do eu poemático com relação à diferença entre o homem e outros animais. Aponte esse preconceito ou essa diferença de julgamento de valor.

8. No terceiro verso da quarta estrofe, o eu poemático escreve "o mesmo fluido estranho". Considerando que o vocábulo "fluido" foi adequadamente empregado, explique por que o poeta não poderia ter usado a forma acentuada "fluído".

9. As tiras frequentemente nos surpreendem pela profundidade das reflexões que provocam em sua síntese visual e linguística. É o que ocorre na de Adão Iturrusgarai, que nos leva a refletir sobre as motivações dos desabafos da personagem. Embora pareça contraditória e inconsequente sob o ponto de vista psicológico a atitude da personagem, no último quadrinho, de se declarar insatisfeita com a nova aparência obtida, podemos encontrar, numa releitura mais atenta da tira, uma causa objetiva para essa insatisfação. Aponte essa causa, levando em consideração o jogo de palavras que ocorre entre "aparência pessoal" e "aparência impessoal".

Capítulo 23

Comparação entre textos de diferentes épocas

Carolyn Clarke/Alamy/Fotoarena

Você já aprendeu como comparar textos, inclusive textos de gêneros diferentes. Neste capítulo, vai ficar sabendo como comparar textos de diferentes épocas em exames do Enem e de vestibulares.

Em alguns exames de vestibulares e do Enem, você pode se deparar com uma questão que apresente dois ou mais textos de épocas diferentes e solicite que sejam comparados a partir de certos critérios, como forma, conteúdo, linguagem ou outros. Geralmente, essas questões são elaboradas com base em textos literários e podem envolver conhecimentos prévios a respeito da época, dos autores e do movimento literário a que eles estão relacionados. Veja, como exemplo, a questão a seguir.

(UFBA-BA)

I

Era junho e o tempo estava inteiramente frio. A macumba se rezava lá no Mangue no zungu da tia Ciata, feiticeira como não tinha outra, mãe de santo famanada e cantadeira ao violão. Às vinte horas Macunaíma chegou na biboca levando debaixo do braço o garrafão de pinga obrigatório. Já tinha muita gente lá, gente direita, gente pobre, advogados garçons pedreiros meias-colheres deputados gatunos, todas essas gentes e a função ia principiando.

[...]

Então a macumba principiou de deveras se fazendo um sairê pra saudar os santos. E era assim: Na ponta vinha o ogã tocador de atabaque, um negrão filho de Ogum, bexiguento e fadista de profissão, se chamando Olelê Rui Barbosa. Tabaque mexemexia acertado num ritmo que manejou toda a procissão. E as velas jogaram nas paredes de papel com florzinhas, sombras tremendo vagarentas feito assombração. Atrás do ogã vinha tia Ciata quase sem mexer, só beiços puxando a reza monótona. E então seguiam advogados taifeiros curandeiros poetas o herói gatunos, portugas, senadores, todas essas gentes dançando e cantando a resposta da reza.

ANDRADE, M. de. *Macunaíma*. São Paulo: ALLCA XX, 1996. p. 57-58.

II

Na cidade do Rio de Janeiro (e quanto mais nas outras do império!) ainda há *casas de tomar fortuna*, e com certeza pretendidos feiticeiros e curadores de *feitiço* que espantam pela extravagância, e grosseria de seus embustes.

A autoridade pública supõe perseguir, mas não persegue séria e ativamente esses embusteiros selvagens em cujas mãos de falsos curandeiros têm morrido não poucos infelizes.

E que os perseguisse zelosa e veemente, a autoridade pública não poderá acabar com os feiticeiros, nem porá termo ao *feitiço*, enquanto houver no Brasil escravos, e ainda além da emancipação destes, os restos e os vestígios dos últimos africanos, a quem roubamos a liberdade, os restos e os vestígios da última geração escrava de quem hão de conservar muitos dos vícios aqueles que conviveram com ela em intimidade depravadora.

O *feitiço*, como a sífilis, veio d'África.

Ainda nisto o escravo africano, sem o pensar, vinga-se da violência tremenda da escravidão.

MACEDO, J. M. de. *As vítimas-algozes:* quadros da escravidão. São Paulo: Zouk, 2005. p. 58.

Os fragmentos transcritos aludem a práticas religiosas afro-brasileiras.

Tendo em vista o contexto das duas obras, compare os dois fragmentos, apontando semelhanças e/ou diferenças nos pontos de vista enunciados sobre tais práticas.

Os textos apresentam mais diferenças do que semelhanças. Têm em comum principalmente o tema, já que ambos abordam as práticas religiosas de negros africanos ou afrodescendentes no Brasil.

Carybé. Candomblé (1983)/Acervo do artista

O contexto de produção de cada texto pode esclarecer vários aspectos. O primeiro é um fragmento de *Macunaíma*, de Mário de Andrade, obra publicada em 1928. O segundo é um fragmento de *As vítimas-algozes*, de Joaquim Manuel de Macedo, obra de 1869. Assim, Mário de Andrade escreve quarenta anos depois da Abolição (1888), ao passo que Macedo escreve durante a vigência da escravidão na sociedade brasileira.

O ponto de vista de cada texto sobre as práticas religiosas é completamente diferente um do outro. Em *Macunaíma*, não há traços de preconceito em relação à macumba ou ao candomblé. O autor vê essas manifestações como parte da diversidade cultural e religiosa existente no Brasil, e a prova disso está na diversidade social e cultural das pessoas que participam da cerimônia: advogados, poetas, "portugas" (tradicionalmente católicos), senadores, taifeiros (mão de obra no serviço de copa), etc.

Já em *As vítimas-algozes*, a começar pelo título, a visão é completamente diferente. Embora revelando uma posição abolicionista, o autor deprecia a cultura africana e associa-a a vários significados negativos. No texto, os negros são "vítimas", mas também são "algozes" porque fazem "feitiço"; são "falsos curandeiros", vêm de um continente de "vícios", vivem em "intimidade depravadora", e assim por diante. Diferentemente de *Macunaíma*, nesse texto as autoridades não fazem parte dos rituais; ao contrário, o autor lamenta porque a "autoridade pública" não persegue "séria e ativamente" os adeptos dessa religião.

Concluindo: nessa questão dissertativa, o estudante deveria evidenciar a oposição entre duas concepções: a primeira, marcada por uma visão multiculturalista, que vê riqueza na diversidade característica da cultura brasileira; a segunda, marcada por uma visão etnocêntrica, que vê o negro como estrangeiro, um estranho cujas práticas religiosas devem ser evitadas a todo custo.

Veja outro exemplo:

(VUNESP-SP) **Instrução:** A questão a seguir toma por base um trecho extraído do romance *O Guarani*, do escritor romântico José de Alencar (1829-1877), e o poema "Pronominais", do poeta modernista Oswald de Andrade (1890-1954).

Quem conhece a vegetação de nossa terra desde a parasita mimosa até o cedro gigante; quem no reino animal desce do tigre e do tapir, símbolos da ferocidade e da força, até o lindo beija-flor e o inseto dourado; quem olha este céu que passa do mais puro anil aos reflexos bronzeados que anunciam as grandes borrascas; quem viu, sob a verde pelúcia da relva esmaltada de flores que cobre as nossas várzeas, deslizar mil reptis que levam a morte num átomo de veneno, compreende o que Álvaro sentiu.

(*O Guarani*.)

Pronominais

Dê-me um cigarro
Diz a gramática
Do professor e do aluno
E do mulato sabido
Mas o bom negro e o bom branco
Da Nação Brasileira
Dizem todos os dias
Deixa disso camarada
Me dá um cigarro

(*Pau-Brasil*. São Paulo: Globo, 2003. p. 167.)

Os dois textos veiculam o sentimento nacionalista, embora sob enfoques distintos, característico de dois movimentos literários no Brasil, mais ou menos distantes. O primeiro, do século XIX; o segundo, do século XX. Com base nessas informações e nos dados fornecidos pelos textos:

a) identifique os movimentos literários a que pertenceram um e outro autor;

b) explicite o fator que distingue o sentimento nacionalista num e noutro movimento.

O enunciado da questão menciona explicitamente o critério comparativo adotado: o nacionalismo presente nos dois textos. O item *a*, contudo, limita-se a pedir a identificação dos movimentos literários a que pertencem os textos, ou seja, o Romantismo e o Modernismo, respectivamente. É uma questão que envolve a memorização, pois o estudante poderia chegar à resposta correta tomando como base o nome dos escritores e as datas de nascimento e morte dos autores. Poderia também se basear na linguagem: descritiva, idealizada, com forte adjetivação, no texto de Alencar; e simples, direta e coloquial, no texto de Oswald de Andrade.

O item *b* solicita que seja estabelecida a comparação propriamente dita quanto ao critério apresentado, o nacionalismo. No texto de Alencar, a escolha de elementos naturais para caracterizar a selva brasileira (parasita, cedro, tigre, inseto, relva, flores, várzeas, reptis) e a adjetivação idealizada (gigante, mimosa, lindo, puro, verde) fazem um recorte do Brasil exótico e primitivo, o país da floresta quase intocada no século XIX. Trata-se, portanto, de uma visão idealizada de nosso país, que despreza a escravidão e os problemas sociais existentes na época. Já o texto "Pronominais" contrapõe o modo de falar brasileiro ao modo de falar lusitano, assumindo a perspectiva irônica e crítica de um Brasil plural, do ponto de vista étnico e linguístico, com vários tipos de contradição.

Luciano Queiroz/ Shutterstock

Prepare-se
para o Enem e o vestibular

1. Leia os textos:

Texto 1

No lar

Longe da pátria, sob um céu diverso
Onde o sol como aqui tanto não arde,
Chorei saudades do meu lar querido
– Ave sem ninho que suspira à tarde. –

No mar – de noite – solitário e triste
Fitando os lumes que no céu tremiam,
Ávido e louco nos meus sonhos d'alma
Folguei nos campos que meus olhos viam.

Era pátria e família e vida e tudo,
Glória, amores, mocidade e crença,
E, todo em choros, vim beijar as praias
Por que chorara nessa longa ausência.

[...]

(Casimiro de Abreu. In: Vários autores. *Antologia da poesia romântica brasileira*. São Paulo: Nacional/Lazuli, 2007. p. 174.)

Nelson Provazi

Texto 2

Pátria minha

[...]
A minha pátria é como se não fosse,
[é íntima
Doçura e vontade de chorar; uma criança
[dormindo
É minha pátria. Por isso, no exílio
Assistindo dormir meu filho
Choro de saudades de minha pátria.

Se me perguntarem o que é a minha
[pátria, direi:
Não sei. De fato, não sei
Como, por que e quando a minha pátria
Mas sei que a minha pátria é a luz,
[o sal e a água
Que elaboram e liquefazem a minha mágoa
Em longas lágrimas amargas.

[...]

(Vinicius de Moraes. *Antologia poética*. São Paulo: Cia. das Letras, 2009. p. 255.)

Andressa Honório

Apesar da distância entre as épocas em que os textos foram escritos, há certas semelhanças entre eles, mas não há semelhança em relação à:

a) expressão *longe da pátria* no texto 1 (verso 1) e em relação à expressão *no exílio* do texto 2 (verso 3).
b) expressão *Chorei saudades* no texto 1 (verso 3) em relação à expressão *Choro de saudades* do texto 2 (verso 5).
c) presença de elementos naturais como partes concretas do todo abstrato que constitui a pátria, nos dois textos.
d) personificação da pátria e de seus elementos naturais.
e) visão essencialmente racional da pátria.

2. Leia os textos:

Texto 1

[...]

Pela manhã Aurélia mandou comprar o romance; e o leu em uma sesta, ao balanço da cadeira de palha, no vão de uma janela ensombrada pelas jaqueiras cujas flores exalavam perfumes de magnólias.

À noite apareceu o crítico.

– Já li a **Diva** – disse depois de corresponder ao cumprimento.

– Então? Não é uma mulher impossível?

– Não conheço nenhuma assim. Mas também só podia conhecê-la Augusto Sá, o homem que ela amava, e o único ente a quem abriu sua alma.

– Em todo o caso é um caráter inverossímil.

– E o que há de mais inverossímil que a própria verdade? – retorquiu Aurélia repetindo uma frase célebre. Sei de uma moça... Se alguém escrevesse a sua história, diriam como o senhor: "É impossível! Esta mulher nunca existiu." Entretanto eu a conheci.

Mal pensava Aurélia que o autor de Diva teria mais tarde a honra de receber indiretamente suas confidências e escrever também o romance de sua vida, a que ela fazia alusão.

[...]

(José de Alencar. *Senhora*. São Paulo: Saraiva, 2007. p. 181-2.)

Diva: romance de José de Alencar, publicado em 1864.

Texto 2

[...]

Que Stendhal confessasse haver escrito um de seus livros para cem leitores, coisa é que admira e consterna. O que não admira, nem provavelmente consternará é se este outro livro não tiver os cem leitores de Stendhal, nem cinquenta, nem vinte, e quando muito, dez. Dez? Talvez cinco. Trata-se, na verdade, de uma obra difusa, na qual eu, Brás Cubas, se adotei a forma livre de um Sterne, ou de um Xavier de Maistre, não sei se lhe meti algumas rabugens de pessimismo. Pode ser. Obra de finado. Escrevi-a com a pena da galhofa e a tinta da melancolia, e não é difícil antever o que poderá sair desse conúbio. Acresce que a gente grave achará no livro umas aparências de puro romance, ao passo que a gente frívola não achará nele o seu romance usual, ei-lo aí fica privado da estima dos graves e do amor dos frívolos, que são as duas colunas máximas da opinião.

[...]

(Machado de Assis. *Memórias póstumas de Brás Cubas*. São Paulo: Saraiva, 2008. p. 13.)

Mondadori Portfolio/Getty Images

Só **não** é possível depreender da leitura dos dois textos que:

a) a metalinguagem está presente em ambos.

b) ambos são verossímeis: de forma discursiva no texto 1, e com a "obra de finado" no texto 2.

c) no texto 1, o autor prepara sua defesa contra as acusações de inverossimilhança na composição da personagem feminina através da fala de Aurélia.

d) pode-se dizer que a idealização da mulher e do amor, no texto 1, aproxima-o do Romantismo; e que a visão pessimista do ser humano, no texto 2, aproxima-o do Realismo.

e) o procedimento adotado pelos dois autores, de colocar em discussão a própria obra, situa José de Alencar e Machado de Assis no Realismo brasileiro.

3. Leia e compare os dois fragmentos abaixo:

Texto 1

[...]
No meio das tabas de amenos verdores,
Cercadas de troncos – cobertos de flores,
Alteiam-se os tetos d'altiva nação;
São muitos seus filhos, nos ânimos fortes,
Temíveis na guerra, que em densas coortes
Assombram das matas a imensa extensão.

São rudos, severos, sedentos de glória,
Já prélios incitam, já cantam vitória,
Já meigos atendem à voz do cantor:
São todos Timbiras, guerreiros valentes!
Seu nome lá voa na boca das gentes,
Condão de prodígios, de glória e terror!
[...]

(Gonçalves Dias. "I-Juca-Pirama". In: Vários autores. *Antologia da poesia romântica brasileira*. São Paulo: Nacional/Lazuli, 2007. p. 46.)

Texto 2

[...]

– Famintos! – disse Fontoura.

– Mas não é só isto – disse Vilaverde. – Estão morrendo de alguma outra coisa também.

Outros cren-acárore chegavam, arcos arriados, e os que haviam comido se afastaram rápidos para a mata em sombra total e do acampamento se ouviam os ruídos intestinais de um concerto comum de disenteria.

– Doentes – disse Fontoura – todos doentes.

Lanterna elétrica na mão Ramiro passava os cren-acárore em revista, procurando e procurando entre as mulheres horrendas e chupadas pela moléstia, em cada peito de osso dois canudos de pelanca terminados em bico de seio. [...]

A índia com quem ele falava metia os dedos de puro osso nos bolsos de Ramiro em busca de alguma comida.

– Não deixe que te toquem! – disse Lauro.

Lauro tinha na mão uma vara comprida com a qual mantinha os índios a distância.

– Estão morrendo de alguma peste – disse Lauro.

– Era esse o pavor dos txukarramãe – disse Nando. – Medo da moléstia.

– O que é que eles têm? – disse Lauro. – Lepra?

– Têm o que você já teve – disse Fontoura. – O que toda criança tem.

Ramiro, iluminando mais caras com a lanterna elétrica, disse:

– É sarampo, não é?

– Sarampo – disse Fontoura. – E quase todos vão morrer de febre e disenteria.

[...]

(Antonio Callado. *Quarup*. Rio de Janeiro: Nova Fronteira, 1984. p. 356-7.)

Pode-se afirmar sobre o índio, personagem central dos textos, que:

I. Ele aparece idealizado no texto 1 e degradado no texto 2.

II. Surge ainda em estado puro no texto 1 e contaminado pelo contato com o homem branco, no texto 2.

III. Tem postura heroica no texto 1 e vive em uma situação de fragilidade no texto 2.

IV. É descrito como voltado ao trabalho no texto 1 e com atitude guerreira no texto 2.

Está(ão) correta(s):

a) todas.
b) I, II e III apenas.
c) II, III e IV apenas.
d) apenas I.
e) apenas III e IV.

4. Leia os textos:

Texto 1

Paixão

Se tivesse um remedinho contra
eu tomava

(Francisco Alvim. *Poesias reunidas – 1968-1988*. São Paulo: Duas Cidades, 1988.)

Nelson Provazi

Texto 2

Névoas

Nas horas tardias que a noite desmaia
Que rolam na praia mil vagas azuis,
E a lua cercada de pálida chama
Nos mares derrama seu pranto de luz,

Eu vi entre os flocos de névoas imensas,
Que em grutas extensas se elevam no ar,
Um corpo de fada — sereno, dormindo,
Tranquila sorrindo num brando sonhar.

Na forma de neve — puríssima e nua —
Um raio da lua de manso batia,
E assim reclinada no **túrbido** leito
Seu pálido peito de amores tremia.

Oh! filha das névoas! das veigas viçosas,
Das verdes, cheirosas roseiras do céu,
Acaso rolaste tão bela dormindo,
E dormes, sorrindo, das nuvens no véu?

O orvalho das noites congela-te a fronte,
As orlas do monte se escondem nas brumas,
E queda repousas num mar de neblina,
Qual pérola fina no leito de espumas!
[...]

(Fagundes Varela. *Poemas de Fagundes Varela*. Sel. de Osmar Barbosa. Rio de Janeiro: Ediouro, 1988.)

túrbido: turvo ou sombrio, opaco.

Os dois poemas tratam do amor e do desejo. O primeiro de maneira sintética, e o segundo de maneira detalhada, com rica descrição de cenário. Assinale a afirmativa incorreta a respeito do estilo dos poemas.

a) O texto 1 lembra os "poemas-pílula" de Oswald de Andrade.
b) O texto 2 tem proximidade com o byronismo.
c) O texto 1 se opõe ao texto 2 pelo valor que dá ao desejo.
d) O texto 2 é irônico em relação ao desejo.
e) No texto 1, a linguagem é informal.

Leia, a seguir, um poema de Vinícius de Morais e a letra de uma canção cantada pelo grupo de rock Ira!. Depois responda às questões 5 e 6.

Texto 1

Soneto de aniversário

Passem-se dias, horas, meses, anos
Amadureçam as ilusões da vida
Prossiga ela sempre dividida
Entre compensações e desenganos.

Faça-se a carne mais envilecida
Diminuam os bens, cresçam os danos
Vença o ideal de andar caminhos planos
Melhor que levar tudo de vencida.

Queira-se antes ventura que aventura
À medida que a têmpora embranquece
E fica tenra a fibra que era dura.

E eu te direi: amiga minha, esquece...
Que grande é este amor meu de criatura
Que vê envelhecer e não envelhece.

(*Vinicius de Moraes – Poesia completa e prosa*. Rio de Janeiro: Nova Aguilar, 1998.)

Texto 2

Envelheço na cidade

Mais um ano que se passa
Mais um ano sem você
Já não tenho a mesma idade
Envelheço na cidade

Essa vida é jogo rápido
Para mim ou pra você
Mais um ano que se passa
Eu não sei o que fazer

Juventude se abraça
Faz de tudo pra esquecer
Um feliz aniversário
Para mim ou pra você

Feliz aniversário
Envelheço na cidade
Feliz aniversário
Envelheço na cidade

Meus amigos, minha rua
As garotas da minha rua
Não sinto, não os tenho
Mais um ano sem você

As garotas desfilando
Os rapazes a beber
Já não tenho a mesma idade
Não pertenço a ninguém

Juventude se abraça
Faz de tudo pra esquecer
Um feliz aniversário
Para mim ou pra você
[...]

(Edgard José Scandurra Pereira. © Warner Chappell Edições Musicais Ltda. Todos os direitos reservados.)

5. Os versos do poema de Vinícius e da letra de música do grupo Ira! falam do tempo. Pode-se dizer que:

a) a desilusão amorosa está presente no texto 2; no texto 1, entretanto, persiste o ideal amoroso.
b) a vontade de morrer prevalece sobre o amor em ambos os textos.
c) a mulher amada está por chegar, nos dois textos.
d) a vida urbana sufoca o eu lírico em ambos os textos.
e) comemora-se o fim das paixões, nos dois textos.

6. Qual verso do poema de Vinícius pode ser considerado equivalente, do ponto de vista semântico, ao verso "Já não tenho a mesma idade", da letra de música?

a) "Que vê envelhecer e não envelhece"
b) "À medida que a têmpora embranquece"
c) "Queira-se antes ventura que aventura"
d) "Diminuam os bens, cresçam os danos"
e) "Prossiga ela sempre dividida"

Questões do Enem e dos vestibulares

1. (ESPM-SP)

Texto 1

Oh! que saudades que tenho
Da aurora da minha vida,
Da minha infância querida,
Que os anos não trazem mais!
Que amor, que sonhos, que flores,
Naquelas tardes fagueiras
À sombra das bananeiras
Debaixo dos laranjais!

(Casimiro de Abreu)

Texto 2

Oh que saudades que eu tenho
Da aurora de minha vida
Das horas
De minha infância
Que os anos não trazem mais
Naquele quintal de terra!
Da Rua de Santo Antônio
Debaixo da bananeira
Sem nenhum laranjais

(Oswald de Andrade. "Meus oito anos". *Primeiro caderno do aluno de poesia de Oswald de Andrade*. 4. ed. São Paulo: Globo, 2006. p. 52.)

Texto 3

O chi sodades che io tegno
D'aquillo gustoso tempigno
Ch'io satava o tempo intirigno
Brincando c'oas mulecada.
Che brutta insgugliambaçó,
Che troça, che bringadêra,
Imbaxo das bananêra,
Na sombra dus bambuzá.

(Juó Bananere. *La divina increnca*. 2. ed. Pref. Mário Leite. São Paulo: Folco Masucci, 1966.)

Texto 4

Ai que saudades eu tenho
Dos meus doze anos
Que saudade ingrata
Dar banda por aí
Fazendo grandes planos
E chutando lata
Trocando figurinha
Matando passarinho
Colecionando minhoca
Jogando muito botão
Rodopiando pião
Fazendo troca-troca

(*Doze anos de Chico Buarque* © by Marola Edições Musicais Ltda. Todos os direitos reservados.)

Levando em conta que o texto 1 dos quatro textos foi o original, marque a opção com a afirmação **incorreta**:

a) O tom jocoso dos textos 3 e 4 apresenta uma conquista desenvolvida ao longo do Modernismo: o humor.
b) O texto 3 traz um "português macarrônico" dos imigrantes italianos, também presente em *Brás, Bexiga e Barra Funda*, de Alcântara Machado.
c) Os textos 2, 3 e 4 podem ser considerados paródias do poema de Casimiro de Abreu (texto 1).
d) O saudosismo pueril do texto 1 é ironizado por Chico Buarque no texto 4, que apresenta uma fase da vida de quebra da inocência.
e) A coerência temática dos quatro textos (saudosismo) revela uma inteira aceitação dos valores românticos por parte de autores do Modernismo radical.

2. (UFOP-MG) Leia os trechos a seguir:

Texto I

Noutras vezes, tive a sensação de que já havia a presença de alguém ali comigo, alguém que houvesse frequentado aquele poço em tempos em que talvez ainda não existisse por aqui uma civilização, nenhum calendário para medir o tempo que não fosse a transformação no interior dos dias e das noites, ou das próprias pessoas. Alguém que encontrasse uma mulher como eu, nua e só, e nem falassem a mesma língua. E para ambos tudo seria novo: a explosão da queda-d'água naquele exato poço, os corpos nus um do outro e um sentimento para o qual não teriam nome. Alguém que, às vezes, tenho a sensação de ser eu mesma, não me importa se enquanto homem ou mulher, confluindo de tempos diferentes para um encontro.

(SANT'ANNA, Sérgio. *O monstro*. São Paulo: Cia. das Letras, 1994. p. 29.)

Texto II

Ai, minas de Vila Rica,
santa Virgem do Pilar!
Dizem que eram minas de ouro...
— para mim, de rosalgar,
para mim, donzela morta
pelo orgulho de meu pai.
(Ai, pobre mão de loucura,
que mataste por amar!)
Reparai nesta ferida
que me fez o seu punhal:
gume de ouro, punho de ouro,
ninguém o pode arrancar!
Há tanto tempo estou morta!
E continuo a penar.

(MEIRELES, Cecília. *Romanceiro da Inconfidência*. 3. ed. Rio de Janeiro: Nova Aguilar, 1977. p. 419.)

Texto III

Depois do convite, tornei-me quase íntimo das duas mulheres. Madalena não se decidiu logo. E eu, a pretexto de saber a resposta, comecei a frequentar a casinha da Canafístula. Um dia dei uns toques a D. Glória:

— Por que é que sua sobrinha não procura marido?

— Minha sobrinha não é feijão bichado para se andar oferecendo.

— Nem eu digo isso, minha senhora. Deus me livre. É um conselho de amigo.

Garantir o futuro...

(...)

— Está visto que o casamento para as mulheres é uma situação...

— Razoável, D. Glória. E até é bom para a saúde.

— Mas há tantos casamentos desastrados... Demais isso não é coisa que se imponha.

— Não, infelizmente. É preciso propor. Tudo mal organizado, D. Glória. Há lá ninguém que saiba com quem deve casar?

(RAMOS, Graciliano. *São Bernardo*. 12. ed. Rio de Janeiro: Livraria Martins Editora, 1970. p. 143.)

Marque agora a alternativa que apresenta a afirmação **correta**:

a) Os trechos II e III se aproximam, porque tratam do mesmo assunto: a posição da mulher na sociedade. No trecho II, a mulher se apresenta como um indivíduo solitário, mas sensual e poderoso. A mulher, aqui, é vista como um indivíduo a quem se deve respeitar. No III, a mulher é tratada como objeto de conveniência social. Em outras palavras, quem decide a hora do casamento é o homem.

b) No trecho I, o narrador, que é uma mulher, apresenta uma visão otimista do papel social feminino na sociedade, chamando a atenção para dois aspectos particulares deste mesmo papel social: a solidão e a sensualidade. Não se trata de um discurso feminista, mas de um relato em que a mulher aparece como personagem principal.

c) No trecho III, Madalena, sobrinha de D. Glória, é cortejada por Paulo Honório, sem dar a ele uma resposta sobre seu pedido de casamento. O diálogo entre D. Glória e Paulo Honório deixa clara a intenção do narrador, que é a de mostrar que o casamento é uma conveniência social e que a mulher não deveria permanecer solteira por muito tempo, sob pena de ter problemas de saúde.

d) Os três trechos tematizam a figura da mulher, cada um numa perspectiva diferente. Em nenhum deles é possível apontar uma intenção explícita do narrador, no sentido de afirmar que o papel desempenhado pela mulher é secundário em relação ao do homem. No entanto, em todos eles, é importante a figura feminina.

3. (UFT-TO)

Texto I

Saí da roça — sozinha:
a mala cheia de sonhos,
encruzilhadas sem fim.
O barco rasgava o rio:
Eu enrolando saudade,
Moendo mar de incertezas,
Nas águas do Tocantins.

Voei cravada de susto,
Chorando suor e sal,
Com a fome do infinito
E saciada de ilusão.
Em outro espaço plantei
A luta de dor e de sol,
Coração queimando a hora
De saber a liberdade.

Mundos-mares caminhei,
Semeando recomeços.
A música venceu a lágrima
e a paixão ardeu a voz:
Crianças dourando classes,
Juventude alçando vento;
aprendendo e ensinando,
comi o doce da fé.

(NEVES, Isabel Dias. *Fardo florido*. 3. ed. Goiânia, 2006. p. 51)

Texto II

Noite. Cruzes na estrada. Aves com frio
E, enquanto eu tropeçava sobre os paus,
Efígie apocalíptica do Caos
Dançava no meu cérebro sombrio!

O Céu estava horrivelmente preto
E as árvores magríssimas lembravam
Pontos de admiração que se admiravam
De ver passar ali meu esqueleto!

Sozinho, uivando hoffmânicos dizeres,
Aprazia-me assim, na escuridão,
Mergulhar minha exótica visão
Na intimidade nonumenal dos seres.

Eu procurava, com uma vela acesa,
O feto original, de onde decorrem
Todas essas moléculas que morrem
Nas transubstanciações da Natureza.

(ANJOS, Augusto dos. *Eu e outras poesias*. São Paulo: Martin Claret, 2006. p. 160.)

Os fragmentos dos poemas apresentam aspectos semelhantes e díspares. Assinale a alternativa **incorreta**.

a) Em ambos, as imagens fazem parte de lembranças que recorrem à memória para evidenciar experiências, mas diferem pela forma como cada eu lírico reflete suas angústias e buscas.

b) As descrições dos espaços são distintas pela emotividade que concentram; no entanto, o eu lírico, em ambos, expressa sinais de contentamento.

c) Os fragmentos, em linguagem metafórica, apresentam tensões entre o sujeito e o mundo e distanciam-se nas realizações concretizadas.

d) A linguagem poética dos fragmentos compreende nítidas diferenças. Ainda, observa-se, no primeiro, a dureza da vida como aprendizagem, no segundo, a presença do niilismo.

Questões interdisciplinares

Capítulo 24

René Magritte. Isto não é um cachimbo, 1928/29

Ceci n'est pas une pipe.

De acordo com a perspectiva do Enem e de muitos vestibulares, além de conhecimentos sólidos nas várias disciplinas, o estudante deve ter competência para estabelecer relações e conexões entre diferentes tipos de conhecimento.

Nos meios educacionais de hoje, valoriza-se muito a capacidade do aluno de não apenas dominar habilidades e conteúdos específicos de uma disciplina, mas também estabelecer relações e conexões entre diferentes áreas do conhecimento. Por exemplo, partindo de um texto literário, estabelecer relações com assuntos específicos da História ou da Geografia. Ou, partindo de um texto de Sociologia, fazer conexões com a cultura, com a literatura e as artes em geral.

Portanto, no âmbito específico das habilidades de leitura, ganham destaque operações como *relacionar*, *comparar*, *traduzir* e *aplicar*, entre outras.

Essa tendência vem se refletindo nas questões do Enem e dos vestibulares. Veja como exemplo a questão a seguir, extraída de uma prova da Unicamp:

Referindo-se à expansão marítima dos séculos XV e XVI, o poeta português Fernando Pessoa escreveu, em 1922, no poema "Padrão":

> "E ao imenso e possível oceano
> Ensinam estas Quinas, que aqui vês,
> Que o mar com fim será grego ou romano:
> O mar sem fim é português."
>
> (Fernando Pessoa, *Mensagem – poemas esotéricos*. Madri: ALLCA XX, 1997, p. 49.)

Nestes versos identificamos uma comparação entre dois processos históricos. É válido afirmar que o poema compara:

a) o sistema de colonização da Idade Moderna aos sistemas de colonização da Antiguidade Clássica: a navegação oceânica tornou possível aos portugueses o tráfico de escravos para suas colônias, enquanto gregos e romanos utilizavam servos presos à terra.

b) o alcance da expansão marítima portuguesa da Idade Moderna aos processos de colonização da Antiguidade Clássica: enquanto o domínio grego e romano se limitava ao mar Mediterrâneo, o domínio português expandiu-se pelos oceanos Atlântico e Índico.

c) a localização geográfica das possessões coloniais dos impérios antigos e modernos: as cidades-estado gregas e depois o Império Romano se limitaram a expandir seus domínios pela Europa, ao passo que Portugal fundou colônias na costa do norte da África.

d) a duração dos impérios antigos e modernos: enquanto o domínio de gregos e romanos sobre os mares teve um fim com as guerras do Peloponeso e Púnicas, respectivamente, Portugal figurou como a maior potência marítima até a independência de suas colônias.

Resposta: *b*.

Como se vê, trata-se de uma questão interdisciplinar, pois envolve, a um só tempo, habilidades de interpretação de texto e conhecimentos de Literatura, História e Geografia.

Primeiramente, o estudante deveria compreender bem o sentido dos versos de Fernando Pessoa. As "Quinas" a que se refere o poema, por exemplo, são os cinco escudetes (pequenos escudos) azuis que formam as armas de Portugal. No contexto nacionalista e de revisão histórica em que foi produzida a obra *Mensagem,* de Fernando Pessoa, havia o interesse de ressaltar os feitos heroicos dos navegantes portugueses dos séculos XV e XVI. Assim, as "Quinas" portuguesas ensinam que o "mar com fim", isto é, o mundo marítimo conhecido apenas parcialmente até o final do século XV, é o mar dos navegantes gregos e romanos. Já o "mar sem fim" pertence aos portugueses, que conseguiram romper as barreiras do mar Mediterrâneo e alargar seu horizonte para os oceanos Atlântico, Índico e Pacífico.

Presidência da República Portuguesa

Como se observa, a resposta correta a essa questão pressupõe um candidato mais bem-preparado, capaz de articular conhecimentos de diferentes áreas para resolver as situações-problema. Com base nesses conhecimentos de diferentes áreas, o estudante assinalaria acertadamente a alternativa *b.*

Getty Images

Padrão dos descobrimentos, em homenagem aos navegantes portugueses, em Lisboa.

Veja agora outro exemplo, extraído de uma prova do Enem:

O índice de massa corpórea (IMC) é uma medida que permite aos médicos fazer uma avaliação preliminar das condições físicas e do risco de uma pessoa desenvolver certas doenças, conforme mostra a tabela a seguir.

IMC	CLASSIFICAÇÃO	RISCO DE DOENÇA
menos de 18,5	magreza	elevado
entre 18,5 e 24,9	normalidade	baixo
entre 25 e 29,9	sobrepeso	elevado
entre 30 e 39,9	obesidade	muito elevado
40 ou mais	obesidade grave	muitíssimo elevado

Internet: <www.somatematica.com.br>.

Considere as seguintes informações a respeito de João, Maria, Cristina, Antônio e Sérgio.

NOME	PESO (kg)	ALTURA (m)	IMC
João	113,4	1,80	35
Maria	45	1,50	20
Cristina	48,6	1,80	15
Antônio	63	1,50	28
Sérgio	115,2	1,60	45

Os dados das tabelas indicam que:

a) Cristina está dentro dos padrões de normalidade.

b) Maria está magra, mas não corre risco de desenvolver doenças.

c) João está obeso e o risco de desenvolver doenças é muito elevado.

d) Antônio está com sobrepeso e o risco de desenvolver doenças é muito elevado.

e) Sérgio está com sobrepeso, mas não corre risco de desenvolver doenças.

Resposta: *c*.

A tabela apresentada diz respeito à área médica e poderia ser objeto de estudo em Ciências, Biologia, Nutrição ou Medicina. Para ler e interpretar os dados, o estudante deveria realizar algumas operações. Primeiramente, precisaria saber como ler adequadamente a tabela, que exige análise, comparação e cruzamentos de informações dispostas na vertical e na horizontal.

Apropriando-se dos referenciais utilizados no índice IMC para classificar as pessoas quanto a magreza ou obesidade, o estudante deveria, em seguida, confrontar esses dados com a tabela de casos individuais. Assim, facilmente chegaria à resposta correta, expressa no item *c*, segundo a qual João está obeso e corre o risco muito elevado de desenvolver doenças, uma vez que apresenta 35 de IMC.

A questão poderia ser mais complexa e envolver conhecimentos matemáticos, caso fosse fornecido ao estudante o modo como se calcula o IMC (divide-se o peso da pessoa pelo quadrado da altura dela) e se pedisse a ele que fizesse os cálculos para inferir a situação de saúde de cada uma das pessoas. Veja, por exemplo, como seria o cálculo do IMC de Maria:

$$\frac{45}{1{,}50^2} = 20$$

Prepare-se
para o Enem e o vestibular

1. Leia o texto, de Rubem Fonseca:

Palácio do Planalto/Presidência da República

Getúlio Vargas.

[...]

Benjamim retirou-se e Getúlio voltou a deitar-se. Pensou no discurso de Capanema na Câmara, defendendo-o dos ataques injustos que lhe faziam. Lembrava-se do que dissera o seu líder parlamentar: ele, Getúlio Vargas, presidente da República, não podia abandonar seu posto, não podia ir saindo, por medo, por vaidade ou por comodismo. Ele tinha que ficar, em face das exigências das forças políticas majoritárias que o apoiavam. Mais ainda, ele tinha o dever para com o seu nome. O nome do presidente era um nome sagrado. O presidente era como um rei, como um príncipe. Ele governava em nome do monarca do mundo, como dizia Bossuet. E esse monarca do mundo estabelecia que o nome do presidente tinha qualquer coisa de sagrado. Quem exercia a Presidência da República tinha o dever, e não apenas o direito, de defender o seu nome, porque esse nome não era apenas o de Getúlio Vargas, era o nome do presidente da República. O presidente da República tinha de estar à altura da dignidade que se inscrevia na sua função, no seu cargo, no seu poder. Ele tinha o dever de defender o seu nome, e, na defesa do seu nome, ele não podia renunciar, porque essa renúncia seria uma complacência com a suspeita.

[...]

(*Agosto*. São Paulo: Companhia das Letras, 1990. p. 324.)

O trecho reproduz, de maneira ficcional, a noite que antecedeu um importante fato da história brasileira na metade do século passado. A personagem reflete sobre as palavras ditas em sua defesa por Gustavo Capanema, líder do governo na Câmara, que também o aconselhava. Por seu conhecimento da história do período, pode-se afirmar corretamente que o presidente:

a) não renunciou, permanecendo até o final de seu mandato.

b) renunciou, no que foi imitado por Jânio Quadros sete anos depois.

c) sofreu um atentado, morrendo, como ocorrera com Washington Luís.

d) permaneceu no poder após demitir os comandantes militares que lhe faziam oposição.

e) cometeu suicídio.

Leia o trecho da reportagem a seguir e responda às questões 2 e 3.

Um mosquito ameaça nocautear a orgulhosa civilização tecnológica do século XXI. Os autores de ficção imaginaram o mundo de joelhos diante de terroristas, de invasores do espaço, devolvido à idade da Pedra por uma guerra nuclear total e até mesmo acossado pela progressão incontida de algum vírus misterioso... mas submetido a um mosquito? Isso não. Isso seria enredo de filme de terror de um tempo remoto da humanidade. No começo do século passado, a malária, transmitida por mosquitos, mandou para o hospital dez de cada 100 trabalhadores encarregados da construção do Canal do Panamá – e só oito saíam de lá com vida.

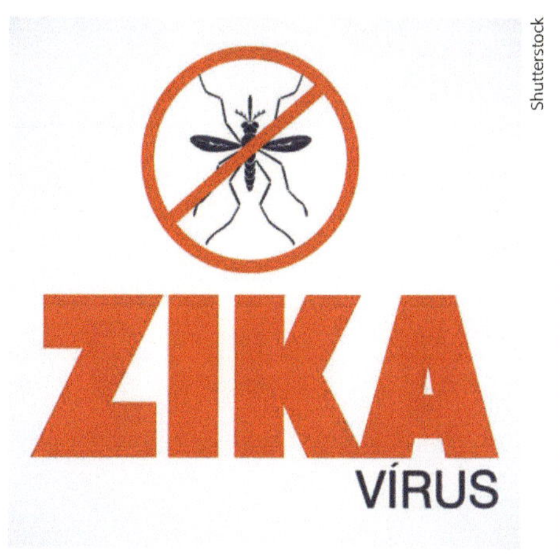

Shutterstock

Agora, mais de 100 anos depois, um outro mosquito está levando o presidente americano Barack Obama a convocar reuniões de emergência na Casa Branca, em Washington, e, do lado de lá do oceano, tirando do sério outro senhor do mundo, o russo Vladimir Putin. "E agora nos vem uma porcaria da América Latina", disse Putin depois de ser informado sobre o potencial de destruição dos vírus transportados pelo mosquito *Aedes aegypti*. Obama exigiu de seus sábios a produção imediata de uma vacina contra o zika, o vírus mais temido transmitido pelo *Aedes aegypti*. Ouviu deles que, na melhor das hipóteses, uma vacina contra o zika levará três anos para estar em condições de ser usada em larga escala.

A semana culminou com um alerta da chinesa Margaret Chan, diretora-geral da Organização Mundial da Saúde (OMS): "O explosivo avanço do zika vírus é motivo de preocupação, especialmente diante do possível elo entre a infecção durante a gravidez e o nascimento de bebês com microcefalia". [...]

Em um mundo em que os avanços tecnológicos da medicina estão fazendo com que o número de pessoas que chegam com saúde aos 100 anos cresça rapidamente, é melancólico que a imunização contra o zika só esteja ao alcance por meio de uma pajelança, a exposição voluntária à picada do mosquito transmissor do vírus. Não é muito ousada a ideia de que em breve, nas avenidas elegantes das capitais mundiais, serão abertas clínicas de imunização contra o zika com suas criações de *Aedes aegypti* portadores do vírus. Nas luxuosas salas de recepção, mulheres jovens que planejam engravidar teclam em seus smartphones de última geração, enquanto esperam a vez de oferecer o braço para a picada do *Aedes aegypti*. Não poderá haver imagem mais dramática da rendição da humanidade ao inseto que ela, não conseguindo erradicá-lo, passar a criá-lo em cativeiro. O mosquito venceu.

[...]

("Tristes trópicos". *Veja*, ed. 2436. p. 66-7.)

2. A hipótese imaginada no último parágrafo do texto, de que o homem passará a criar o mosquito em cativeiro, procede porque:

a) a partir daí poderá criar a vacina para imunizar as pessoas, principalmente mulheres que pretendem engravidar.
b) ironiza uma possível "moda" de ser picado pelo mosquito, rendendo-se a ele.
c) a pessoa picada e contaminada pelo zika tem o organismo imunizado contra novas infecções.
d) a "domesticação" do mosquito faria abrandar os efeitos do vírus.
e) a contaminação voluntária permite o controle da doença.

3. O texto apresenta, em relação ao tema, o contraste entre um mundo sofisticado e um mundo primitivo. Isso é aparente na relação feita entre:

a) Estados Unidos e Rússia / América Latina.
b) tecnologia da medicina / pajelança.
c) invasores do espaço / mosquito.
d) clínica sofisticada / criação em cativeiro.
e) malária / microcefalia.

Veja a pintura e leia o texto que segue:

(*Escravas negras de diferentes nações* (1839), de Jean-Baptiste Debret.)

RETRATOS DA DIVERSIDADE

Jean-Baptiste Debret (1768-1848), artista francês estudioso da natureza no Brasil, retratou os diferentes tipos de mulheres africanas que pôde observar na cidade do Rio de Janeiro. Nem na própria África seria possível encontrar tantos representantes de povos daquele continente como aqui. Debret produziu aquarelas que mostravam a diversidade de origem das mulheres que haviam sido trazidas e escravizadas no nosso país. [...]

Com seus trajes e penteados, adornos e marcas faciais e de estética própria – como a prática de limar os dentes – essas mulheres afirmavam suas diferenças, também percebidas em suas tradições culturais e idiomas. Nada mais distante de suas vidas que a ideia de uma África no singular ou de características de comportamento e crença que unissem todas elas em um denominador comum. Essas africanas eram tão diferentes entre si como homens e mulheres europeus de países distintos.

Conhecer essas histórias africanas é uma maneira de desmascarar essa uniformidade inventada, e reconhecer o rico mapa da diversidade "negra" que faz parte de nossas origens.

E de que vale saber essas diferenças todas e questionar uma imagem idealizada de país mestiço? Serve para nos aproximar de outras histórias que nos pertencem e nos darão a chance de chegar mais perto de entender que o tanto que nos diferencia nos aproxima, e nos faz mais humanos. Afinal, o racismo que se vê e se percebe no Brasil é como uma mosca na sopa dos estudos sobre a nossa miscigenação.

MONICA LIMA – Instituto de História,
Universidade Federal do Rio de Janeiro.

(Brasil 'mestiço'. *Ciência Hoje*, 326, vol. 55. p. 46.)

JAG Images/Getty Images

4. Depois de observar a pintura e ler o texto, entende-se que:

a) o quadro de Debret representa a uniformidade de origem das mulheres trazidas para o Brasil escravizadas.

b) o retrato do pintor europeu apresenta uma concepção idealizada da mulher negra.

c) o conceito idealizado de um país mestiço esconde a diversidade concreta que existe em nossas origens.

d) havia, por parte dos escravos, uma consciência de pertencimento a uma África uniforme, com pessoas caracterizadas por traços comuns.

e) o conceito de miscigenação é importante para amenizar a discriminação existente em nosso país.

5. Com o emprego de aspas na palavra *negra* (penúltimo parágrafo), a autora:

I. faz uma ressalva, porque a palavra é generalizante e pode contradizer sua tese sobre a diversidade dos africanos que chegaram ao Brasil.

II. a destaca, para indicar qual é a origem das mulheres retratadas.

III. apresenta um alerta, pois se trata de determinado grupo e não de outro, como de brancos ou indígenas.

Está adequado o que se afirma em:

a) I, II e III.

b) I apenas.

c) II e III apenas.

d) I e II apenas.

e) II apenas.

Questões do Enem e dos vestibulares

1. (ENEM)

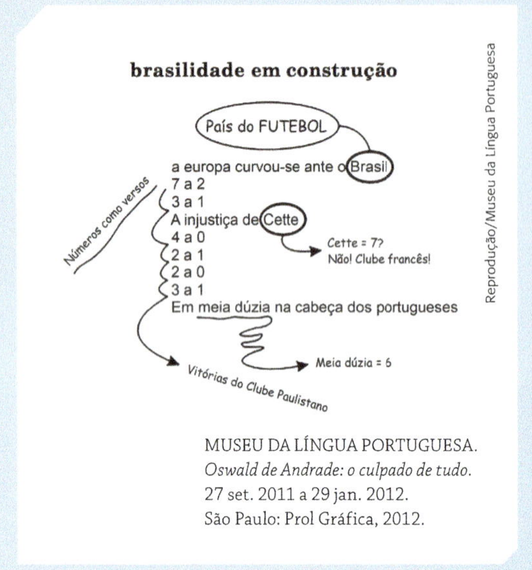

Reprodução/Museu da Língua Portuguesa

MUSEU DA LÍNGUA PORTUGUESA. *Oswald de Andrade: o culpado de tudo.* 27 set. 2011 a 29 jan. 2012. São Paulo: Prol Gráfica, 2012.

O poema de Oswald de Andrade remonta à ideia de que a brasilidade está relacionada ao futebol. Quanto à questão da identidade nacional, as anotações em torno dos versos constituem

a) direcionamentos possíveis para uma leitura crítica de dados histórico-culturais.
b) forma clássica da construção poética brasileira.
c) rejeição à ideia do Brasil como o país do futebol.
d) intervenções de um leitor estrangeiro no exercício de leitura poética.
e) lembretes de palavras tipicamente brasileiras substitutivas das originais.

2. (FGV-SP) A região representada no mapa localiza-se entre o Mar Negro e o Mar Cáspio. Nela coexistem países que recuperaram sua independência depois da desintegração da União Soviética. É uma das regiões mais conflituosas do mundo.

Banco de imagens / Arquivo da editora

(Maria E. Simielli. *Geoatlas*, 2010. Adaptado.)

Trata-se:

a) da Mesopotâmia, que reúne 3 etnias, todas cristãs.
b) da Meso-América, que tem mais de 10 etnias não monoteístas.
c) da Ásia Central, que abriga mais de 20 etnias, cuja religião principal é o judaísmo.
d) dos Bálcãs, que congregam 4 etnias, distribuídas em três religiões principais: cristãos, islâmicos e judeus.
e) do Cáucaso, que possui mais de 70 etnias, distribuídas em duas religiões principais: cristãos e islâmicos.

3. (ENEM)

O que a internet esconde de você

Sites de busca manipulam resultados. Redes sociais decidem quem vai ser seu amigo — e descartam as pessoas sem avisar. E, para cada *site* que você pode acessar, há 400 outros invisíveis. Prepare-se para conhecer o lado oculto da internet.

Reprodução/Pablo Bernasconi

GRAVATÁ, A. *Superinteressante*, São Paulo, ed. 297, nov. 2011 (adaptado).

Analisando-se as informações verbais e a imagem associada a uma cabeça humana, compreende-se que a venda

a) representa a amplitude de informações que compõem a internet, às quais temos acesso em redes sociais e *sites* de busca.
b) faz uma denúncia quanto às informações que são omitidas dos usuários da rede, sendo empregada no sentido conotativo.
c) diz respeito a um buraco negro digital, onde estão escondidas as informações buscadas pelo usuário nos *sites* que acessa.
d) está associada a um conjunto de restrições sociais presentes na vida daqueles que estão sempre conectados à internet.
e) remete às bases de dados da *web*, protegidas por senhas ou assinaturas e às quais o navegador não tem acesso.

4. (UFG-GO) Observe o quadro "Abaporu" (1928) de Tarsila do Amaral, reproduzido na contracapa do livro *Tarsila*, de Maria Adelaide Amaral.

Tarsila do Amaral. Abaporu, 1928

Na peça *Tarsila*, de Maria Adelaide Amaral, a protagonista presenteia Oswald por seu aniversário com o quadro "Abaporu". Nessa ocasião, Mário de Andrade, diante da obra, refere-se a sua plasticidade, caracterizada por:

a) elementos nacionais que marcam uma perspectiva artística.
b) figuras naturalistas que estabelecem um efeito de realidade.
c) desenhos infantis que resgatam elementos da cultura popular.
d) linhas simétricas que rompem com a tradição do Modernismo.
e) formas proporcionais que marcam o equilíbrio da paisagem.

5. (ENEM)

Pawel Kuczynski

KUCZYNSKIEGO, P. Ilustração, 2008. Disponível em: http://capu.pl. Acesso em 3 ago. 2012.

O artista gráfico polonês Pawla Kuczynskiego nasceu em 1976 e recebeu diversos prêmios por suas ilustrações. Nessa obra, ao abordar o trabalho infantil, Kuczynskiego usa sua arte para:

a) difundir a origem de marcantes diferenças sociais.
b) estabelecer uma postura proativa da sociedade.
c) provocar a reflexão sobre essa realidade.
d) propor alternativas para solucionar esse problema.
e) retratar como a questão é enfrentada em vários países do mundo.

6. (ENEM)

A Peste Negra dizimou boa parte da população europeia, com efeitos sobre o crescimento das cidades. O conhecimento médico da época não foi suficiente para conter a epidemia. Na cidade de Siena, Agnolo di Tura escreveu: "As pessoas morriam às centenas, de dia e de noite, e todas eram jogadas em fossas cobertas com terra e, assim que essas fossas ficavam cheias, cavavam-se mais. E eu enterrei meus cinco filhos com minhas próprias mãos (...) E morreram tantos que todos achavam que era o fim do mundo."

Agnolo di Tura. The Plague in Siena: An Italian Chronicle. In: William M. Bowsky. *The Black Death*: a turning point in history? New York: HRW, 1971 (com adaptações).

O testemunho de Agnolo di Tura, um sobrevivente da Peste Negra, que assolou a Europa durante parte do século XIV, sugere que:

a) o flagelo da Peste Negra foi associado ao fim dos tempos.
b) a Igreja buscou conter o medo da morte, disseminando o saber médico.
c) a impressão causada pelo número de mortos não foi tão forte, porque as vítimas eram poucas e identificáveis.
d) houve substancial queda demográfica na Europa no período anterior à Peste.
e) o drama vivido pelos sobreviventes era causado pelo fato de os cadáveres não serem enterrados.

(UnB-DF, adaptadas) Texto para as questões 7 e 8:

A perspectiva, com seus efeitos visuais e artísticos impressionantes, tem a matemática como fundamento. A obra reproduzida na figura I a seguir, intitulada *Ordem e Caos*, faz parte do acervo do artista holandês M. C. Escher. Partindo do centro da circunferência que delimita a figura I e recortando-a ao longo de dois raios, obtém-se a figura II a seguir.

M.C.Escher

Figura I – *Ordem e Caos*, gravura de M. C. Escher.

M.C.Escher

Figura II

7. A partir das informações do texto, julgue como corretos (C) ou errados (E) os itens a seguir.
   a) A multiplicação da realidade visual organizada racionalmente e a continuidade das formas ao infinito são características da obra de Escher.
   b) O atento desenho de observação e o cuidado com os detalhes são elementos constantes não só na obra de Escher, mas também nas obras de alguns dos seus conterrâneos flamengos.
   c) As gravuras de Escher eram como preparações para as suas pinturas, o que explica o apego aos detalhes evidenciado nas obras desse artista.

8. Tomando 3,14 como valor aproximado para π e considerando que o comprimento da circunferência da figura I é igual a 15,7 cm, calcule, em **mm²**, a área do setor circular representado na figura II. Despreze a parte fracionária do resultado final obtido após efetuar todos os cálculos solicitados.

9. (ENEM) O patrimônio cultural brasileiro é dos mais variados e apresenta íntima relação com o espaço geográfico. Abaixo temos dois momentos da arquitetura brasileira que remetem a esta reflexão.

Nelson Kohn

Andre Seale

(www.vitruvius.com.br - 05/08)

Sobre isso, podemos afirmar:

a) A paisagem é um conceito geográfico caracterizado pela combinação do território com a cultura, como comprova a arte gótica exposta nas duas imagens.

b) A produção do espaço é uma ação exclusivamente antrópica em que o meio físico não apresenta relevância em sua construção.

c) O espaço é uma acumulação desigual de tempos, como pode ser observado nas arquiteturas barroca e moderna, expostas nas imagens.

d) O espaço é estático, a cultura, dinâmica e o papel da geografia é fazer a descrição do momento presente, como ocorre nas imagens do século XX, expostas na página anterior.

e) A globalização impôs tal padronização cultural aos lugares que extinguiu a preservação da arquitetura histórica, legando ao território uma convivência exclusiva com a arte contemporânea.

10. (ENEM)

Casados e independentes

Um novo levantamento do IBGE mostra que o número de casamentos entre pessoas na faixa dos 60 anos cresce, desde 2003, a um ritmo 60% maior que o observado na população brasileira como um todo...

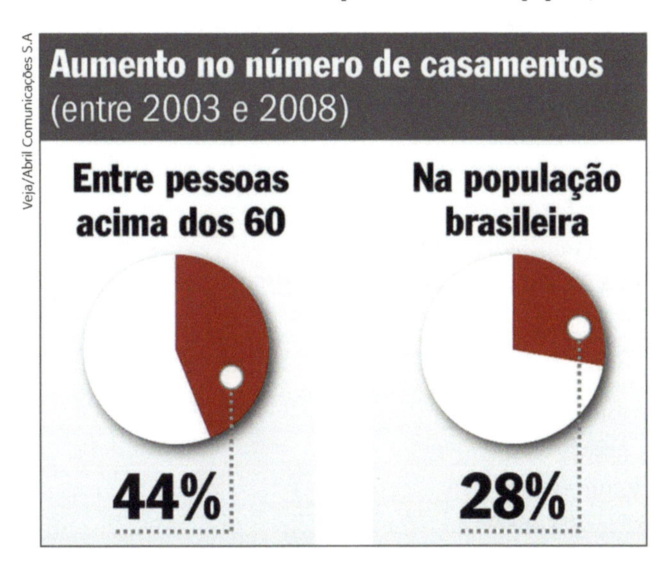

... e um fator determinante é que cada vez mais pessoas nessa idade estão no mercado de trabalho, o que lhes garante a independência financeira necessária para o matrimônio.

Fontes: IBGE e Organização Internacional do Trabalho (OIT)

*Com base no último dado disponível, de 2008

Veja, São Paulo, 21 abr. 2010 (adaptado).

Os gráficos expõem dados estatísticos por meio de linguagem verbal e não verbal. No texto, o uso desse recurso

a) exemplifica o aumento da expectativa de vida da população.
b) explica o crescimento da confiança na instituição do casamento.
c) mostra que a população brasileira aumentou nos últimos cinco anos.
d) indica que as taxas de casamento e emprego cresceram na mesma proporção.
e) sintetiza o crescente número de casamentos e de ocupação no mercado de trabalho.

(FUVEST) Texto para as questões de 11 a 13:

Confidência do itabirano

Alguns anos vivi em Itabira.
Principalmente nasci em Itabira.
Por isso sou triste, orgulhoso: de ferro.
Noventa por cento de ferro nas calçadas.
Oitenta por cento de ferro nas almas.
E esse alheamento do que na vida é
[porosidade e comunicação.

A vontade de amar, que me paralisa
[o trabalho,
vem de Itabira, de suas noites brancas,
[sem mulheres e sem horizontes.
E o hábito de sofrer, que tanto me diverte,
é doce herança itabirana.

De Itabira trouxe prendas diversas que
[ora te ofereço:
este São Benedito do velho santeiro
[Alfredo Duval;
esta pedra de ferro, futuro aço do Brasil;
este couro de anta, estendido no sofá da
[sala de visitas;
este orgulho, esta cabeça baixa...

Tive ouro, tive gado, tive fazendas.
Hoje sou funcionário público.
Itabira é apenas uma fotografia na parede.
Mas como dói!

Carlos Drummond de Andrade,
Sentimento do mundo.

11. Tendo em vista que o poema de Drummond contém referências a aspectos geográficos e históricos determinados, considere as seguintes afirmações:

I. O poeta é "de ferro" na medida em que é nativo de região caracterizada pela existência de importantes jazidas de minério de ferro, intensamente exploradas.
II. O poeta revela conceber sua identidade como tributária não só de uma geografia, mas também de uma história, que é, igualmente, a da linhagem familiar a que pertence.
III. A ausência de mulheres de que fala o poeta refere-se à ampla predominância de população masculina, na zona de mineração intensiva de que ele é originário.

Está correto o que se afirma em:

a) I, somente.
b) III, somente.
c) I e II, somente.
d) II e III, somente.
e) I, II e III.

12. No texto de Drummond, o eu lírico:

a) considera sua origem itabirana como causadora de deficiências que ele almeja superar.
b) revela-se incapaz de efetivamente comunicar-se, dado o caráter férreo de sua gente.
c) ironiza a si mesmo e satiriza a rusticidade de seu passado semirrural mineiro.
d) dirige-se diretamente ao leitor, tornando assim patente o caráter confidencial do poema.
e) critica, em chave modernista, o bucolismo da poesia árcade mineira.

13. Na última estrofe, a expressão que justifica o uso da conjunção sublinhada no verso "Mas como dói!" é:

a) "Hoje".
b) "funcionário público".
c) "apenas".
d) "fotografia".
e) "parede".

A leitura obrigatória nas provas de literatura

Capítulo 25

Vaclav Mach/ Alamy Stock Photo/ Fotoarena

Os vestibulares da maior parte dos Estados brasileiros apresentam uma lista de obras literárias que devem ser lidas previamente. Como lidar com questões formuladas para avaliar essas leituras?

Questões de literatura formuladas com base em uma lista de obras literárias indicada previamente aos candidatos não é comum a todos os exames.

Veja, a seguir, o procedimento do Enem e de alguns vestibulares quanto à avaliação de leitura de obras literárias.

Questões de literatura nas provas do Enem

As provas do Enem pressupõem que o aluno, durante o ensino médio, tenha construído ou esteja construindo conhecimentos gerais sobre literatura e cultura brasileira, mas não exige a leitura específica de determinados livros. As duas questões a seguir, do Enem, são exemplos de como a literatura é abordada em questões desse exame.

Soneto

Já da morte o palor me cobre o rosto,
Nos lábios meus o alento desfalece,
Surda agonia o coração fenece,
E devora meu ser mortal desgosto!

Do leito embalde no macio encosto
Tento o sono reter!... já esmorece
O corpo exausto que o repouso esquece...
Eis o estado em que a mágoa me tem posto!

O adeus, o teu adeus, minha saudade,
Fazem que insano do viver me prive
E tenha os olhos meus na escuridade.

Dá-me a esperança com que o ser mantive!
Volve ao amante os olhos por piedade,
Olhos por quem viveu quem já não vive!

AZEVEDO, A. *Obra completa*. Rio de Janeiro: Nova Aguilar, 2000.

O núcleo temático do soneto citado é típico da segunda geração romântica, porém configura um lirismo que o projeta para além desse momento específico. O fundamento desse lirismo é:

a) a angústia alimentada pela constatação da irreversibilidade da morte.

b) a melancolia que frustra a possibilidade de reação diante da perda.

c) o descontrole das emoções provocado pela autopiedade.

d) o desejo de morrer como alívio para a desilusão amorosa.

e) o gosto pela escuridão como solução para o sofrimento.

Resposta: *b*.

Texto I

Logo depois transferiram para o trapiche o depósito dos objetos que o trabalho do dia lhes proporcionava. Estranhas coisas entraram então para o trapiche. Não mais estranhas, porém, que aqueles meninos, moleques de todas as cores e de idades as mais variadas, desde os nove aos dezesseis anos, que à noite se estendiam pelo assoalho e por debaixo da ponte e dormiam, indiferentes ao vento que circundava o casarão uivando, indiferentes à chuva que muitas vezes os lavava, mas com os olhos puxados para as luzes dos navios, com os ouvidos presos às canções que vinham das embarcações...

AMADO, J. *Capitães da areia*. São Paulo: Companhia das Letras, 2008 (fragmento).

Texto II

À margem esquerda do rio Belém, nos fundos do mercado de peixe, ergue-se o velho ingazeiro — ali os bêbados são felizes. Curitiba os considera animais sagrados, provê as suas necessidades de cachaça e pirão. No trivial contentavam-se com as sobras do mercado.

TREVISAN, D. *35 noites de paixão: contos escolhidos*. Rio de Janeiro: BestBolso, 2009 (fragmento).

Sob diferentes perspectivas, os fragmentos citados são exemplos de uma abordagem literária recorrente na literatura brasileira do século XX. Em ambos os textos:

a) a linguagem afetiva aproxima os narradores dos personagens marginalizados.

b) a ironia marca o distanciamento dos narradores em relação aos personagens.

c) o detalhamento do cotidiano dos personagens revela a sua origem social.

d) o espaço onde vivem os personagens é uma das marcas de sua exclusão.

e) a crítica à indiferença da sociedade pelos marginalizados é direta.

Resposta: *d*.

Para resolver a primeira questão, seria conveniente, mas não imprescindível, que o estudante conhecesse as características da segunda geração romântica. Sabemos que o grupo ultrarromântico desenvolveu uma poética de afeição ao pessimismo, à melancolia, ao egocentrismo, à solidão, à morte, a ambientes noturnos, ao mistério, ao macabro e ao satânico. Contudo, mesmo sem esses conhecimentos prévios, seria possível chegar à resposta correta, valendo-se apenas das pistas existentes no texto.

A primeira estrofe do poema faz referência à imobilidade do eu lírico, em virtude do estado emocional em que se encontra. Sente no rosto o "palor da morte", seu alento (ânimo) desfalece, o coração morre e o desgosto devora seu ser. Na segunda estrofe, o eu lírico faz referência ao estado de "mágoa" e, na terceira, à "escuridade" em que vive. Esse sentimento de desagregação e imobilidade deve-se ao adeus da pessoa amada, como fica claro na terceira estrofe. Só, sem esperança, sem ânimo, pede piedade a ela, pois, sozinho, já "não vive".

Como se vê, o texto reúne elementos que, de alguma forma, estão distribuídos pelas alternativas da questão. Contudo, o reconhecimento da melancolia e do estado de imobilidade do eu lírico é imprescindível para chegar à resposta correta, a alternativa *b*.

A segunda questão, por sua vez, exige do estudante a análise dos textos e a comparação entre eles, em busca de aspectos comuns. Ambos os textos retratam personagens que estão à margem da sociedade: o de Jorge Amado retrata os meninos de rua na cidade de Salvador, os "capitães da areia", que viviam debaixo da ponte e no "trapiche", um galpão abandonado; o texto de Dalton Trevisan retrata um grupo de bêbados que vivia entre o rio e os fundos de um mercado de peixe, alimentando-se de sobras e doações. Em ambos os casos, os textos retratam grupos de excluídos, que vivem em espaços degradados, característica que é uma das marcas de sua exclusão, o que leva à alternativa *d* como resposta correta.

Purvi Joshi/Getty Images

A lista de obras literárias nos exames vestibulares

Nos exames vestibulares que indicam previamente uma lista de obras literárias, é recomendável que o estudante leia efetivamente as obras e, se possível, discuta-as com os colegas e com o professor antes do exame, em vez de se valer apenas de resumos oferecidos por cursos pré-vestibulares e pela Internet.

A formulação dessas questões pode variar bastante, dependendo do exame. Por isso, convém preparar-se adequadamente. Veja, a seguir, alguns exemplos.

Questões em que a leitura da obra não chega a ser indispensável

Observe as questões a seguir, extraídas de um exame da Fuvest-SP.

Texto para as questões de 1 a 3:

A rosa de Hiroxima

1 Pensem nas crianças
Mudas telepáticas
Pensem nas meninas
Cegas inexatas
05 Pensem nas mulheres
Rotas alteradas
Pensem nas feridas
Como rosas cálidas
Mas oh não se esqueçam
10 Da rosa da rosa
Da rosa de Hiroxima
A rosa hereditária
A rosa radioativa
Estúpida e inválida
15 A rosa com cirrose
A antirrosa atômica
Sem cor sem perfume
Sem rosa sem nada.

Vinicius de Moraes. *Antologia poética*. São Paulo: Cia. das Letras, Editora Schwarcz Ltda., 1992. p. 11. Autorizado pela VM Empreendimentos Artísticos e Culturais Ltda.

1. Nesse poema:

a) a referência a um acontecimento histórico, ao privilegiar a objetividade, suprime o teor lírico do texto.

b) parte da força poética do texto provém da associação da imagem tradicionalmente positiva da rosa a atributos negativos, ligados à ideia de destruição.

c) o caráter politicamente engajado do texto é responsável pela sua despreocupação com a elaboração formal.

d) o paralelismo da construção sintática revela que o texto foi escrito originalmente como letra de canção popular.

e) o predomínio das metonímias sobre as metáforas responde, em boa medida, pelo caráter concreto do texto e pelo vigor de sua mensagem.

Resposta: *b*.

2. Dentre os recursos expressivos presentes no poema, podem-se apontar a sinestesia e a aliteração, respectivamente nos versos:

a) 2 e 17.

b) 1 e 5.

c) 8 e 15.

d) 9 e 18.

e) 14 e 3.

Resposta: *c*.

3. Os aspectos expressivo e exortativo do texto conjugam-se, de modo mais evidente, no verso:

a) "Mudas telepáticas". (v. 2)

b) "Mas oh não se esqueçam". (v. 9)

c) "Da rosa da rosa". (v. 10)

d) "Estúpida e inválida". (v. 14)

e) "A antirrosa atômica". (v. 16)

Resposta: *b*.

Foto Arquivo / Agência O Globo

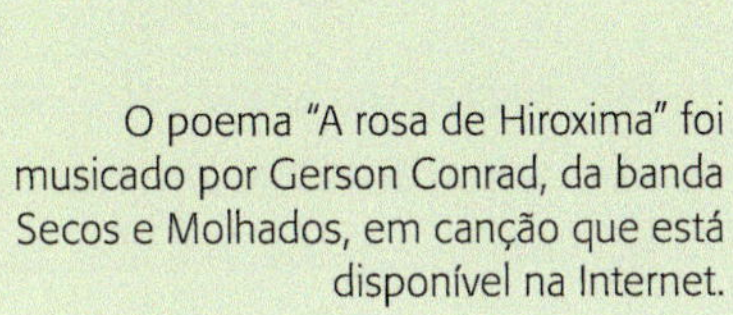

O poema "A rosa de Hiroxima" foi musicado por Gerson Conrad, da banda Secos e Molhados, em canção que está disponível na Internet.

Embora a obra *Antologia poética*, de Vinícius de Morais, fizesse parte da lista de leitura obrigatória do exame naquele ano, os conhecimentos avaliados nas três questões sobre o texto prescindem de leitura prévia.

A questão 1 exige do aluno a realização de algumas operações para chegar à resposta correta. Primeiramente, por meio do título, "A rosa de Hiroxima", ele poderia levantar hipótese a respeito do significado da palavra *rosa* no contexto, uma vez que a expressão mundialmente conhecida é "bomba de Hiroxima", como referência ao uso da energia nuclear pelos americanos no contexto da Segunda Guerra Mundial. A hipótese de a rosa ser uma metáfora da bomba atômica é confirmada por um conjunto de elementos negativos associados a ela no texto, e todos relacionados aos efeitos da radiação: "rotas alteradas", "feridas", "antirrosa", "rosa radioativa estúpida e inválida", "sem rosa sem nada". Esses elementos estão em oposição aos sentidos positivos tradicionalmente associados à rosa, tais como sentimento, beleza, delicadeza, perfume e leveza. A alternativa *b*, portanto, é a correta.

Na questão 2, o candidato teria de fazer um reconhecimento dos recursos poéticos aplicados ao texto, como a *sinestesia* (cruzamento de sensações) e a *aliteração* (repetição de um mesmo tipo de som consonantal). No verso 8, "Como rosas cálidas", a temperatura alta não é uma característica comum das rosas. No contexto, a calidez reforça o cruzamento semântico entre rosa e bomba. No verso 15, "A rosa com cirrose", há repetição de sons nas palavras *rosa* e *cirrose*, constituindo a aliteração dos fonemas /R/ e /z/. Portanto, a alternativa *c* é a que corresponde à resposta correta.

Na questão 3, o reconhecimento de que o aspecto expressivo e exortativo (estimulativo) do texto analisado decorre principalmente do emprego da interjeição *Oh* leva à alternativa *b*.

Questões em que a leitura da obra é indispensável

Questões desse tipo exigem conhecimento detalhado sobre fatos e personagens, relações de causa e efeito entre os acontecimentos que envolvem o enredo, o contexto histórico, etc.

As questões podem ser formuladas diretamente sobre um aspecto específico da obra ou a partir de fragmentos que contextualizam o aspecto abordado.

Veja estes exemplos:

(UFMG-MG) É **correto** afirmar que, no conjunto dos contos de *Antes do baile verde*, a autora:

a) aborda abstratamente questões éticas e filosóficas.

b) critica a sociedade e as instituições políticas do País.

c) estuda, com método e empenho, a família patriarcal.

d) põe em evidência a vida interior dos personagens.

Resposta: *d*.

(FUVEST-SP) Leia o trecho de Machado de Assis sobre *Iracema*, de José de Alencar, e responda ao que se pede.

"....... é o ciúme e o valor marcial; .... a austera sabedoria dos anos; Iracema o amor. No meio destes caracteres distintos e animados, a amizade é simbolizada em .... Entre os indígenas a amizade não era este sentimento, que à força de civilizar-se, tornou-se raro; nascia da simpatia das almas, avivava-se com o perigo, repousava na abnegação recíproca; .... e .... são os dois amigos da lenda, votados à mútua estima e ao mútuo sacrifício."

Machado de Assis, *Crítica*.

No trecho, os espaços pontilhados serão corretamente preenchidos, respectivamente, pelos nomes das seguintes personagens de *Iracema*:

a) Caubi, Jacaúna, Araquém, Araquém, Martim.

b) Martim, Irapuã, Poti, Caubi, Martim.

c) Poti, Araquém, Japi, Martim, Japi.

d) Araquém, Caubi, Irapuã, Irapuã, Poti.

e) Irapuã, Araquém, Poti, Poti, Martim.

Resposta: *e*.

Questões dissertativas a partir de fragmentos da obra

Observe esta questão:

(UNICAMP-SP) Leia os seguintes trechos de *O cortiço* e *Vidas secas*:

O rumor crescia, condensando-se; o zunzum de todos os dias acentuava-se; já se não destacavam vozes dispersas, mas um só ruído compacto que enchia todo o cortiço. (...). Sentia-se naquela fermentação sanguínea, naquela gula viçosa de plantas rasteiras que mergulhavam os pés vigorosos na lama preta e nutriente da vida, o prazer animal de existir, a triunfante satisfação de respirar sobre a terra.

(Aluísio Azevedo, *O cortiço. Ficção completa*. Rio de Janeiro: Nova Aguillar, 2005, p. 462.)

Fabiano ia satisfeito. Sim senhor, arrumara-se. Chegara naquele estado, com a família morrendo de fome, comendo raízes. Caíra no fim do pátio, debaixo de um juazeiro, depois tomara conta da casa deserta. Ele, a mulher e os filhos tinham-se habituado à camarinha escura, pareciam ratos — e a lembrança dos sofrimentos passados esmorecera. (...)

— Fabiano, você é um homem, exclamou em voz alta.

Conteve-se, notou que os meninos estavam perto, com certeza iam admirar-se ouvindo-o falar só. E, pensando bem, ele não era homem: era apenas um cabra ocupado em guardar coisas dos outros. Vermelho, queimado, tinha os olhos azuis, a barba e os cabelos ruivos; mas como vivia em terra alheia, cuidava de animais alheios, descobria-se, encolhia-se na presença dos brancos e julgava-se cabra.

Olhou em torno, com receio de que, fora os meninos, alguém tivesse percebido a frase imprudente. Corrigiu-a, murmurando:

— Você é um bicho, Fabiano.

Isto para ele era motivo de orgulho. Sim senhor, um bicho, capaz de vencer dificuldades.

Chegara naquela situação medonha — e ali estava, forte, até gordo, fumando seu cigarro de palha.

— Um bicho, Fabiano. (...)

Agora Fabiano era vaqueiro, e ninguém o tiraria dali. Aparecera como um bicho, entocara-se como um bicho, mas criara raízes, estava plantado.

(Graciliano Ramos, *Vidas secas*. Rio de Janeiro: Editora Record, 2007, p. 18-19.)

a) Ambos os trechos são narrados em terceira pessoa. Apesar disso, há uma diferença de pontos de vista na aproximação das personagens com o mundo animal e vegetal. Que diferença é essa?

b) Explique como essa diferença se associa à visão de mundo expressa em cada romance.

Questões dissertativas formuladas diretamente sobre um aspecto específico da obra

Observe esta questão:

(UFBA-BA)

Há aqueles que nascem com defeito. Eu nasci por defeito. Explico: no meu parto não me extraíram todo, por inteiro. Parte de mim ficou lá, grudada nas entranhas de minha mãe. Tanto isso aconteceu que ela não me alcançava ver: olhava e não me enxergava. Essa parte de mim que estava nela me roubava de sua visão. Ela não se conformava:

— *Sou cega de si, mas hei-de encontrar modos de lhe ver!*

A vida é assim: peixe vivo, mas que só vive no correr da água. Quem quer prender esse peixe tem que o matar. Só assim o possui em mão. Falo do tempo, falo da água. Os filhos se parecem com água andante, o irrecuperável curso do tempo. Um rio tem data de nascimento? Em que dia exato nos nascem os filhos?

Conselhos de minha mãe foram apenas silêncios. Suas falas tinham o sotaque de nuvem.

— *A vida é que é a mais contagiosa* — dizia.

Eu lhe pedia explicação do nosso destino, ancorados em pobreza.

— *Veja você, meu filho, já apanhou mania dos brancos!* — Inclinava a cabeça como se a cabeça fugisse do pensamento e me avisava: — *Você quer entender o mundo que é coisa que nunca se entende.*

COUTO, M. *O último voo do flamingo*. São Paulo: Companhia das Letras, 2005. p. 45-46.

Considerando o fragmento transcrito e a obra de onde foi retirado:

a) explique, no contexto da obra, a diferença expressa pelo narrador ao afirmar "Há aqueles que nascem com defeito. Eu nasci por defeito";

b) avalie o pensamento da mãe do narrador em relação ao papel que ele desempenha na narrativa: "*— Você quer entender o mundo que é coisa que nunca se entende*".

As questões da UFMG, da Fuvest, da Unicamp e da UFBA reproduzidas exigiam a leitura prévia de certas obras. Em questões desse tipo, quando dissertativas, convém citar alguns fatos, personagens e exemplos a fim de transmitir firmeza e segurança na resposta e, assim, deixar o examinador convencido de que o conhecimento e a interpretação revelados baseiam-se, de fato, na leitura da obra.

Na questão da UFMG, o candidato teria de ter lido cada conto e interpretado o conjunto dos contos para saber que eles põem em evidência a vida interior das personagens. Na questão da Fuvest, o candidato só conseguiria responder corretamente se lesse toda a obra e entendesse a característica central de cada personagem no contexto da narrativa. As questões da Unicamp e da UFBA também exigiam do candidato uma leitura prévia atenta e interpretativa dos romances abordados, pois a resposta correta depende de um conhecimento mais minucioso do enredo e das características das personagens.

Prepare-se
para o Enem e o vestibular

1. Leia os textos:

Texto 1

[...]

— A menina dos rouxinóis! que história é essa? Pois deveras tem uma história aquela janela?

— É um romance todo inteiro, *todo feito*, como dizem os franceses, e conta-se em duas palavras.

— Vamos a ele. A menina dos rouxinóis, menina com olhos verdes! Deve ser interessantíssimo. Vamos à história já.

— Pois vamos. Apeemos e descansemos um bocado.

Já se vê que este diálogo passava entre mim e outro dos nossos companheiros de viagem.

Apeamo-nos, com efeito; sentamo-nos; e eis aqui a história da menina dos rouxinóis como ela se contou.

[...]

(Almeida Garrett. *Viagens na minha terra*. In: Massaud Moisés. *Presença da literatura portuguesa*. São Paulo: Difel, 1974. n. 3, p. 30-1.)

Texto 2

[...]

Omolu tinha mandado a bexiga negra para a Cidade Alta, para a cidade dos ricos. Omolu não sabia da vacina, Omolu era um deus das florestas da África, que podia saber de vacinas e coisas científicas? Mas como a bexiga já estava solta (e era a terrível bexiga negra), Omolu teve que deixar que ela descesse para a cidade dos pobres. Já que a soltara, tinha que deixar que ela realizasse sua obra. Mas como Omolu tinha pena dos seus filhinhos pobres, tirou a força da bexiga negra, virou em alastrim, que é uma bexiga branca e tola, quase um sarampo. [...]

(*Capitães da areia*. Jorge Amado. São Paulo: Companhia das Letras, 2008. p.143.)

Capitães da Areia/ Direção: Cecília Amado/ Imagem Filmes, 2011

Os dois textos são fragmentos de obras que, embora estejam distantes uma da outra no tempo e no espaço e abordem temas diferentes, apresentam semelhança por:

a) retratarem grupos sociais parecidos.

b) responsabilizarem entidades sobrenaturais pela ocorrência de fenômenos naturais.

c) situarem o enredo em florestas e bosques.

d) introduzirem uma narrativa na narrativa principal.

e) defenderem os princípios do Naturalismo.

2. Leia o seguinte fragmento de *A cidade e as serras*.

[...]

Agarrava o meu pobre braço, exigia que eu reparasse com reverência. Na Natureza nunca eu descobriria um contorno feio ou repetido! Nunca duas folhas de hera, que, na verdura ou recorte, se assemelhassem! Na cidade, pelo contrário, cada casa repete servilmente a outra casa; todas as faces reproduzem a mesma indiferença ou a mesma inquietação; as ideias têm todas o mesmo valor, o mesmo cunho, a mesma forma, como as libras; e até o que há mais pessoal e íntimo, a ilusão, é em todos idêntica, e todos a respiram, e todos se perdem nela como no mesmo nevoeiro... A *mesmice* — eis o horror das cidades!

— Mas aqui! Olha para aquele castanheiro. Há três semanas que cada manhã o vejo, e sempre me parece outro... A sombra, o sol, o vento, as nuvens, a chuva, incessantemente lhe compõem uma expressão diversa e nova, sempre interessante. [...]

(Eça de Queirós. São Paulo: Núcleo, 1994. p. 121.)

Education Images/UIG via Getty Images

A forma de pensar da personagem focada no texto tem semelhança com a concepção observada em:

a)

Que bem é ver nos campos, trasladado
No gênio do pastor, o da inocência!
E que mal é no trato, e na aparência
Ver sempre o cortesão dissimulado!

(Cláudio Manuel da Costa)

b)

Acho agora mais seca a cachoeira
Onde banhei-me no infantil cansaço...
— Como está velho o laranjal tamanho
Onde eu caçava o sanhaçu a laço!...

(Casimiro de Abreu)

c)

Nasce o Sol, e não dura mais que um dia,
Depois da Luz se segue a noite escura,
Em tristes sombras morre a formosura,
Em contínuas tristezas a alegria.

(Gregório de Matos)

d)

Ó Formas alvas, brancas, Formas claras
De luares, de neves, de neblinas!...
Ó Formas vagas, fluidas, cristalinas...
Incensos dos turíbulos das aras...

(Cruz e Sousa)

e)

Ó mar! por que não apagas
Co'a esponja de tuas vagas
De teu manto este borrão?...
Astros! Noites! Tempestades!
Rolai das imensidades!
Varrei os mares, tufão!...

(Castro Alves)

3. Leia os dois poemas a seguir.

Texto 1

O dia em que nasci morra e pereça,
Não o queira jamais o tempo dar;
Não torne mais ao mundo, e, se tornar,
Eclipse nesse passo o Sol padeça.

A luz lhe falte, o céu se lhe escureça,
Mostre o mundo sinais de se acabar,
Nasçam-lhe monstros, sangue chova o ar,
A mãe ao próprio filho não conheça.

As pessoas pasmadas de ignorantes,
As lágrimas no rosto, a cor perdida,
Cuidem que o mundo já se destruiu.

Ó gente temerosa, não te espantes,
Que este dia deitou ao mundo a vida
Mais desventurada que se viu!

(*Sonetos de Camões escolhidos por Eugênio Andrade*. Lisboa: Assírio & Alvim, 2000. p. 60.)

Texto 2

Soneto da perdida esperança

Perdi o bonde e a esperança.
Volto pálido para casa.
A rua é inútil e nenhum auto
passaria sobre meu corpo.

Vou subir a ladeira lenta
em que os caminhos se fundem.
Todos eles conduzem ao
princípio do drama e da flora.

Não sei se estou sofrendo
ou se é alguém que se diverte
por que não? na noite escassa

com um insolúvel flautim.
Entretanto há muito tempo
nós gritamos: sim! ao eterno.

Nelson Provazi

(Carlos Drummond de Andrade. *Sentimento do mundo*. Rio de Janeiro: Record, 2000. p. 91.)

Considere as seguintes afirmações sobre os textos e indique a **incorreta**.

a) Embora os dois textos estejam distantes um do outro no tempo, o eu lírico de cada um expressa uma visão pessimista do mundo.
b) Os dois textos têm uma forma esmerada, não só pela composição em soneto, construída de quartetos e tercetos, mas também pelo cuidado com a métrica e com o esquema de rimas.
c) O texto 2 apresenta vocabulário no qual há referências ao mundo moderno.
d) No texto 1, a expansão emocional do eu lírico convive com o equilíbrio formal clássico.
e) No texto 2, há maior contenção emocional que no texto 1, o que confirma a postura racional, crítica e irônica de Drummond.

Questões do Enem e dos vestibulares

1. (UnB-DF)

Morte do leiteiro

Carlos Drummond de Andrade

1 Há pouco leite no país,
é preciso entregá-lo cedo.
Há muita sede no país,
4 é preciso entregá-lo cedo.
Há no país uma legenda,
que ladrão se mata com tiro.
7 Então o moço que é leiteiro
de madrugada com sua lata
sai correndo e distribuindo
10 leite bom para gente ruim.
Sua lata, suas garrafas
e seus sapatos de borracha
13 vão dizendo aos homens no sono
que alguém acordou cedinho
e veio do último subúrbio
16 trazer o leite mais frio
e mais alvo da melhor vaca
para todos criarem força
19 na luta brava da cidade.

Meu leiteiro tão sutil
de passo maneiro e leve,
22 antes desliza que marcha.
É certo que algum rumor
sempre se faz: passo errado,
25 vaso de flor no caminho,
cão latindo por princípio,
ou um gato quizilento.
28 E há sempre um senhor que acorda,
resmunga e torna a dormir.

Mas este acordou em pânico
31 (ladrões infestam o bairro),
não quis saber de mais nada.
O revólver da gaveta
34 saltou para sua mão.
Ladrão? se pega com tiro.
Os tiros na madrugada
37 liquidaram meu leiteiro.
Se era noivo, se era virgem,
se era alegre, se era bom,
40 não sei,
é tarde para saber.

Da garrafa estilhaçada,
43 no ladrilho já sereno
escorre uma coisa espessa
que é leite, sangue... não sei.
46 Por entre objetos confusos,
mal redimidos da noite,
duas cores se procuram,
49 suavemente se tocam,
amorosamente se enlaçam,
formando um terceiro tom
52 a que chamamos aurora.

(*Antologia poética*. 63. ed. Rio de Janeiro: Record, 2009.
© Gratia Drummond. www.carlosdrummond.com.br)

Com relação ao poema *Morte do leiteiro*, de Carlos Drummond de Andrade, julgue como corretos (C) ou errados (E) os itens a seguir.

a) Nesse poema, foram utilizados recursos literários característicos do primeiro momento modernista, tais como o humor e a paródia.

b) Nos seis versos iniciais do poema, a impessoalidade poética é reforçada pelo emprego de orações sem sujeito ou com sujeito indeterminado. Tal impessoalidade contrasta com a aproximação entre narrador e personagem, marcada, textualmente, pelo emprego do pronome "Meu" no verso "Meu leiteiro tão sutil" (v. 20).

c) O autor emprega recursos linguísticos para expressar, de forma impessoal, a voz da ideologia que fundamenta a atitude do senhor que atira no leiteiro sem refletir sobre o real perigo de tal ato.

d) O leiteiro é um personagem caracterizado no poema sobretudo em sua dimensão psicológica, o que aproxima a estrutura do poema à de um texto jornalístico.

e) O narrador enuncia os fatos de forma a aderir ao ponto de vista do senhor que mata o leiteiro por acidente, como se verifica na forma sutil com que avalia como imprudente a ação do personagem que entrega leite em domicílio.

f) Pela maneira como são apresentados sentimentos em um modelo poético sucinto e inspirado na tradição clássica, o poema pode ser considerado um diálogo de Carlos Drummond de Andrade com a poesia do grupo de poetas brasileiros que ficou conhecido como Geração de 45.

g) A imagem final do poema extrai sua eficácia estética do atrito entre a beleza de uma imagem comumente associada à esperança (aurora) e a condição trágica da inusitada mistura de cores que resulta do assassinato do leiteiro (leite e sangue).

(MACKENZIE-SP) Texto para as questões de 2 a 4:

> Já rompe, Nise, a matutina Aurora
> O negro manto, com que a noite escura,
> Sufocando do Sol a face pura,
> Tinha escondido a chama brilhadora.
>
> Claudio Manuel da Costa

2. Nessa estrofe, o poeta:

a) dirige-se a *Nise*, com intuito de expressar tristeza pelo fato de *o manto negro da noite* corromper a beleza do dia, representada pela deusa *Aurora*.

b) dirige-se à amada para lamentar o fim de uma noite de amor pela chegada de novo dia, fato comprovado pelo uso das expressões *a matutina Aurora* e *chama brilhadora*.

c) dirige-se a *Nise* e lhe descreve um quadro da natureza por meio de metáforas como, por exemplo, *negro manto e Sufocando do Sol a face pura*.

d) declara seu amor a *Nise* com uma linguagem emotiva (*rompe*, *negro manto* etc.), estabelecendo uma analogia entre a natureza grandiosa e a beleza da amada.

e) declara seu amor à Musa e lamenta o fato de não ser correspondido, já que a face pura do *Sol* foi apagada pelo *negro manto* da *noite escura*.

3. Considerando suas imagens e sua forma, é correto dizer que o texto se vincula à:

a) tradição clássica, que orientou a produção literária no Brasil colonial.

b) estética romântica, que caracterizou a literatura brasileira pós-independência política.

c) tradição literária medieval, recuperada pelos poetas brasileiros do século XIX.

d) estética simbolista, que explorou a musicalidade da palavra, em detrimento do conteúdo.

e) estética parnasiana, acentuadamente subjetiva e idealizadora.

4. Assinale a alternativa correta.

a) A forma verbal *tinha escondido* (verso 4) é da voz passiva e corresponde, na voz ativa, a "escondeu".

b) O uso de maiúsculas em *Aurora* e *Sol* reforça a sugestão de personificação potencializada por essas palavras na estrofe.

c) O texto compõe-se de um único período, com orações subordinadas e coordenadas, e obedece à ordem linear de colocação de termos.

d) De acordo com a norma culta da língua escrita, o uso da preposição *com* (verso 2) é, nesse contexto, facultativo.

e) Os adjetivos *pura* (verso 3) e *escura* (verso 2) convergem tanto na forma (*sonoridade*) como no sentido.

5. (UFG-GO) *O leopardo é um animal delicado*, de Marina Colasanti, é uma coletânea de contos. Com relação aos aspectos temáticos, esses contos, predominantemente:

a) investem as personagens de caráter elevado, imprimindo sentido épico às narrativas.

b) adotam uma perspectiva do feminino, revelando a mulher alheia às mudanças.

c) exploram os fatos nacionais, evidenciando as adversidades dos contextos sociais.

d) incluem os acontecimentos triviais, atribuindo valores morais às histórias.

e) apresentam uma variação de temas, enfocando as complexidades humanas.

6. (ITA-SP) Acerca da protagonista do romance *Iracema*, de José de Alencar, pode-se dizer que:

I. é uma heroína romântica, tanto por sua proximidade com a natureza, quanto por agir em nome do amor, a ponto de romper com a sua própria tribo e se entregar a Martim.

II. é uma personagem integrada à natureza, mas que se corrompe moralmente depois que se apaixona por um homem branco civilizado e se entrega a ele.

III. possui grande beleza física, descrita com elementos da natureza, o que faz da personagem uma representação do Brasil pré-colonizado.

Está(ão) correta(s):

a) apenas I.

b) apenas I e II.

c) apenas I e III.

d) apenas II e III.

e) todas.

(UERJ-RJ) Com base no texto a seguir, responda às questões de números 7 a 10.

Ler e crescer

Com a inacreditável capacidade humana de ter ideias, sonhar, imaginar, observar, descobrir, constatar, enfim, refletir sobre o mundo e com isso ir crescendo,
05 a produção textual vem se ampliando ao longo da história. As conquistas tecnológicas e a democratização da educação trazem a esse acervo uma multiplicação exponencial, que começa a afligir ho-
10 mens e mulheres de várias formas. Com a angústia do excesso. A inquietação com os limites da leitura. A sensação de hoje ser impossível abarcar a totalidade do

conhecimento e da experiência (ingênuo
15 sonho de outras épocas). A preocupação com a abundância da produção e a impossibilidade de seu consumo total por meio de um indivíduo. O medo da perda. A aflição de se querer hierarquizar ou orga-
20 nizar esse material. Enfim, constatamos que a leitura cresceu, e cresceu demais.

Ao mesmo tempo, ainda falta muito para quanto queremos e necessitamos que ela cresça. Precisa crescer muito mais.
25 Assim, multiplicamos campanhas de leitura e projetos de fomento do livro. Mas sabemos que, com todo o crescimento, jamais a leitura conseguirá acompanhar a expansão incontrolável e necessariamen-
30 te caótica da produção dos textos, que se multiplicam ainda mais, numa infinidade de meios novos. Muda-se então o foco dos estudiosos, abandona-se o exame dos textos e da literatura, criam-se os espe-
35 cialistas em leitura, multiplicam-se as reflexões sobre livros e leitura, numa tentativa de ao menos entendermos o que se passa, já que é um mecanismo que recusa qualquer forma de domínio e nos fugiu ao
40 controle completamente.

Falar em domínio e controle a propósito da inquietação que assalta quem pensa nessas questões equivale a lembrar um aspecto indissociável da cultura
45 escrita, e nem sempre trazido com clareza à consciência: o poder.

Ler e escrever é sempre deter alguma forma de poder. Mesmo que nem sempre ele se exerça sob a forma do poder de man-
50 dar nos outros ou de fazer melhor e ganhar mais dinheiro (por ter mais informação e conhecer mais), ou sob a forma de guardar como um tesouro a semente do futuro ou a palavra sagrada como nos mosteiros
55 medievais ou em confrarias religiosas, seitas secretas, confrarias de todo tipo. De qualquer forma, é uma caixinha dentro da outra: o poder de compreender o texto suficientemente para perceber que nele há
60 várias outras possibilidades de compreensão sempre significou poder – o tremendo poder de crescer e expandir os limites individuais do humano.

Constatar que dominar a leitura é se
65 apropriar de alguma forma de poder está na base de duas atitudes antagônicas dos tempos modernos. Uma, autoritária, tenta impedir que a leitura se espalhe por todos, para que não se tenha de compartilhar
70 o poder. Outra, democrática, defende a expansão da leitura para que todos tenham acesso a essa parcela de poder.

Do jeito que a alfabetização está conseguindo aumentar o número de leitores,
75 paralelamente à expansão da produção editorial que está oferecendo material escrito em quantidades jamais imaginadas antes, e ainda com o advento de meios tecnológicos que eliminam as barreiras
80 entre produção e consumo do material escrito, tudo levaria a crer que essa questão está sendo resolvida. Será? Na verdade, creio que ela se abre sobre outras questões. Que tipo de alfabetização é esse, a
85 que tipo de leitura tem levado, com que tipo de utilidade social?

ANA MARIA MACHADO. Palestra proferida pela autora na XIII Feira Internacional do Livro em Havana, Cuba, em fevereiro de 2004. Disponível em: www.dubitoergosum.xpg.com.br

7. *Com a inacreditável capacidade humana de ter ideias, sonhar, imaginar, observar, descobrir, constatar, enfim, refletir sobre o mundo e com isso ir crescendo, a produção textual vem se ampliando ao longo da história.* (l. 1-6)

O trecho destacado acima estabelece uma relação de sentido com o restante da frase.

Essa relação de sentido pode ser definida como:

a) simultaneidade.
b) consequência.
c) oposição.
d) causa.

8. *tudo levaria a crer que essa questão está sendo resolvida. Será?* (l. 81-82)

O emprego da forma verbal "levaria" e a forma interrogativa que se segue – "Será?" – sugerem um procedimento argumentativo, empregado no texto. Esse procedimento está explicitado em:

a) a exposição de um problema que será detalhado.
b) a incerteza diante de fatos que serão comprovados.
c) a divergência em relação a uma ideia que será contestada.
d) o questionamento sobre um tema que se mostrará limitado.

9. Segundo o texto, as atitudes autoritárias e democráticas em relação à leitura possuem um pressuposto comum.

Esse pressuposto está sintetizado em:

a) o reconhecimento de que a leitura se associa ao poder.
b) a percepção de que a leitura se expande com o tempo.
c) a expectativa de que a leitura se popularize na sociedade.
d) a necessidade de que a leitura se identifique com a tecnologia.

10. *Enfim, constatamos que a leitura cresceu, e cresceu demais.*

Ao mesmo tempo, ainda falta muito para quanto queremos e necessitamos que ela cresça. Precisa crescer muito mais. (l. 20-24)

Ao afirmar que a leitura cresceu, mas ainda precisa crescer mais, a autora mostra seu ponto de vista.

Esse ponto de vista se relaciona com a seguinte constatação:

a) Os novos meios tecnológicos não aproximaram de imediato os leitores.

b) A ampliação da produção textual não alterou o número de alfabetizados.

c) A eliminação de barreiras não representou de verdade uma conscientização.

d) O aumento de quantidade não se verificou do mesmo modo na qualidade.

11. (FUVEST-SP)

Nesse livro, ousadamente, varriam-se de um golpe o sentimentalismo superficial, a fictícia unidade da pessoa humana, as frases piegas, o receio de chocar preconceitos, a concepção do predomínio do amor sobre todas as outras paixões; afirmava-se a possibilidade de construir um grande livro sem recorrer à natureza, desdenhava-se a cor local; surgiram afinal homens e mulheres, e não brasileiros (no sentido pitoresco) ou gaúchos, ou nortistas, e, finalmente, mas não menos importante, patenteava-se a influência inglesa em lugar da francesa.

Lúcia Miguel-Pereira, *História da Literatura Brasileira – Prosa de ficção – de 1870 a 1920*. Adaptado.

O livro a que se refere a autora é:

a) *Memórias de um sargento de milícias.*

b) *Til.*

c) *Memórias póstumas de Brás Cubas.*

d) *O cortiço.*

e) *A cidade e as serras.*

(FUVEST-SP) Texto para as questões 12 e 13:

— Pois, Grilo, agora realmente bem podemos dizer que o sr. D. Jacinto está firme.

O Grilo arredou os óculos para a testa, e levantando para o ar os cinco dedos em curva como pétalas de uma tulipa:

— Sua Excelência brotou!

Profundo sempre o digno preto! Sim! Aquele ressequido galho da Cidade, plantado na Serra, pegara, chupara o húmus do torrão herdado, criara seiva, afundara raízes, engrossara de tronco, atirara ramos, rebentara em flores, forte, sereno, ditoso, benéfico, nobre, dando frutos, derramando sombra. E abrigados pela grande árvore, e por ela nutridos, cem **casais*** em redor o bendiziam.

Eça de Queirós, *A cidade e as serras*.

***casal:** pequena propriedade rústica; pequeno povoado

12. O teor das imagens empregadas no texto para caracterizar a mudança pela qual passara Jacinto indica que a causa principal dessa transformação foi:

a) o retorno a sua terra natal.

b) a conversão religiosa.

c) o trabalho manual na lavoura.

d) a mudança da cidade para o campo.

e) o banimento das inovações tecnológicas.

13. Tal como se encontra caracterizado no excerto, o destino alcançado pela personagem Jacinto contrasta de modo mais completo com a maneira pela qual culmina a trajetória de vida da personagem:

a) Leonardo (filho), de *Memórias de um sargento de milícias*.

b) Jão Fera, de *Til*.

c) Brás Cubas, de *Memórias póstumas de Brás Cubas*.

d) Jerônimo, de *O cortiço*.

e) Pedro Bala, de *Capitães da areia*.

Interpretação de textos com questões de múltipla escolha

Capítulo 26

Thinkstock/Getty Images

Você já aprendeu que, para interpretar textos, precisamos ativar esquemas mentais e realizar determinadas operações, como analisar, identificar, comparar, levantar hipóteses, etc.
O que muda quando se trata de uma questão do tipo teste, ou seja, de múltipla escolha?

Toda vez que nos propomos a ler e a interpretar um texto, corremos algum tipo de risco, pois não sabemos previamente que caminho tomar. Assim, motivados por alguns aspectos de forma ou de conteúdo do texto, formulamos hipóteses de leitura e, a partir delas, arriscamos um caminho de leitura, isto é, fazemos escolhas a partir das quais selecionamos procedimentos e estratégias de ação, que podem ou não confirmar nossas hipóteses iniciais.

As provas do Enem e de alguns exames vestibulares apresentam questões de múltipla escolha. Por um lado, as alternativas podem facilitar a resolução da questão, já que permitem confirmar ou negar as hipóteses iniciais, mas, por outro, envolvem um número maior de operações, o que torna a resolução mais complexa.

Veja o comentário do Enem a respeito desse tipo de questão:

> Um outro conjunto de obstáculos está contido nas cinco alternativas de respostas propostas, pois o aluno deve considerá-las enquanto realiza seus procedimentos de resolução e escolher apenas uma delas ao final. Nesse sentido, não basta que o aluno apenas leia e compreenda o jogo de informações contidas no texto, mas é preciso relacioná-las ao conjunto de alternativas de respostas, equacionando-as e efetuando os cálculos necessários para chegar à única resposta que fecha e resolve o problema.
>
> (*Eixos cognitivos do Enem – Versão preliminar*. Brasília: MEC/INEP, 2007. p. 47.)

As questões a seguir, da Fuvest, são de múltipla escolha. Examinemos as operações envolvidas na sua resolução.

Examine este cartum para responder às questões 1 e 2:

Reprodução/Robert Mankoff

"As crianças não passam de substitutos patéticos para as pessoas que não podem ter bichos".

Robert Mankoff, New Yorker/Veja.

1. Para obter o efeito de humor presente no cartum, o autor se vale, entre outros, do seguinte recurso:

a) utilização paródica de um provérbio de uso corrente.

b) emprego de linguagem formal em circunstâncias informais.

c) representação inverossímil de um convívio pacífico de cães e gatos.

d) uso do grotesco na caracterização de seres humanos e de animais.

e) inversão do sentido de um pensamento bastante repetido.

2. No contexto do cartum, a presença de numerosos animais de estimação permite que o juízo emitido pela personagem seja considerado:

a) incoerente.

b) parcial.

c) anacrônico.

d) hipotético.

e) enigmático.

O texto apresentado na questão da Fuvest é um cartum, gênero em que a linguagem verbal e a linguagem não verbal se completam na construção dos sentidos.

O texto retrata uma situação em que duas mulheres conversam numa sala, cercadas de animais: gatos, cachorros, passarinho e peixes. Para responder às duas questões, é fundamental que o estudante observe cada detalhe da cena e levante hipóteses coerentes.

Analisando a imagem, o estudante observa que a mulher de óculos é quem está falando. Além disso, observa também que um dos gatos está em seu colo, demonstrando ter intimidade com ela. Logo, infere-se que ela deve ser a dona da casa, que está recebendo uma visita.

A questão da Fuvest, além de exigir que o candidato analise e interprete o cartum, espera também que ele tenha um conhecimento prévio a respeito de certo discurso existente na sociedade a respeito da convivência com animais de estimação. Veja, por exemplo, este trecho de uma reportagem em que tal discurso se manifesta:

Especialistas alertam sobre tratamento humanizado aos animais de estimação

[...] sobram evidências para o que os especialistas chamam de antropomorfismo ou humanização – atribuir aos bichos características e sentimentos humanos.

As hipóteses para explicar o fenômeno são muitas. "A configuração da família está mudando. Cresce o número de pessoas sozinhas e com dificuldade de se relacionar", comenta Goldenberg.

Para o psiquiatra Elko Perissinotti, vice-diretor do Hospital Dia do Instituto de Psiquiatria do HC, o contato com animais de estimação tem a mesma função do contato interpessoal: suprir carências afetivas.

"É uma relação benéfica e prazerosa. O simples toque em um animal libera hormônios que aumentam a disposição para contatos sociais, entre outros benefícios."

[...]

LuckyImages/Shutterstock

(*Folha de S. Paulo*. Disponível em: http://www1.folha.uol.com.br/bichos/810119-especialistas-alertam-sobre-tratamento-humanizado-aos-animais-de-estimacao.shtml. Acesso em: 9/5/2016.)

Assim, faz parte desse ponto de vista a ideia de que muitos casais, impossibilitados de ter filhos, optem por ter animais de estimação, a fim de estabelecer com eles e entre si experiências afetivas que fortaleçam os laços familiares.

A afirmação da mulher de óculos, provável dona de todas os *pets* da casa, é o oposto do senso comum: a de achar que filhos são menos importantes do que animais de estimação. O efeito dessa inversão de valores é a criação do humor.

Portanto, como o pensamento e a fala da mulher são o oposto do pensamento corrente, o estudante conclui que a mulher tem um olhar subjetivo, parcial, baseado exclusivamente em sua experiência individual.

Posteriormente, para chegar à resposta correta, o aluno ainda precisa relacionar suas inferências ao conjunto de alternativas da questão, o que implica analisar cada uma das proposições e aferir sua verdade ou sua falsidade. A análise de cada item implica voltar à imagem e estabelecer relações com a linguagem verbal.

Assim, chega à conclusão de que as alternativas corretas são, respectivamente, *e* e *b*.

Prepare-se
para o Enem e o vestibular

Texto para as questões 1 e 2:

Eros e Psique

Conta a lenda que dormia
Uma Princesa encantada
A quem só despertaria
Um Infante, que vivia
De além do muro da estrada.

Ele tinha que, tentado,
Vencer o mal e o bem,
Antes que, já libertado,
Deixasse o caminho errado
Por o que à Princesa vem.

A Princesa Adormecida
Se espera, dormindo espera.
Sonha em morte a sua vida,
E orna-lhe a fronte esquecida,
Verde, uma grinalda de hera.

Longe o Infante, esforçado,
Sem saber que intuito tem,
Rompe o caminho fadado.
Ele dela é ignorado.
Ela para ele é ninguém.

Mas cada um cumpre o Destino —
Ela dormindo encantada,
Ele buscando-a sem tino
Pelo processo divino
Que faz existir a estrada.

E, se bem que seja obscuro
Tudo pela estrada fora,
E falso, ele vem seguro,
E, vencendo estrada e muro,
Chega onde em sono ela mora.

E, inda tonto do que houvera,
À cabeça em maresia,
Ergue a mão e encontra hera,
E vê que ele mesmo era,
A Princesa que dormia.

(Fernando Pessoa. *Obra poética*. Rio de Janeiro: Nova Aguilar, 1992.)

1. No final do poema, na última estrofe, a situação conflituosa tem um desfecho surpreendente, expresso no verso "E vê que ele mesmo era". Essa afirmação constitui uma figura de linguagem, denominada:

a) paradoxo.
b) ironia.
c) metonímia.
d) eufemismo.
e) personificação.

2. Eros e Psique, os nomes que compõem o título do poema, correspondem a figuras da mitologia grega. No início da história mitológica que relaciona as duas figuras, o deus Eros se apaixona por Psique, uma bela jovem humana. Considerando o aspecto deus de Eros e o aspecto humano de Psique, podemos dizer que a aproximação desses nomes, no título do poema, constitui a figura de linguagem chamada:

a) metáfora.
b) personificação.
c) antítese.
d) eufemismo.
e) ironia.

Questões do Enem e dos vestibulares

1. (ENEM)

Essa pequena

Meu tempo é curto, o tempo dela sobra
Meu cabelo é cinza, o dela é cor de abóbora
Temo que não dure muito a nossa novela, mas
Eu sou tão feliz com ela

Meu dia voa e ela não acorda
Vou até a esquina, ela quer ir para a Flórida
Acho que nem sei direito o que é que
[ela fala, mas
Não canso de contemplá-la

Feito avarento, conto os meus minutos
Cada segundo que se esvai
Cuidando dela, que anda noutro mundo
Ela que esbanja suas horas ao vento, ai

Às vezes ela pinta a boca e sai
Fique à vontade, eu digo, take your time
Sinto que ainda vou penar com essa
[pequena, mas
O blues já valeu a pena

CHICO BUARQUE. Disponível em: www.chicobuarque.com.br. Acesso em: 31 jun. 2012.

O texto *Essa pequena* registra a expressão subjetiva do enunciador, trabalhada em uma linguagem informal, comum na música popular. Observa-se, como marca da variedade coloquial da linguagem presente no texto, o uso de:

a) palavras emprestadas de língua estrangeira, de uso inusitado no português.
b) expressões populares, que reforçam a proximidade entre o autor e o leitor.
c) palavras polissêmicas, que geram ambiguidade.
d) formas pronominais em primeira pessoa.
e) repetições sonoras no final dos versos.

2. (VUNESP-SP)

Robert Harding/Getty Images

(Templo da Concórdia, Agrigento, Itália.)

O Templo da Concórdia foi construído no sul da Sicília, no século V a.C., e é um marco da:

a) arte românica, caracterizada pelos arcos de meia volta e pela inspiração religiosa politeísta.
b) arquitetura clássica, imposta pelos macedônios à ilha no processo de helenização empreendido por Alexandre, o Grande.
c) arte etrusca, oriunda do norte da península itálica e desenvolvida no Mediterrâneo durante o período de hegemonia romana.
d) arquitetura dórica, levada à ilha pelos gregos na expansão e colonização mediterrânea da chamada Magna Grécia.
e) arte gótica, marcada pela verticalização das construções e pela sugestão de ascese dos homens ao reino dos céus.

3. (ENEM)

Carta ao Tom 74

Rua Nascimento Silva, cento e sete
Você ensinando pra Elizete
As canções de canção do amor demais
Lembra que tempo feliz
Ah, que saudade,
Ipanema era só felicidade
Era como se o amor doesse em paz
Nossa famosa garota nem sabia
A que ponto a cidade turvaria
Esse Rio de amor que se perdeu
Mesmo a tristeza da gente era mais bela
E além disso se via da janela
Um cantinho de céu e o Redentor
É, meu amigo, só resta uma certeza,
É preciso acabar com essa tristeza
É preciso inventar de novo o amor

MORAES, V.; TOQUINHO. *Bossa Nova, sua história, sua gente*. São Paulo: Universal; Philips, 1975 (fragmento).

O trecho da canção de Toquinho e Vinícius de Moraes apresenta marcas do gênero textual carta, possibilitando que o eu poético e o interlocutor:

a) compartilhem uma visão realista sobre o amor em sintonia com o meio urbano.
b) troquem notícias em tom nostálgico sobre as mudanças ocorridas na cidade.

c) façam confidências, uma vez que não se encontram mais no Rio de Janeiro.

d) tratem pragmaticamente sobre os destinos do amor e da vida citadina.

e) aceitem as transformações ocorridas em pontos turísticos específicos.

4. (UNICAMP-SP) A aquarela do artista João Teófilo, aqui reproduzida, dialoga com a pintura de Pedro Américo, *Tiradentes esquartejado* (1893). Sobre a obra de João Teófilo, publicada na capa de uma revista em 2015, é possível afirmar que:

João Teófilo

a) Trata-se de uma obra baseada em um quadro do gênero da pintura histórica, sendo que no trabalho de Pedro Américo o corpo de Tiradentes no patíbulo afasta-se da figura do Cristo, exemplo maior de mártir.

b) Utilizando-se das mesmas formas do corpo esquartejado de Tiradentes pintado por Pedro Américo, o autor limita o número de sujeitos esquartejados e acentua o tom conservador da aquarela.

c) A imagem fala sobre seu contexto de produção na atualidade, utilizando-se do simbolismo de Tiradentes, e procura ampliar a presença de negros como sujeitos sociais nas lutas coloniais e antiescravistas.

d) Tiradentes consolidou-se como um mártir nacional no quadro de Pedro Américo, daí a necessidade do pintor de retratar seu corpo esquartejado. A obra de João Teófilo mostra que os mártires, embora negros, são um tema do passado.

5. (ENEM)

> Riscar o chão para sair pulando é uma brincadeira que vem dos tempos do Império Romano. A amarelinha original tinha mais de cem metros e era usada como treinamento militar. As crianças romanas, então, fizeram imitações reduzidas do campo utilizado pelos soldados e acrescentaram numeração nos quadrados que deveriam ser pulados. Hoje as amarelinhas variam nos formatos geométricos e na quantidade de casas. As palavras "céu" e "inferno" podem ser escritas no começo e no final do desenho, que é marcado no chão com giz, tinta ou graveto.
>
> Disponível em: www.biblioteca.ajes.edu.br. Acesso em: 20 maio 2015 (adaptado).

Com base em fatos históricos, o texto retrata o processo de adaptação pelo qual passou um tipo de brincadeira. Nesse sentido, conclui-se que as brincadeiras comportam o(a):

a) caráter competitivo que se assemelha às suas origens.

b) delimitação de regras que se perpetuam com o tempo.

c) definição antecipada do número de grupos participantes.

d) objetivo de aperfeiçoamento físico daqueles que as praticam.

e) possibilidade de reinvenção no contexto em que são realizadas.

(PUC-MG) Leia a tirinha a seguir e depois responda às questões 6 e 7.

Joaquín Salvador Lavado (QUINO).

Disponível em: <http://lounge.obviousmag.org/traz_mais_uma/2012/01/mafalda-e-os-antigos-problemas-atuais.html>. Acesso em: 9 fev. 2015.

6. Considerada a direção de sentido dada pela tirinha, a pergunta de Susanita revela, prioritariamente:

a) alienação.

b) falta de cultura.

c) preconceito.

d) ironia.

7. A reação de Mafalda à pergunta de Susanita revela um sentimento de:

a) inveja.
b) orgulho.
c) perplexidade.
d) preconceito.

8. (ENEM)

> Tudo era harmonioso, sólido, verdadeiro. No princípio. As mulheres, principalmente as mortas do álbum, eram maravilhosas. Os homens, mais maravilhosos ainda, ah, difícil encontrar família mais perfeita. *A nossa família*, dizia a bela voz de contralto da minha avó. *Na nossa família*, frisava, lançando em redor olhares complacentes, lamentando os que não faziam parte do nosso clã. [...]
>
> Quando Margarida resolveu contar os *podres* todos que sabia naquela noite negra da rebelião, fiquei furiosa. [...]
>
> É mentira, é mentira!, gritei tapando os ouvidos. Mas Margarida seguia em frente: tio Maximiliano se casou com a inglesa de cachos só por causa do dinheiro, não passava de um pilantra, a loirinha feiosa era riquíssima. Tia Consuelo? Ora, tia Consuelo chorava por que sentia falta de homem, ela queria homem e não Deus, ou o convento ou o sanatório. O dote era tão bom que o convento abriu-lhe as portas com loucura e tudo. "E tem mais uma coisa ainda, minha queridinha", anunciou Margarida fazendo um agrado no meu queixo. Reagi com violência: uma agregada, uma cria e, ainda por cima, mestiça. Como ousava desmoralizar meus heróis?
>
> TELLES, L. F. *A estrutura da bolha de sabão*. Rio de Janeiro: Rocco, 1999.

Representante da ficção contemporânea, a prosa de Lygia Fagundes Telles configura e desconstrói modelos sociais. No trecho, a percepção do núcleo familiar descortina um(a):

a) convivência frágil ligando pessoas financeiramente dependentes.
b) tensa hierarquia familiar equilibrada graças à presença da matriarca.
c) pacto de atitudes e valores mantidos à custa de ocultações e hipocrisias.
d) tradicional conflito de gerações protagonizado pela narradora e seus tios.
e) velada discriminação racial refletida na procura de casamentos com europeus.

9. (FUVEST-SP) Observe o mapa abaixo e leia o texto a seguir.

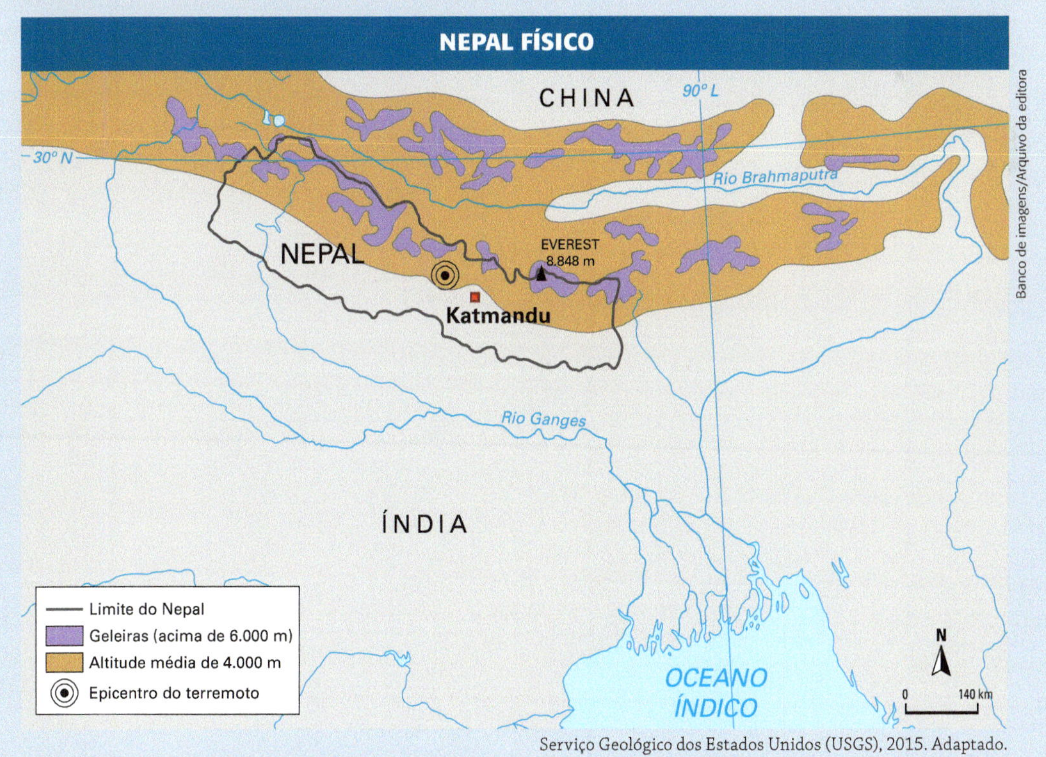

Serviço Geológico dos Estados Unidos (USGS), 2015. Adaptado.

O terremoto ocorrido em abril de 2015, no Nepal, matou por volta de 9.000 pessoas e expôs um governo sem recursos para lidar com eventos geológicos catastróficos de tal magnitude (7,8 na Escala Richter). Índia e China dispuseram-se a ajudar de diferentes maneiras, fornecendo desde militares e médicos até equipes de engenharia, e também por meio de aportes financeiros.

Considere os seguintes motivos, além daqueles de razão humanitária, para esse apoio ao Nepal:

I. interesse no grande potencial hidrológico para a geração de energia, pois a Cadeia do Himalaia, no Nepal, representa divisor de águas das bacias hidrográficas dos rios Ganges e Brahmaputra, caracterizando densa rede de drenagem;

II. interesse desses países em controlar o fluxo de mercadorias agrícolas produzidas no Nepal, através do sistema hidroviário Ganges-Brahmaputra, já que esse país limita-se, ao sul, com a Índia e, ao norte, com a China;

III. necessidades da Índia e, principalmente, da China, as quais, com o aumento da população e da urbanização, demandam suprimento de água para abastecimento público, tendo em vista que o Nepal possui inúmeros mananciais.

Está correto o que se indica em:

a) I, apenas.
b) II, apenas.
c) I e III, apenas.
d) II e III, apenas.
e) I, II e III.

10. (ENEM)

À garrafa

Contigo adquiro a astúcia
de conter e de conter-me.
Teu estreito gargalo
é uma lição de angústia.

Por translúcida pões
o dentro fora e o fora dentro
para que a forma se cumpra
e o espaço ressoe.

Até que, farta da constante
prisão da forma, saltes
da mão para o chão
e te estilhaces, suicida,

numa explosão
de diamantes.

PAES, J. P. *Prosas seguidas de odes mínimas*. São Paulo: Cia. das Letras, 1992.

A reflexão acerca do fazer poético é um dos mais marcantes atributos da produção literária contemporânea, que, no poema de José Paulo Paes, se expressa por um(a):

a) reconhecimento, pelo eu lírico, de suas limitações no processo criativo, manifesto na expressão "Por translúcida pões".
b) subserviência aos princípios do rigor formal e dos cuidados com a precisão metafórica, como se observa em "prisão da forma".
c) visão progressivamente pessimista, em face da impossibilidade da criação poética, conforme expressa o verso "e te estilhaces, suicida".
d) processo de contenção, amadurecimento e transformação da palavra, representado pelos versos "numa explosão / de diamantes".
e) necessidade premente de libertação da prisão representada pela poesia, simbolicamente comparada à "garrafa" a ser "estilhaçada".

Preparando-se para a interpretação de textos do Enem

Capítulo 27

©Lorenzo Rossi/Alamy Stock Photo

Nesta unidade, você conheceu os eixos cognitivos e as competências e habilidades avaliadas pelo Enem e viu também como elas são exploradas em situações-problema, em questões interdisciplinares, etc. Agora, neste capítulo, você vai fazer uma preparação final para enfrentar a prova do Enem com tranquilidade.

Leia o que um documento do Enem afirma sobre o papel da leitura nesse exame:

> Todas as situações de avaliação estruturam-se de modo a verificar se o estudante é capaz de ler e interpretar textos em linguagem verbal e visual (fotos, mapas, pinturas, gráficos, entre outros) e enunciados:
>
> - identificando e selecionando informações centrais e periféricas;
> - inferindo informações, temas, assuntos, contextos;
> - justificando a adequação da interpretação;
> - compreendendo os elementos implícitos de construção do texto, como organização, estrutura, intencionalidade, assunto e tema;
> - analisando os elementos constitutivos dos textos, de acordo com sua natureza, organização ou tipo; comparando os códigos e linguagens entre si, reelaborando, transformando e reescrevendo (resumos, paráfrases e relatos).
>
> (*Eixos cognitivos do Enem – Versão preliminar.* Brasília: MEC-INEP, 2007. p. 88.)

Veja esta questão do Enem:

Transtorno do comer compulsivo

O transtorno do comer compulsivo vem sendo reconhecido, nos últimos anos, como uma síndrome caracterizada por episódios de ingestão exagerada e compulsiva de alimentos, porém, diferentemente da bulimia nervosa, essas pessoas não tentam evitar ganho de peso com os métodos compensatórios. Os episódios vêm acompanhados de uma sensação de falta de controle sobre o ato de comer, sentimentos de culpa e de vergonha.

Muitas pessoas com essa síndrome são obesas, apresentando uma história de variação de peso, pois a comida é usada para lidar com problemas psicológicos. O transtorno do comer compulsivo é encontrado em cerca de 2% da população em geral, mais frequentemente acometendo mulheres entre 20 e 30 anos de idade. Pesquisas demonstram que 30% das pessoas que procuram tratamento para obesidade ou para perda de peso são portadoras de transtorno do comer compulsivo.

Disponível em: http://www.abcdasaude.com.br. Acesso em: 1º maio 2009 (adaptado).

Considerando as ideias desenvolvidas pelo autor, conclui-se que o texto tem a finalidade de:

a) descrever e fornecer orientações sobre a síndrome da compulsão alimentícia.

b) narrar a vida das pessoas que têm o transtorno do comer compulsivo.

c) aconselhar as pessoas obesas a perder peso com métodos simples.

d) expor de forma geral o transtorno compulsivo por alimentação.

e) encaminhar as pessoas para a mudança de hábitos alimentícios.

Resposta: *d*.

Vejamos como as operações e ações apontadas pelo Enem são mobilizadas para a resolução dessa questão.

Identificando e selecionando informações centrais e periféricas

Ao ler um texto, o estudante deve depreender as informações centrais que ele apresenta. No caso do texto da questão, a informação central é em que consiste o transtorno do comer compulsivo. São periféricas todas as outras informações, como a diferença entre esse transtorno e a bulimia, a percentagem de pessoas acometidas pelo transtorno ou que buscam tratamento, a faixa etária e o gênero mais comum das pessoas que sofrem o problema.

Inferindo informações, temas, assuntos, contextos

Na questão, não há informações sobre quem escreveu o texto, mas, como ele foi publicado em um *site* de assuntos relacionados à saúde, infere-se que seu autor seja um profissional ligado à área médica. Infere-se também que, além de acometer mulheres jovens, a síndrome pode manifestar-se em mulheres e homens de todas as idades. Ainda é possível inferir a existência de outros problemas de saúde decorrentes do excesso de peso, tais como pressão alta, colesterol em níveis não recomendáveis, complicações cardíacas e problemas nas articulações.

Thinkstock/Getty Images

Justificando a adequação da interpretação

Indicar a alternativa correta constitui uma maneira de justificar a adequação da interpretação do texto feita. No caso da questão, a alternativa mais coerente com o texto e que melhor explica a finalidade dele – expor em linhas gerais em que consiste o transtorno compulsivo por alimentação – é a *d*.

Compreendendo os elementos implícitos de construção do texto, como organização, estrutura, intencionalidade, assunto e tema

A questão não faz referência ao gênero textual a que pertence o texto. Contudo, considerando-se a finalidade dele e a fonte de onde ele foi extraído (o *site* www.abcdasaude.com.br), infere-se que pertença ao gênero texto de divulgação científica, que tem por finalidade levar conhecimentos científicos básicos ao público leigo, numa linguagem acessível e pouco técnica. O tema geral do texto é a alimentação, e o assunto é o transtorno do comer compulsivo e suas eventuais causas.

Analisando os elementos constitutivos dos textos, de acordo com sua natureza, organização ou tipo; comparando os códigos e linguagens entre si, reelaborando, transformando e reescrevendo (resumos, paráfrases e relatos)

Os textos de divulgação científica publicados em jornais e revistas costumam ser bem-desenvolvidos e, eventualmente, podem apresentar gráficos e tabelas. O texto da questão em análise, contudo, provavelmente por ter sido veiculado na Internet – um ambiente de leituras mais rápidas ou de textos organizados em várias partes (entradas) e por ter sido adaptado de um *site* sobre saúde com a finalidade de compor uma questão do Enem, sofreu algumas alterações que o tornam um pouco diferente dos textos de divulgação científica em geral.

Como é próprio do gênero, o texto tem uma linguagem clara e objetiva. Descreve os principais sintomas e as prováveis causas do transtorno alimentar. Não chega a apresentar gráficos e tabelas, mas introduz alguns dados estatísticos de forma linear na explanação sobre o assunto.

Prepare-se para o Enem

1. (ENEM)

Reprodução/FMLOA

Reprodução/Krumholz/Fundação Biblioteca Nacional

SCHWARCZ, L. M. *As barbas do imperador*. D. Pedro II, um monarca nos trópicos. São Paulo: Cia. das Letras, 1998 (adaptado).

Essas imagens de D. Pedro II foram feitas no início dos anos de 1850, pouco mais de uma década após o Golpe da Maioridade. Considerando o contexto histórico em que foram produzidas e os elementos simbólicos destacados, essas imagens representavam um:

a) jovem maduro que agiria de forma irresponsável.
b) imperador adulto que governaria segundo as leis.
c) líder guerreiro que comandaria as vitórias militares.
d) soberano religioso que acataria a autoridade papal.
e) monarca absolutista que exerceria seu autoritarismo.

2. (ENEM)

Em junho de 1913, embarquei para a Europa a fim de me tratar num sanatório suíço. Escolhi o de Clavadel, perto de Davos-Platz, porque a respeito dele me falara João Luso, que ali passara um inverno com a senhora. Mais tarde vim a saber que antes de existir no lugar um sanatório, lá estivera por algum tempo Antônio Nobre. "Ao cair das folhas", e um de seus mais belos sonetos, talvez o meu predileto, está datado de "Clavadel, outubro, 1895". Fiquei na Suíça até outubro de 1914.

BANDEIRA, M. *Poesia completa e prosa*. Rio de Janeiro: Nova Aguilar, 1985.

No relato de memórias do autor, entre os recursos usados para organizar a sequência dos eventos narrados, destaca-se a:

a) construção de frases curtas a fim de conferir dinamicidade ao texto.
b) presença de advérbios de lugar para indicar a progressão dos fatos.
c) alternância de tempos do pretérito para ordenar os acontecimentos.
d) inclusão de enunciados com comentários e avaliações pessoais.
e) alusão a pessoas marcantes na trajetória de vida do escritor.

3. (ENEM)

Um dia, meu pai tomou-me pela mão, minha mãe beijou-me a testa, molhando-me de lágrimas os cabelos e eu parti.

Duas vezes fora visitar o Ateneu antes da minha instalação.

Ateneu era o grande colégio da época. Afamado por um sistema de nutrido reclame, mantido por um diretor que de tempos a tempos reformava o estabelecimento, pintando-o jeitosamente de novidade, como os negociantes que liquidam para recomeçar com artigos de última remessa; o Ateneu desde muito tinha consolidado crédito na preferência dos pais, sem levar em conta a simpatia da meninada, a cercar de aclamações o bombo vistoso dos anúncios.

O Dr. Aristarco Argolo de Ramos, da conhecida família do Visconde de Ramos, do Norte, enchia o império com o seu renome de pedagogo. Eram boletins de propaganda pelas províncias, conferências em diversos pontos da cidade, a pedidos, à substância, atochando a imprensa dos lugarejos, caixões, sobretudo, de livros elementares, fabricados às pressas com o ofegante e esbaforido concurso de professores prudentemente anônimos, caixões e mais caixões de volumes cartonados em Leipzig, inundando as escolas públicas de toda a parte com a sua invasão de capas azuis, róseas, amarelas, em que o nome de Aristarco, inteiro e sonoro, oferecia-se ao pasmo venerador dos esfaimados de alfabeto dos confins da pátria. Os lugares que os não procuravam eram um belo dia surpreendidos pela enchente, gratuita, espontânea, irresistível! E não havia senão aceitar a farinha daquela marca para o pão do espírito.

POMPÉIA, R. *O Ateneu*. São Paulo: Scipione, 2005.

Ao descrever o Ateneu e as atitudes de seu diretor, o narrador revela um olhar sobre a inserção social do colégio demarcado pela:

a) ideologia mercantil da educação, repercutida nas vaidades pessoais.

b) interferência afetiva das famílias, determinantes no processo educacional.

c) produção pioneira de material didático, responsável pela facilitação do ensino.

d) ampliação do acesso à educação, com a negociação dos custos escolares.

e) cumplicidade entre educadores e famílias, unidos pelo interesse comum do avanço social.

4. (ENEM)

Figura 1. Diagrama das regiões de intemperismo para as condições brasileiras (adaptado de Peltier, 1950).

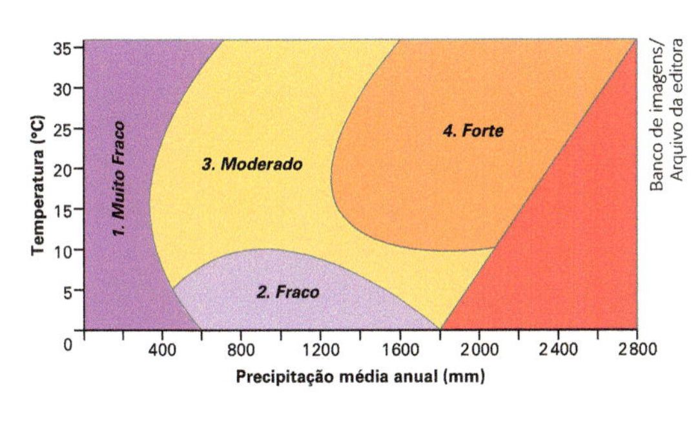

FONTES, M. P. F. Intemperismo de rochas e minerais. In: KER, J. C. et al. (Org.). *Pedologia*: fundamentos. Viçosa (MG): SBCS, 2012 (adaptado).

Figura 2. Mapa das regiões de intemperismo do Brasil, baseado no diagrama da Figura 1.

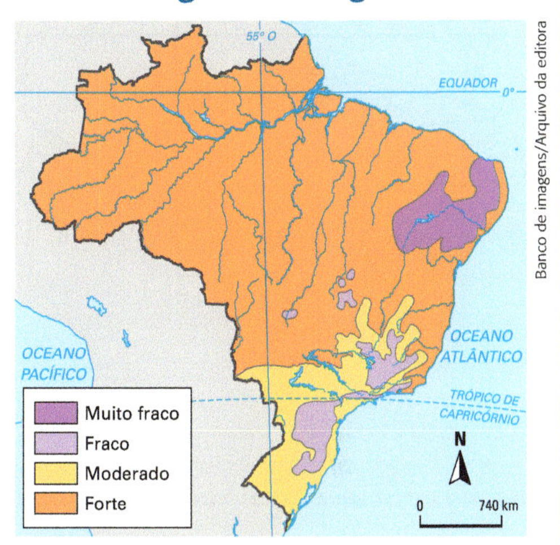

De acordo com as figuras, a intensidade de intemperismo de grau muito fraco é característica de qual tipo climático?

a) Tropical.

b) Litorâneo.

c) Equatorial.

d) Semiárido.

e) Subtropical.

5. (ENEM)

Voz do sangue

Palpitam-me
os sons do batuque
e os ritmos melancólicos do blue.

Ó negro esfarrapado
do Harlem
ó dançarino de Chicago
ó negro servidor do South

Ó negro da África
negros de todo o mundo

Eu junto
ao vosso magnífico canto
a minha pobre voz
os meus humildes ritmos.

Eu vos acompanho
pelas emaranhadas Áfricas
do nosso Rumo.

Eu vos sinto
negros de todo o mundo
eu vivo a nossa história
meus irmãos.

Disponível em: www.agostinhoneto.org. Acesso em: 30 jun. 2015.

Nesse poema, o líder angolano Agostinho Neto, na década de 40, evoca o pan-africanismo com o objetivo de:

a) incitar a luta por políticas de ações afirmativas na América e na África.

b) reconhecer as desigualdades sociais entre os negros de Angola e dos Estados Unidos.

c) descrever o quadro de pobreza após os processos de independência no continente africano.

d) solicitar o engajamento dos negros estadunidenses na luta armada pela independência em Angola.

e) conclamar as populações negras de diferentes países a apoiar as lutas por igualdade e independência.

6. (ENEM)

Ziraldo

ZIRALDO. 20 anos de prontidão. In: LEMOS, R. (Org.). *Uma história do Brasil através da caricatura (1840-2001)*. Rio de Janeiro: Letras & Expressões, 2001.

No período de 1964 a 1985, a estratégia do Regime Militar abordada na charge foi caracterizada pela:

a) priorização da segurança nacional.
b) captação de financiamentos estrangeiros.
c) execução de cortes nos gastos públicos.
d) nacionalização de empresas multinacionais.
e) promoção de políticas de distribuição de renda.

7. (ENEM)

A língua de que usam, por toda a costa, carece de três letras; convém a saber, não se acha nela F, nem L, nem R, coisa digna de espanto, porque assim não têm Fé, nem Lei, nem Rei, e dessa maneira vivem desordenadamente, sem terem além disto conta, nem peso, nem medida.

GÂNDAVO, P. M. *A primeira história do Brasil*: história da província de Santa Cruz a que vulgarmente chamamos Brasil. Rio de Janeiro: Zahar, 2004 (adaptado).

A observação do cronista português Pero de Magalhães de Gândavo, em 1576, sobre a ausência das letras F, L e R na língua mencionada, demonstra a:

a) simplicidade da organização social das tribos brasileiras.
b) dominação portuguesa imposta aos índios no início da colonização.
c) superioridade da sociedade europeia em relação à sociedade indígena.
d) incompreensão dos valores socioculturais indígenas pelos portugueses.
e) dificuldade experimentada pelos portugueses no aprendizado da língua nativa.

8. (ENEM)

Até o fim de 2007, quase 2 milhões de pessoas perderam suas casas e outros 4 milhões corriam o risco de ser despejadas. Os valores das casas despencaram em quase todos os EUA e muitas famílias acabaram devendo mais por suas casas do que o próprio valor do imóvel. Isso desencadeou uma espiral de execuções hipotecárias que diminuiu ainda mais os valores das casas. Em Cleveland, foi como se um "Katrina financeiro" atingisse a cidade. Casas abandonadas, com tábuas em janelas e portas, dominaram a paisagem nos bairros pobres, principalmente negros. Na Califórnia, também se enfileiraram casas abandonadas.

HARVEY, D. *O enigma do capital*. São Paulo: Boitempo, 2011.

Inicialmente restrita, a crise descrita no texto atingiu proporções globais, devido ao(à):

a) superprodução de bens de consumo.
b) colapso industrial de países asiáticos.
c) interdependência do sistema econômico.
d) isolamento político dos países desenvolvidos.
e) austeridade fiscal dos países em desenvolvimento.

Questões do Enem e dos vestibulares

1. (ENEM)

Ora, em todas as coisas ordenadas a algum fim, é preciso haver algum dirigente, pelo qual se atinja diretamente o devido fim. Com efeito, um navio, que se move para diversos lados pelo impulso dos ventos contrários, não chegaria ao fim de destino, se por indústria do piloto não fosse dirigido ao porto; ora, tem o homem um fim, para o qual se ordenam toda a sua vida e ação. Acontece, porém, agirem os homens de modos diversos em vista do fim, o que a própria diversidade dos esforços e ações humanas comprova. Portanto, precisa o homem de um dirigente para o fim.

AQUINO. T. Do reino ou do governo dos homens: ao rei do Chipre. *Escritos políticos de São Tomás de Aquino*. Petrópolis: Vozes, 1995 (adaptado).

No trecho citado, Tomás de Aquino justifica a monarquia como o regime de governo capaz de:

a) refrear os movimentos religiosos contestatórios.
b) promover a atuação da sociedade civil na vida política.
c) unir a sociedade tendo em vista a realização do bem comum.
d) reformar a religião por meio do retorno à tradição helenística.
e) dissociar a relação política entre os poderes temporal e espiritual.

(UEL-PR) Leia o texto, analise as figuras 1 e 2 e responda às questões de 2 a 5.

Galeria Jacques Ardies, São Paulo

Figura 1: (*Futuros craques*, de Airton das Neves. Acrílico s/ tela. 60 × 80 cm. 2006.)

Acervo Iconographia

Figura 2: (Disponível em: <http://jcbcomunicacao.blogspot.com/2010/04/charles-miller-o-pai-do-futebol-no.html>. Acesso em: 22 set. 2010.)

Texto

No Brasil, o futebol começou oficialmente em 1894, quando as primeiras bolas aqui chegaram pelas mãos de Charles Miller, um brasileiro que, naquele ano, retornava da Inglaterra, onde fora estudar.

Era necessário ter recursos para adquirir as chuteiras e dividir as despesas com a compra das bolas e dos uniformes. Por isso, inicialmente o jogo só era praticado por rapazes ricos. Se, por um lado, o futebol crescia nos clubes organizados, por outro também aumentava o número de seus praticantes em campos improvisados. Em São Paulo, nas margens dos rios Pinheiros e Tietê, na atual baixada do Glicério, ou no vale do riacho Pacaembu, havia incontáveis campos de futebol, que, por aproveitarem as várzeas dos rios, acabaram sendo qualificados como "futebol varzeano". Hoje, essa é a denominação daquele futebol jogado por times de bairros ou pequenos clubes, não necessariamente em várzeas.

(Adaptado de: WITTER, J. S. *Breve História do Futebol*. São Paulo: FTD, 1996, p. 10-18.)

2. Com base no texto e nos conhecimentos sobre regiões metropolitanas no Brasil, considere as afirmativas a seguir.

I. O convívio social das camadas populares no processo de urbanização proporcionou a disseminação do futebol varzeano como forma de apropriação coletiva de áreas não edificadas do espaço urbano.

II. As várzeas, por suas características topográficas e hidrológicas, são naturalmente desfavoráveis a grande parte das formas de uso do solo urbano.

III. Muitas várzeas localizadas nas áreas centrais dessas regiões foram transformadas em vias de trânsito rápido, anéis viários e outras infraestruturas de circulação.

IV. A impermeabilização da cobertura do solo devido à prática do futebol em campos improvisados multiplicou o problema das enchentes nas regiões metropolitanas.

Assinale a alternativa correta.

a) Somente as afirmativas I e II são corretas.
b) Somente as afirmativas I e IV são corretas.
c) Somente as afirmativas III e IV são corretas.
d) Somente as afirmativas I, II e III são corretas.
e) Somente as afirmativas II, III e IV são corretas.

3. De acordo com as figuras e os conhecimentos sobre o Modernismo, considere as afirmativas a seguir.

I. A pintura (Fig. 1) foi concebida com a gestualidade empregada no expressionismo.

II. A fotografia (Fig. 2) apresenta-se como registro de um momento histórico.

III. A pintura (Fig. 1) apresenta aspectos da arte naïf, identificados desde o assunto abordado até a sua configuração.

IV. A disposição dos jogadores na fotografia (Fig. 2) atesta o seu caráter de manifestação artística.

Assinale a alternativa correta.

a) Somente as afirmativas I e IV são corretas.
b) Somente as afirmativas II e III são corretas.
c) Somente as afirmativas III e IV são corretas.
d) Somente as afirmativas I, II e III são corretas.
e) Somente as afirmativas I, II e IV são corretas.

4. De acordo com as figuras, o texto e o contexto sócio-histórico do Brasil na contemporaneidade, considere as afirmativas a seguir.

I. A figura 1 expressa a origem popular do futebol, associado ao mito da natureza paradisíaca brasileira, enquanto a figura 2 indica que a classe alta passou a imitar os setores populares.

II. A figura 1 aponta a presença do futebol entre os setores populares, e a figura 2 denota sua origem elitista, branca e urbana.

III. A figura 1 mostra a difusão espacial do futebol, inicialmente praticado em algumas capitais em fins do século XIX, e a figura 2 expressa as características étnicas predominantes nos primeiros praticantes desse esporte.

IV. A figura 1 indica a popularização do futebol implantada pelo governo Café Filho, e a figura 2 expressa a participação de camponeses imigrantes trabalhadores da cafeicultura paulista.

Assinale a alternativa correta.

a) Somente as afirmativas I e IV são corretas.
b) Somente as afirmativas II e III são corretas.
c) Somente as afirmativas III e IV são corretas.
d) Somente as afirmativas I, II e III são corretas.
e) Somente as afirmativas I, II e IV são corretas.

5. No contexto histórico do surgimento do futebol na América Latina, no final do século XIX e início do XX, foram marcantes as denominações estrangeiras como Sport Club Corinthians Paulista, Coritiba Foot Ball Club, Racing, River Plate, Boca Juniors. Com relação aos elementos pertinentes a esse contexto, assinale a alternativa correta.

a) O processo de industrialização em áreas rurais das nações latino-americanas levou à importação de mão de obra estrangeira.
b) A participação de imigrantes europeus nas áreas rurais, devido à farta distribuição de terras, popularizou os esportes de elite.
c) O advento do futebol na América Latina, impulsionado pela participação popular democrática, foi reflexo da política britânica na Liga das Nações.

d) A crise da economia britânica no início do século XX impediu investimentos financeiros na América Latina, excluindo, assim, a participação da elite neste esporte.

e) A presença do futebol em nações latino-americanas se deveu à influência britânica, o que não impediu a associação desse esporte com as classes populares.

6. (ENEM)

> A casa de Deus, que acreditam una, está, portanto, dividida em três: uns oram, outros combatem, outros, enfim, trabalham. Essas três partes que coexistem não suportam ser separadas; os serviços prestados por uma são a condição das obras das outras duas; cada uma por sua vez encarrega-se de aliviar o conjunto... Assim a lei pode triunfar e o mundo gozar da paz.
>
> ALDALBERON DE LAON. In: SPINOSA, F. *Antologia de textos históricos medievais.* Lisboa: Sá da Costa, 1981.

A ideologia apresentada por Aldalberon de Laon foi produzida durante a Idade Média. Um objetivo de tal ideologia e um processo que a ela se opôs estão indicados, respectivamente, em:

a) Justificar a dominação estamental / revoltas camponesas.

b) Subverter a hierarquia social / centralização monárquica.

c) Impedir a igualdade jurídica / revoluções burguesas.

d) Controlar a exploração econômica / unificação monetária.

e) Questionar a ordem divina / Reforma Católica.

(UERJ-RJ) Com base no texto abaixo, responda às questões de números 7 a 9.

Os poemas

Os poemas são pássaros que chegam
não se sabe de onde e pousam
no livro que lês.
Quando fechas o livro, eles alçam voo
como de um alçapão.
Eles não têm pouso
nem porto
alimentam-se um instante em cada par de
[mãos e partem.
E olhas, então, essas tuas mãos vazias,
no maravilhado espanto de saberes
que o alimento deles já estava em ti...

MÁRIO QUINTANA. *Poesia completa.* Rio de Janeiro: Nova Aguilar, 2005. © by Elena Quintana.

7. O texto é todo construído por meio do emprego de uma figura de estilo. Essa figura é denominada de:

a) elipse.
b) metáfora.
c) metonímia.
d) personificação.

8.

> *E olhas, então, essas tuas mãos vazias,*
> *no maravilhado espanto de saberes*
> *que o alimento deles já estava em ti...* (v. 10-12)

De acordo com esses versos, um dos efeitos da compreensão da leitura é:

a) alimentar o leitor com novas perspectivas e opções.

b) revelar ao leitor suas próprias sensações e pensamentos.

c) transformar o leitor em uma pessoa melhor e mais consciente.

d) deixar o leitor maravilhado com a beleza e o encantamento do poema.

9.

> *Eles não têm pouso*
> *nem porto* (v. 6-7)

Os versos acima podem ser lidos como uma pressuposição do autor sobre o texto literário. Essa pressuposição está ligada ao fato de que a obra literária, como texto público, apresenta o seguinte traço:

a) é aberta a várias leituras.

b) provoca desejo de transformação.

c) integra experiências de contestação.

d) expressa sentimentos contraditórios.

10. (ENEM)

Banco de imagens/Arquivo da editora

BRASIL. Ministério do Meio Ambiente/IBGE. *Biomas.* 2004 (adaptado).

No mapa estão representados os biomas brasileiros que, em função de suas características físicas e do modo de ocupação do território, apresentam problemas ambientais distintos. Nesse sentido, o problema ambiental destacado no mapa indica:

a) desertificação das áreas afetadas.
b) poluição dos rios temporários.
c) queimadas dos remanescentes vegetais.
d) desmatamento das matas ciliares.
e) contaminação das águas subterrâneas.

11. (UnB-DF)

> Durante séculos, os escravos afroamericanos aprenderam a ler em condições extraordinariamente difíceis, arriscando a vida. Aqueles que quisessem se alfabetizar eram forçados a encontrar métodos tortuosos de aprender. Aprender a ler, para os escravos, não era um passaporte imediato para a liberdade, mas uma maneira de ter acesso a um dos instrumentos poderosos de seus opressores: o livro. Os donos de escravos (tal como os ditadores, tiranos, monarcas absolutos e outros detentores do poder) acreditavam firmemente no poder da palavra escrita. Como séculos de ditadores souberam, uma multidão analfabeta é mais fácil de dominar; uma vez que a arte da leitura não pode ser desaprendida, o segundo melhor recurso é limitar seu alcance. Os livros, escreveu Voltaire no panfleto satírico **Sobre o Terrível Perigo da Leitura**, "dissipam a ignorância, a custódia e a salvaguarda dos estados bem policiados".
>
> Alberto Manguel. *Uma história da leitura*. (Trad. Pedro Maia Soares). São Paulo: Companhia das Letras, 1997. p. 312-15 (com adaptações).

A partir do texto acima, julgue como corretos (C) ou errados (E) os próximos itens.

a) Defende-se no texto o caráter inequívoco do livro como instrumento de emancipação política, característica que impede seu uso na dominação de pessoas ou povos.
b) Em Salvador, na rebelião conhecida como a Revolta dos Malês — confronto sangrento entre escravos africanos seguidores do islamismo e tropas do governo brasileiro —, destaca-se o fato de muitos revoltosos estarem aptos para ler e escrever no idioma árabe, o que contribuiu para a preparação da insurreição.
c) O texto é construído com base no exemplo da relação com a leitura que estabelecem escravos afro-americanos e donos de escravos. Argumentação é aplicada para abarcar formas de dominação e, assim, mostrar que a leitura pode desestabilizar poderes autoritários.
d) No texto, são apresentadas duas maneiras de um ditador controlar o acesso à leitura: manter analfabetos aqueles que domina ou controlar o que leem os que sabem ler. Para atingir os objetivos no segundo caso, uma estratégia utilizada, com certa frequência, é impor a leitura de interpretação única, reprimindo as vozes dissonantes.

12. (ESPM-SP) Em sua coluna semanal no jornal Folha de S. Paulo, o prof. Pasquale Cipro Neto tece, dentre outros, comentários a respeito de manchetes com duplo sentido ou sentido literal estranho. Assinale a única em que **não** ocorre nenhum dos problemas citados.

a) "Cantor apanha até a morte de PMs no MA"
b) "Guindaste iça carro roubado em desmanche em São Paulo"
c) "Motoristas que abusam do álcool frequentemente são punidos pelos órgãos de fiscalização do trânsito"
d) "Após afirmar que posaria nua, 'Playboy' volta a cobiçar Mônica Veloso"
e) "Governo e Congresso decidem reduzir o poder das agências"

(UFMT-MT) **Instrução**: Leia a tira a seguir e responda às questões 13 e 14.

(*O Estado de S. Paulo*, 1/12/2003.)

13. Em relação à tira, marque V para as afirmativas verdadeiras e F para as falsas.

A. No segundo quadrinho, Calvin declara-se mais exigente que todo mundo, o que justifica considerar-se, no primeiro quadrinho, diferente.

B. A discordância de Haroldo à fala de Calvin é percebida por sua postura corporal e por seu silêncio no terceiro quadrinho.

C. A fala de Calvin no último quadrinho revela que ele entendeu perfeitamente o significado do silêncio de Haroldo no quadrinho anterior.

D. A explicação dada por Haroldo, no último quadrinho, é ambígua, pois revela a sua descoberta da forte amizade que o liga a Calvin.

Assinale a sequência correta.

a) V, F, V, F
b) V, F, F, V
c) F, V, V, V
d) F, F, V, V
e) V, V, F, F

14. Em relação aos recursos linguísticos e textuais, assinale a afirmativa correta.

a) Em *Eu não!*, a elipse serve para evitar a repetição de parte da frase anterior.

b) No primeiro quadrinho, o pronome *isso* retoma *Todo mundo busca a felicidade!*

c) A palavra *Haroldo*, no último quadrinho, tem a função de aposto.

d) O pronome *lhe*, no último quadrinho, na linguagem-padrão deveria ser substituído pelo pronome *o*.

e) Na única fala de Haroldo, a palavra *que*, nas três ocorrências, é conjunção integrante.

15. (UNIRIO-RJ)

(Jorge Izar, 11º Salão Internacional de Humor de Piracicaba. São Paulo, 1984.)

A charge anterior foi premiada no 11º Salão de Humor de Piracicaba em 1984, ano em que milhões de brasileiros foram às ruas, pedindo o fim do período militar. A melhor síntese do momento político, econômico e social vivido pelo Brasil é:

a) diminuição do PIB; moratória da dívida; aumento do nível de emprego; aumento da inflação.

b) movimento "Anistia Ampla Geral e Irrestrita"; aumento da entrada de capital estrangeiro; desemprego.

c) recessão; desemprego; aumento do déficit da balança; "Anistia Restrita".

d) movimento "Diretas Já"; superávit nas exportações; aumento desenfreado da inflação; empobrecimento da classe média.

e) movimentos das "Diretas Já"; volta dos exilados políticos; aumento da dívida externa; aumento do PIB.

16. (ENEM)

> Dominar a luz implica tanto um avanço tecnológico quanto uma certa liberação dos ritmos cíclicos da natureza, com a passagem das estações e as alternâncias de dia e noite. Com a iluminação noturna, a escuridão vai cedendo lugar à claridade, e a percepção temporal começa a se pautar pela marcação do relógio. Se a luz invade a noite, perde sentido a separação tradicional entre trabalho e descanso – todas as partes do dia podem ser aproveitadas produtivamente.
>
> SILVA FILHO. A. L. M. *Fortaleza*: imagens da cidade. Fortaleza: Museu do Ceará: Secult-CE. 2001 (adaptado).

Em relação ao mundo do trabalho, a transformação apontada no texto teve como consequência a:

a) melhoria da qualidade da produção industrial.

b) redução da oferta de emprego nas zonas rurais.

c) permissão ao trabalhador para controlar seus próprios horários.

d) diminuição das exigências de esforço no trabalho com máquinas.

e) ampliação do período disponível para a jornada de trabalho.

A leitura e a produção de textos no Enem e nos vestibulares

Getty Images

Razão de ser

Escrevo. E pronto.
Escrevo porque preciso,
preciso porque estou tonto.
Ninguém tem nada com isso.
Escrevo porque amanhece,
e as estrelas lá no céu
lembram letras no papel,
quando o poema me anoitece.
A aranha tece teias.
O peixe beija e morde o que vê.
Eu escrevo apenas.
Tem que ter por quê?

Paulo Leminski

(*Melhores poemas de Paulo Leminski*. Seleção de Fred Goes e Álvaro Martins. 4. ed. São Paulo: Global, 1999. p. 133.)

A linguagem é o meu esforço humano. Por destino tenho que ir buscar e por destino volto com as mãos vazias. Mas – volto com o indizível. O indizível só me poderá ser dado através do fracasso de minha linguagem. Só quando falha a construção, é que obtenho o que ela não conseguiu.

Clarice Lispector

(*A paixão segundo G. H.* Edição crítica de Benedito Nunes. São Paulo: Allca XX/Scipione, 1997. p. XXVIII.)

Nelson Provazi

Flavia Morlachetti/Getty Images

Fique ligado! Leia!

Livros

Edusp/Companhia das Letras

Uma vida entre livros – Reencontro com o tempo, de José Mindlin (Edusp/Companhia das Letras); *Quando o carteiro chegou... – Cartões-postais a Purezinha*, de Monteiro Lobato (Moderna); *Cartas a um jovem poeta*, de Rainer Maria Rilke (L&PM); *Histórias do tempo da escola*, de Adriana Falcão e outros autores (Nova Alexandria); *Diário de um gênio*, de Salvador Dalí (Paz e Terra); *Vita brevis – A carta de Flória Emília para Aurélio Agostinho*, de Jostein Gaarder (Companhia das Letras); *Postais por escrito*, de Ricardo Freire (Mandarim); *Cartas do coração – Uma antologia do amor*, de Elisabeth Orsini (Rocco); *Cartas a Théo*, de Vincent van Gogh (L&PM).

Filmes

Imagenation Abu Dhabi FZ, Parkes+MacDonald Image Nation

Malala, de Davis Guggenheim; *A menina que roubava livros*, de Kate Dowd; *O carteiro e o poeta*, de Michael Radford; *O mensageiro*, de Kevin Costner; *Mens@gem para você*, de Nora Ephron; *Cinema Paradiso*, de Giuseppe Tornatore; *A glória de meu pai* e *O castelo de minha mãe*, de Yves Robert.

Sites

Baixe obras completas de escritores brasileiros e estrangeiros acessando o *site*:
www.dominiopublico.gov.br

Capítulo 28

Painel de textos para questões discursivas e para redação

Tim Gainey/Alamy/Fotoarena

Em diferentes exames, como o Enem, vestibulares e concursos públicos, propõe-se ao candidato que responda a uma questão discursiva ou que produza uma redação. Nesses casos, é comum que o tema proposto seja extraído de um texto ou de um painel de textos. Como lidar com essa situação?

No mundo contemporâneo, a leitura perpassa quase todas as nossas atividades. Em exames, é ela que nos permite resolver uma prova de Matemática ou de Língua Portuguesa, compreender um gráfico ou um mapa e até produzir um texto.

No Enem e em todos os vestibulares, a produção de uma redação é obrigatória. Em alguns exames de vestibulares, também pode ser solicitada a produção de pequenos textos, com cerca de 10 linhas cada um, como respostas a questões discursivas. Nesse tipo de questão, é avaliado não apenas o conteúdo da resposta, mas também a capacidade do estudante de organizar ideias e a objetividade e a clareza no atendimento ao que é solicitado.

Questões discursivas

Vejamos como, na prática, são propostas as questões discursivas. Examinemos primeiramente uma questão do vestibular da Universidade Federal de Minas Gerais.

Leia esta "tirinha":

Estado de Minas, Belo Horizonte, 11 jun. 2006. Caderno TV, p. 2.

Leia, agora, este trecho:

> Nessas alturas do campeonato, você acha que eu vou vestir a camisa da firma? Eu, não. O chefe pisou na bola: se ele tivesse pedido antes para mim — em time que está ganhando não se mexe!! — ou para o Geraldo, que tem muita cancha, dava para tirar de letra. Mas não: ele deu cartão vermelho para o Geraldo e me botou para escanteio. Agora que embolou o meio de campo ele vem pedir para virar o jogo. Eu não. Eu vou lá só para cumprir tabela... Eu bem que avisei o chefe: quem não faz, toma! E o Geraldo, agora, tá com a bola toda e a concorrência, com ele, está *show* de bola...
>
> LAUAND, L. J. Muitas palavras numa só jogada. In: *Língua especial: futebol e linguagem*, São Paulo, Segmento, ano I, abr. 2006.

Com base nas leituras feitas, **redija** um texto, explicando o processo de incorporação de expressões próprias do futebol à linguagem cotidiana.

A questão apresenta dois textos: uma tira que mostra várias etapas da vida de uma pessoa, da infância à fase adulta, nas quais ela sempre assiste a partidas de futebol na TV e ouve mensagens que estimulam a paixão pelo futebol; e um texto propositalmente construído com expressões cotidianas provenientes do universo do futebol.

Para resolver a questão, o estudante deveria *relacionar* os dois textos, procurando identificar o que eles têm em comum. Deveria, por exemplo, observar que a própria tira dá uma pista sobre as razões de o brasileiro ser apaixonado pelo futebol, ou seja, evidencia a influência que ele sofre dos meios de comunicação. Deveria também notar que o texto de L. J. Lauand mostra que o locutor do segundo texto, para relatar os problemas que vem enfrentando no trabalho, não consegue se expressar de outra maneira a não ser usando expressões cotidianas do campo semântico do futebol: "nessas alturas do campeonato", "vestir a camisa", "pisou na bola", entre outras.

Essas expressões não foram inventadas pelo autor do segundo texto. Elas existem de forma concreta na língua portuguesa do Brasil e estão disponíveis a qualquer falante do português coloquial. Isso mostra que o povo brasileiro realmente é apaixonado por futebol, o que aproxima os dois textos.

O enunciado da questão pede ao aluno que *explique* "o processo de incorporação de expressões próprias do futebol à linguagem cotidiana". Em questões discursivas, *explicar* costuma ser a operação mais explicitamente solicitada.

Para redigir a resposta, o estudante poderia organizar seu texto abordando os seguintes elementos:

- O brasileiro, desde a infância, está exposto a uma forte influência de supervalorização do futebol.
- No Brasil, os meios de comunicação estimulam a paixão do povo brasileiro pelo futebol.
- Como a língua é a expressão verbal da cultura de um povo, isto é, do modo como ele vê o mundo, é natural que a língua portuguesa no Brasil apresente tantas expressões relacionadas com esse esporte, paixão nacional.

Propostas de redação

No Enem e em vários outros exames vestibulares, o tema de redação proposto vem acompanhado de um painel de textos, que normalmente cumpre o papel de fornecer informações a respeito de determinado assunto e, muitas vezes, apresentar diferentes pontos de vista sobre ele. Pede-se ao estudante que leia o painel, que se posicione sobre o assunto abordado (geralmente polêmico) e, partindo de suas próprias ideias e das ideias do painel que julgar mais pertinentes, redija um *texto dissertativo-argumentativo,* apresentando seu ponto de vista sobre o assunto e fundamentando-o com argumentos.

Bob Daemmrich/Alamy/Fotoarena

Examine a seguinte proposta de redação do Enem e veja como, na prática, isso se dá.

Com base na leitura dos seguintes textos motivadores e nos conhecimentos construídos ao longo de sua formação, redija um texto dissertativo-argumentativo em norma culta escrita da língua portuguesa sobre o tema: **O Trabalho na Construção da Dignidade Humana**, apresentando experiência ou proposta de ação social que respeite os direitos humanos. Selecione, organize e relacione, de forma coerente e coesa, argumentos e fatos para defesa de seu ponto de vista.

O que é trabalho escravo

Escravidão contemporânea é o trabalho degradante que envolve cerceamento da liberdade

A assinatura da Lei Áurea, em 13 de maio de 1888, representou o fim do direito de propriedade de uma pessoa sobre a outra, acabando com a possibilidade de possuir legalmente um escravo no Brasil. No entanto, persistiram situações que mantêm o trabalhador sem possibilidade de se desligar de seus patrões. Há fazendeiros que, para realizar derrubadas de matas nativas para formação de pastos, produzir carvão para a indústria siderúrgica, preparar o solo para plantio de sementes, algodão e soja, entre outras atividades agropecuárias, contratam mão de obra utilizando os contratadores de empreitada, os chamados "gatos". Eles aliciam os trabalhadores, servindo de fachada para que os fazendeiros não sejam responsabilizados pelo crime.

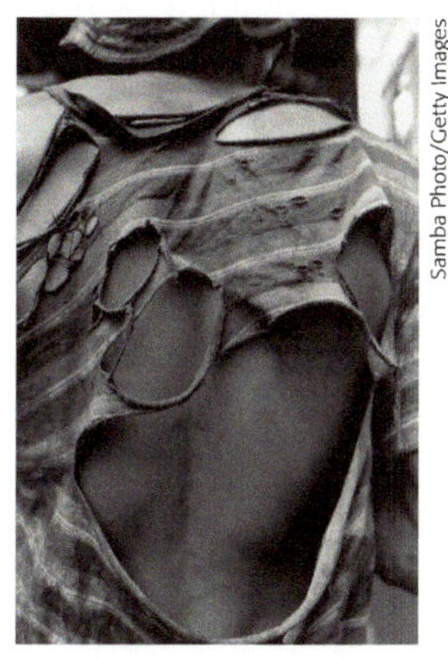
Samba Photo/Getty Images

Trabalho escravo se configura pelo trabalho degradante aliado ao cerceamento da liberdade. Este segundo fator nem sempre é visível, uma vez que não mais se utilizam correntes para prender o homem à terra, mas sim ameaças físicas, terror psicológico ou mesmo as grandes distâncias que separam a propriedade da cidade mais próxima.

Disponível em: http://www.reporterbrasil.org.br. Acesso em: 2 set. 2010 (fragmento).

O futuro do trabalho

Esqueça os escritórios, os salários fixos e a aposentadoria. Em 2020, você trabalhará em casa, seu chefe terá menos de 30 anos e será uma mulher

Felizmente, nunca houve tantas ferramentas disponíveis para mudar o modo como trabalhamos e, consequentemente, como vivemos. E as transformações estão acontecendo. A crise despedaçou companhias gigantes tidas até então como modelos de administração. Em vez de grandes conglomerados, o futuro será povoado de empresas menores reunidas em torno de projetos em comum. Os próximos anos também vão consolidar mudanças que vêm acontecendo há algum tempo: a busca pela qualidade de vida, a preocupação com o meio ambiente, e a vontade de nos realizarmos como pessoas também em nossos trabalhos. "Falamos tanto em desperdício de recursos naturais e energia, mas e quanto ao desperdício de talentos?", diz o filósofo e ensaísta suíço Alain de Botton em seu novo livro *The Pleasures and Sorrows of Works* (Os prazeres e as dores do trabalho, ainda inédito no Brasil).

(Rita Loiola. Revista *Galileu*. Disponível em: <http://revistagalileu.globo.com>. Acesso em: 2/7/2010.).

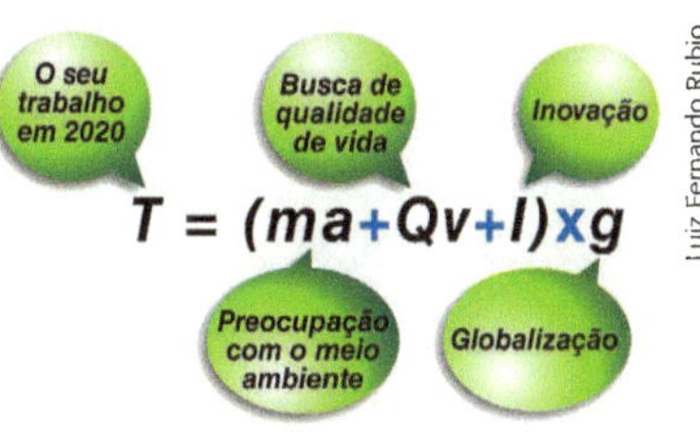

Luiz Fernando Rubio

A proposta de redação apresenta dois textos de cunho social que exigiam do candidato uma reflexão crítica e uma tomada de posição. O primeiro texto menciona que, ainda hoje, depois do fim da escravidão no Brasil, podemos encontrar condições de trabalho em que o homem é cerceado de sua liberdade, pois faz um trabalho degradante, humilhante, sem possibilidade de se desligar dos seus patrões. Ao lado do texto, há uma fotografia de um homem com roupa esfarrapada, surrada pelo trabalho. Esse texto não verbal complementa, exemplifica o texto verbal "O que é trabalho escravo".

Já o segundo texto se refere às transformações pelas quais vem passando o trabalho, ou seja, apresenta questões como: Como vai ser o profissional do futuro? Quais serão as novas exigências para que esse profissional busque qualidade de vida, preocupe-se com o meio ambiente e com realização pessoal?

Como se nota, os textos comentam realidades de trabalho completamente diferentes entre si, mas coexistentes no Brasil.

A tarefa proposta pela prova – escrever um texto dissertativo sobre o tema **O trabalho na construção da dignidade humana** – é compatível com os eixos cognitivos avaliados pelo Enem.

No capítulo 16, você conheceu os cinco eixos cognitivos avaliados na parte objetiva da prova do Enem. Esses eixos são utilizados para avaliar também a produção de texto, ou seja, a redação, porém de maneira adaptada à situação específica de produção textual. Leia o quadro comparativo a seguir e observe a correspondência entre os eixos nas duas partes da prova.

	PARTE OBJETIVA	REDAÇÃO
I	Dominar a norma culta da Língua Portuguesa e fazer uso das linguagens matemática, artística e científica e das línguas espanhola e inglesa.	Demonstrar domínio da norma culta da língua escrita.
II	Construir e aplicar conceitos das várias áreas do conhecimento para a compreensão de fenômenos naturais, de processos histórico-geográficos, da produção tecnológica e das manifestações artísticas.	Compreender a proposta de redação e aplicar conceitos das várias áreas de conhecimento para desenvolver o tema, dentro dos limites estruturais do texto dissertativo-argumentativo.
III	Selecionar, organizar, relacionar, interpretar dados e informações representados de diferentes formas, para tomar decisões e enfrentar situações-problema.	Selecionar, relacionar, organizar e interpretar informações, fatos, opiniões e argumentos em defesa de um ponto de vista.
IV	Relacionar informações, representadas em diferentes formas, e conhecimentos disponíveis em situações concretas, para construir argumentação consistente.	Demonstrar conhecimento dos mecanismos linguísticos necessários para a construção da argumentação.
V	Recorrer aos conhecimentos desenvolvidos na escola para elaboração de propostas de intervenção solidária na realidade, respeitando os valores humanos e considerando a diversidade sociocultural.	Elaborar proposta de solução para o problema abordado, mostrando respeito aos valores humanos e considerando a diversidade sociocultural.

(Disponível em: www.enem.inep.gov.br/index.php?option=com_content&task=view&id=18&Itemid=28. Acesso em: 10/3/2016.)

Como você pode observar, os cinco eixos estão de alguma forma relacionados com o tema proposto. Uma redação bem-sucedida, isto é, compatível com a proposta e com a postura cidadã exigida nesse exame, poderia adotar o seguinte caminho:

1. Apresentar o tema, discutir o que foi a escravidão no passado e de que forma essa prática ainda ocorre em nosso país, mesmo que de forma velada.
2. Fazer considerações sobre a perspectiva cidadã no mundo contemporâneo, ou seja, de um tempo em que se busca o respeito ao próximo, a qualidade de vida, a preocupação com o meio ambiente, o direito ao prazer pessoal e profissional. Assim, não há no mundo atual lugar para o trabalho escravo, pelo fato de ele ser degradante e humilhante.
3. Propor medidas solidárias, isto é, apontar como perspectiva a necessidade de o trabalho escravo ser definitivamente extirpado no Brasil. Para isso, há necessidade de se adotarem medidas firmes, representadas por ações efetivas, desenvolvidas tanto pelo poder público quanto por toda a sociedade, como punições, fiscalizações, denúncias, cobranças e, principalmente, incentivo a novos empregos, qualificação de mão de obra, etc., a fim de que essas relações de trabalho nunca mais voltem a acontecer em nosso país.

© Godong/AlamyStock Photo/Fotoarena

Prepare-se
para o Enem e o vestibular

1. Observe as pinturas e leia o texto a seguir.

Texto 1

Museu de Arte de São Paulo Assis Chateaubriand, MASP, SP

Terceira classe (1928), série Emigrantes, de Lasar Segall.

Texto 2

Museu de Arte de São Paulo Assis Chateaubriand, MASP, SP

Os retirantes (1944), de Portinari.

Texto 3

O que acontece quando você se torna um refugiado de guerra? *Você anda.*

É verdade que, para salvar sua vida – por exemplo, quando militantes atacam o seu vilarejo –, você pode, primeiro, se afastar o mais depressa possível por quaisquer meios disponíveis. No carro da família. No caminhão de frutas do vizinho. Em um ônibus roubado. Uma carroça. Mas, por fim, a fronteira. É lá que você tem de andar. Por quê? Porque homens fardados vão querer ver os seus documentos. Como assim, não tem documentos? (Você se esqueceu de trazê-los? Em vez de pegá-los, agarrou a mão do seu filho na pressa da fuga? Ou talvez tenha enchido uma sacola com comida, com dinheiro?) Não importa. Saia do veículo. Vá para lá. Aguarde. Agora, com ou sem documento, sua vida de refugiado começa de verdade: a pé, em atitude de impotência.

EM FINS DE SETEMBRO, próximo ao posto de fronteira de Mürsitpinar, na Turquia, uma avalanche de dezenas de milhares de refugiados sírios entra pelas plantações de pimenta que estão em pousio. São curdos étnicos. Fogem das balas e facas do Estado Islâmico. Muitos vieram de carro, vans e picapes, levantando nuvens da fina poeira branca de alguns dos campos de cultivo contínuo mais antigos do mundo. Os turcos não querem deixar essa caravana variegada passar. Um estacionamento de carros abandonados cresce na fronteira. Um dia, combatentes islâmicos vestidos de preto vêm e levam os carros, roubam tudo bem debaixo do nariz dos soldados turcos. Os militares só olham. Não se importam.

E assim começa. Você dá um passo. Sai de uma vida e entra em outra. Atravessa a pé uma cerca de fronteira cortada e vira um apátrida, vulnerável e invisível. Você se torna um refugiado.

[...]

(Paul Salopek. *National Geographic*, março 2015, p. 68.)

A partir da observação das pinturas e da leitura do texto, responda:

a) Que semelhança há entre imigrantes, retirantes e refugiados?

b) Em geral, quais são as causas do deslocamento de pessoas?

2. Leia o texto e observe o quadro a seguir.

Texto 1

[...]

"O Brasil é um país mestiço". Essa afirmação, tão comum ao se falar da composição da população brasileira, e que tem seu lado de verdade, é generalizante demais – razão por que é muito perigosa. A ideia que vem associada é a de que somos um país de 'mistura de raças', e, por sua vez, deriva de um entendimento que não apenas reconhece a existência de raças, como quase sempre vem acompanhado do 'mito das três raças', que apresenta como base para a formação da população brasileira componentes indígenas, negros e brancos. Isso pode até dar letra de samba – mas será que faz sentido para nossa história?

Raça como conceito científico não existe. Também é errôneo pensar que o povo brasileiro é resultado da miscigenação de africanos, europeus e populações indígenas. Mesmo quando se incluem outras contribuições 'raciais', como japoneses e libaneses, nesse caldo, erramos ao afirmar que essa 'mistura' teria ocorrido de forma natural e quase sempre harmoniosa.

No século 19 e nas décadas iniciais do século 20, o cruzamento de 'raças' era considerado um perigo de degeneração, e o 'embranquecimento' da população, um alvo a alcançar. O pensamento dominante na época via o desaparecimento da herança cultural e biológica de negros e indígenas como fator de progresso.

Mas, ao longo do século 20, o Brasil se transformava: cresciam as lutas sociais, surgiam novas ideias e aumentava a presença popular na vida política. E esse povo que saía às ruas e passava a votar não era 'puro e branco' como no Velho Mundo, muito pelo contrário. Pouco a pouco, foram aparecendo novas formas de se referir aos brasileiros e, entre elas, fortaleceu-se a ideia de povo mestiço como um valor positivo e característico da nossa população.

[...]

Thinkstock/Getty Images

(Monica Lima. Disponível em: http://cienciahoje.uol.com.br/revista-ch/2015/326/brasil-2018mestico. Acesso em: 10/3/2016.)

Texto 2

Museu Nacional de Belas Artes, Rio de Janeiro, Brasil

A redenção de Cam (1895), de Modesto Brocos y Gomes.

Com base na observação da pintura e na leitura do texto, responda:

a) A família retratada na pintura – a avó, a mãe, o pai e o filho – pode ser considerada ilustrativa de qual parágrafo do texto?

b) Segundo o texto, o conceito de *povo mestiço* adquiriu valor positivo no Brasil em razão de qual necessidade política e social?

3. Leia os textos:

Texto 1

[...]

As idílicas previsões dos anos 20 e 30 pressupunham um progresso da natureza humana comparável ao da sua técnica. Não aconteceu. No fim, o que a gente mais sente falta, do passado, é o futuro que ele previa. O **Concorde** podia ser só uma extravagância feita para você poder almoçar em Paris e almoçar de novo em Nova York. Acabou como símbolo do fim prematuro de um século que só ficou na imaginação.

Mas, enfim, o futuro previsto no passado não incluía uma palavra, uma pista, uma sugestão que fosse (fora, talvez, o rádio de pulso do **Dick Tracy**) da grande revolução que viria e ninguém sabia, a da informática. Quer dizer, já era um futuro obsoleto.

E, pensando bem, a substituição da máquina de escrever pelo computador não afetou muito o que se escreve. Quer dizer, existe toda uma geração de escritores que nunca viram um **tabulador** (que, confesso, eu nunca soube bem para o que servia) e uma literatura pontocom que já tem até os seus mitos, mas mesmo num processador de texto de último tipo ainda é a mesma velha história, a mesma luta por amor e glória botando uma palavra depois da outra com um mínimo de coerência. Como no tempo da velha pena de ganso.

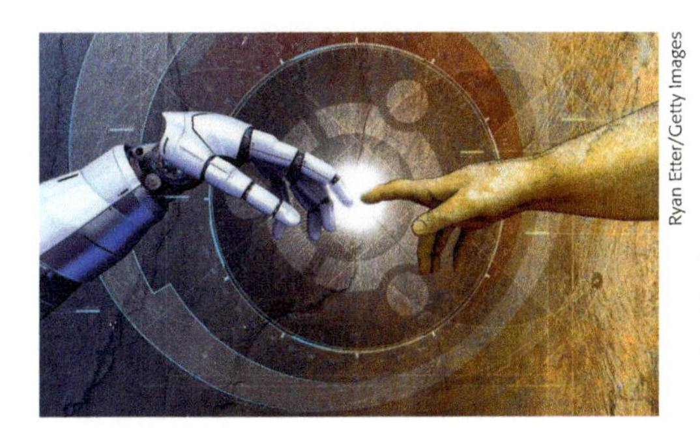

Ryan Etter/Getty Images

Concorde: avião comercial de passageiros supersônico; produzido entre 1965 e 1978, seus voos comerciais ocorreram de 1976 a 2003, em velocidade que chegava a 2 124 km/h; ia de Paris a Nova Iorque em três horas e meia.

Dick Tracy: personagem de quadrinhos popular na cultura *pop* norte-americana; esteve presente em tiras publicadas de 1931 a 1977.

tabulador: tecla da máquina de escrever que possibilita alinhamento em posição programada.

(Luis Fernando Verissimo. "O futuro que não veio". *O Estado de S. Paulo*, 31/1/2016.)

Texto 2

[...]

Imaginem se quase tudo – ruas, para-choques de carros, portas, barragens, hidrelétricas – tivesse um pequeno sensor. É o que já está acontecendo graças aos projetos da internet das coisas, realizados por grandes companhias como GE e IBM. Todos esses dispositivos e sensores estariam conectados, embora sem fios, a centros de dados distantes, nos quais milhões de servidores administrariam e aprenderiam todas essas informações.

Os servidores então enviariam comandos para ajudar os sensores conectados a operar com maior eficiência: por exemplo, uma casa liga automaticamente o sistema de aquecimento antes da entrada da estação fria, ou a iluminação pública se comporta de maneira diferente quando o trânsito piora. Ou imaginemos uma companhia de seguros que resolva instantaneamente quem deverá pagar e qual o tipo de dano um instante antes de um pequeno acidente acontecer, porque foi informada automaticamente sobre o acidente.

Devemos imaginar tudo isto como um processo gigantesco no qual máquinas coletam informações, aprendem e modificam seu funcionamento a partir do que aprendem, em questão de segundos. "Pretendo afetar a vida de 5 bilhões de pessoas", disse Bosworth, ex-astro da Microsoft e do Google [...]. "Ingressamos numa daquelas descontinuidades históricas que ocasionam mudanças da sociedade".

Sem dúvida, trata-se de uma linguagem muito elevada, mas ele e outros acreditam que estão prestes a participar de uma das próximas grandes viradas na ciência da computação, talvez tão grande quanto a do navegador da web ou do computador pessoal.

[...]

("Um olhar além da internet das coisas". *O Estado de S. Paulo*, 31/1/2016.)

Com base na leitura dos textos, responda:

a) No segundo parágrafo do texto 1, qual frase revela uma postura irônica do progresso previsto no passado, antes do advento da informática?

b) A afirmação "Ingressamos numa daquelas descontinuidades históricas que ocasionam mudanças da sociedade", do texto 2, poderia levar o autor do texto 1 a tornar-se otimista em relação ao avanço da tecnologia? Justifique sua resposta.

c) O autor do texto 1 menciona situações relacionadas à sua esfera de atuação para exemplificar seu ponto de vista. Que situações são essas?

Propostas do Enem e dos vestibulares

1. (UECE-CE) A partir da leitura dos textos motivadores seguintes e com base nos conhecimentos construídos ao longo de sua formação, redija uma carta argumentativa, em norma culta escrita da Língua Portuguesa, destinada ao Papa, posicionando-se contra ou a favor do celibato.

Texto 1

O celibato precisa ser discutido

A queda do número de irmãos e irmãs religiosas católicas no mundo em 2013 de 55.314 para 55.253, noticiada pelo **Paulistana** na semana passada, mostra que os números podem demonstrar mudanças e problemas em um universo composto por simples seres humanos que seguem sua vocação dando a vida ao serviço ao próximo.

A mesma notícia, com informações do Anuário do Vaticano, apontou que no ano retrasado a quantidade de diáconos no mundo subiu cerca de 10 mil. O número de sacerdotes permaneceu estável, e o de bispos cresceu.

É fácil entender que o surgimento de novos bispos depende principalmente da vontade do Papa e dos acordos e relações internas do clero. Que padre não gostaria de ser promovido? Talvez alguns poucos que têm como projeto de vida apenas o serviço, sem o desejo de poder, este que, claro, também é um meio de servir os outros como pastor, quando não se encarna na figura de um simples "sucessor de apóstolo". Os números talvez apontem que a mesma vontade de ser bispo não acontece com o sacerdócio e a vida de ordem.

[...]

O celibato para os padres é discutido desde o século IV, mas foi instituído apenas em 1123 no Concílio de Latrão, sendo alvo de reflexão em documentos posteriores. Adquiriu um *status* de santidade, mas no começo da Igreja – pobre, antes de se fundir com o Poder Romano – era vantajoso os padres e bispos não precisarem dividir as poucas riquezas que tinham com uma família. Jesus, ao que se sabe, não possuiu um(a) companheiro(a) em sua passagem pelo Mundo e isso reforça a necessidade do celibato para os padres.

Uma necessidade para a Igreja Católica Apostólica Romana, mas já abolida para os padres das igrejas irmãs católicas orientais, mantida apenas para os bispos. Os protestantes há muito tempo mudaram sua mentalidade e enxergam, sim, a não construção de família como algo ruim. Pastores e pastoras participam junto a companheiros(as) e filhos na vida comunitária cristã.

O Papa Francisco lembrou no ano passado que o celibato não é um dogma e que pode ser debatido, embora o aprecie como uma "regra de vida". Em fevereiro, afirmou que a questão está em sua "agenda".

A questão é que o movimento parece demonstrar que há mais interesse em servir a Igreja com o Sacramento do Matrimônio do que sem ele.

Independente de questões teológicas e oficiais, também precisamos parar com a hipocrisia de fingir que não sabemos dos casos em que o celibato é desrespeitado pelo clero, inclusive, em situações sexuais condenadas pela Igreja Católica e, muitas vezes, pelos próprios sacerdotes que por elas passam.

Uma instituição que zela pela continuidade da fé cristã só pode avançar – ou permanecer no caminho correto – quando colocar em xeque verdades que não são proibidas de serem discutidas; não contra, mas apesar dos que acham que a Igreja é uma instituição imutável.

A manutenção do celibato é uma dessas "verdades".

http://www.igrejapaulistana.com/2015/03/o-celibato-precisa-ser-discutido.html

Texto 2

A prática do celibato

Embora a sexualidade, expressa de maneira regulada e orientada espiritualmente, seja apropriada para a maioria das pessoas, há exceções importantes. Todas as culturas têm práticas espirituais especiais que fornecem poderes incomuns. Uma dessas práticas é o celibato, que pode ajudar uma pessoa a desenvolver um amor forte, focalizado, para com todos os seres vivos. Os celibatários, em vez de ficarem limitados a um relacionamento, são capazes de oferecer amor profundo e preocupação por qualquer pessoa que entre em seu ambiente.

O princípio do celibato repousa no cerne de muitas religiões. O Novo Testamento, I Coríntios 7, ensina-nos que é melhor permanecer em celibato. Porém, esse mesmo capítulo nos diz que é preferível casar a arder de desejo. A ideia geral por trás do celibato é que temos que sentir um chamado específico para essa forma de vida, a tal ponto que podemos aprender a partir do conhecimento espiritual esotérico acerca de seu significado e prática.

Muitas técnicas estão disponíveis para nos permitir conservar a energia sexual para promover nosso avanço espiritual e serviço. Por exemplo, se a pessoa preserva muita energia vital contida mesmo em uma gota de sêmen e canaliza isso para cima, essa energia pode elevar a consciência dessa pessoa. Porém, uma palavra de prudência: homens e mulheres devem receber um "chamado" específico para uma forma de vida celibatária antes de se ocuparem em tais práticas. Além disso, eles devem ser cuidadosos para não praticar o celibato isolados, sem associações amorosas. Se eles forem viver sem um parceiro imediato, devem aprender a ver a todos como sua família e a cercarem-se de relações amorosas.

Na verdade, o celibato é muito raro e não o recomendamos à maioria das pessoas. Como regra geral, a sociedade requer famílias fortes, conscientes de Deus, e é por isso que a maioria das pessoas deve casar e criar filhos saudáveis, em vez de praticar o celibato. Mas todos devem entender que certos indivíduos escolhem um estilo de vida celibatário visando desenvolver poderes sobre-humanos para servirem os outros de maneira ainda mais dedicada e amorosa.

Ao mesmo tempo, nós temos que lembrar que nossa cultura superenfatiza o papel da sexualidade e que o amor não começa ou termina necessariamente com intercurso sexual. Isso não quer dizer que o sexo não possa ser parte de um relacionamento amoroso entre homem e mulher. É uma questão de manter um equilíbrio saudável entre a expressão sexual e os outros aspectos da vida. O ponto importante é que as pessoas não devem deixar escapar a experiência do amor mais elevado por estarem focalizando apenas o corpo físico.

[...]

Paradoxalmente, muitos celibatários são muito atraentes para os membros do sexo oposto. Isso é devido ao poderoso amor que eles podem irradiar. Não há nada de errado nisso; a atração é natural entre os sexos. Mas a responsabilidade do celibatário é ser completamente abnegado e totalmente preocupado com os outros. O verdadeiro celibatário tem uma união com os outros a partir do coração, e não a partir dos órgãos genitais.

[...]

http://voltaaosupremo.com/artigos/artigos/a-pratica-do-celibato/

2. (PUC-RS, adaptado) Elabore um texto dissertativo com *25 a 30 linhas*, no qual você exporá suas ideias a respeito do assunto.

Ao realizar sua tarefa, tenha presentes os seguintes aspectos:

- Você deverá escrever uma dissertação; portanto, mesmo que seu texto possa conter pequenas passagens narrativas ou descritivas, nele *deverão predominar suas opiniões* sobre o assunto.
- Você pode escrever o seu texto de acordo com as novas regras ortográficas, ou manter a grafia anterior ao Acordo Ortográfico da Língua Portuguesa. As duas opções serão aceitas. Evite fórmulas preestabelecidas ao elaborar seu texto. O mais importante é que ele apresente ideias organizadas, apoiadas por argumentos consistentes, e esteja de acordo com a norma culta escrita.
- Procure ser original. *Não utilize em sua dissertação cópias de textos da prova nem de parágrafos que introduzem os temas.*
- Antes de passar a limpo, à tinta, na folha definitiva, releia seu texto com atenção e faça os reparos que julgar necessários.
- Lembre-se de que *não serão considerados*:
  - textos que não desenvolverem o tema proposto;
  - textos redigidos a lápis ou ilegíveis.

Ajuda × Esmola

Foi de uma premissa simples que as amigas Luana Flôres, 30 anos, Helena Legunes, 22 anos, e Laura Camardelli Brum, 24 anos, iniciaram o projeto que espalha cabides pela cidade para que as pessoas deixem roupas e agasalhos: "se você precisa, é seu". Para reproduzir o *Amor no cabide*, as idealizadoras recomendam que as roupas não sejam penduradas em árvores e fiquem ao abrigo da chuva. O projeto foi copiado em cidades do interior e de outros estados, como Paraná, São Paulo e Rio de Janeiro.

Adaptado de: http://zh.clicrbs.com.br/rs/noticias/noticia/2014/07/jovens-espalham-cabides-nas-ruas-para-doacao-de-agasalhos-4558281.html. Acesso em: 22 ago. 2014.

Você considera projetos como Amor no cabide *uma medida efetiva ou paliativa para amenizar os problemas sociais no País?*

Capítulo 29

O texto dissertativo-argumentativo

Milton Avery/Alamy Stock Photo/Fotoarena

No Enem e em alguns vestibulares, solicita-se ao candidato a produção de um texto dissertativo-argumentativo. O que é uma dissertação? Como ela deve ser feita?

Nos diferentes exames, solicita-se ao candidato a produção de um texto dissertativo-argumentativo, com a finalidade de avaliar a sua competência discursiva na modalidade escrita.

Ao longo de sua vida escolar, você deve ter estudado esse tipo de texto, que se chama **dissertação**. A dissertação escolar apresenta uma estrutura formada por três partes convencionais: uma introdução, na qual é exposta a tese ou a ideia principal, que resume o ponto de vista do autor sobre um determinado tema; o desenvolvimento, constituído pelos parágrafos que explicam e fundamentam a tese; e a conclusão.

Você vai ler, a seguir, a proposta de redação de um exame do Enem e, depois, ler e analisar uma redação que alcançou nota máxima nesse exame.

A partir da leitura dos textos motivadores seguintes e com base nos conhecimentos construídos ao longo de sua formação, redija texto dissertativo-argumentativo em norma-padrão da língua portuguesa sobre o tema **O movimento imigratório para o Brasil no século XXI**, apresentando proposta de intervenção, que respeite os direitos humanos. Selecione, organize e relacione, de forma coerente e coesa, argumentos e fatos para defesa de seu ponto de vista.

Ao desembarcar no Brasil, os imigrantes trouxeram muito mais do que o anseio de refazer suas vidas trabalhando nas lavouras de café e no início da indústria paulista. Nos séculos XIX e XX, os representantes de mais de 70 nacionalidades e etnias chegaram com o sonho de "fazer a América" e acabaram por contribuir expressivamente para a história do país e para a cultura brasileira. Deles, o Brasil herdou sobrenomes, sotaques, costumes, comidas e vestimentas.

A história da migração humana não deve ser encarada como uma questão relacionada exclusivamente ao passado; há a necessidade de tratar sobre deslocamentos mais recentes.

Disponível em: http://www.museudaimigracao.org.br. Acesso em: 19 jul. 2012 (adaptado).

Acre sofre com invasão de imigrantes do Haiti

Nos últimos três dias de 2011, uma leva de 500 haitianos entrou ilegalmente no Brasil pelo Acre, elevando para 1.400 a quantidade de imigrantes daquele país no município de Brasileia (AC). Segundo o secretário-adjunto de Justiça e Direitos Humanos do Acre, José Henrique Corinto, os haitianos ocuparam a praça da cidade. A Defesa Civil do estado enviou galões de água potável e alimentos, mas ainda não providenciou abrigo. A imigração ocorre porque o Haiti ainda não se recuperou dos estragos causados pelo terremoto de janeiro de 2010. O primeiro grande grupo de haitianos chegou a Brasileia no dia 14 de janeiro de 2011. Desde então, a entrada ilegal continua, mas eles não são expulsos: obtêm visto humanitário e conseguem tirar carteira de trabalho e CPF para morar e trabalhar no Brasil. Segundo Corinto, ao contrário do que se imagina, não são haitianos miseráveis que buscam o Brasil para viver, mas pessoas da classe média do Haiti e profissionais qualificados, como engenheiros, professores, advogados, pedreiros, mestres de obras e carpinteiros. Porém, a maioria chega sem dinheiro. Os brasileiros sempre criticaram a forma como os países europeus tratavam os imigrantes. Agora, chegou a nossa vez — afirma Corinto.

Disponível em: http://www.dpf.gov.br. Acesso em: 19 jul. 2012 (adaptado).

Ministério da Justiça

Disponível em: http://mg1.com.br. Acesso em: 19 jul. 2012.

Redação

A imigração no Brasil

Durante, principalmente, a década de 1980, o Brasil mostrou- se um país de emigração. Na chamada década perdida, inúmeros brasileiros deixaram o país em busca de melhores condições de vida. No século XXI, um fenômeno inverso é evidente: a chegada ao Brasil de grandes contingentes imigratórios, com indivíduos de países subdesenvolvidos latino-americanos. No entanto, as condições precárias de vida dessas pessoas são desafios ao governo e à sociedade brasileira para a plena adaptação de todos os cidadãos à nova realidade.

A ascensão do Brasil ao posto de uma das dez maiores economias do mundo é um importante fator atrativo aos estrangeiros. Embora o crescimento do PIB (Produto Interno Bruto) nacional, segundo previsões, seja menor em 2012 em relação a anos anteriores, o país mostra um verdadeiro aquecimento nos setores econômicos, representado, por exemplo, pelo aumento do poder de consumo da classe C.

Esse aspecto contribui para a construção de uma imagem positiva e promissora do Brasil no exterior, o que favorece a imigração. A vida dos imigrantes no país, entretanto, exibe uma diferente e crítica faceta: a exploração da mão de obra e a miséria.

Portanto, para impedir a continuidade dessa situação, é imprescindível a intervenção governamental, por meio da fiscalização de empresas que apresentem imigrantes como funcionários, bem como a realização de denúncias de exploração por brasileiros ou por imigrantes. Ademais, é necessário fomentar o respeito e a assistência a eles, ideais que devem ser divulgados por campanhas e por propagandas do governo ou de ONGs, além de garantir seu acesso à saude e à educação, por meio de políticas públicas específicas a esse grupo.

(G. A. A., Uberlândia-MG)

Sipa USA/AGB Photo

1. Os textos dissertativo-argumentativos apresentam, em sua estrutura, três partes essenciais: tese, desenvolvimento e conclusão. Identifique, na redação lida:

a) o parágrafo em que a tese é exposta;

b) os parágrafos que explicam e fundamentam a tese;

c) o parágrafo em que ocorre a conclusão.

2. Qual é a tese defendida na redação?

3. Quais são os argumentos que sustentam a tese?

4. Os textos dissertativo-argumentativos fazem uso de alguns tipos de conclusão, entre eles a que apresenta uma síntese, ou seja, faz uma retomada da tese e dos pontos mais importantes da argumentação, e a que faz uma proposta em relação ao problema abordado. De que tipo é a conclusão do texto?

5. Os textos dissertativo-argumentativos devem apresentar coerência de ideias e coesão textual. O emprego adequado de articuladores gramaticais contribui para tornar um texto lógico e bem-articulado em suas frases e parágrafos.

Na redação lida, que expressões ou informações anteriormente apresentadas são retomadas:

a) pela expressão *Na chamada década perdida*, do 1º parágrafo?

b) pela palavra *estrangeiros*, do 2º parágrafo?

c) pela expressão *Esse aspecto*, do 3º parágrafo?

6. Também contribui para a coerência e a coesão textual o emprego adequado de conjunções e de algumas outras classes de palavras. Na redação lida:

a) Que papel têm a locução conjuntiva *no entanto*, no 1º parágrafo, e a conjunção *entretanto*, no 3º parágrafo?

b) Que papel tem a palavra *ademais*, no 4º parágrafo?

c) Que sentido e que papel tem a conjunção *portanto*, no início do último parágrafo?

7. Observe a linguagem do texto.

a) Ela está de acordo com a norma-padrão? É predominantemente pessoal ou impessoal? Apresenta registros de informalidade? Justifique sua resposta.

b) Que tempo e modo verbal são predominantes?

8. Veja agora os critérios utilizados para avaliar as redações no Enem:

> **Competência 1:** Demonstrar domínio da modalidade escrita formal da Língua Portuguesa.
>
> **Competência 2:** Compreender a proposta de redação e aplicar conceitos das várias áreas de conhecimento para desenvolver o tema, dentro dos limites estruturais do texto dissertativo-argumentativo em prosa.
>
> **Competência 3:** Selecionar, relacionar, organizar e interpretar informações, fatos, opiniões e argumentos em defesa de um ponto de vista.
>
> **Competência 4:** Demonstrar conhecimento dos mecanismos linguísticos necessários para a construção da argumentação.
>
> **Competência 5:** Elaborar proposta de intervenção para o problema abordado, respeitando os direitos humanos.
>
> (*Guia do participante – A redação no Enem 2013*. Brasília: MEC/INEP, 2013.)

a) O texto se mostra satisfatório em relação às competências 2 e 3? Justifique.

b) Conforme a exigência da competência 5, o texto apresenta propostas de intervenção para o problema da imigração no Brasil, sem deixar de respeitar os direitos humanos? Justifique sua resposta.

c) Apesar de o texto ter alcançado a nota máxima no exame, ele poderia ser melhorado em algum aspecto? Troque ideias com os colegas e o professor.

Como você pode observar, a redação lida atende à solicitação, feita pelo exame, de que o estudante produzisse um texto dissertativo-argumentativo.

Sem copiar trechos dos textos citados, a redação apresenta uma tese, no primeiro parágrafo, e expressa o ponto de vista da autora sobre o tema. Nos parágrafos seguintes, cita fatos e argumentos em defesa de sua tese. E, por fim, no último parágrafo, conclui com uma proposta de intervenção ampla, abrangente e em conformidade com os direitos humanos para o problema abordado.

Como é esperado nessa tipologia textual, o texto é coeso e coerente, pois apresenta conectores que garantem a concatenação de ideias no interior dos parágrafos e entre os parágrafos.

A linguagem é clara e precisa e está de acordo com a norma-padrão; revela uma postura imparcial, com verbos e pronomes em 3ª pessoa, e tem um registro formal.

Assim, a redação cumpriu todos os quesitos esperados e foi muito bem-sucedida na avaliação.

Prepare-se
para o Enem e o vestibular

1. Leia o painel de textos a seguir.

Texto 1

(Bill Waterson. *O Estado de S.Paulo*, 21/10/2015.)

Texto 2

Pesquisadora da Unesp analisa a influência da novela

[...]

Segundo a psicóloga [Valéria Vanine], é na adolescência que formamos nossa personalidade social e ficamos mais suscetíveis a qualquer tipo de influência. "Dessa forma, padrões difundidos pelas novelas são copiados", diz. "Compramos a ideia ilusória de um mundo perfeito, em que todos os problemas são resolvidos, o mal é punido e o bem sempre vence. Romântico, mas irreal", afirma.

Embora problemas sociais também sejam abordados, para os jovens, a trama e o destino dos protagonistas são priorizados. "Isso os torna acríticos e eles acabam naturalizando questões sociais graves que passam a considerar normais ou comuns", alerta. A pesquisa mostra, ainda, que temas sobre drogas e homossexualismo exibidos [...] são encarados pelos estudantes como problemas particulares dos personagens e não da sociedade. "É um erro, pois se alienam dos problemas sociais", explica. Na percepção dos adolescentes entrevistados, o personagem de Claudia Raia, vilã na trama, merecia um fim trágico como suicídio ou assassinato. "O fato de não considerarem a hipótese de ela ir para a cadeia e pagar por seus crimes mostra a falta de senso de justiça".

Outro problema detectado pela pesquisadora é o da construção de mitos. Espelhando-se nos protagonistas, os jovens os idolatram e ignoram suas atitudes erradas, para as quais sempre buscam justificativas. Edson Celulari, que interpretava Henrique, era para as meninas o estereótipo de homem perfeito e para os rapazes o modelo a ser seguido. "O fato, no entanto, de trair a mulher não era recriminado por eles, que encontravam na falta de amor ou na personalidade da esposa a desculpa para o deslize do mocinho", afirma.

A identificação com personagens é outro fator importante. Os adolescentes se comparam com os personagens ditos mais belos, bem-sucedidos, ou ainda com aqueles que rompem com os padrões sociais. A alienação desses adolescentes, segundo Valéria, pode ser revertida desde que se aplique uma prática de politização e conscientização social. "O problema não é assistir à telenovela, mas é necessário o desenvolvimento de um senso crítico e de mudança que escape do mundo fantasioso criado pela teledramaturgia", finaliza.

(Disponível em: http://noticias.universia.com.br/ciencia-tecnologia/noticia/2002/11/06/538386/pesquisadora-da-unesp-analisa-influencia-da-nove.html. Acesso em: 12/3/2016.)

Texto 3

‘Malhação’ tem bom roteiro, mas está longe do jovem real

“Malhação” começou sua 20ª temporada apostando em leveza, humor, escolhas, redes sociais e muita paquera.

Um triângulo amoroso coloca a amizade e a lealdade em conflito. Duas amigas a fim do garoto popular está longe de ser uma novidade, mas é tema que continua agitando os corações adolescentes geração após geração.

O desafio é manter a atenção e a audiência em um momento em que internet parece ser muito mais atraente que qualquer outra mídia.

Outra questão: com assuntos mais leves e distantes de conflitos clássicos dessa fase (sexo, álcool, drogas, violência), como fica o interesse do adolescente pela novela?

Nos primeiros capítulos, os temas parecem muito mais atraentes para os mais novos (crianças e pré-adolescentes) e, talvez, para os pais dos jovens, do que para os próprios.

A inocência refletida nas tramas não encontra eco no jovem real. O adolescente de “Malhação” é mais infantilizado do que o de carne e osso. Hoje, aos 15, metade dos garotos e um terço das garotas já faz sexo, 75% já bebem, 4% já usam maconha, 10% a 20% já enfrentaram a possibilidade de uma gravidez, para ficar em assuntos comuns.

Mode Images/Alamy/Fotoarena

A temporada passada enfrentou momentos complicados de audiência. A atual estreou bem. O roteiro é bom, a direção, ágil, as locações e figurinos, bonitos, e as tramas prometem ser curtas.

O diálogo com internet tenta encurtar a distância entre as mídias, mas só mesmo o tempo para mostrar se a escolha vai trazer bons resultados.

Eu apostaria em um pouco mais de pimenta e conflito para cativar o adolescente contemporâneo ou, pelo menos, para fazê-lo refletir.

(Jairo Bouer. Disponível em: www1.folha.uol.com.br/fsp/ilustrada/61737-malhacao-tem-bom-roteiro-mas-esta-longe-do-jovem-real.shtml. Acesso em: 12/3/2016.)

Com base no painel de textos, produza um texto dissertativo-argumentativo em norma culta, discutindo a seguinte afirmação da psicóloga Valéria Vanine: **É necessário o desenvolvimento de um senso crítico e de mudança que escape do mundo fantasioso criado pela teledramaturgia.**

Observações:

- Seu texto deve ser redigido em prosa.
- Escreva de 25 a 30 linhas.

Leia a orientação sobre a prova de redação do Enem apresentada no *Guia do participante*:

“A prova de redação exigirá de você a produção de um texto em prosa, do tipo dissertativo-argumentativo, sobre um tema de ordem social, científica, cultural ou política. Os aspectos a serem avaliados relacionam-se às “competências” que devem ter sido desenvolvidas durante os anos de escolaridade. Nessa redação, você deverá defender uma tese, uma opinião a respeito do **tema** proposto, apoiada em **argumentos** consistentes estruturados de forma coerente e coesa, de modo a formar uma unidade textual. Seu texto deverá ser redigido de acordo com a modalidade escrita formal da Língua Portuguesa. Por fim, você deverá elaborar uma **proposta de intervenção social para o problema apresentado no desenvolvimento do texto** que respeite os direitos humanos.

2. Leia o painel de textos a seguir.

Texto 1

Metabiótica 16 © 2004 Alexandre Orion

Grafite dos artistas conhecidos como Os Gêmeos.

Grafite × pichação: dois lados da mesma moeda?

Nataraj Trinta e Julia Moreira

Afastada da exclusiva relação com o universo jovem e muito longe do estereótipo "coisa de negros, latinos e pobres", a arte de rua, mais conhecida pelo termo em inglês *street art*, se tornou, depois da *pop art*, o movimento artístico de maior alcance neste mundo de configuração cada vez mais globalizada. Essa expressão designa o tempo no qual a arte transpõe muros, paredes e dialoga com toda espécie de mobiliário urbano. Mas, se na prática estética e artística experimentamos o novo, instituições tradicionais ditam o tom da conversa e ressaltam a história, os significados e as contradições das primeiras manifestações do que hoje chamamos de arte de rua.

O assunto está em voga. Se nesta quinta-feira (26) foi publicada a lei que proíbe a venda de tintas em aerosol para menores de 18 anos, com a intenção de se tentar evitar a pichação, no final de abril a Academia Brasileira de Letras sediou o seminário *Brasil, Brasis – Grafitismo: a arte das ruas*. Na mesa de debatedores estavam a grafiteira Anarkia Boladona, os grafiteiros Acme, Airá (o Crespo), Alexandre Afã, o secretário municipal de Conservação e Serviços Públicos do Rio de Janeiro, Carlos Osório, o acadêmico Antônio Carlos Secchin e o presidente da instituição Marcos Vilaça.

Anarkia começou sua apresentação estranhando o termo grafitismo no título do seminário. Com mais de dez anos de inserção na "cultura do spray" era a primeira vez que ouvia essa palavra. A grafiteira lembrou que as pessoas que escreviam suas tags, inscrições em paredes e vagões de metrôs em Nova York, no fim dos anos 60 e início de 70, se denominavam escritores. A mídia os apelidou de grafiteiros e essas tags, que se assemelhavam muito ao que chamamos no Brasil de pichação, com o tempo foram recebendo "enfeites", tais como desenhos figurativos e texturas. Com o passar dos anos o termo grafite foi visto e revisto para conceituar expressões artísticas diversas e em diferentes superfícies e locais. Hoje é difícil dizer o que exatamente significa. Para Airá (o Crespo), a definição é clara: "O grafite é desde um simples garrancho a um painel elaborado, mas a rua é o seu principal suporte!". Em um diálogo entre o presente e o passado, Airá mostrou imagens de manifestações da *street art*. Alexandre Afã ressaltou o caráter de inclusão social do movimento e sua relação com o hip hop. Já o grafiteiro Acme falou, de modo descontraído, sobre sua biografia e trajetória profissional.

O que hoje é visto como valiosa mercadoria, enquanto valor artístico dá o que falar e como liberdade de expressão é muitas vezes condenado. Porém o secretário municipal de Conservação e Serviços Públicos do Rio de Janeiro, Carlos Osório, afirmou que a arte de vanguarda e contestação que se incorpora ao espaço e valoriza a paisagem é um tema importante para a atual gestão administrativa.

O que agradou a "gregos e troianos" e decretou o consenso geral da plateia foram as palavras do acadêmico Antônio Carlos Secchin, que explicou o neologismo grafitismo. Seria mais adequado se utilizar o sufixo "ismo", presente também em palavras como vanguardismo e romantismo, do que o sufixo "agem", como em malandragem e bandidagem. Desta forma, seria simbolizado o enobrecimento do ato de grafitar. Seguindo esses passos, rejeitaríamos o nome grafiteiro, cujo sufixo "eiro" aparece em adjetivos pejorativos, tais como macumbeiro, batuqueiro, arteiro, para usar, então, a palavra grafitista (assim como baterista, artista etc).

[...]

Em inglês, o termo correspondente a grafite também inclui o que nós conhecemos como pichação. Célia Maria Antonacci Ramos, doutora em Comunicação e Semiótica pela PUC-SP e autora de "Grafite, pichação & cia." (Annablume Editora, 1992), diz que a principal diferença entre as duas práticas é o valor estético: "No grafite há uma preocupação em elaborar signos, agrupá-los e ambientá-los ao suporte, há uma preocupação poética consciente. A pichação é mais aleatória, trabalha com mais improviso, mais acaso; quando a poética acontece, e muitas vezes acontece, é por puro acaso".

[...]

Rafael Andrade/Folhapress

Pichações em muros da Lapa, no centro do Rio de Janeiro.

(Disponível em: www.revistadehistoria.com.br/secao/artigos/grafite-x-pichacao-dois-lados-da-mesma-moeda. Acesso em: 12/3/2016.)

Texto 2

"Arte" compulsória

Ruy Castro

RIO DE JANEIRO – Um museu de Los Angeles inaugurou a maior exposição até hoje de "arte nas ruas", vulgo grafite. É uma retrospectiva cobrindo a história da coisa, dos anos 60 até hoje. Sou a favor dessa exposição: lugar de grafite é mesmo no museu. Ou nas galerias de arte, nas paredes internas da casa do "artista" ou dos críticos, ou em qualquer lugar. Menos nas ruas.

Não gosto de ser obrigado a consumir "arte" quando não estou a fim. Se abre uma fabulosa exposição de Miró ou Hopper no Rio ou em São Paulo, posso escolher o dia em que irei visitá-la. Ou em que não irei. Enfim, se há um Miró ou um Hopper na cidade, posso exercer meu direito de vê-lo ou não. Mas, se preciso passar todo dia por uma série de muros emporcalhados com grafite, não me dão esse direito. Tenho de vê-los, queira ou não.

Às vezes, leio que a polícia prendeu grafiteiros atuando em algum muro, viaduto ou fachada de prédio abandonado. Eles se ofendem, alegam que estão dando "um presente à cidade" e logo são soltos. A própria imprensa dá a notícia sob a rubrica "Arte incompreendida". Mas há cidadãos conservadores, que dispensam tais presentes e preferem que a prefeitura se encarregue de limpar os quarteirões depauperados – que, quanto mais grafitados, mais hostis.

Uma das "instalações" na retrospectiva de Los Angeles mostra um beco escuro e grafitado, com lixo espalhado pelo chão. Deve ser fascinante num museu. Mas, na vida real, a cena indica um território fora do controle do poder público, impróprio para habitação e sujeito a marginais. Não por acaso, os grupos de grafiteiros se definem como gangues-quadrilhas.

Nos EUA, com ou sem exposição, grafite é vandalismo e dá cadeia. No Brasil, já que a tolerância é maior, por que as prefeituras não liberam seus galpões ociosos para que os grafiteiros os rabisquem à vontade – pelo lado de dentro?

(Disponível em: www1.folha.uol.com.br/fsp/opinião/fz2704201105.htm. Acesso em: 13/3/2016.)

Com base no painel, produza em norma culta um texto dissertativo-argumentativo, discutindo a seguinte questão: **Como harmonizar a expressão individual do grafite com a paisagem urbana coletiva?**.

Observações:

- Seu texto deve ser redigido em prosa.
- Escreva de 25 a 30 linhas.

3. Os textos a seguir apresentam pontos de vista sobre atitudes de intolerância nas redes sociais. Leia-os, selecione algumas das ideias apresentadas por seus autores e, com base nelas, produza um texto dissertativo-argumentativo.

ATAQUES EM REDE

Adriana Negreiros

[...] Os episódios envolvendo negros famosos são a pontinha de um imenso iceberg: todos os dias, brasileiros sofrem ataques nas redes sociais por causa da cor da pele. Nem mesmo o fato de o racismo ser crime, prevendo prisão para os infratores por até cinco anos, parece ser suficiente para diminuir a disseminação de ofensas online. Em dez anos de existência, a ONG SaferNet, que monitora crimes cibernéticos, catalogou 470 mil denúncias anônimas de racismo na web. "A internet é um ambiente democrático, que dá poder, inclusive, para que se cometam crimes. O desafio é reverter essa situação", afirma a médica e doutora em comunicação Jurema Werneck, uma das fundadoras da ONG Criola.

Há duas características que chamam a atenção nos posts racistas: o tom de agressividade e o fato de os internautas sentirem-se à vontade para expressar seu ódio. Existem hipóteses que tentam explicar as questões. "O ambiente é encorajador. Já em uma relação presencial, muitos ficariam inibidos ou receosos da reação", afirma o professor de comunicação Fabio Goveia, da Universidade Federal do Espírito Santo. É assim que nasce o comportamento de bando, desses que vimos nos ataques às famosas [...] "A ignorância e a incapacidade de entender o outro alimentam o preconceito", diz a advogada Maria Fernanda Anchieta, do coletivo Meninas Black Power. Mas há quem esteja se valendo do mesmo ambiente digital para lutar contra essa onda nefasta. A estudante Lorena Monique, 21 anos, criou o Tumblr "Ah, branco, dá um tempo", em que os alunos negros da Universidade de Brasília (UnB) registram comentários racistas que já ouviram. A ideia é estimular a discussão sobre a questão racial [...]. "Os criminosos virtuais precisam saber que, mesmo que usem computadores em uma lan house longe de casa, é possível rastreá-los e identificá-los", alerta o advogado Thiago Tavares, da SaferNet.

Thinkstock/Getty Images

Punição *seletiva*

"Os racistas sentem-se à vontade no ambiente virtual porque têm a convicção de que podem fazer o que querem sem que qualquer coisa lhes aconteça. A própria lei contribui para isso ao diferenciar injúria racial e racismo. A primeira acontece quando se atribui uma característica pejorativa a alguém em função da raça, cor, origem. Por exemplo, chamar um negro de macaco. Já o racismo implica conduta discriminatória a todo um grupo, como impedir pessoas de entrar em um lugar por serem negras. A pena para injúria é muito mais branda, e é nessa categoria que normalmente entram os crimes virtuais. Existe na sociedade uma tolerância grande ao racismo e as redes espelham isso. A ignorância é uma das raízes do preconceito. Uma ferramenta para combatê-la é a Lei nº 10.639, que obriga o ensino de história e cultura afro-brasileira nas escolas. Do ponto de vista da vítima, a ofensa virtual provoca um estrago tão grande quanto a hostilidade na vida real. É aí que nosso coletivo entra, oferecendo assistência jurídica e psicológica a garotas negras com baixa autoestima ou até em forte estado depressivo."

Maria Fernanda Anchieta, advogada do coletivo Meninas Black Power.

Sentimento de *aproximação*

"No caso específico do Facebook, há um aspecto que não ajuda em nada na construção de um espaço plural. O algoritmo da rede social, que apresenta na timeline de seus usuários postagens que têm semelhança com aquilo que eles curtem e publicam, favorece a lógica da exclusão. Dessa maneira, um racista acaba acreditando que todo mundo pensa como ele. Isso potencializa o comportamento de bando, que não é saudável. Para dar ao sistema público ferramentas de combate, neste mês o Laboratório de Estudos sobre Imagem e Cibercultura da Universidade Federal do Espírito Santo e o Ministério dos Direitos Humanos vão lançar um aplicativo capaz de monitorar os casos de intolerância nas redes sociais."

Fabio Goveia, coordenador do Laboratório de Estudos sobre Imagem e Cibercultura da Universidade Federal do Espírito Santo.

Falha na *estrutura*

"As redes sociais não fazem parte de um mundo virtual. Trata-se de um mundo real. A internet passou a ser uma extensão da relação offline. Quem comete racismo por meio de plataformas como tablets, smartphones e computadores pratica crime semelhante no ponto de ônibus. O racismo atinge vítimas reais, e suas consequências são concretas, com pena de prisão para os infratores, como aconteceu em 2012.

[...]

Thiago Tavares, presidente da ONG SaferNet.

[...]

Consequências *reais*

"A agressão sofrida pela jornalista da TV Globo Maria Júlia Coutinho, a Maju, [...] levou a ONG Criola a promover a campanha 'Racismo virtual: consequências reais'. Todos os dias, nós, negros, sofremos humilhações e ataques. Os famosos, no entanto, tendem a ser mais preservados. Quando a intolerância chega a eles, é porque a situação passou do limite. A ação funcionou da seguinte maneira: identificamos posts racistas na internet e, por meio da ferramenta GeoTag, localizamos de onde foram publicados. Então, reproduzimos os comentários em outdoors, busdoors e equipamentos de mobiliário urbano na região de origem dos comentários. O objetivo é mostrar para o criminoso que nós sabemos onde ele está – e que, se nós o encontramos, a polícia também o achará. Mas, como não temos a intenção de expor ninguém, omitimos rostos e nomes. Não é verdade que a internet é um território onde agressores estão livres para destilar ódio e preconceito: as consequências desse tipo de comportamento são, de fato, reais, porque racismo é crime, com pena de prisão. Por outro lado, os posts reproduzidos também transmitem às vítimas o recado de que não estão sozinhas na luta diária contra a intolerância. Nossa intenção não é encher a cadeia de racistas. O que queremos é acabar com o racismo."

Jurema Werneck, uma das fundadoras da ONG Criola.
(*Claudia*, dez. 2015, p. 129-30.)

Produza seu texto dissertativo-argumentativo em norma culta, discutindo a seguinte afirmação de Tiago Tavares: **As redes sociais não fazem parte de um mundo virtual. Trata-se de um mundo real.**

Planejamento do texto

Ao produzir seu texto dissertativo-argumentativo, siga estas orientações:

- Tenha em vista o perfil do leitor. Como a produção de seu texto diz respeito a uma situação de avaliação escolar, ele deve mostrar domínio do conteúdo, da tipologia textual solicitada e da linguagem.
- Tome uma posição sobre o tema e, logo nos primeiros parágrafos, deixe claro qual é o seu ponto de vista.
- Desenvolva a introdução do texto, deixando clara a tese que pretende apresentar.
- Organize o texto em parágrafos. A introdução pode corresponder a um parágrafo ou, no máximo, dois. Cada um dos argumentos pode corresponder a um parágrafo. Se um argumento for amplo e envolver mais de um aspecto, é possível desenvolvê-lo em dois parágrafos. Para a conclusão, geralmente se destina o último parágrafo.
- Empregue como argumentos ideias consistentes e bem-desenvolvidas.
- Procure empregar um tipo de conclusão convincente. Se estiver treinando para o Enem, pense em uma proposta de intervenção.
- Empregue uma linguagem impessoal, formal e de acordo com a norma-padrão.
- Dê um título sugestivo ao texto.
- Redija em prosa e escreva de 25 a 30 linhas.

Revisão e reescrita

Antes de passar seu texto a limpo, observe:

- se você se manteve dentro do tema proposto e se posicionou claramente sobre ele;
- se o texto apresenta uma tese que resume seu ponto de vista; se a tese é fundamentada com argumentos claros e fortes; se os argumentos estão bem-desenvolvidos; se a conclusão retoma e confirma o ponto de vista defendido ou apresenta uma proposta;
- se o título dado ao texto é, além de atraente, coerente com as ideias desenvolvidas;
- se o texto como um todo é persuasivo;
- se a linguagem está de acordo com a norma-padrão da língua e se o grau de formalidade é adequado à modalidade textual solicitada e à situação de avaliação.

Propostas do Enem e dos vestibulares

1. (ENEM) A partir da leitura dos textos motivadores seguintes e com base nos conhecimentos construídos ao longo de sua formação, redija texto dissertativo-argumentativo em modalidade escrita formal da língua portuguesa sobre o tema **A persistência da violência contra a mulher na sociedade brasileira**, apresentando proposta de intervenção que respeite os direitos humanos. Selecione, organize e relacione, de forma coerente e coesa, argumentos e fatos para defesa de seu ponto de vista.

Texto I

Nos 30 anos decorridos entre 1980 e 2010 foram assassinadas no país acima de 92 mil mulheres, 43,7 mil só na última década. O número de mortes nesse período passou de 1.353 para 4.465, que representa um aumento de 230%, mais que triplicando o quantitativo de mulheres vítimas de assassinato no país.

Texto II

Reprodução/Secretaria de Políticas para as Mulheres/Ministério da Justiça e Cidadania (adaptado)

BRASIL. Secretaria de Políticas para as Mulheres. Balanço 2014. Central do Atendimento à Mulher: Disque 180. Brasília, 2015. Disponível em: www.spm.gov.br. Acesso em: 24 jun. 2015 (adaptado).

Texto III

Agência Câmara

Disponível em: www.compromissoatitude.org.br Acesso em: 24 jun. 2015 (adaptado).

Texto IV

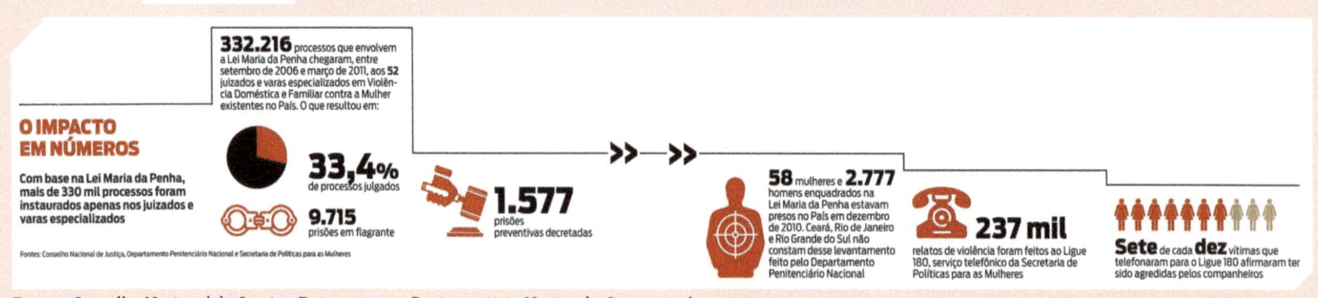

Editora Três

Fontes: Conselho Nacional da Justiça. Departamento Penintenciário Nacional e Secretaria de Políticas para as Mulheres. Disponível em: www.istoe.com.br. Acesso em: 24 jun. 2015 (adaptado).

2. (FUVEST-SP)

"Na verdade, durante a maior parte do século XX, os estádios eram lugares onde os executivos empresariais sentavam-se lado a lado com os operários, todo mundo entrava nas mesmas filas para comprar sanduíches e cerveja, e ricos e pobres igualmente se molhavam se chovesse. Nas últimas décadas, contudo, isso está mudando. O advento de camarotes especiais, em geral, acima do campo, separam os abastados e privilegiados das pessoas comuns nas arquibancadas mais embaixo. (...) O desaparecimento do convívio entre classes sociais diferentes, outrora vivenciado nos estádios, representa uma perda não só para os que olham de baixo para cima, mas também para os que olham de cima para baixo.

Os estádios são um caso exemplar, mas não único. Algo semelhante vem acontecendo na sociedade americana como um todo, assim como em outros países. Numa época de crescente desigualdade, a "camarotização" de tudo significa que as pessoas abastadas e as de poucos recursos levam vidas cada vez mais separadas. Vivemos, trabalhamos, compramos e nos distraímos em lugares diferentes. Nossos filhos vão a escolas diferentes. Estamos falando de uma espécie de "camarotização" da vida social. Não é bom para a democracia nem sequer é uma maneira satisfatória de levar a vida.

Democracia não quer dizer igualdade perfeita, mas de fato exige que os cidadãos compartilhem uma vida comum. O importante é que pessoas de contextos e posições sociais diferentes encontrem-se e convivam na vida cotidiana, pois é assim que aprendemos a negociar e a respeitar as diferenças ao cuidar do bem comum.

Michael J. Sandel. Professor da Universidade Harvard. *O que o dinheiro não compra*. Adaptado.

Comentário do Prof. Michael J. Sandel referente à afirmação de que, no Brasil, se teria produzido uma sociedade ainda mais segregada do que a norte-americana:

O maior erro é pensar que serviços públicos são apenas para quem não pode pagar por coisa melhor. Esse é o início da destruição da ideia do bem comum. Parques, praças e transporte público precisam ser tão bons a ponto de que todos queiram usá-los, até os mais ricos. Se a escola pública é boa, quem pode pagar uma particular vai preferir que seu filho fique na pública, e assim teremos uma base política para defender a qualidade da escola pública. Seria uma tragédia se nossos espaços públicos fossem shopping centers, algo que acontece em vários países, não só no Brasil. Nossa identidade ali é de consumidor, não de cidadão.

Entrevista. *Folha de S. Paulo*, 28/04/2014. Adaptado.

[No Brasil, com o aumento da presença de classes populares em centros de compras, aeroportos, lugares turísticos etc., é crescente a tendência dos mais ricos a segregar-se em espaços exclusivos, que marquem sua distinção e superioridade.] (...) Pode ser que o fenômeno "camarotização", isto é, a separação física entre classes sociais, prospere para muitos outros setores. De repente, os supermercados poderão ter ala VIP, com entrada independente, cuja acessibilidade, tacitamente, seja decidida pelo limite do cartão de crédito.

Renato de P. Pereira. www.gazetadigital.com.br, 06/05/2014. [Resumido] e adaptado.

Até os anos de 1960, a escola pública que eu conheci, embora existisse em menor número, tinha boa qualidade e era um espaço animado de convívio de classes sociais diferentes. Aprendíamos muito, uns com os outros, sobre nossas diferentes experiências de vida, mas, em geral, nos sentíamos pertencentes a uma só sociedade, a um mesmo país e a uma mesma cultura, que era de todos. Por isso, acreditávamos que teríamos, também, um futuro em comum. Vejo com tristeza que hoje se estabeleceu o contrário: as escolas passaram a segregar os diferentes estratos sociais. Acho que a perda cultural foi imensa e as consequências, para a vida social, desastrosas.

Trecho do testemunho de um professor universitário sobre a Escola Fundamental e Média em que estudou.

Os três primeiros textos aqui reproduzidos referem-se à "camarotização" da sociedade – nome dado à tendência a manter segregados os diferentes estratos sociais. Em contraponto, encontra-se também reproduzido um testemunho no qual se recupera a experiência de um período em que, no Brasil, a tendência era outra.

Tendo em conta as sugestões desses textos, além de outras informações que julgue relevantes, redija uma dissertação em prosa, na qual você exponha seu ponto de vista sobre o tema **"Camarotização" da sociedade brasileira: a segregação das classes sociais e a democracia**.

Instruções:

- A redação deve ser uma dissertação, escrita de acordo com a norma-padrão da língua portuguesa.
- Escreva, no mínimo, 20 linhas, com letra legível. Não ultrapasse o espaço de 30 linhas da folha de redação.
- Dê um título a sua redação.

Capítulo 30

Como estruturar um texto dissertativo-argumentativo – A introdução

Konstantin Faraktinov/Shutterstock

Não existe uma forma de desenvolver um texto dissertativo-argumentativo. Conhecer bem as partes de uma dissertação e saber as possibilidades existentes para desenvolver cada uma delas aumentam nossa chance de nos sairmos bem nas avaliações. Saiba, neste capítulo, como fazer uma introdução.

No capítulo anterior, você conheceu o texto dissertativo-argumentativo e aprendeu que ele apresenta uma estrutura convencional de três partes: introdução, em que é apresentada a tese a ser desenvolvida; o desenvolvimento, cujos parágrafos fundamentam a tese com argumentos; e a conclusão.

Neste capítulo e nos seguintes, você vai conhecer diferentes formas de desenvolver a introdução.

Os excertos, a seguir, são todos introduções de textos dissertativo-argumentativos produzidos por alunos em provas de redação da Fuvest (texto 1) e do Enem (textos 2 a 5). O tema da Fuvest era "O altruísmo e o pensamento a longo prazo ainda têm lugar no mundo contemporâneo?", e o do Enem era "Efeitos da implantação da Lei Seca no Brasil".

Leia os textos e compare-os quanto ao modo como foram construídos.

Texto 1

© Ikon Images/Alamy Stock Photo/Fotoarena

Uma série de reflexão e diagnóstico acerca do mundo contemporâneo marcado por uma perspectiva pessimista: um individualismo exacerbado fragiliza as relações interpessoais e as instituições responsáveis pela socialização e pelo contrato social. Ao mesmo tempo, vivemos num mundo mais fluido, de temporalidades sobrepostas e configurações altamente cambiantes, tornando a tarefa de construção identitária árdua, tortuosa e ameaçada pelo fracasso, fazendo com que planos e pensamentos a longo prazo caminhem na corda bamba. Há ainda lugar para o altruísmo em um cenário assim delineado?

Texto 2

Fim de semana se aproximando, encontro em bares com amigos são certos! Todos em pleno clima de descontração acabam exagerando no consumo do álcool. Após a diversão, muitos – sem o menor pudor – vão embora dirigindo.

Texto 3

INSADCO Photograph/Alamy/Fotoarena

A interação entre o álcool e a direção afeta o bem-estar da sociedade brasileira. Segundo Thomas Hobbes, o Estado surgiu para regular o caos gerado pelos agrupamentos humanos. A partir dessa análise, a Lei Seca cumpre a sua função de beneficiar a organização coletiva.

Texto 4

O Brasil é um dos países com maior índice de mortes no trânsito. O fato de uma parcela significativa dessas mortes estarem ligadas ao consumo de bebidas alcoólicas é preocupante, e portanto exigiu medidas drásticas, mas necessárias. O desenvolvimento, mesmo que tardio, da consciência em relação aos efeitos do álcool na direção, diminuiu o número de acidentes e vem gerando nos motoristas a consciência e a responsabilidade necessárias para mudar o panorama do trânsito no país.

© Vaclav Mach/Alamy Stock Photo/Fotoarena

Texto 5

Segundo Thomas Hobbes, é necessário estabelecer um contexto social em que o governo garanta a segurança do povo e iniba um convívio caótico. No entanto, o alcoolismo no Brasil é um dos fatores que impedem a harmonia no trânsito e oferece riscos à vida humana. Dessa maneira, a "Lei seca" surgiu como um mecanismo que corrige diversos hábitos incoerentes por parte dos motoristas, mas que ainda sofre entraves que dificultam a realização de modificações mais profundas.

Douglas Shineidr/FuturaPress

Após a leitura, responda às questões propostas.

1. Os excertos apresentam algumas das possibilidades de se introduzir um texto dissertativo-argumentativo. Em qual dos textos a introdução é feita com base:

a) na formulação de uma tese a partir de uma declaração (ou afirmação) inicial?

b) em uma interrogação em que o autor formula uma ou mais perguntas sobre o tema?

c) em uma citação em que ele se apoia na palavra de um especialista no assunto?

d) em um exemplo ou em uma pequena narrativa que ilustra a tese a ser apresentada?

e) em um roteiro que anuncia o que o autor pretende desenvolver e como vai fazê-lo?

2. Considerando o tema da Fuvest e o do Enem nos textos estudados, troque ideias com o professor e os colegas sobre os efeitos de sentido que causaram ou poderiam causar, no leitor, ao se utilizar a introdução com base:

a) na interrogação;

b) na citação;

c) na declaração inicial;

d) no exemplo;

e) no roteiro.

3. Redija uma introdução de um texto dissertativo-argumentativo a partir de um dos temas que foram abordados pelos textos lidos. Para desenvolvê-la, escolha um dos procedimentos que você conheceu neste estudo. Depois de pronta, leia sua introdução para a classe.

Prepare-se
para o Enem e o vestibular

Leia os painéis de textos a seguir e, fazendo uso dos procedimentos que aprendeu neste capítulo – introdução, declaração inicial, interrogação, exemplo, citação, roteiro –, crie um parágrafo introdutório para um texto dissertativo-argumentativo. Se possível, escreva as demais partes da dissertação, conforme a orientação do professor.

Painel 1 – Tema: Direito do empregado doméstico

Texto 1

No ático ou nos fundos

[...]

O episódio foi gravado por câmeras de segurança: é penoso pelo drama do abandono e é enternecedor pela espera, que revela a inquietude da mulher com o futuro da bebê. As gravações, justamente, permitiram que, na quarta (7), a polícia identificasse a mulher, que foi presa na sua residência e responderá (em liberdade) por abandono de incapaz.

Sandra, 37, é empregada doméstica. Ela tem um filho, adolescente de 17 anos, que está na Bahia e para quem ela contribui mandando parte de seu salário. Ela tem também uma filha de três anos, que vive com ela, no emprego, no quarto de empregada onde ela mora e onde, sozinha, às escondidas, teve o parto que deu à luz mais uma menina.

Sandra contou ter escondido a gravidez da patroa, por medo de perder emprego e moradia. Quanto ao pai da bebê abandonada, ela só sabe o primeiro nome e que dançou forró com ele nove meses atrás.

Para Sandra, aparentemente, anunciar a gravidez seria abusar da generosidade de seus patrões, que já a abrigavam com uma filhinha. Uma coisa é oferecer moradia a uma empregada, outra coisa é estender o benefício à filha pequena, outra coisa ainda é encarar a chegada de mais um bebê no quarto dos fundos (o qual, às vezes, está ao lado da cozinha).

Faz sentido, não é? Só que a moradia, no caso, não é bem "oferecida". Sobre o aspecto trabalhista do caso que nos interessa, consultei meu amigo e contador Paulo Lourencine: ele entende que, para as domésticas que moram no serviço, com filha ou sem filha, a moradia é parte integrante do contrato de trabalho, ou seja, elas ganham salário, moradia e alimentos.

O direito a dispor dessa moradia não seria interrompido se a empregada, por exemplo, ficasse doente. Mesmo em caso de doença prolongada, a empregada (que não pode ser despedida por estar doente) pararia de trabalhar, passaria a receber pelo INSS, mas ficaria morando nas acomodações que são dela por contrato.

Qualquer patrão pode achar a situação bizarra e constrangedora, mas o quarto de quem trabalha e mora em casa não é uma concessão ou uma regalia: ele é um direito – e, cá entre nós, é também a única casa de quem mora nele.

Com a gravidez não é diferente. Sandra poderia ter anunciado que estava grávida. Ela não seria despedida e permaneceria no quarto de empregada cuidando da nenê, no mínimo durante os quatro meses de licença-maternidade. E ainda restaria decidir se ela poderia ser despedida depois disso. Ter uma filha a mais não parece ser uma justa causa [...]

Morar na casa de alguém produz intimidades e dependências imprevistas. Por exemplo, Sandra estava com medo de ser despedida e despejada? Ou estava envergonhada como uma filha que engravidasse no baile? Talvez as duas coisas.

A empregada que mora na casa de seus empregadores é uma espécie de hóspede na casa dos outros ou deve pensar que o quarto dos fundos, que ela ocupa, é a casa dela? Se for a casa dela, ela poderia, então, trazer o dançarino de forró para dormir com ela, certo? Por que não? À condição que aconteça na folga.

Everett Collection/AGB Photo

Cena do filme *Que horas ela volta?*, de Anna Muylaert, que aborda o tema da convivência entre uma empregada doméstica, que dorme no emprego, e a família para a qual trabalha.

A arquitetura é o destino. Na época em que os europeus se permitiam domésticos e domésticas morando no serviço, tanto nos palácios quanto nos edifícios de apartamentos (do fim do século 19 ao começo do século 20), os quartos de empregada eram o último andar do prédio.

[...]

A arquitetura nacional, com os "quartos de empregada" – nos fundos, mas dentro do apartamento –, além de permitir a exploração noite adentro, alimenta a ilusão de que os empregadores estejam "hospedando" sua criada, como se o emprego fosse uma espécie de tutela benevolente. É aquela frase que ainda se ouve nas fazendas: "pegamos esta menina para criar".

(Contardo Calligaris. Disponível em: http://m.folha.uol.com.br/colunas/contardocalligaris/2015/10/1696673-no-atico-ou-nos-fundos.shtml. Acesso em: 8/4/2016.)

Texto 2

- ESTA CRIATURINHA É FILHA DE GENTE HUMILDE QUE VIVE AQUI. E NÓS COMPRAMOS-LHE A ROUPINHA, OS BRINQUEDINHOS, TUDO, PORQUE A VERDADE É QUE LHE QUEREMOS COMO SE FOSSE DA NOSSA FAMÍLIA.

Painel 2 – Tema: Hábitos e estilo de vida na sociedade contemporânea

Texto 1

"Que seu remédio seja seu alimento, e que seu alimento seja seu remédio."

(Hipócrates)

Texto 2

Texto 3

Estilo de vida

É inacreditável a resistência do ser humano ao sofrimento físico. Em mais de 30 anos de medicina, vi doentes enfrentarem cirurgias mutiladoras seguidas de períodos pós-operatórios que exigem semanas de internação, submeterem-se a tratamentos agressivos com medicamentos que abrem feridas na boca e provocam vômitos incoercíveis, resistirem a dores lancinantes durante meses e, ainda assim, lutarem para preservar a vida até sentirem exaurido o último resquício de suas forças.

O heroísmo com o qual defendemos nossa existência quando ameaçada, no entanto, contrasta com a incapacidade de mudarmos estilos de vida que conduzirão a doenças gravíssimas no futuro. Não me refiro apenas a mudanças radicais como largar de beber, deixar de fumar ou de ter relações sexuais desprotegidas com múltiplos parceiros, mas especialmente aos comportamentos rotineiros: comer um pouco mais do que o necessário, passar o dia sentado, esquecer de tomar remédios e de fazer controles periódicos de saúde.

Nas grandes cidades, não faltam justificativas para nossa irresponsabilidade na prevenção dos problemas de saúde que afligem o homem moderno: doenças cardiovasculares, câncer, diabetes, hipertensão, reumatismo, osteoporose e outras enfermidades degenerativas. "Saio cedo, perco horas no trânsito e volto tarde, morto de fome, como vou fazer para levar vida saudável?" – é a desculpa que damos a nós mesmos para justificar o descaso com um bem que a natureza nos ofertou sem termos feito qualquer esforço pessoal para merecê-lo: o corpo humano.

O corpo humano é uma máquina construída para o movimento. Não fosse assim, para que tantos ossos, músculos e articulações? Só que, ao contrário de outras máquinas desenhadas com a mesma finalidade – como o avião, por exemplo –, que se desgastam enquanto se movimentam, o organismo humano se aprimora com o andar.

A falta de movimentação contraria as forças seletivas que forjaram as características de nossa espécie. Pessoas sedentárias como somos hoje teriam dificuldade de sobrevivência num mundo sem automóvel, telefone e supermercado na esquina. Antes do advento da agricultura – criada há meros dez mil anos –, nossos antepassados eram forçados a consumir quantidade substancial de energia para conseguir água e alimentos atualmente disponíveis ao alcance da mão. Quando tinham a felicidade de encontrá-los, precisavam retirar deles o máximo de calorias disponíveis para sobreviver às épocas de vacas magras que viriam em seguida.

[...]

Como consequência desse passado, somos excelentes organizadores do dia a dia e tão incompetentes para planejar a longo prazo. Sabemos exatamente o que fazer para não passar fome naquela semana, como reservar algumas horas para dormir, trabalhar ou fazer sexo, mas somos incapazes de modificar o mais elementar de nossos hábitos mesmo sabendo que as consequências poderão ser fatais.

Por isso, é mais fácil um doente com infarto aceitar uma ponte de safena do que conseguir que as pessoas andem míseros 30 minutos diários; retirar um pulmão inteiro por causa de um tumor maligno do que fazer um fumante largar do cigarro; indicar transplante de rim num hipertenso do que obter regularidade na tomada do remédio para abaixar a pressão; amputar a perna de um diabético com obstrução vascular do que convencê-lo a controlar a glicemia.

(Drauzio Varella. Disponível em: http://drauziovarella.com.br/diabetes/estilo-de-vida/. Acesso em: 10/4/2016.)

Painel 3 – Tema: As relações pessoais e profissionais em tempo de redes sociais

Texto 1

Shutterstock

Texto 2

Bruno Galvão

(Disponível em: http://domacedo.blogspot.com.br/2012_11_01_archive.htm. Acesso em: 10/4/2016.)

Texto 3

Não deve ser surpresa para ninguém que o Brasil tem se tornado um dos países com maiores índices de uso de internet no mundo. E no caso das redes sociais, isso é ainda mais verdadeiro: só em 2013, nos tornamos o segundo país com maior uso do Facebook no mundo. E o mesmo vale para o Twitter, desde 2012, e o YouTube, desde 2014.

Se você acha que isso é uma boa notícia, avisamos que isso está se tornando um problema e tanto para empresas. Segundo uma pesquisa feita pela Desenvolvimento e Envolvimento Estratégico de Pessoas e Clientes, só neste ano os profissionais estão gastando, em média, 1 hora e 16 minutos por dia acessando a internet – o que, considerando uma carga horária de oito horas por dia, equivale a uma pessoa deixando de trabalhar por três dias a cada mês.

Parece um problema e tanto para as empresas, não é? E isso promete se tornar ainda mais complicado, no futuro. Se atualmente 22% do tempo que gastamos na internet é feito em redes sociais, o valor tende a crescer devido ao aumento na venda de tablets e smartphones no Brasil, de acordo com dados do Instituto IDC Brasil: só no último ano, tivemos um aumento de 157% na compra de tablets, além de um aumento de 123% na procura por celulares.

(Disponível em: http://www.tecmundo.com.br/brasil/63192-brasil-segundo-maior-pais-acessar-redes-sociais.htm. Acesso em: 10/4/2016.)

Após concluir os textos, faça uma revisão deles, seguindo as orientações dadas no capítulo 29, página 315.

Propostas do Enem e dos vestibulares

1. (FUVEST-SP)

UTOPIA (de *ou-topia*, lugar *inexistente* ou, segundo outra leitura, de *eu-topia*, lugar *feliz*).

Thomas More deu esse nome a uma espécie de romance filosófico (1516), no qual relatava as condições de vida em uma ilha imaginária denominada Utopia: nela, teriam sido abolidas a propriedade privada e a intolerância religiosa, entre outros fatores capazes de gerar desarmonia social. Depois disso, esse termo passou a designar não só qualquer texto semelhante, tanto anterior como posterior (como a *República* de Platão ou a *Cidade do Sol* de Campanella), mas também qualquer ideal político, social ou religioso que projete uma nova sociedade, feliz e harmônica, diversa da existente. Em sentido negativo, o termo passou também a ser usado para designar projeto de natureza irrealizável, quimera, fantasia.

(Nicola Abbagnano, *Dicionário de Filosofia*. Adaptado.)

A utopia nos distancia da realidade presente, ela nos torna capazes de não mais perceber essa realidade como natural, obrigatória e inescapável. Porém, mais importante ainda, a utopia nos propõe novas realidades possíveis. Ela é a expressão de todas as potencialidades de um grupo que se encontram recalcadas pela ordem vigente.

(Paul Ricoeur. Adaptado.)

A desaparição da utopia ocasiona um estado de coisas estático, em que o próprio homem se transforma em coisa. Iríamos, então, nos defrontar com o maior paradoxo imaginável: o do homem que, tendo alcançado o mais alto grau de domínio racional da existência, se vê deixado sem nenhum ideal, tornando-se um mero produto de impulsos. O homem iria perder, com o abandono das utopias, a vontade de construir a história e, também, a capacidade de compreendê-la.

(Karl Mannheim. Adaptado.)

Acredito que se pode viver sem utopias. Acho até que é melhor, porque as utopias são ao mesmo tempo ineficazes e perigosas. Ineficazes quando permanecem como sonhos; perigosas quando se quer realizá-las.

(André Comte Sponville. Adaptado.)

Cidade prevista

[...]
Irmãos, cantai esse mundo
que não verei, mas virá
um dia, dentro em mil anos,
talvez mais... não tenho pressa.
Um mundo enfim ordenado,
uma pátria sem fronteiras,
sem leis e regulamentos,
uma terra sem bandeiras,
sem igrejas nem quartéis,
sem dor, sem febre, sem ouro,
um jeito só de viver,
mas nesse jeito a variedade,
a multiplicidade toda
que há dentro de cada um.
Uma cidade sem portas,
de casas sem armadilha,
um país de riso e glória
como nunca houve nenhum.
Este país não é meu
nem vosso ainda, poetas.
Mas ele será um dia
o país de todo homem.

(Carlos Drummond de Andrade. *Reunião*. Rio de Janeiro: José Olympio, 1971. p. 130.)

A utopia não é apenas um gentil projeto difícil de se realizar, como quer uma definição simplista. Mas se nós tomarmos a palavra a sério, na sua verdadeira definição, que é aquela dos grandes textos fundadores, em particular a *Utopia* de Thomas More, o denominador comum das utopias é seu desejo de construir aqui e agora uma sociedade perfeita, uma cidade ideal, criada sob medida para o novo homem e a seu serviço. Um paraíso terrestre que se traduzirá por uma reconciliação geral: reconciliação dos homens com a natureza e dos homens entre si. Portanto, a utopia é a desaparição das diferenças, do conflito e do acaso: é, assim, um mundo todo fluido – o que supõe um controle total das coisas, dos seres, da natureza e da história.

Desse modo, a utopia, quando se quer realizá-la, torna-se necessariamente totalitária, mortal e até genocida. No fundo, só a utopia pode suscitar esses horrores, porque apenas um empreendimento que tem por objetivo a perfeição absoluta, o acesso do homem a um estado superior quase divino, poderia se permitir o emprego de meios tão terríveis para alcançar seus fins. Para a utopia, trata-se de produzir a unidade pela violência, em nome de um ideal tão superior que justifica os piores abusos e o esquecimento da moral reconhecida.

(Frédéric Rouvillois. Adaptado.)

O conjunto de excertos contém um verbete, que traz uma definição de utopia seguido de outros cinco textos que apresentam diferentes reflexões sobre o mesmo assunto. Considerando as ideias neles contidas, além de outras informações que você julgue pertinentes, redija uma dissertação em prosa, na qual você exponha o seu ponto de vista sobre o tema.

Instruções:

A redação deve ser uma dissertação, escrita de acordo com a norma-padrão da língua portuguesa. Escreva, no mínimo, 20 linhas, com letra legível. Não ultrapasse o espaço de 30 linhas da folha de redação. Dê um título a sua redação.

2. (ENEM)

Com base na leitura dos seguintes textos motivadores e nos conhecimentos construídos ao longo de sua formação, redija texto dissertativo-argumentativo em norma culta escrita da língua portuguesa sobre o tema **Valorização do idoso**, apresentando experiência ou proposta de ação social, que respeite os direitos humanos. Selecione, Organize e Relacione, de forma coerente e coesa, Argumentos e Fatos para defesa de seu ponto de vista.

ESTATUTO DO IDOSO

Art. 3º É obrigação da família, da comunidade, da sociedade e do Poder público assegurar ao idoso, com absoluta prioridade, a efetivação do direito à vida, à saúde, à alimentação, à educação, à cultura, ao esporte, ao lazer, ao trabalho, à cidadania, à liberdade, à dignidade, ao respeito e à convivência familiar e comunitária.

Art. 4º Nenhum idoso será objeto de qualquer tipo de negligência, discriminação, violência, crueldade ou opressão, e todo atentado aos direitos, por ação ou omissão, será punido na forma da lei.

Disponível em: www.mds.gov.br/suas/arquivos/estatuto_idoso.pdf. Acesso em: 07 maio 2009.

Pressmaster/Shutterstock

O aumento da proporção de idosos na população é um fenômeno mundial tão profundo que muitos chamam de "revolução demográfica". No último meio século, a expectativa de vida aumentou em cerca de 20 anos. Se considerarmos os últimos dois séculos, ela quase dobrou. E, de acordo com algumas pesquisas, esse processo pode estar longe do fim.

Disponível em: http://www.comciencia.br/reportagens/envelhecimento/texto/env16.htm. Acesso em: 07 maio 2009.

Idoso é quem tem o privilégio de viver longa vida...

... velho é quem perdeu a jovialidade.

A idade causa a degenerescência das células...

... a velhice causa a degenerescência do espírito.

Você é idoso quando sonha...

... você é velho quando apenas dorme...

[...]

Disponível em: http://www.orizamartins.com/ref-ser-idoso.html. Acesso em: 07 maio 2009.

Instruções:

- Seu texto tem de ser escrito **à tinta**, na **Folha de Redação**.
- Desenvolva seu texto em prosa: não redija narração, nem poema.
- O texto com até 7 (sete) linhas escritas será considerado texto em branco.
- O texto deve ter, no máximo, **30 linhas**.
- O **Rascunho** da redação deve ser feito no espaço apropriado.

3. (UnB-DF)

– Hum, mitos na sociedade contemporânea... as definições anteriores não parecem convincentes no contexto da sociedade pós-industrial, pós-capitalista, pós-moderna em que vivemos.

– É o que Walter Benjamin quer dizer, não? "A humanidade, que, um dia, com Homero, foi objeto de contemplação para os deuses olímpicos, hoje, o é para si mesma. Sua alienação de si própria atinge um grau que a faz viver sua própria destruição como uma sensação estética de primeira ordem".

(Walter Benjamin. Apud T. M. Chinellato. Mitologia no imaginário da publicidade. *Communicare*: revista de pesquisa. Centro Interdisciplinar de Pesquisa, Faculdade Cásper Líbero, v. 6, nº 2, p. 97. São Paulo: Faculdade Cásper Líbero, 2006.)

Hoje, é preciso construir outra *persona*, ilusória. Tatuagens e plásticas são bem-vindas em cima de músculos forçadamente desenvolvidos em sessões excessivas de academia, não raro, diárias. São combinações perfeitas para os silicones e anabolizantes dos que consomem, narcisisticamente, sua inclusão no novo mundo do prazer.

Lázaro Freire. *Neonarcisismo pós-hedonista*: silicone e negação. Internet.

Maurenilson Freire/CB/D.A Press

Maurenilson. *Correio Braziliense*, 20/8/2005.

O corpo da moda, miragem da onipotência erótica, encontra-se no mundo, exposto nas vitrinas, nas páginas de revistas, nas telas de cinema e na televisão. Mas, como o reflexo do Narciso grego, está lá para ser visto, cobiçado e nunca para ser apropriado. Ao ser tocado ele some, desfaz-se.

O Narciso moderno não é um Narciso. Ele não ama a imagem de si mesmo; pelo contrário, a odeia. Esta relação de ódio ao próprio corpo, e ódio e inveja do corpo desejado é motor do interesse narcísico, presente na sociedade de consumo. É a relação de Dorian Gray com seu retrato e a de Gustav Aschenbach com Tadzio, por quem era apaixonado, que fornece o modelo espiritual do ego *consumans* do homem urbano contemporâneo.

Jurandir Freire Costa. *Violência e psicanálise*. Rio de Janeiro: Graal Edições, 2003, p. 241 e 248 (com adaptações).

Na obra *O retrato de Dorian Gray*, de Oscar Wilde, o conflito da narrativa surge quando Gray, ao ver seu retrato pintado por um amigo, adquire a consciência de sua perfeição física.

Dorian Gray conserva, durante a narrativa, que se passa ao longo de dezoito anos, a face lisa e angelical dos vinte anos, enquanto o quadro incorpora os sinais físicos de uma vida de excessos e decrepitude moral.

Entertainment pictures/Diomedia

Mente cérebro, dez. 2001, p. 69.

Essa obra evoca o mito de Narciso, o herói que se apaixona pela própria imagem refletida nas águas e termina por se afogar na tentativa de alcançá-la. Gray sabe perfeitamente que observa o próprio retrato, ao passo que Narciso não se dá conta de que a imagem que o fascina é a de si mesmo.

Mente cérebro, dez. 2011, p. 68-70 (com adaptações).

Considerando os textos da prova e os fragmentos de textos acima como motivadores, redija um texto dissertativo, na variante padrão da língua portuguesa, acerca do seguinte questionamento.

O mundo do espelho de Narciso é um desafio ao *homo sapiens*?

Como **estruturar** um texto dissertativo – O desenvolvimento

Capítulo

31

Gary Waters/Getty Images

Não existe uma única forma de desenvolver um texto dissertativo-argumentativo. Conheça, neste capítulo, as múltiplas possibilidades de desenvolvimento desse tipo de texto e aumente suas chances de se sair bem nas avaliações.

Para estudar o desenvolvimento de um texto dissertativo-argumentativo, você vai ler uma redação que obteve nota máxima no Enem. Conheça, primeiramente, a proposta de redação desse exame:

Com base na leitura dos textos motivadores seguintes e nos conhecimentos construídos ao longo de sua formação, redija texto dissertativo-argumentativo em norma padrão da língua portuguesa sobre o tema **Viver em rede no século XXI: os limites entre o público e o privado**, apresentando proposta de conscientização social que respeite os direitos humanos. Selecione, organize e relacione, de forma coerente e coesa, argumentos e fatos para defesa de seu ponto de vista.

Liberdade sem fio

A ONU acaba de declarar o acesso à rede um direito fundamental do ser humano – assim como saúde, moradia e educação. No mundo todo, pessoas começam a abrir seus sinais privados de *wi-fi*, organizações e governos se mobilizam para expandir a rede para espaços públicos e regiões onde ela ainda não chega, com acesso livre e gratuito.

ROSA, G.; SANTOS, P. *Galileu*. Nº 240, jul. 2011 (fragmento).

A internet tem ouvidos e memória

Uma pesquisa da consultoria Forrester Research revela que, nos Estados Unidos, a população já passou mais tempo conectada à internet do que em frente à televisão. Os hábitos estão mudando. No Brasil, as pessoas já gastam cerca de 20% de seu tempo on-line em redes sociais. A grande maioria dos internautas (72%, de acordo com o Ibope Mídia) pretende criar, acessar e manter um perfil na rede. "Faz parte da própria socialização do indivíduo do século XXI estar numa rede social. Não estar equivale a não ter uma identidade ou um número de telefone no passado", acredita Alessandro Barbosa Lima, CEO da e.Life, empresa de monitoração e análise de mídias.

As redes sociais são ótimas para disseminar ideias, tornar alguém popular e também arruinar reputações. Um dos maiores desafios dos usuários de internet é saber ponderar o que se publica nela. Especialistas recomendam que não se deve publicar o que não se fala em público, pois a internet é um ambiente social e, ao contrário do que se pensa, a rede não acoberta anonimato, uma vez que mesmo quem se esconde atrás de um pseudônimo pode ser rastreado e identificado. Aqueles que, por impulso, se exaltam e comentem gafes podem pagar caro.

Disponível em: http://www.terra.com.br. Acesso em: 30 jun. 2011 (adaptado).

DAHMER, A. Disponível em: http://malvados.wordpress.com. Acesso em: 30 jun. 2011.

Instruções:

- O rascunho da redação deve ser feito no espaço apropriado.
- O texto definitivo deve ser escrito à tinta, na folha própria, em até 30 linhas.
- A redação com até 7 (sete) linhas escritas será considerada "insuficiente" e receberá nota zero.
- A redação que fugir ao tema ou que não atender ao tipo dissertativo-argumentativo receberá nota zero.
- A redação que apresentar cópia dos textos da Proposta de Redação ou do Caderno de Questões terá o número de linhas copiadas desconsiderado para efeito de correção.

Leia o texto:

A crescente popularização do uso da internet em grande parte do globo terrestre é uma das principais características do século XXI. Tal popularização apresenta grande relevância e gera impactos sociais, políticos e econômicos na sociedade atual.

Um importante questionamento em relação a esse expressivo uso da internet é o fato de existir uma linha tênue entre o público e o privado nas redes sociais. Estas constantemente são utilizadas para propagar ideias, divulgar o talento de pessoas até então anônimas, manter e criar vínculos afetivos, mas, em contrapartida, também podem expor indivíduos mais do que o necessário, em alguns casos agredindo a sua privacidade.

Recentemente, ocorreram dois fatos que exemplificam ambas as situações. A "Primavera Árabe", nome dado a uma série de revoluções ocorridas em países árabes, teve as redes sociais como importante meio de disseminação de ideias revolucionárias e conscientização desses povos dos problemas políticos, sociais e econômicos que assolam esses países. Neste caso, a internet agiu e continua agindo de forma benéfica, derrubando governos autoritários e pressionando melhorias sociais.

Em outro caso, bastante divulgado também na mídia, a internet serviu como instrumento de violação da privacidade. Fotos íntimas da atriz hollywoodiana Scarlett Johansson foram acessadas por um hacker através de seu celular e divulgadas pela internet para o mundo inteiro, causando um enorme constrangimento para a atriz.

Oleksiy Mark/Shutterstock

Analisando situações semelhantes às citadas anteriormente, conclui-se que é necessário que haja uma conscientização por parte dos internautas de que aquilo que for uma utilidade pública ou algo que não agrida ou exponha um indivíduo pode e deve ser divulgado. Já o que for privado e extremamente pessoal deve ser preservado e distanciado do mundo virtual, que compartilha informações para um grande número de pessoas em um curto intervalo de tempo. Dessa forma, situações realmente desagradáveis no incrível universo da internet serão evitadas.

(A. R. da S., Uberaba-MG. Disponível em: http://veja.abril.com.br/noticia/educacao/redacao-do-enem-parte-5-textos-nota-1-000-comentados. Acesso em: 12/4/2016.)

1. O texto se ateve ao tema proposto? Justifique sua resposta.

2. O texto lido apresenta cinco parágrafos. Observe a estrutura do texto.

a) Que parágrafo(s) constitui(em) a introdução? Justifique sua resposta.

b) Que relação há entre o 1º e o 2º parágrafos do texto? Explique.

c) Que tipo de recurso foi utilizado na introdução: interrogação, citação, declaração inicial ou exemplo? Justifique.

d) Qual é a tese que o autor se propõe a desenvolver?

3. Observe agora os parágrafos que constituem o desenvolvimento e a conclusão do texto.

a) Que parágrafos constituem o desenvolvimento da tese?

b) E que parágrafo(s) constitui(em) a conclusão do texto?

4. Os argumentos que sustentam a tese podem ser elaborados de várias formas. Leia o boxe "Tipos de argumentos" e, depois, responda:

a) Que tipo de argumento o autor escolheu para desenvolver sua tese?

b) Qual é o papel do 3º parágrafo na construção do desenvolvimento das ideias do texto?

c) E qual é o papel do 4º parágrafo?

5. Agora, observe a conclusão do texto.

a) Qual é a proposta de intervenção social que ela apresenta?

b) Troque ideias com a classe: Essa proposta é original?

c) A proposta apresentada respeita os direitos humanos?

6. No texto dissertativo-argumentativo, é fundamental estabelecer conexões entre os parágrafos, seja para opor uma ideia a outra anteriormente apresentada, seja para explicar uma ideia anteriormente expressa, seja para introduzir novos exemplos ou situações.

a) Que expressão do 2º parágrafo retoma as ideias do 1º parágrafo?

b) Que palavra ou expressão estabelece a conexão entre o 3º parágrafo e o 2º parágrafo?

c) E que palavra ou expressão estabelece a conexão entre o 4º parágrafo e o parágrafo anterior?

d) Embora não seja obrigatório, a conclusão do texto lido apresenta uma expressão que explicita o caráter conclusivo do parágrafo. Qual é essa expressão?

7. A redação lida não apresenta título. Que título você daria ao texto, considerando suas ideias principais?

Tipos de argumento

Os tipos de argumento mais comuns nas dissertações são:

- por comparação: estabelecem comparação entre dois fatos, duas realidades, duas épocas, etc., explorando os contrastes;
- por alusão histórica: remetem a épocas ou fatos passados, a fim de estabelecer relações com o presente;
- por exemplificação: fundamentam a tese com exemplos de fatos ou situações de conhecimento público;
- argumentos consensuais: expressam verdades que não precisam de confirmação, como, por exemplo, afirmar que a saúde da população depende das condições do meio ambiente;
- argumentos com provas concretas: apresentam números, dados estatísticos, resultados de pequisas, etc.;
- argumentos de autoridade ou de exemplo: valem-se de uma citação de uma frase ou de um pensamento de uma pessoa célebre; quando transcrita em discurso direto, a citação deve estar entre aspas;
- argumentos de presença: ilustram com histórias, lendas ou parábolas;
- argumentos de retorção: rebatem o argumento ou o pensamento de outra pessoa.

Na redação lida, o autor desenvolveu seus argumentos fazendo uso, basicamente, da exemplificação. Se quisesse, ele também poderia lançar mão de outros tipos de argumento, como comparações, citações de autoridades, alusões históricas, etc.

Variar o tipo de argumento geralmente costuma ser benéfico para a qualidade do texto, porém deve prevalecer a qualidade de conteúdo dos argumentos.

Tipos de argumento

A seguir, você vai conhecer melhor e com outros exemplos os tipos de argumento que podem ser utilizados numa dissertação. Com exceção de argumentos extraídos de um debate político, todos os outros foram extraídos das melhores redações do Enem.

Argumento consensual

O argumento consensual consiste em uma afirmação aceita por todos, que não depende de comprovação, pois é um pensamento comum a todos, como "Seria bom que a sociedade fosse mais solidária", "Deve-se preservar a natureza", etc. Veja o exemplo:

"Um dos principais alvos desse cenário são as crianças, indivíduos facilmente manipuláveis devido a sua pequena capacidade de julgamento crítico. Sua inocência é, dessa forma, cruelmente convertida em lucro, fato que não deve ser permitido nem tolerado. A infância é uma fase de formação e aprendizagem, sendo necessário, portanto, que os bons costumes sejam cultivados."

(Disponível em: http://g1.globo.com/educacao/enem/2015/noticia/2015/05/leia-redacoes-do-enem-que-tiraram-nota-maxima-no-exame-de-2014.html. Acesso em: 14/4/2016.)

Thinkstock/Getty Images

Argumento de retorção

O argumento de retorção é muito comum em gêneros como carta de reclamação ou em debates políticos, nos quais o debatedor utiliza os próprios argumentos do interlocutor para destruí-los. Veja, a seguir, um trecho do debate político ocorrido entre Dilma Rousseff e Aécio Neves, então candidatos à presidência da República. Na resposta de Aécio, há um exemplo de retorção.

DILMA ROUSSEFF: Candidato, o Brasil é um país que se destaca hoje no mundo pelo fato de ter criado milhões de empregos. Nós não só criamos empregos, como também tivemos um aumento significativo da renda neste mês de setembro, 1,5% real. O senhor concorda com o que fala o seu candidato a Ministro da Fazenda, que diz que o salário mínimo está alto demais?

AÉCIO NEVES: Candidata, não é justo colocar palavras na boca de alguém que não está aqui para respondê-la. Eu tenho orgulho enorme do meu candidato a Ministro da Fazenda. A senhora parece que não tem do seu, até porque já demitiu o atual Ministro da Fazenda. Mas o Brasil, candidata, é visto sim pela comunidade internacional como um dos países que menos cresce na nossa região. Temos uma taxa de investimentos hoje de 16,5% do PIB, a pior da década, porque o seu governo afugentou os investimentos, e a inflação, infelizmente, está de volta. A situação do Brasil é extremamente grave, candidata, e é preciso que o seu governo reconheça isso, porque os mercados, outros países, os brasileiros já reconhecem. O governo do PT e o governo da candidata Dilma Rousseff fracassou na condução da economia, pois nos deixará uma inflação saindo de controle, por mais que ela não reconheça, um crescimento pífio, fracassou na gestão do Estado nacional. O Brasil é hoje um cemitério de obras abandonadas, inacabadas, e com sobrepreço de fortes denúncias de desvios por toda a parte, e fracassou na melhoria dos nossos indicadores sociais. [...]

(Disponível em: http://g1.globo.com/politica/eleicoes/2014/transcricao-debate-presidencial-2-turno.html. Acesso em: 14/4/2016.)

Argumento de autoridade ou de exemplo

Consiste em citar frases célebres, pensamentos ou ações de uma autoridade ou pessoa reconhecidamente importante na área do assunto em debate, como cientistas, filósofos, políticos, artistas, etc. No exemplo a seguir, o pensamento de Thomas Hobbes é utilizado para justificar o ponto de vista do autor de que o Estado deve interferir para que motoristas alcoolizados sejam proibidos de dirigir:

A interação entre o álcool e a direção afeta o bem-estar da sociedade brasileira. Segundo Thomas Hobbes, o Estado surgiu para regular o caos gerado pelos agrupamentos humanos.

(Disponível em: http://www.4shared.com/photo/ft4sxeG8ba/redacaoenem_marcello.htm. Acesso em 14/4/2016.)

Getty Images

Alusão histórica

Consiste em retomar fatos, acontecimentos relevantes do passado para explicar o presente. No texto lido, o autor menciona um fato histórico relacionado ao sistema de produção capitalista e, na sequência, utiliza também um argumento de autoridade, citando Karl Marx:

A partir da mecanização da produção, o estímulo ao consumo tornou-se um fator primordial para a manutenção do sistema capitalista. De acordo com Karl Marx, filósofo alemão do século XIX, para que esse incentivo ocorresse, criou-se o fetiche sobre a mercadoria: constrói-se a ilusão de que a felicidade seria alcançada a partir da compra do produto. Assim, as crianças tornaram-se um grande foco das empresas por não possuírem elevado grau de esclarecimento e por serem facilmente persuadidas a realizarem determinada ação.

(Disponível em: http://g1.globo.com/educacao/enem/2015/noticia/2015/05/leia-redacoes-do-enem-que-tiraram-nota-maxima-no-exame-de-2014.html. Acesso em: 14/4/2016.)

Argumento com provas concretas

Para legitimar seu argumento, o autor apresenta dados estatísticos, índices de epidemias como dengue, cifras relativas a investimentos como bolsa, dólares, etc., crescimento ou queda do PIB, como mostra o exemplo da fala de Aécio Neves, em resposta a Dilma.

Mas o Brasil, candidata, é visto sim pela comunidade internacional como um dos países que menos cresce na nossa região. Temos uma taxa de investimentos hoje de 16,5% do PIB, a pior da década, porque o seu governo afugentou os investimentos, e a inflação, infelizmente, está de volta.

Comparação

Consiste em comparar realidades distintas no tempo, no espaço, etc. No exemplo a seguir, a comparação foi em relação a posturas diferentes sobre a proibição de propaganda para crianças, no Reino Unido e no Brasil.

A falta de discussão sobre o assunto é evidenciada pelas opiniões distintas dos países. Conforme a OMS, no Reino Unido há leis que limitam a publicidade para crianças como a que proíbe parcialmente – em que comerciais são proibidos em certos horários – e a que personagens famosos não podem aparecer em propagandas de alimentos infantis. Já no Brasil há a autorregulamentação, na qual o setor publicitário cria normas e as acorda com o governo, sem legislação específica.

(Disponível em: http://g1.globo.com/educacao/enem/2015/noticia/2015/05/leia-redacoes-do-enem-que-tiraram-nota-maxima-no-exame-de-2014.html. Acesso em: 15/4/2016.)

Argumento de presença

O autor ilustra com lendas, parábolas ou com histórias, como no exemplo a seguir, em que o autor descreve várias situações em que a pessoa prefere o mundo virtual ao real.

Em segundo lugar, observa-se que a publicidade infantil é um estímulo ao consumismo desde a mais tenra idade. O consumo de brinquedos e aparelhos eletrônicos modifica os hábitos comportamentais de muitas crianças que, para conseguir acompanhar as novas brincadeiras dos colegas, pedem presentes cada vez mais caros aos pais. Quando esses não podem comprá-los, as crianças podem ser vítimas de piadas maldosas por parte dos outros, podendo também ser excluídas de determinados círculos de amizade, o que prejudica o desenvolvimento emocional e psicológico dela.

(Disponível em: http://g1.globo.com/educacao/enem/2015/noticia/2015/05/leia-redacoes-do-enem-que-tiraram-nota-maxima-no-exame-de-2014.html. Acesso em: 15/4/2016.)

Prepare-se
para o Enem e o vestibular

Leia os textos a seguir.

Jean Galvão

A indústria do vício digital

Chega a ser óbvio dizer que a internet distrai, ou mesmo definir a vida digital em termos de dependência ou vício. Desde o tempo em que se apelidavam os velhos Blackberries de "crackberries" que se diz que a rede vicia. Hoje é cada vez mais comum se referir a ferramentas, serviços e aplicativos de mídias sociais, como YouTube, WhatsApp, Facebook, Twitter ou até mesmo Netflix em termos que até há pouco eram reservados para os usuários de metanfetaminas e cassinos.

As redes sociais exploram com maestria a característica gregária do ser humano. Seus produtos trazem informações imediatas e validam os comentários e posições de cada um com relação a seu grupo de interesse ou apoio. É natural que desenvolvam, em muitos de seus membros, uma espécie de tique compulsivo.

Gente que passa mais tempo em aplicativos de troca de mensagens de textos do que em reuniões presenciais; que passa mais tempo a interagir com telas do que com gente real; que verifica as atualizações sociais no primeiro instante livre (mesmo que seja no banheiro); e que se entristece quando sua vida editada para as redes sociais não aparenta ser tão fascinante quanto a vida editada de outros que mal se conhecem é tão comum que mal chama a atenção.

[...]

Alguns críticos mais zangados gostam de culpar a rede mãe por determinados comportamentos, acreditando seriamente que uma vida analógica seja melhor; outros põem a culpa nos usuários, que, desprovidos de força de vontade, são preguiçosos e incapazes de sair dela. Nenhuma das críticas faz muito sentido. A internet é só um ambiente de interação, e não pode ser responsabilizada pelas experiências – boas ou más – que seus usuários têm por ali. Nada em sua estrutura demanda ou estimula comportamentos de dependência.

[...]

Pixel por pixel, empresas de tecnologia planejam uma experiência "perfeita" para seus usuários, apelando para os centros de prazer inconsciente de seus cérebros e associando-os à manutenção de sua reputação social.

A estrutura, criada à imagem e semelhança dos experimentos behavioristas, baseia-se em quatro etapas: o usuário encontra um gatilho (algo que estimula sua atenção) e uma oportunidade para ação. O resultado, variável e imprevisível, funciona como uma espécie de recompensa, que o estimula a fazer um investimento, como curtir ou comentar o que viu. Esse investimento acaba por reforçar o comportamento de gatilho-ação-recompensa, da mesma forma que uma máquina de moedinhas em um cassino.

Ao pobre usuário, termo que até a década de 1990 era reservado exclusivamente para o consumidor de drogas, o que sobra é um número limitado de opções, a maioria de natureza tóxica. Pode-se usar o aplicativo, serviço, rede ou jogo que preferir. Só não é permitido abrir mão de qualquer escolha, sob pena de exclusão social.

[...]

A maioria das corporações bem-sucedidas no mundo digital lança mão dessa realidade artificial para capturar a atenção de seus usuários e convertê-la em cliques. Descendentes viciosos da indústria perniciosa da Publicidade, elas baseiam o seu sucesso na criação de hábitos entre seus consumidores zumbis, competindo pelo máximo possível de atenção. E, no processo, contratando uma elite profissional que poderia desenvolver produtos para mudar o mundo mas que dedica boa parte de seu tempo a quebrar a força de vontade das pessoas comuns.

[...]

Não se pode esperar dessas empresas que tomem jeito ou respeitem a vida particular de seus usuários, ainda mais quando boa parte de seu faturamento depende desse comportamento autômato. Certos truques, como o desenvolvimento de páginas de comprimento infinito ou vídeos que tocam automaticamente, podem ser limitados ou inibidos por outras tecnologias, como um dia o foram os pop-ups e diversos tipos de banners. Mas isso não impedirá as mentes brilhantes a serviço do lado negro da Força que desenvolvam novas armadilhas.

Não se pode mais esperar que o usuário, o elo fraco nessa cadeia de modulação de atenção, seja responsável pelo combate a um sistema viciado no sequestro de sua atenção. É preciso ajudá-lo a desenvolver práticas e modelos de conteúdos que tornem seu uso da rede uma experiência que amplie suas escolhas e seu conhecimento, ajudando-o a ter uma vida conectada mais feliz, saudável e gratificante.

(Disponível em: http://www1.folha.uol.com.br/colunas/luliradfahrer/2015/10/1695904-txt-o-futuro-do-app.shtml. Acesso em: 16/4/2016.)

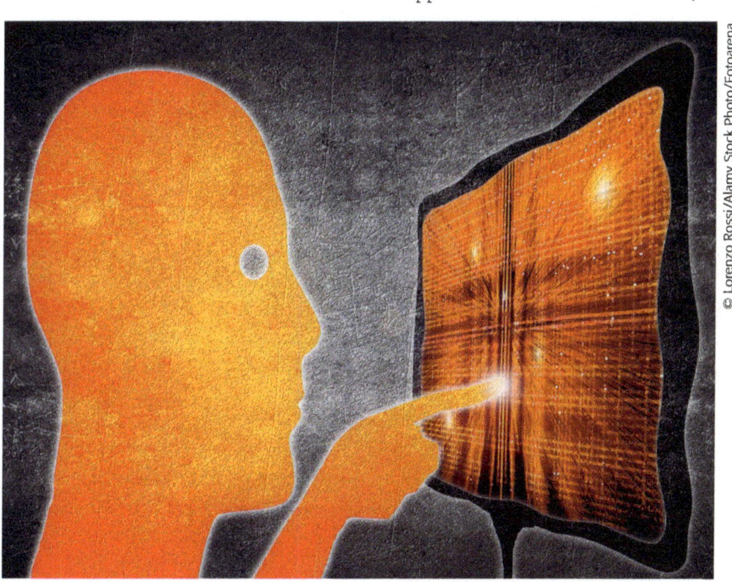

© Lorenzo Rossi/Alamy Stock Photo/Fotoarena

Com base na leitura dos textos motivadores e nos conhecimentos construídos ao longo de sua formação, redija um texto dissertativo-argumentativo em norma padrão da língua portuguesa sobre o tema **O uso responsável e saudável da Internet**, apresentando proposta de conscientização social que respeite os direitos humanos. Selecione, organize e relacione, de forma coerente e coesa, argumentos e fatos para a defesa de seu ponto de vista.

Depois de pronto seu texto, faça uma revisão dele, seguindo as orientações dadas no capítulo 29, na página 315.

Propostas do Enem e dos vestibulares

1. (UNICAMP-SP)

Texto 1

Você integra um **grupo de estudos** formado por estudantes universitários. Periodicamente, cada membro apresenta resultados de leituras realizadas sobre temas diversos. Você ficou responsável por elaborar uma **síntese** sobre o tema **humanização no atendimento à saúde**, que deverá ser escrita em **registro formal**. As fontes para escrever a síntese são um trecho de um artigo científico (excerto A) e um trecho de um ensaio (excerto B). Seu texto deverá contemplar:

a) o conceito de humanização no atendimento à saúde;

b) o ponto de vista de cada texto sobre o conceito, assim como as principais informações que sustentam esses pontos de vista;

c) as relações possíveis entre os dois pontos de vista.

Excerto A

A humanização é vista como a capacidade de oferecer atendimento de qualidade, articulando os avanços tecnológicos com o bom relacionamento.

O Programa Nacional de Humanização da Assistência Hospitalar (PNHAH) destaca a importância da conjugação do binômio "tecnologia" e "fator humano e de relacionamento". Há um diagnóstico sobre o divórcio entre dispor de alta tecnologia e nem sempre dispor da delicadeza do cuidado, o que desumaniza a assistência. Por outro lado, reconhece-se que não ter recursos tecnológicos, quando estes são necessários, pode ser um fator de estresse e conflito entre profissionais e usuários, igualmente desumanizando o cuidado. Assim, embora se afirme que ambos os itens constituem a qualidade do sistema, o "fator humano" é considerado o mais estratégico pelo documento do PNHAH, que afirma:

> *(...) as tecnologias e os dispositivos organizacionais, sobretudo numa área como a da saúde, não funcionam sozinhos – sua eficácia é fortemente influenciada pela qualidade do fator humano e do relacionamento que se estabelece entre profissionais e usuários no processo de atendimento.*
>
> (Ministério da Saúde, 2000).

(Adaptado de Suely F. Deslandes, Análise do discurso oficial sobre a humanização da assistência hospitalar. *Ciência & saúde coletiva*. Vol. 9, n. 1, p. 9-10. Rio de Janeiro, 2004.)

Excerto B

A famosa Faculdade para Médicos e Cirurgiões da Escola de Medicina da Columbia University, em Nova York, formou recentemente um Programa de Medicina Narrativa que se ocupa daquilo que veio a se chamar "ética narrativa". Ele foi organizado em resposta à percepção recrudescente do sofrimento – e até das mortes – que podia ser atribuído parcial ou totalmente à atitude dos médicos de ignorarem o que os pacientes contavam sobre suas doenças, sobre aquilo com que tinham que lidar, sobre a sensação de serem negligenciados e até mesmo abandonados. Não é que os médicos não acompanhassem seus casos, pois eles seguiam meticulosamente os prontuários de seus pacientes: ritmo cardíaco, hemogramas, temperatura e resultados dos exames especializados. Mas, para parafrasear uma das médicas comprometidas com o programa, eles simplesmente não ouviam o que os pacientes lhes contavam: as histórias dos pacientes. Na sua visão, eles eram médicos "que se atinham aos fatos". "Uma vida", para citar a mesma médica, "não é um registro em um prontuário". Se um paciente está na expectativa de um grande e rápido efeito por parte de uma intervenção ou medicação e nada disso acontece, a queda ladeira abaixo tem tanto o seu lado biológico como psíquico.

"O que é, então, a medicina narrativa?", perguntei*. "Sua responsabilidade é ouvir o que o paciente tem a dizer, e só depois decidir o que fazer a respeito. Afinal de contas, quem é o dono da vida, você ou ele?". O programa de medicina narrativa já começou a reduzir o número de mortes causadas por incompetências narrativas na Faculdade para Médicos e Cirurgiões.

*A pergunta é feita por Jerome Bruner a Rita Charon, idealizadora do Programa de Medicina Narrativa.

(Adaptado de Jerome Bruner, *Fabricando histórias*: direito, literatura, vida. São Paulo: Letra e Voz, 2014, p. 115-116.)

Texto 2

Em busca de soluções para os inúmeros incidentes de violência ocorridos na escola em que estudam, um grupo de alunos, inspirados pela matéria "Conversar para resolver conflitos", resolveu fazer uma primeira reunião para discutir o assunto. Você ficou responsável pela elaboração da **carta-convite** dessa reunião, a ser endereçada pelo **grupo** à **comunidade escolar** – alunos, professores, pais, gestores e funcionários.

A carta deverá **convencer** os membros da comunidade escolar a **participarem da reunião**, **justificando** a importância desse espaço para a discussão de ações concretas de enfrentamento do problema da violência na escola. Utilize as **informações** da matéria abaixo para **construir seus argumentos** e mostrar **possibilidades de solução**. Lembre-se de que o **grupo** deverá assinar a carta e também informar o **dia**, o **horário** e o **local** da reunião.

Conversar para resolver conflitos

Quando a escuta e o diálogo são as regras, surgem soluções pacíficas para as brigas

Alunos que brigam com colegas, professores que desrespeitam funcionários, pais que ofendem os diretores. Casos de violência na escola não faltam. A pesquisa *O Que Pensam os Jovens de Baixa Renda sobre a Escola*, realizada pelo Centro Brasileiro de Análise e Planejamento (Cebrap) sob encomenda da Fundação Victor Civita (FVC), ambos de São Paulo, revelou que 11% dos estudantes se envolveram em conflitos com seus pares nos últimos seis meses e pouco mais de 8% com professores, coordenadores e diretores. Poucas escolas refletem sobre essas situações e elaboram estratégias para construir uma cultura da paz. A maioria aplica punições que, em vez de acabarem com o enfrentamento, estimulam esse tipo de atitude e tiram dos jovens a autonomia para resolver problemas.

Segundo Telma Vinha, professora de Psicologia Educacional da Universidade Estadual de Campinas (Unicamp) e colunista da revista NOVA ESCOLA, implementar um projeto institucional de mediação de conflitos é fundamental para implantar espaços de diálogo sobre a qualidade das relações e os problemas de convivência e propor maneiras não violentas de resolvê-los. Assim, os próprios envolvidos em uma briga podem chegar a uma solução pacífica.

Por essa razão, é importante que, ao longo do processo de implantação, alunos, professores, gestores e funcionários sejam capacitados para atuar como mediadores. Esses, por sua vez, precisam ter algumas habilidades como saber se colocar no lugar do outro, manter a imparcialidade, ter cuidado com as palavras e se dispor a escutar.

O projeto inclui a realização de um levantamento sobre a natureza dos conflitos e um trabalho preventivo para evitar a agressão como resposta para essas situações. Além disso, ao sensibilizar os professores e funcionários, é possível identificar as violências sofridas pelos diferentes segmentos e atuar para acabar com elas.

Pessoas capacitadas atuam em encontros individuais e coletivos

Há duas formas principais de a mediação acontecer, segundo explica Lívia Maria Silva Licciardi, doutoranda em Psicologia Educacional, Desenvolvimento Humano e Educação pela Universidade Estadual de Campinas (Unicamp). A primeira é quando há duas partes envolvidas. Nesse caso, ambos os lados se apresentam ou são chamados para conversar com os mediadores – normalmente eles atuam em dupla para que a imparcialidade no encaminhamento do caso seja garantida – em uma sala reservada para esse fim. Eles ouvem as diversas versões, dirigem a conversa para tentar fazer com que todos entendam os sentimentos colocados em jogo e ajudam na resolução do episódio, deixando que os envolvidos proponham caminhos para a decisão final.

A segunda forma é utilizada quando acontece um problema coletivo – um aluno é excluído pela turma, por exemplo. Diante disso, o ideal é organizar mediações coletivas, como uma assembleia. Nelas, um gestor ou um professor pauta o encontro e conduz a discussão, sem expor a vítima nem os agressores. "O objetivo é fazer com que todos falem, escutem e proponham saídas para o impasse. Assim, a solução deixa de ser punitiva e passa a ser formativa, levando à corresponsabilização pelos resultados", diz Ana Lucia Catão, mestre em Psicologia Social pela Pontifícia Universidade Católica de São Paulo (PUC-SP). Ela ressalta que o debate é enriquecido quando se usam outros recursos: filmes, peças de teatro e músicas ajudam na contextualização e compreensão do problema.

No Colégio Estadual Federal (CEF) 602, no Recanto das Emas, subdistrito de Brasília, o Projeto Estudar em Paz, realizado desde 2011 em parceria com o Núcleo de Estudos para a Paz e os Direitos Humanos da Universidade de Brasília (NEP/UnB), tem 16 alunos mediadores formados e outros 30 sendo capacitados. A instituição conta ainda com 28 professores habilitados e desde o começo deste ano o projeto faz parte da formação continuada. "Os casos de violência diminuíram. Recebo menos alunos na minha sala e as depredações do patrimônio praticamente deixaram de existir. Ao virarem protagonistas das decisões, os estudantes passam a se responsabilizar por suas atitudes", conta Silvani dos Santos, diretora. (...)

"Essas propostas trazem um retorno muito grande para as instituições, que conseguem resultados satisfatórios. É preciso, porém, planejá-las criteriosamente", afirma Suzana Menin, professora da Universidade Estadual Paulista Júlio de Mesquita Filho (Unesp).

(Disponível em: https://www.comvest.unicamp.br/vest_anteriores/2016/download/comentadas/redacao.pdf. Acesso em: 15/4/2016.)

Capítulo 32

Como estruturar um texto dissertativo-argumentativo – A conclusão

Dimitri Otis/Getty Images

Nos capítulos anteriores, você observou que há várias maneiras de introduzir e desenvolver um texto dissertativo-argumentativo. Agora, você vai conhecer algumas formas de concluir esse tipo de texto.

Para estudar a conclusão de um texto dissertativo-argumentativo, você vai ler uma redação que obteve nota máxima em um exame do Enem. Conheça, primeiramente, a proposta de redação apresentada nesse exame.

A partir da leitura dos textos motivadores seguintes e com base nos conhecimentos construídos ao longo de sua formação, redija texto dissertativo-argumentativo em norma padrão da língua portuguesa sobre o tema **Publicidade infantil em questão no Brasil**, apresentando proposta de intervenção, que respeite os direitos humanos. Selecione, organize e relacione, de forma coerente e coesa, argumentos e fatos para defesa de seu ponto de vista.

Texto I

A aprovação, em abril de 2014, de uma resolução que considera abusiva a publicidade infantil, emitida pelo Conselho Nacional de Direitos da Criança e do Adolescente (Conanda), deu início a um verdadeiro cabo de guerra envolvendo ONGs de defesa dos direitos das crianças e setores interessados na continuidade das propagandas dirigidas a esse público.

Elogiada por pais, ativistas e entidades, a resolução estabelece como abusiva toda propaganda dirigida à criança que tem "a intenção de persuadi-la para o consumo de qualquer produto ou serviço" e que utilize aspectos como desenhos animados, bonecos, linguagem infantil, trilhas sonoras com temas infantis, oferta de prêmios, brindes ou artigos colecionáveis que tenham apelo às crianças.

Ainda há dúvidas, porém, sobre como será a aplicação prática da resolução. E associações de anunciantes, emissoras, revistas e de empresas de licenciamento e fabricantes de produtos infantis criticam a medida e dizem não reconhecer a legitimidade constitucional do Conanda para legislar sobre publicidade e para impor a resolução tanto às famílias quanto ao mercado publicitário. Além disso, defendem que a autorregulamentação pelo Conselho Nacional de Autorregulamentação Publicitária (Conar) já seria uma forma de controlar e evitar abusos.

IDOETA, P. A.; BARBA, M. D. *A publicidade infantil deve ser proibida?* Disponível em: www.bbc.co.uk. Acesso em: 23 maio 2014 (adaptado).

Texto II

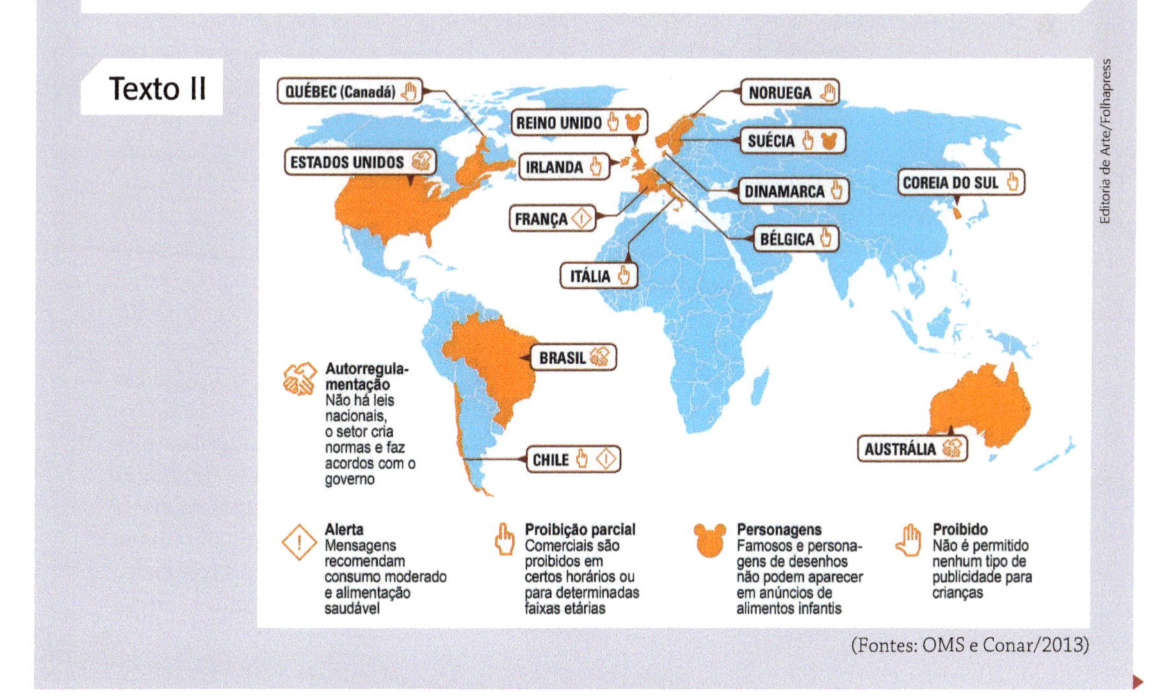

Editoria de Arte/Folhapress

(Fontes: OMS e Conar/2013)

Texto III

Precisamos preparar a criança, desde pequena, para receber as informações do mundo exterior, para compreender o que está por trás da divulgação de produtos. Só assim ela se tornará o consumidor do futuro, aquele capaz de saber o que, como e por que comprar, ciente de suas reais necessidades e consciente de suas responsabilidades consigo mesma e com o mundo.

SILVA, A. M. D.; VASCONCELOS, L. R. *A criança e o marketing*: informações essenciais para proteger as crianças dos apelos do marketing infantil. São Paulo: Summus, 2012 (adaptado).

Instruções:

- O rascunho da redação deve ser feito no espaço apropriado.
- O texto definitivo deve ser escrito à tinta, na folha própria, em até 30 linhas.
- A redação que apresentar cópia dos textos da Proposta de Redação ou do Caderno de Questões terá o número de linhas copiadas desconsiderado para efeito de correção.

Receberá nota zero, em qualquer das situações expressas a seguir, a redação que:

- tiver até 7 (sete) linhas escritas, sendo considerada "insuficiente".
- fugir ao tema ou que não atender ao tipo dissertativo-argumentativo.
- apresentar proposta de intervenção que desrespeite os direitos humanos.
- apresentar parte do texto deliberadamente desconectada com o tema proposto.

A publicidade infantil movimenta bilhões de dólares e é responsável por considerável aumento no número de vendas de produtos e serviços direcionados às crianças. No Brasil, o debate sobre a publicidade infantil representa uma questão que envolve interesses diversos. Nesse contexto, o governo deve regulamentar a veiculação e o conteúdo de campanhas publicitárias voltadas às crianças, pois, do contrário, elas podem ser prejudicadas em sua formação, com prejuízos físicos, psicológicos e emocionais.

Em primeiro lugar, nota-se que as propagandas voltadas ao público mais jovem podem influir nos hábitos alimentares, podendo alterar, consequentemente, o desenvolvimento físico e a saúde das crianças. Os brindes que acompanham as refeições infantis ofertados pelas grandes redes de lanchonetes, por exemplo, aumentam o consumo de alimentos muito calóricos e prejudiciais à saúde pelas crianças, interessadas nos prêmios. Esse aumento da ingestão de alimentos pouco saudáveis pode acarretar o surgimento precoce de doenças como a obesidade.

Em segundo lugar, observa-se que a publicidade infantil é um estímulo ao consumismo desde a mais tenra idade. O consumo de brinquedos e aparelhos eletrônicos modifica os hábitos comportamentais de muitas crianças que, para conseguir acompanhar as novas brincadeiras dos colegas, pedem presentes cada vez mais caros aos pais. Quando esses não podem comprá-los, as crianças podem ser vítimas de piadas maldosas por parte dos outros, podendo também ser excluídas de determinados círculos de amizade, o que prejudica o desenvolvimento emocional e psicológico dela.

Em decorrência disso, cabe ao Governo Federal e ao terceiro setor a tarefa de reverter esse quadro. O terceiro setor – composto por associações que buscam se organizar para conseguir melhorias na sociedade – deve conscientizar, por meio de palestras e grupos de discussão, os pais e os familiares das crianças para que discutam com elas a respeito do consumismo e dos males disso. Por fim, o Estado deve regular os conteúdos veiculados nas campanhas publicitárias, para que essas não tentem convencer pessoas que ainda não têm o senso crítico desenvolvido. Além disso, ele deve multar as empresas publicitárias que não respeitarem suas determinações. Com esses atos, a publicidade infantil deixará de ser tão prejudicial e as crianças brasileiras poderão crescer e se desenvolver de forma mais saudável.

(A. I. A., Ceará. Disponível em: http://g1.globo.com/educacao/enem/2015/noticia/2015/05/leia-redacoes-do-enem-que-tiraram-nota-maxima-no-exame-de-2014.html. Acesso em: 15/3/2016.)

1. O texto lido se ateve ao tema proposto? Justifique sua resposta.

2. O texto apresenta cinco parágrafos. Observe sua estrutura.

a) Que parágrafo(s) constitui(em) a introdução? Justifique sua resposta.

b) Que tipo de recurso foi utilizado na introdução: interrogação, citação, declaração inicial ou exemplo? Justifique.

c) Qual é a tese que o autor se propõe a desenvolver?

3. Observe os parágrafos que constituem o desenvolvimento e a conclusão do texto.

a) Que parágrafo(s) constitui(em) o desenvolvimento da tese?

b) Que parágrafo(s) constitui(em) a conclusão do texto?

4. Os argumentos que sustentam a tese precisam estar diretamente relacionados com ela.

a) Que aspecto da tese é desenvolvido no 2º parágrafo do texto? Justifique sua resposta.

b) Que aspecto é desenvolvido no 3º parágrafo? Justifique sua resposta.

c) Que palavra ou expressão é utilizada em cada um desses parágrafos para estabelecer coesão com o 1º parágrafo e dar sequência ao texto?

Tipos de conclusão mais comuns nas dissertações

Apesar de não haver uma única forma de concluir um texto dissertativo-argumentativo, existem alguns procedimentos que são mais utilizados. Entre eles estão as conclusões do tipo:

- *proposta*, em que o autor apresenta soluções para os problemas discutidos. Esse tipo de conclusão é a solicitada nas provas do Enem, que sempre exige uma proposta de intervenção que respeite os direitos humanos;
- *síntese*, em que o autor retoma as ideias lançadas na tese e nos argumentos desenvolvidos nos parágrafos;
- *agregação*, em que o autor reúne, em uma palavra ou uma frase, as ideias apresentadas.
- *surpresa*, em que o autor finaliza o texto de forma criativa, com uma ironia, uma frase de efeito, uma citação, um pensamento, etc.;
- *pergunta*, por meio da qual são lançados questionamentos para a reflexão do leitor.

5. Observe a conclusão do texto.

a) Leia o boxe "Tipos de conclusão mais comuns nas dissertações" e, depois, responda: Que tipo de conclusão foi utilizado?

b) Que proposta geral é feita na conclusão?

c) A proposta geral é desdobrada em dois aspectos. De acordo com ela, que tipo de atuação deve ter o terceiro setor? E o Estado?

d) As propostas apresentadas revelam um compromisso com a cidadania e respeitam os direitos humanos?

6. Examine os elementos de coesão empregados na conclusão do texto.

a) Considerando-se todo o texto, qual é o papel da expressão *Em decorrência disso*?

b) Justifique o emprego das expressões *Por fim* e *Além disso* no interior do parágrafo.

7. A redação lida não apresenta título. Que título você daria a ela, considerando as ideias principais desenvolvidas pelo autor?

A seguir, você vai conhecer melhor os tipos de conclusão que podem ser utilizados numa dissertação.

Tipos de conclusão

Proposta

A conclusão do tipo proposta é a solicitada na prova de dissertação argumentativa do Enem. Nela, é preciso apresentar uma proposta de intervenção concreta ou fazer sugestões para que o problema em análise seja resolvido, levando-se sempre em conta princípios como cidadania, ética e respeito aos direitos humanos. Veja o exemplo:

> Fica nítido, portanto, como a lei seca foi fundamental ao combate aos problemas causados pelo trânsito. São necessárias porém, medidas que deem continuidade a essa ação, como: investimento no transporte público, alternativa ao carro; aumento da frota de táxis através da desburocratização do processo; e mais campanhas de conscientização em escolas e faculdades, já que os jovens são os futuros motoristas. Somente assim seremos capazes de minimizar as perdas materiais e emocionais geradas no volante.
>
> (T. F. M. Disponível em: http://oglobo.globo.com/arquivos/redacao-enem-thomaz.pdf. Acesso em: 15/3/2016.)

Síntese

Nesse tipo de conclusão, é preciso retomar, de forma resumida, a tese e os argumentos apresentados ao longo do texto. Veja o exemplo:

> Somados, o descumprimento individual da Lei Seca e o falho sistema de fiscalização impedem uma maximização de resultados. Para os efeitos esperados serem vistos na realidade, é necessário corrigir essas duas lacunas maiores. O número de aparelhos etilômetros, assim como o número de policiais nas ruas, principalmente em pontos estratégicos, deve aumentar. E para os efeitos físicos serem sentidos, deve haver também uma ampliação no efeito moral que a Lei trouxe. É preciso começar a agir como se espera que "todos" ajam. Se isso fizer efeito nas mentes, a Lei Seca fará efeito nas ruas.
>
> (N. O. T. Disponível em: http://oglobo.globo.com/arquivos/redacao-enem-natalia.pdf. Acesso em: 15/3/2016.)

No exemplo, a autora retoma no início do parágrafo os dois aspectos abordados nos parágrafos anteriores: o descumprimento da lei e as falhas na fiscalização de motoristas alcoolizados. Como se trata de uma redação do Enem, em seguida é apresentada uma proposta de intervenção.

Agregação

Na conclusão do tipo agregação, uma palavra ou uma frase reúne, de forma abrangente, as ideias e os argumentos apresentados anteriormente. Veja o exemplo:

> "Se beber não dirija". Frase que já se tornou comum entre os brasileiros que assistem televisão. Agora cabe a cada indivíduo melhorar a sua postura em relação ao álcool e pensar que a maioria dos acidentes que ocorrem frequentemente envolve não só o motorista e sim outras pessoas que não têm culpa da irresponsabilidade dele.
>
> (I. B. P. Disponível em: http://download.uol.vestibular2/redacaoenem_isadora.jpg. Acesso em: 15/3/2016.)

Nesse exemplo, a frase "Se beber não dirija" agrega o conjunto das ideias e argumentos desenvolvidos no texto.

Surpresa

Neste tipo de conclusão, o autor se vale de alguns procedimentos surpreendentes, como a ironia, o humor, um breve relato, ou a citação de bons escritores ou filósofos. Esse recurso, além de surpreender, deve, ao mesmo tempo, sintetizar o ponto de vista do autor sobre o tema e estar em sintonia com a tese e os argumentos apresentados. Veja o exemplo:

> Como dizia Hobbes, "o homem é o lobo do homem". Portanto, a Lei Seca é um mecanismo essencial para que o homem não se torne, ao mesmo tempo, predador e presa de sua própria espécie.

Pergunta

Nesse tipo de conclusão, a pergunta é puramente retórica. Não se espera resposta, pois ela já foi dada ao longo do texto. A pergunta serve para reforçar o ponto de vista defendido e estimular o leitor a se questionar. O exemplo a seguir é a conclusão de um texto no qual o psicanalista Contardo Calligaris discute as marcas internas que determinadas catástrofes e tragédias deixam nas pessoas. Observe a utilização de várias perguntas nessa conclusão.

Andressa Honório

> Agora, alguém poderia perguntar: não seria melhor assim? Respondo com outra pergunta: existe uma vida que seja interessante e que não seja muitas vezes traumática? Para ser mais claro: você gostaria de sair da infância sem as marcas de mil feridas nos joelhos? Por mais que seja doloroso, "estressante" e, quem sabe, feio no espelho, o emaranhado das cicatrizes de nossos traumas é, simplesmente, nosso rosto.
>
> (Disponível em: http://www1.folha.uol.com.br/fsp/ilustrada/234959-sem-estresse.shtml?FOLHA_KEY_1=c2827d671cae98427b07216056348719&FOLHA_KEY_2=0f70e060f01bb8aa850d3823c43e86a6. Acesso em: 15/3/2016.)

Prepare-se
para o Enem e o vestibular

Leia os textos a seguir.

Texto 1

(Disponível em: http://humortadela.bol.uol.com.br/charges/33839. Acesso em: 15/3/2016.)

Texto 2

Depois de 12 anos em vigor, Estatuto do Desarmamento pode ser revogado

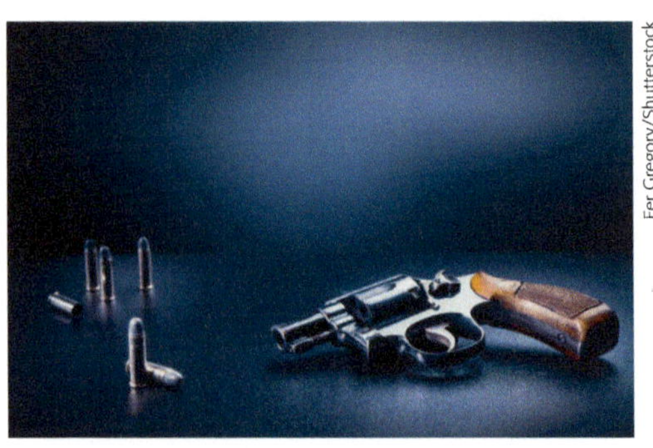
Fer Gregory/Shutterstock

Depois de doze anos em vigor, a lei brasileira que restringiu a posse e o porte de armas de fogo no país está prestes a ser alterada pelo Congresso Nacional. Desde 2003, o Estatuto do Desarmamento (Lei 10.826) vem sendo ameaçado por tentativas de revogação que agora podem ser concretizadas com a aprovação do Projeto de Lei 3.722/2012, que está pronto para votação no plenário da Câmara dos Deputados.

Em meio a polêmicas e bate-bocas públicos entre parlamentares, as mudanças no estatuto foram aprovadas no começo de novembro pela comissão especial criada na Câmara, de onde seguiram para o plenário. Se aprovada pela maioria dos deputados, a proposta ainda precisa passar pelo Senado Federal, onde o debate deve ser mais equilibrado.

O projeto, batizado de Estatuto do Controle de Armas, dá a qualquer cidadão que cumpra requisitos mínimos exigidos na proposta o direito de comprar e portar armas de fogo, inclusive a quem responde a processo por homicídio ou tráfico de drogas. Além disso, reduz de 25 para 21 anos a idade mínima para comprar uma arma e garante o porte de armas de fogo a deputados e senadores.

O embate em torno das mudanças extrapola os corredores do Congresso e opõe entidades da sociedade civil e especialistas em segurança pública. O tema também tem ganhado espaço nas redes sociais.

Números

Mais de 880 mil pessoas morreram no Brasil vítimas de armas de fogo (homicídios, suicídios e acidentes) de 1980 a 2012, segundo o Mapa da Violência 2015. No último ano do levantamento, 42.416 pessoas morreram por disparo no país, o equivalente a 116 óbitos por dia.

Em 2004, primeiro ano após a vigência do Estatuto do Desarmamento, o número de homicídios por arma de fogo registrou queda pela primeira vez após mais de uma década de crescimento ininterrupto – diminuindo de 39.325 mortes (2003) para 37.113 (2004).

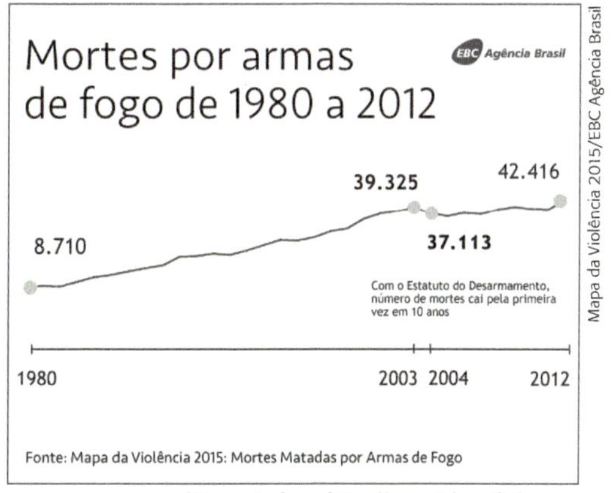

Mapa da Violência 2015/EBC Agência Brasil

(Disponível em: http://agenciabrasil.ebc.com.br/geral/noticia/2015-12/depois-de-12-anos-em-vigor-estatuto-do-desarmamento-pode-ser-revogado. Acesso em: 15/3/2016.)

Texto 3

— E foi morrida essa morte,
irmãos das almas,
essa foi morte morrida
ou foi matada?

— Até que não foi morrida,
irmão das almas,
esta foi morte matada,
numa emboscada.

(João Cabral de Melo Neto. *Morte e vida severina*. In: *Poesia completa*. 3. ed. Rio de Janeiro, José Olympio, 1979.)

Andressa Honório

Com base na leitura dos textos e nos conhecimentos construídos ao longo de sua formação, redija um texto dissertativo-argumentativo em norma-padrão da língua portuguesa sobre o tema **O (des)armamento no Brasil**, apresentando proposta de conscientização social que respeite os direitos humanos. Selecione, organize e relacione, de forma coerente e coesa, argumentos e fatos para a defesa de seu ponto de vista.

Ao estruturar o texto, leve em conta as múltiplas maneiras de fazer a introdução, o desenvolvimento e a conclusão que você aprendeu e escolha conscientemente o modo como deseja construir o texto.

Depois de pronto seu texto, faça uma avaliação dele, seguindo as orientações dadas no capítulo 29, na página 315.

Propostas do Enem e dos vestibulares

1. (UnB-DF) **Atenção**: Nesta prova, faça o que se pede, utilizando, caso deseje, o espaço indicado para rascunho.

   [...]

   Grande parte dos textos da prova objetiva trata da aproximação entre ciência e arte ao longo da história, como evidenciam a história da cartografia e, em especial, as produções de Leonardo da Vinci. Seguindo essa perspectiva, redija um texto dissertativo sobre a relação entre ciência e arte. Ao elaborar seu texto, aborde, necessariamente, os seguintes aspectos:

   - avanço da ciência e mudança na produção de obras de arte;
   - novas tecnologias e democratização do acesso à arte;
   - mudanças no conceito de arte.

   Os fragmentos de texto e as imagens apresentados a seguir informam sobre a relação entre ciência e arte. Foram selecionados para ajudar você a desenvolver o tema proposto. Caso queira referir-se a uma ou mais de uma dessas informações, não se esqueça de utilizar as convenções previstas na gramática padrão da língua escrita.

Museu Marmottan Monet, Paris, França

Impressão, nascer do sol (1872), de Claude Monet.

A história da arte mostra que houve momentos em que a necessidade do novo — o esgotamento do atual — levou a um salto qualitativo que determinou a ruptura com a tendência em voga, como, por exemplo, quando Claude Monet pintou a célebre tela *Impression, soleil levant*, que determinou o surgimento do Impressionismo. Para tal, concorreram fatores diversos, que vão desde a implantação das estradas de ferro, que facilitaram a ida das pessoas ao campo, até a nova teoria das cores, que explicava as cores como resultado da vibração da luz solar sobre a superfície.

(Ferreira Gullar. *Folha de S. Paulo*, 6/1/2013.)

Ao longo de grandes períodos históricos, a percepção das coletividades humanas se transforma ao mesmo tempo que seu modo de existência. O modo pelo qual se organiza a percepção humana não é condicionado apenas naturalmente, mas também historicamente. Cada dia fica mais irresistível a necessidade de possuir o objeto de arte, de tão perto quanto possível, na imagem ou na sua cópia, na sua reprodução.

Walter Benjamin. *Magia e técnica, arte e política*: ensaios sobre literatura e história da cultura. São Paulo: Brasiliense, 2012, p. 183 (com adaptações).

Oswaldo Cruz, entre a febre e a espada/ Edmilson Santini. Rio de Janeiro: Multimeios/CICT/FIOCRUZ, 2000

Nem só de cansaço e crendices vive o cordel. Histórias sobre Newton, Einstein, Copérnico, Galileu e Oswaldo Cruz também são contadas em versos. O assunto chega à literatura de cordel para aproximar a sociedade dos estudos científicos, desmistificar a ciência e mostrar que ela está mais presente no nosso dia a dia do que a maior parte das pessoas imagina.

(*Revista de História da Biblioteca Nacional*, out./2010, p. 6.)

Fabricantes de réplicas: chineses fazem cópias de grandes mestres da pintura

De Dafen, no sul da China, saem cerca de 60% das reproduções, em óleo sobre tela, de obras de arte produzidas no mundo. No topo da lista, estão obras de Monet e Van Gogh. Esse ofício chinês levanta questões centrais para a teoria da arte, como a da identidade do artista e a do valor da imitação. Atualmente, além de reproduções de obras ocidentais, são produzidas cópias da arte tradicional chinesa.

Picture Alliance/AGB Photo

Folha de S. Paulo, 11/1/2015 (com adaptações).

Alguns artistas enxergam poesia em um computador e usam a tecnologia para criar o que chamam de arte computacional, que abarca a convergência entre arte, ciência e tecnologia. Com essa ferramenta, os artistas podem produzir trabalhos interativos que respondem em tempo real. Muitos desses trabalhos resultam de erros de processamento de imagem, que, denominados Glitch Art, podem ser produzidos corrompendo-se os códigos de fotos.

Minervino Junior/CB/D.A Press. Brasil

Correio Braziliense, 7/10/2014.

A arte transgênica é uma nova forma de arte, baseada no uso de técnicas da engenharia genética. Nessas produções artísticas, são criados seres vivos únicos. A genética molecular permite ao artista projetar o genoma de uma planta ou de um animal e criar novas formas de vida. Organismos criados no contexto da arte transgênica podem ser levados para casa pelo público, para serem criados no jardim ou como companheiros.

Eduardo Kac

Eduardo Kac. In: Internet: <www.scielo.br> <www.ekac.org/artetransgenica.port.html> (com adaptações).

Bactérias são úteis tanto para se diagnosticar câncer quanto para criar obras de arte

"Há mais bactérias em nossos corpos que estrelas em nossa galáxia", filosofa o bioengenheiro Tal Danino, que fez desses microrganismos sua fonte de inspiração. Danino ampliou a produção científica para outro campo: o das artes visuais. Em boa medida, isso se deveu a seu encontro com o artista brasileiro Vik Muniz, que procurava uma maneira de fazer arte com cientistas. A parceria rendeu a série Colonies, fotografias maximizadas de bactérias e células cancerosas. Em seguida, os dois criaram pratos de porcelana com imagens ampliadas de bactérias.

Folha de S. Paulo, 29/3/2015.

Vik Muniz/Tal Danino/Bernardaud

Prato de porcelana com a imagem da bactéria salmonela difusa.

Vik Muniz/Tal Danino/Bernardaud

Prato de porcelana *Geleia Quiral*.

Uma imagem em 228 palavras

O artista brasileiro Walmor Corrêa brinca com a linguagem da biologia para produzir obras que retratam seres fictícios, concebidos segundo os princípios da taxidermia. A obra Ondina (2005), primeira de uma série inspirada em personagens do folclore, lembra a página de um atlas de anatomia. Corrêa registra, por escrito, na tela, detalhes do funcionamento corporal de cada criatura que imagina. A linguagem dos textos é propositalmente técnica, como evidencia a descrição do sistema nervoso de Ondina: "Possui, na jugular, válvulas que são acionadas por barorreceptores em número de dois, com a função de manter o cérebro cheio de sangue."

Revista de História da Biblioteca Nacional, ed. especial, nº 1, out./2010, p. 11 (com adaptações).

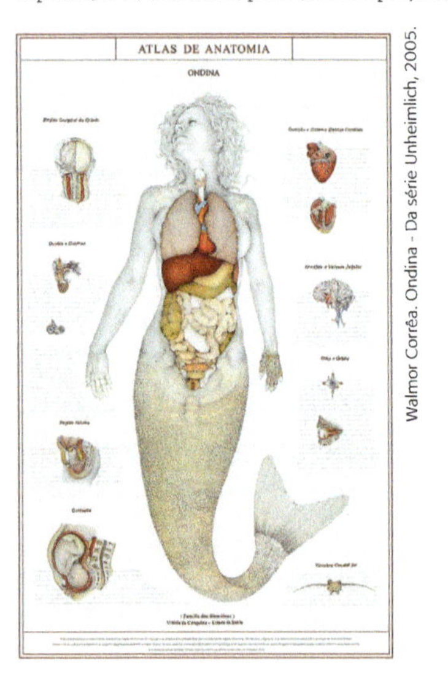

Walmor Corrêa. Ondina - Da série Unheimlich, 2005.

2. (Unicamp-SP) Você é um estudante universitário que participará de um **concurso de resenhas**, promovido pelo Centro de Apoio ao Estudante (CAE), órgão que desenvolve atividades culturais em sua Faculdade. Esse concurso tem o objetivo de **estimular a leitura** de obras literárias e **ampliar o horizonte cultural** dos estudantes. A **resenha** será lida por uma **comissão julgadora** que deverá selecionar os dez melhores textos, a serem publicados. Você escolheu resenhar a fábula de La Fontaine transcrita a seguir. Em seu texto, você deverá incluir:

a) uma síntese da fábula, indicando os seus elementos constitutivos;

b) a construção de uma situação social análoga aos fatos narrados, que envolva um problema coletivo;

c) um fechamento, estabelecendo relações com a temática do texto original.

Seu texto deverá ser escrito em **linguagem formal**, deverá indicar o **título da obra** e ser assinado com um **pseudônimo**.

A Deliberação Tomada pelos Ratos

Rodilardo, gato voraz,
aprontou entre os ratos tal matança,
que deu cabo de sua paz,
de tantos que matava e guardava na pança.
Os poucos que sobraram não se aventuravam
a sair dos buracos: mal se alimentavam.
Para eles, Rodilardo era mais que um gato:
era o próprio Satã, de fato.
Um dia em que, pelos telhados,
foi o galante namorar,
aproveitando a trégua, os ratos, assustados,
resolveram confabular
e discutir um modo de solucionar
esse grave problema. O **decano**, prudente,
definiu a questão: simples falta de aviso,
já que o gato chegava, **solerte**. Era urgente
amarrar-lhe ao pescoço um **guizo**,
concluiu o decano, rato de juízo.
Acharam a ideia excelente,
e aplaudiram seu autor. Restava, todavia,
um pequeno detalhe a ser solucionado:
quem prenderia o guizo – e qual se atreveria?
Um se esquivou, dizendo estar muito ocupado;
Outro alegou que andava um tanto destreinado
em dar laços e nós. E a bela ideia
teve triste final. Muita assembleia,
ao fim nada decide – mesmo sendo de **frades**
ou de veneráveis **abades**...
Deliberar, deliberar...
conselheiros, existem vários;
mas quando é para executar,
onde estarão os voluntários?

(*Fábulas de La Fontaine*. Tradução de Milton Amado e Eugênia Amado. Belo Horizonte: Itatiaia, 2003, p. 134-136.)

Abade: superior de ordem religiosa que dirige uma abadia.

Decano: o membro mais velho ou mais antigo de uma classe, assembleia, corporação, etc.

Frade: indivíduo pertencente a ordem religiosa cujos membros seguem uma regra de vida e vivem separados do mundo secular.

Guizo: pequena esfera de metal com bolinhas em seu interior que, quando sacudida, produz um som tilintante.

Solerte: engenhoso, esperto, sagaz, ardiloso, arguto, astucioso.

Respostas das questões do Enem e dos vestibulares

Capítulo 2

1. d
2. a
3. e
4. e
5. c
6. e

Capítulo 3

1. d
2. d
3. b
4. b

Capítulo 4

1. e
2. a
3. b
4. b
5. a
6. c
7. c
8. b
9. d
10. e
11. d
12. a
13. c
14. b
15. a

Capítulo 5

1. c
2. b
3. a
4. e
5. c
6. e

Capítulo 6

1. d
2. a
3. b
4. e
5. c
6. e

Capítulo 7

1. c
2. c
3. c
4. c
5. e
6. d
7. b
8. d
9. e
10. a
11. a

Capítulo 8

1. e
2. a
3. a
4. a
5. c
6. e

Capítulo 9

1. b

2. a) No poema de Fernando Pessoa, a palavra *preciso* tem o sentido de "necessário". Logo, na frase dos navegadores antigos, navegar impõe-se como uma necessidade maior do que a própria vida. Já no texto de Rubem Alves, a palavra *preciso* foi empregada com o sentido de "exato".

b) A palavra *precisão* foi empregada com o sentido de "necessidade". Faça as contas com precisão. (exatidão) / É um relógio de alta precisão (pontualidade).

3. a) O aforismo de Saint-Exupéry relaciona-se com a frase "A ciência da navegação não nos dá o fascínio dos mares e os sonhos de portos onde chegar", de Rubem Alves, uma vez que, para ambos, a vida plena está além da técnica. Para Rubem Alves, "a arte de viver se faz com a inteligência amorosa", não racional; para Saint-Exupéry, o que alimenta o homem em seu trabalho é o sonho, portanto um impulso não racional.

b) No texto, a palavra *ciência* é utilizada com o sentido de técnica, como "inteligência instrumental" ou meio para se fazer algo. Já *sapiência* é utilizada com o sentido de um saber mais completo, que busca o porquê de saber ou fazer as coisas; *sapiência* é sinônima, no texto, de "inteligência amorosa".

4. d
5. e

Capítulo 10

1. b
2. c
3. a
4. c
5. c
6. b
7. b
8. c
9. a
10. c
11. b

Capítulo 11

1. a
2. b

3. a) O poeta emprega a metáfora "Loelia mineral carnívora" porque o formato da fumaça causada pela bomba se assemelha ao de uma orquídea; chama-a de "mineral" porque a bomba é feita a partir do urânio, um mineral, e "carnívora" porque consome tudo, destrói tudo.

b) Prosopopeia: "A bomba atômica é triste"; "cai sem vontade"; "não gosta de matar"; "mata tudo".

4. Embora não fira a liberdade de expressão, / Ainda que não fira a liberdade de expressão,

5. a
6. a
7. c
8. b

Capítulo 12

1. a) No texto, o livro é metaforicamente identificado como "o meu porto, o meu cais, a minha rota". Esse conjunto de metáforas sugere a ideia de que o livro é uma espécie de viagem, cheia de experiências novas, aventuras e descobertas.

b) A mudança subjetiva vivida pelo eu lírico está expressa nos dois primeiros parágrafos. O narrador inicialmente se sentia desconfiado em relação aos limites do mundo. Depois da descoberta da leitura, percebeu que ela encurta distâncias e permite fazer novas descobertas em relação ao mundo.

2. Gabarito oficial: A oração "que Vivo pega", no contexto, tem sentido ambíguo: Vivo tanto pode significar esperto, quanto pode ser lido como o nome da operadora telefônica. O cliente esperto usa (pega) a operadora, pois esta não apresenta problemas na captação do sinal (ou seja, pega), ou, ainda, Vivo agrada, vira moda (pega). Na segunda ocorrência, a palavra Vivo aparece como marca, sinônimo (sinal) de qualidade. O termo "sinal" também pode ser lido como contato da rede de telefonia.

3. a) Gabarito oficial: No contexto da história reprodutiva dos vertebrados, o órgão que torna possível "dar à luz seres jovens" é a placenta, formada de tecido materno – mucosa uterina – e embrionário – predominantemente cório – e uma participação reduzida do alantoide. O significado evolutivo da placenta decorre do desenvolvimento do embrião no corpo materno. A placenta em princípio proporciona maior proteção ao embrião, o que foi fundamental para a evolução da classe.

b) Gabarito oficial: O desenvolvimento placentário assegura condições ambientais mais constantes, disponibilizando nutrientes e oxigênio e proporcionando a remoção das excreções nitrogenadas e do gás carbônico, graças às trocas realizadas por difusão ao nível da placenta. A aquisição da placenta conferiu vantagens aos mamíferos em relação aos ovíparos, por tornar o desenvolvimento menos suscetível às agressões do ambiente externo e ser favorável a um maior tempo de desenvolvimento embrionário, com repercussões evolutivas.

4. a) Gabarito oficial: O efeito cômico é dado pela possibilidade de *Kerr* e *Peck* poderem ser associados, pela semelhança sonora, a *quer* e *peque*, o que resulta na alteração de classe gramatical – de substantivo (próprio) a verbo – e, consequentemente, de função sintática.

b) Os vocábulos *peque* e *santinho* passam a integrar o mesmo campo semântico, ao estabelecer uma relação de contraste entre pecado e santidade.

5. Assim como o enigma da esfinge, o próximo governo terá que decifrar, para não ser engolido pelos problemas, as três questões centrais listadas no texto de Calmon. Nós górdios são nós difíceis de serem desatados.

6. A resolução da última questão terá como efeitos o aumento da arrecadação e a diminuição da carga tributária. As causas da informalidade são extrema burocracia, tributação escorchante e legislação trabalhista e previdenciária retrógradas.

7. Embora na norma-padrão da língua a concordância da porcentagem deva se dar de preferência com o numeral (35% da economia *estão*), é possível a concordância no singular, pressupondo-se que "essa porcentagem *está* na informalidade".

8. a) O emprego das aspas nessas situações não apenas destaca palavras ou expressões, mas também dá a entender que elas fazem parte de um discurso social em circulação e que não condizem com o ponto de vista ou com os valores do autor do texto.

b) A citação do filme de Buñuel, ao qual se opõem os casos citados de Calheiros/Veloso e Huck/assaltantes, serve para provar que essas pessoas envolvidas, em vez de manterem seus objetos de desejo na esfera privada, preferem expô-los em praça pública, como ícone do *status* que alcançaram.

9. a) Gabarito oficial: É possível apresentar vários argumentos sobre a apropriação da figura de Tiradentes pelos republicanos, dentre eles:

1) a necessidade da República, regime implantado no Brasil em 1889, em criar e estabelecer um imaginário republicano que se diferenciasse do monarquista. A maneira como Tiradentes morreu (enforcado e esquartejado) determinou a escolha, pois a figuração da morte permitia a elevação de Tiradentes a mártir; 2) a participação de Tiradentes na Inconfidência Mineira converteu-o em símbolo da luta pela independência. No século XIX, em várias províncias, verificou-se a existência de ideais republicanos, presentes também na Inconfidência Mineira; 3) considerando o forte vínculo cultural do povo brasileiro à tradição cristã e à circunstância da morte de Tiradentes (enforcamento e esquartejamento), os republicanos utilizaram o apelo religioso e místico.

b) Gabarito oficial: O quadro apela à tradição cristã do povo brasileiro, destacando a tragédia da morte de Tiradentes por meio do uso de símbolos do cristianismo como o crucifixo, por exemplo. Na pintura, o corpo de Tiradentes alude à representação da crucificação de Cristo. Outros elementos reforçam essa analogia, tais como a cabeça do Inconfidente disposta sobre o cadafalso, o crucifixo ao lado, a disposição das partes do corpo e a vestimenta.

10. A partir do século XVI, com a formação do sistema-mundo, diversas partes do globo passaram a ser interconectadas pelas grandes navegações. Teve início então um processo, que se intensificou com o tempo, de troca de espécies vegetais (e mesmo animais) entre regiões distantes. Isto ocorreu, sobretudo, no interior dos impérios coloniais. No caso do império colonial português, importantes transmigrações de espécies ocorreram entre a Índia portuguesa, a África portuguesa e o Brasil.

11. 1 L, a 12% = 120 mL de álcool por litro

1 000 mL (vinho) — 120 mL (álcool)

150 mL — x

x = 18 mL de álcool

$18 \cdot 7 = 126$ calorias por taça

12. Gabarito oficial: No gênero sinopse, predomina o discurso indireto, caracterizado por representar a fala das personagens com as palavras do narrador. Para isso, são utilizados mecanismos de organização discursiva como a 3ª pessoa, a presença de orações subordinadas substantivas cuja oração principal seja um verbo de *dizer*, alteração verbal, etc. No gênero peça teatral, predomina o discurso direto, pois os personagens tomam a palavra. As falas das personagens são reproduzidas tal como são proferidas. Para isso, na peça, são utilizados mecanismos de organização discursiva como a 1ª pessoa, a rubrica, o diálogo, etc.

13. Gabarito oficial: O tempo verbal predominante na sinopse do filme *Hamlet* é o presente (presente histórico), como se observa no uso de "sente-se", "casa-se", "perde", "morre", "procura", etc. Esse tempo verbal atribui atualização ao enredo e dinamismo às ações narradas, produzindo o efeito de aproximação entre a história e o leitor. Isso envolve o leitor com a história, desperta a sua curiosidade e o instiga a assistir ao filme.

14. Gabarito oficial: Os elementos que recriam a peça de William Shakespeare são: o título do poema, os nomes das personagens, o monólogo realizado por Hamleto, a frase *ser ou não ser*, a estrutura da peça teatral, o dilema, etc. O poema pode ser considerado uma paródia, pois Olavo Bilac utiliza elementos característicos da obra de Shakespeare para criticar (ironizar, satirizar) a situação política do Brasil. Ele distorce (recria, reconstrói, faz uma intertextualidade com) o monólogo de Hamlet para, através do humor, desqualificar o sistema político que instaura o regime republicano, baseado no modelo norte-americano.

15. Gabarito oficial: Hamleto vive o dilema de um governante dividido entre a perspectiva de governar um país republicano e não acreditar na República e seu sistema. Está dividido entre lutar contra o federalismo, a Constituição Republicana, o modelo econômico norte-americano ou defender os princípios republicanos. Instaurado o dilema, a própria fala de Hamleto mostra a tensão (reflexão, inquietude) que ele vive, por não saber mais se é um "Presidente", um "Ditador" ou um "cacique". Pode desistir da Presidência e "morrer, dormir... dormir... ser deposto... mais nada", ou lutar para ser reeleito, e "Cair, degringolar no abismo", e se submeter às leis da República.

16. a) Gabarito oficial: A intertextualidade é construída com base na fala de Magali, "Comer ou não comer", que retoma o dilema de Hamlet, resumido pela célebre frase "Ser ou não ser, eis a questão!!". Os recursos linguísticos verbais que constroem essa intertextualidade são a antítese, o paralelismo sintático, a conjunção alternativa "ou", que instaura a dúvida entre fazer e não fazer algo ou entre ser e não ser algo, a repetição dos verbos *ser* e *comer* no infinitivo, etc.; os recursos linguísticos não verbais são o figurino de Magali, sua postura em cena, o palco, o cenário, a substituição do crânio pela maçã, etc.

b) Gabarito oficial: Os traços que caracterizam a personagem Magali e que mantêm sua identidade são a gula, a aceitação da gula, a paixão por comida, a fixação por comida, a fome incontrolável, sua predileção por frutas, etc. O humor ocorre pelo deslocamento (pela releitura, transferência, etc.) do dilema trágico de Hamlet para o dilema cômico de Magali, que se coloca diante da dúvida de comer ou não comer uma maçã, ou seja, pela banalização do dilema de Hamlet. O humor é produzido porque a personagem apresenta um falso dilema, pois sua personalidade mostra que ela jamais teria dúvida quando se trata de comer ou não comer qualquer alimento.

Capítulo 13

1. a) Sim, a palavra *roubou* conota o descontentamento do jornalista quanto à mudança de acentuação da palavra *para*, acentuada antes da reforma ortográfica.

b) Sim, seria possível evitar a construção "para para", substituindo a preposição *para* pela locução conjuntiva *a fim de* ("São Paulo para a fim de ver o Corinthians jogar"), ou alterar a ordem dos termos, como em "Para ver o Corinthians jogar, São Paulo para".

2. a) A imagem relacionada à secura do coração é a do verso "E os olhos não choram", já que a falta de lágrimas sugere o esvaziamento dos sentimentos e dos afetos nesse "tempo de absoluta depuração".

b) O poema foi produzido no contexto da 2ª Guerra Mundial. Nesse contexto de "absoluta depuração", em que "o amor resultou inútil", a vida se impõe como "uma ordem", pois "não adianta morrer". Conforme o título sugere, resta apenas suportar o mundo nos ombros e atravessar esse difícil momento da história humana.

3. "Apiedei-me", "fiquei um pouco aborrecido, incomodado" são expressões que indicam – mas não "justificam" – o arrependimento ("um sentido de contradição") do narrador em relação ao que fizera. O adjetivo "infeliz" também pode ser tomado como manifestação desse arrependimento, contrapondo-se à atribuição de "ar escarninho" que justificara o ataque à borboleta.

4. a) Os recursos descritivos que aparecem no texto são sintáticos e estilísticos. Entre eles: frases nominais justapostas, que indicam uma composição de quadros; adjetivação; uso de recursos sinestésicos, como "luzes", "orquestra", "brilho".

b) O fim ou a proibição da exploração dos jogos de azar.

5. Gabarito oficial: O romance "O Cortiço" enfoca sobretudo a vida das camadas sociais mais inferiorizadas que vão ser exploradas e servir de base para a prosperidade do português João Romão. Nesse caso, temos um Brasil em que, de um lado, o imigrante pobre ascende socialmente à custa da exploração, e, do outro, uma legião de negros, mulatos e brancos formadores de um escalão de explorados, e todos como inferiores, da sociedade, como esses referidos no fragmento, trabalhadores da pedreira de João Romão. O filme "Diários de Motocicleta" retrata uma época em que Che Guevara viaja pela América Latina e constata também uma realidade de miséria em que vivem os nativos, explorados por uma elite de origem colonial. A cena do filme apresentada mostra indígenas expulsos de suas terras para dar lugar a grandes empreendimentos econômicos, deixando-os abandonados à própria sorte.

6. Gabarito oficial: No romance "Triste fim de Policarpo Quaresma", percebe-se a visão idílica do personagem *Quaresma* sobre o Brasil, alimentada pela leitura de obras passadas que difundiram uma imagem da terra que "em se plantando tudo dá", onde haveria harmonia e paz social. Nesse contexto, a fala de *Felizardo* é reveladora de uma outra realidade, marcada pela injustiça social, em que os programas de governo visam ao favorecimento da mão de obra de origem europeia. Além disso, *Felizardo* chama a atenção para aspectos problemáticos da terra: as pragas naturais e a falta de ferramentas e recursos financeiros. A *narrativa fílmica* "A invenção do Brasil" constitui-se como uma paródia das relações entre Portugal e Brasil difundidas pela história oficial. No filme, o português Diogo se transforma através do contato com a terra e seus nativos, com destaque para a índia Paraguaçu e sua irmã Moema, o que permite afirmar que Diogo se integra aos costumes aborígines. O filme reinventa a história da descoberta do país pelos portugueses, em forma de paródia, e mostra uma imagem da terra deslumbrante, maravilhosa, cheia de riquezas naturais, logo uma visão paradisíaca, boa para o comércio de ouro, pau-brasil, etc.

7. a) Gabarito oficial: 1) "O autor convida o leitor a enfiar-se na *pele* do cônego": a expressão "pele do cônego" foi usada em sentido figurado, uma vez que se refere a um ser abstrato, ou seja, uma personagem. 2) "quando a intuição, enlaçada à enunciação, inesperadamente *desabrocha* na consciência da frase articulada": o verbo "desabrocha", em seu sentido próprio, aplica-se a seres concretos e não a abstratos como ocorre na frase. Obs.1) Há outras possibilidades de respostas, como, por exemplo: "às *cotoveladas* no meio da multidão de candidatas", "uma *frincha* entreaberta para o subconsciente", "*flor* do epíteto", etc.

b) Gabarito oficial: Não. A primeira traduz uma circunstância de tempo, pois indica o momento em que o cônego não consegue escrever o adjetivo adequado à frase. Já a segunda expressa a finalidade de a personagem ter-se levantado.

Capítulo 14

1. a
2. d
3. b
4. b
5. e
6. b
7. a

Capítulo 15

1. a
2. b
3. c
4. c
5. e
6. c
7. a
8. b
9. c
10. e
11. d
12. a
13. c

Capítulo 16

1. e. Eixos cognitivos: I e II.
2. e. Eixos cognitivos: I e II.
3. b. Eixos cognitivos: I e II.
4. c. Eixos cognitivos: I e II.
5. d. Eixos cognitivos: I, II e IV.
6. c. Eixos cognitivos: I, II e III.
7. a. Eixos cognitivos: I, II, III e IV.
8. c. Eixos cognitivos: I e II.
9. a. Eixos cognitivos: I, II, III e IV.
10. a. Eixos cognitivos: I, II e III.
11. c. Eixos cognitivos: I, II e III.
12. e. Eixos cognitivos: I, III e IV.
13. b. Eixos cognitivos: I, II, III e IV.

Capítulo 17

1. c. Competência de área: 2; habilidades: 5 e 6.
2. b. Competência de área: 2; habilidades: 6 e 7.
3. e. Competência de área: 1; habilidade: 4.
4. d. Competência de área: 2; habilidade: 6.
5. b. Competência de área: 3; habilidade: 9.
6. d. Competência de área: 1; habilidade: 4.
7. e. Competência de área: 3; habilidade: 11.
8. c. Competência de área: 1; habilidade: 4.
9. a. Competência de área: 3; habilidades: 9 e 10.

Capítulo 18

1. d. Competência de área: 5; habilidades: 15 e 16.
2. a. Competência de área 4; habilidade 12.
3. e. Competências de área: 4 e 5; habilidades: 12, 15 e 16.
4. a. Competência de área: 6; habilidade: 20.
5. d. Competência de área: 5; habilidade: 16.
6. e. Competência de área: 6; habilidade: 18.
7. b. Competências de área: 4 e 6; habilidades: 12, 13 e 20.

Capítulo 19

1. c. Competência de área: 7; habilidade: 22.
2. d. Competência de área: 7; habilidades: 21, 23 e 24.
3. e. Competência de área: 9; habilidades: 28, 29 e 30.
4. e. Competência de área: 9; habilidades: 28, 29 e 30.
5. e. Competência de área: 7; habilidades: 21, 23 e 24.
6. c. Competência de área: 8; habilidade: 26.
7. d. Competência de área: 7; habilidades: 21, 22, 23 e 24.

8. a. Competência de área: 8; habilidades: 25 e 26.

9. d. Competência de área: 8; habilidades: 26 e 27.

10. a. Competência de área: 7; habilidades: 23 e 24.

11. c. Competência de área: 8; habilidade: 26.

Capítulo 20

1. c
2. d
3. c
4. c
5. e
6. b
7. a
8. e
9. b
10. b
11. a

Capítulo 21

1. d
2. b
3. c
4. d
5. b
6. d

7. Gabarito oficial: Um dos grupos urbanos, entre outros: pichadores, góticos, grafiteiros, hip-hop, rappers, funk, emo, skin head, movimento estudantil, hippie, pit boys, darks.

Capítulo 22

1. e
2. c
3. c
4. a
5. d
6. b

7. O que o enunciado denomina "um preconceito do eu poemático com relação à diferença entre o homem e outros animais" é, em verdade, um recurso retórico, presente na poesia de todos os tempos, que consiste em aproximar, metaforicamente, o homem e o animal. Intensivamente utilizado pelos autores realistas/naturalistas, esse recurso visa não a degradar o animal, mas a rebaixar o homem. É o que ocorre no caso. Ao aproximar a "irradiação divina", a "nobre paixão" e o "fervoroso afeto" do comportamento instintivo da abelha e, na última estrofe, do comportamento do verme e do inseto, o poeta põe em dúvida a "elevação" do sentimento amoroso e estabelece uma oposição entre os altos ideais humanos e a realidade "biológica" do amor.

8. *Fluido* é substantivo e designa "algo que corre ou se expande como um líquido". *Fluído* é particípio passado do verbo *fluir* e se usa como adjetivo com o sentido de "que fluiu, manou, correu com abundância". Portanto, justifica-se o emprego de *fluido* em razão do sentido que a palavra tem no texto, assim como do fato de ela vir qualificada por um adjetivo.

9. A "causa objetiva" da insatisfação da personagem, após várias plásticas, é que ela substituiu uma *aparência pessoal*, que presumia feia ou desconforme com as suas aspirações, por uma *aparência impessoal*, padronizada, massificada, "estandardizada" por padrões preestabelecidos, que anulam a individualidade.

Capítulo 23

1. e
2. d
3. c

Capítulo 24

1. a
2. e
3. b
4. a
5. c
6. a
7. a) C
b) C
c) E
8. 327
9. c
10. e
11. c
12. d
13. c

Capítulo 25

1. a) E
b) C
c) C
d) E
e) E
f) E
g) C
2. c
3. a
4. b
5. e
6. c
7. d
8. c
9. a
10. d
11. c
12. d
13. c

Capítulo 26

1. b
2. d
3. b
4. c
5. e
6. a
7. c
8. c
9. a
10. d

Capítulo 27

1. c
2. d
3. b
4. b
5. e
6. a
7. b
8. b
9. a
10. a
11. a) E
b) C
c) C
d) C
12. e
13. e
14. a
15. d
16. e